U0516114

BLUE BOOK

智库成果出版与传播平台

法治蓝皮书
BLUE BOOK OF RULE OF LAW

珠海法治发展报告 *No.4*（2022）

ANNUAL REPORT ON RULE OF LAW IN ZHUHAI No.4 (2022)

主　编／吴　轼　张　强　陈　甦　田　禾
执行主编／吕艳滨
副　主　编／王祎茗

社会科学文献出版社
SOCIAL SCIENCES ACADEMIC PRESS（CHINA）

图书在版编目（CIP）数据

珠海法治发展报告. No.4，2022 / 吴轼等主编. ――
北京：社会科学文献出版社，2022.5
　（法治蓝皮书）
　ISBN 978 - 7 - 5201 - 9959 - 9

　Ⅰ.①珠…　Ⅱ.①吴…　Ⅲ.①社会主义法制 - 研究报
告 - 珠海 - 2022　Ⅳ.①D927.653

　中国版本图书馆 CIP 数据核字（2022）第 054075 号

法治蓝皮书
珠海法治发展报告 No.4（2022）

主　　编／吴　轼　张　强　陈　甦　田　禾
执行主编／吕艳滨
副 主 编／王祎茗

出 版 人／王利民
组稿编辑／曹长香
责任编辑／郑凤云　单远举
责任印制／王京美

出　　版／社会科学文献出版社　（010）59367162
　　　　　地址：北京市北三环中路甲 29 号院华龙大厦　邮编：100029
　　　　　网址：www. ssap. com. cn
发　　行／社会科学文献出版社　（010）59367028
印　　装／天津千鹤文化传播有限公司

规　　格／开 本：787mm × 1092mm　1/16
　　　　　印 张：24.25　字 数：365 千字
版　　次／2022 年 5 月第 1 版　2022 年 5 月第 1 次印刷
书　　号／ISBN 978 - 7 - 5201 - 9959 - 9
定　　价／139.00 元

读者服务电话：4008918866

张国宁　胡　洋　洪　梅　袁紫涵　常　丽
彭馨宇　温方圆

撰　稿　人　（按姓氏笔画排序）

马　云　王　挺　王　锴　王　霞　王之夏
王刚宝　王松楠　王爱宇　贝俊良　方中伟
尹疏雨　左常午　田志娟　冯　朗　边琳琳
朱荣新　朱德林　伍嘉文　邬丽娟　刘思龙
池浪滔　许文浩　许智铭　苏　寒　苏　静
苏莉莉　苏倩雯　李　晋　李　祥　李东俊
李宇苑　李明刚　李闽粤　李振聪　杨正汉
肖　力　吴创伟　吴学艇　吴恩数　吴喜临
吴满平　邱润华　何　瑞　何亚军　何春江
何荣炘　佘绍礼　余海彬　张　卉　张　宇
张　炜　张冰岚　张梦颖　陈　晖　陈　彬
陈　强　陈海凤　邵珠倩　武　涛　苑振辉
林超南　林喜斌　林碧娜　罗　波　金　宁
周　娟　周光桥　周余乐　郑镇和　孟繁春
练思好　赵　爽　赵彦博　胡　莹　胡冬梅
侯雪涵　施晓蓉　莫家欣　徐汉卿　凌健琳
高智慧　唐　捷　海　玉　黄冯清　黄伊俏
龚　志　庹　佳　康志恒　梁诗韵　彭佳丽
董咏瑶　蒋　哲　曾命辉　谢　鸿　谢　燕
蔡美鸿　蔡艳艳　蔡超明　管文超　戴　露

主要编撰者简介

主　编

吴　轼　中共珠海市委常委、秘书长、政法委书记，市委全面依法治市委员会办公室主任。

张　强　珠海市人民代表大会常务委员会党组成员。

陈　甦　中国社会科学院学部委员、法学研究所原所长、研究员，中国社会科学院大学法学院特聘教授。
　　主要研究领域：民商法、经济法。

田　禾　中国社会科学院法学研究所国家法治指数研究中心主任、法学研究所研究员，中国社会科学院大学法学院特聘教授。
　　主要研究领域：刑法学、司法制度。

执行主编

吕艳滨　中国社会科学院法学研究所法治国情调研室主任、研究员，中国社会科学院大学法学院宪法与行政法教研室主任、教授。
　　主要研究领域：行政法、信息法、司法制度。

副主编

王祎茗　中国社会科学院法学研究所助理研究员。
　　主要研究领域：法律文化、司法制度。

摘　要

2021 年，珠海开启"十四五"新篇章、迈向新征程，迎来"四区"叠加的重大历史发展机遇。在习近平法治思想的引领下，珠海以改革推动，以法治护航，统筹疫情防控和经济社会发展，全力支持服务横琴粤澳深度合作区建设。不断激发数字赋能和创造运用，深度融合政府治理和营商环境，司法服务民生关切，诉源治理定分止争；打造涉外公共法律服务中心，建设珠澳仲裁合作平台，便捷高效化解跨境纠纷；强化市域统筹系统治理，探索基层社会制度供给，便利港澳居民优质生活，构建粤港澳大湾区共建共治共享市域社会治理创新发展新格局。

《珠海法治发展报告 No. 4（2022）》全面梳理总结了 2021 年珠海法治实践的总体概况，并提出法治发展的未来目标：珠海将深入学习贯彻习近平法治思想，在法治政府、营商环境、社会治理、珠澳融合等方面开创新思路、新技术、新制度，增强大湾区司法互助互信，建立域内外多元解纷机制协同，增进港澳同胞民生福祉，以法治为核心价值观，助力珠海加快建设新时代中国特色社会主义现代化国际化经济特区，全力支持服务好横琴粤澳深度合作区建设。

关键词： 珠海法治　智慧政府　珠澳融合　横琴粤澳深度合作区

目 录 ↖

Ⅰ 总报告

Ⅱ 立法探索

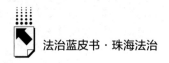
Ⅲ 法治政府

Ⅳ 司法建设

V 跨境法治

VI 社会治理

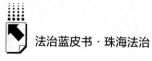
Ⅶ 大事记

皮书数据库阅读**使用指南**

总 报 告

General Report

2021年珠海法治发展与2022年展望

法治珠海课题组 *

摘 要: 2021年,珠海开启"十四五"新篇章、迈向新征程,迎来"四
区"叠加的重大历史发展机遇。在习近平法治思想引领下,珠
海凝聚共识,担当作为,全力支持服务好横琴深合区建设。充分
激发数字赋能和技术运用,深度融合政府治理现代化和营商环境
法治化,保障经济高质量发展的制度竞争力和治理优势。司法机
关全面贯彻新发展理念,服务民生关切,将化解矛盾、定分止争
职能嵌入诉源治理大格局,为便捷高效化解跨境纠纷提供制度供
给和优质的法律服务。强化市域统筹,加强系统治理,构建粤港

* 课题组负责人:吴轶,中共珠海市委常委、秘书长、政法委书记,市委全面依法治市委员会
办公室主任;张强,珠海市人民代表大会常务委员会党组成员;田禾,中国社会科学院法学
研究所国家法治指数研究中心主任、研究员。课题组成员:王丽、王小梅、王祎茗、吕艳
滨、刘雁鹏、李元、李小燕、李红平、杨静、邱志光、陈晖、郝湘军、胡昌明、饶宏忠、栗
燕杰(按姓氏笔画排序)。执笔人:王祎茗,中国社会科学院法学研究所助理研究员;李元,
中共珠海市委全面依法治市委员会办公室秘书科副科长;陈晖,法学博士、副教授,暨南大
学人文学院副院长,暨南大学"一带一路"与粤港澳大湾区研究院研究员。

澳大湾区共建共治共享市域社会治理创新发展新格局。未来，珠海将继续在中央和广东省的指导下，用立法引领改革创新实践，从法治政府、营商环境、社会治理、珠澳协同等方面开创新思路、新技术、新制度，探索珠澳法治融合新路径，增强大湾区司法互助互信，域内外解纷资源协同共享，促进港澳居民法治认同，共建珠澳优质生活圈，为助力建设新时代中国特色社会主义现代化国际化经济特区、全力支持配合服务横琴深合区建设提供更有力的法治保障。

关键词： 珠海法治　横琴深合区　珠澳协同　社会治理

2021 年是开启全面建设社会主义现代化国家的第一年，是"十四五"规划开局之年，也是珠海开启新篇章、迈向新征程的关键之年。《中共广东省委　广东省人民政府关于支持珠海建设新时代中国特色社会主义现代化国际化经济特区的意见》（以下简称《支持意见》）、《横琴粤澳深度合作区建设总体方案》（以下简称《横琴方案》）相继正式发布。珠海也迎来粤港澳大湾区、横琴粤澳深度合作区（以下简称"横琴深合区"）、新时代中国特色社会主义现代化国际化经济特区和自由贸易片区"四区"叠加的重大历史发展机遇。

2021 年，珠海在习近平法治思想的引领下，全面贯彻新发展理念，以改革推动，以法治护航，全市各区各级各部门紧紧抓住战略机遇，立足粤港澳大湾区，促进区域协同共融发展，以良法善治助力横琴深合区建设。不断激发数字赋能和创造运用，建立数据海关，探索云端政务，优化港澳政务跨境通办，建设信用风险智能监管，助推政府治理体系现代化。开展对标评价、互促共建，建立健全知识产权协同保护，建设标准国际化创新型城市格局，以法治化营商环境保障经济高质量发展。司法机关积极构建权责统一的司法权运行机制，服务常态化疫情防控和经济社会发展。人民法院深化和发展"枫桥经验"，以"分调裁审"司法改革加强诉源治理、多元解纷。市检察机关充分发挥检察公益诉讼职能，践行"穿透式监督"理念，落实少捕慎诉慎押政策，守护百姓美好生活。珠海以构建最优质的公共法律服务体系为目标，打造涉外公共法律服务中心，建设珠澳跨境仲裁合作平台和跨境金融纠纷调解室，涉外法治体系进一步完善。

珠海继续强化市域统筹，加强系统治理，坚持理论指导实践、创新与发展并重，推进社会治理体系和治理能力现代化。从顶层设计到民生微实事，从人口运营数据体系到城乡社区治理标准，打造社会治理创新优秀品牌，探索珠澳融合，形成自上而下和自下而上相结合的基层社会制度供给，努力构建具有珠海特色、时代特征的社会治理"珠海模式"，为珠海建设新时代中国特色社会主义现代化国际化经济特区，为横琴深合区建设各项任务全面落实、顺利推进保驾护航，并提供了坚实的法治保障，携手澳门提升粤港澳大湾区澳珠极点的能级量级。

一 凝聚共识，担当作为，支持配合服务好横琴深合区建设

横琴深合区是在"一国两制"架构下凝聚粤澳双方深度共识、由粤澳双方合作共同开发的区域示范，既是国家赋予粤澳两地的重要责任，也是两地民众的热切期盼。2021年9月17日，横琴深合区管理机构挂牌并进入全面实施、加快推进新阶段，成为粤澳两地不断深化合作的主阵地，也是推动粤港澳大湾区建设的新引擎。为更有力地配合粤港澳大湾区建设的各项长远规划，珠海全市各级各部门进一步增强政治自觉和使命担当，为横琴深合区建设各项任务全面落实、顺利推进保驾护航。

（一）充分发挥各区优势，形成区域协同共融发展

2021年7月，中共珠海市委第八届委员会第十二次全体会议指出，要推进横琴深合区建设，推动粤港澳大湾区建设取得新的重大进展。在《横

琴方案》发布之后，9月7日，时任珠海市委书记主持召开市委常委会会议，专题学习贯彻习近平总书记关于粤澳合作开发横琴的重要指示精神，落实党中央、国务院决策部署及省、市工作要求，提出要准确把握推进横琴深合区建设的战略意图、把握建设目标和任务，按照"四新"战略定位，将三个阶段性目标和"四新"重点任务逐项落实，举全市之力，全力支持配合服务好横琴深合区建设。

珠海市各行政区在粤澳深度合作的大格局中深入思考、系统谋划，迅速展开行动。香洲区明确提出，要发挥主城区的综合配套优势，主动承接横琴深合区创新资源溢出，支持企业与港澳高校、科研机构开展协同创新，大力引进高层次人才和创新团队，为横琴深合区创新企业提供成果转化基地，推出更多与澳门深度衔接的便民利民公共服务，在民生保障、港澳籍人员子女教育、医疗卫生、养老合作、疫情防控和社会治理等方面，打造珠澳共融新典范。金湾区提出，充分发挥空港、海港"双港"优势，发挥珠江口西岸综合交通枢纽节点功能，打造粤港澳大湾区航运、空运国际物流枢纽中心，做好与横琴深合区项目的产业链配套衔接，为横琴深合区产业发展提供实体支撑。斗门区也将充分利用空间、生态和产业优势，加快建设珠江西岸智能制造示范区，将斗门的"一中心两带四园五集群六板块"布局与横琴深合区建设全面衔接，把横琴周边一体化区域、鹤洲南区域以及珠海西部地区作为支持澳门经济适度多元发展的拓展区。

珠海市各职能部门更是聚焦"五大方向"，主动助力横琴深合区建设。市司法局组织开展对澳门法律体系的研究梳理，在全省首次形成第一批澳门法律制度参考资料汇编，包括澳门民法典、商法典以及澳门商事和经济领域的43项法律制度，合计110多万字，方便社会各界了解、查询澳门法律制度。市财政局加大横琴与周边地区的重大交通基础设施、市政基础设施、公共服务设施等一体化配套建设项目的资金投入，为横琴深合区建设提供资金保障。市民政局研究制定《贯彻落实〈横琴粤澳深度合作区建设总体方案〉行动方案》和职责清单，主动对接横琴深合区执委会民生事务局，在兜底基本民生保障、社会福利政策和资金延续方面，全力保障对澳门居民的政策覆盖；并与市财政局、市金融工作局联合发布《珠澳社会救助改革创新试点工作方案》，探索珠澳社会救助信息互联互通和跨境社会救助政策的统筹衔接。横琴税务部门也进一步落实深化税收征管和金税四期在横琴的改革试点，推动《横琴方案》的财税政策实施落地，与粤澳工商联合会继续加强跨境智能联动办税，探索琴澳一体化税收服务新模式，提升跨境办税的便利度。珠海海事局通过建立珠澳海事协作工作机制，在水上交通安全、联动执法、联合巡航等方面共治共管，深化琴澳水域安全管理，优化环澳水域通航环境，构建横琴深合区应急保障体系，护航水上交通安全。

（二）用足用好经济特区立法权，为粤澳深度合作提供法治保障

拓宽经济特区立法空间。广东省委、省政府的《支持意见》赋予珠海在特区立法领域更加广阔的空间和更大的自主权，珠海市人大常委会继续承担改革"先行军"的角色，加强立法，在推动粤港澳三地规则衔接和体制机制"软联通"上为全国提供更多的制度创新经验。2021 年 3 月，市人大常委会审议通过了《珠海国际仲裁院条例》，该条例总结珠海仲裁改革实践，建立以理事会为核心，决策权、执行权、监督权分立协调的新治理模式，成为全国第一家实行决策、执行和监督机构相互制衡又相互衔接的常设仲裁机构；珠海仲裁委员会同时使用珠海国际仲裁院的名称，专设"国际化仲裁机制"一章，在国内法律体系中首次引入友好仲裁、临时措施、紧急仲裁员以及临时仲裁制度等国际通行的仲裁机制，通过接轨国际、趋同港澳的制度建设更好地回应横琴深合区建设的需要，便于当事人在涉外以及国际商事活动中选择珠海国际仲裁院解决纠纷。为给粤港澳大湾区科技创新合作发展提供法治新动力，5 月，珠海再次修订通过《珠海经济特区科技创新促进条例》，提出加强与港澳科技创新政策的衔接，推进科技基础设施建设和开放共享，在跨境产学研合作、科技人才跨境流动、科研资金跨境使用、创新成果跨境转化等方面进行体系化的创新规定。条例鼓励推动港澳地区国家重点实验室在珠海设立分支机构，支持港澳高等院校、科研机构承接珠海财政资金设立的科技创新项目，为促进珠港澳科技创新合作提供法律

和制度支持。11月，为进一步健全珠海公共卫生应急管理法治体系，珠海市人大常委会还通过《珠海经济特区突发公共卫生事件应急条例》，该条例立足于大湾区发展战略，为珠港澳联防联控、突发公共卫生事件应急区域合作机制的建立提供法律依据，有效推动珠港澳建立疫情研判、会商协商、信息共享的工作机制，在重大公共卫生问题和重大新发传染病方面开展科研创新合作及成果转换。珠海立法工作在粤港澳大湾区和横琴深合区建设中，为服务重大发展战略和社会治理，以创新性立法展现特区使命与担当。

加强珠澳立法协同机制。《横琴方案》明确要求珠海"用足用好珠海经济特区立法权"，立足改革创新实践需要，根据授权，可以对法律、行政法规、地方性法规作变通规定。为此，珠海专门成立"珠海经济特区立法研究中心"，选配高素质法律专才，有效链接内地及港澳法治领域的智库资源，围绕粤港澳规则衔接、珠澳合作体制机制创新、特区立法创新等开展立法研究，全力推进在市场经济、城市治理、民生等重点领域巩固改革创新成果，为立法决策提供参考。珠海也与澳门立法会、法务局等建立沟通联系机制，聘请港澳地区有关法律机构作为人大常委会立法顾问单位，搭建学习港澳及国际先进立法经验的桥梁。珠海在法治轨道上进一步推进全面深化改革、扩大开放、积极推动粤港澳大湾区建设的一系列创举，为新时代中国特色社会主义法治建设贡献了更多珠海经验。

（三）便利港澳居民发展，助力粤港澳建设宜居宜业优质生活圈

截至2021年11月，办理珠海市居住证的澳门居民超过12万人，占澳门居民总数的17.6%。澳门居民参加珠海城乡居民和企业职工养老保险人数、参加珠海基本医疗保险人数以及在珠海购房置业人数三项指标都超过了4万人。内地、澳门与香港三地的金融管理部门共同推出"跨境理财通"试点业务，是首个为个人投资者专设的跨境资产配置通道，横琴深合区及港澳居民可以通过该通道跨境投资对方银行销售的合格投资产品或理财产品，为横琴深合区金融改革创新提供了新的实践及发展机遇。"跨境消费通"也开

启线上运营，作为一个专门的跨境法律服务渠道，及时帮助跨境消费者解答疑难，有效地把矛盾纠纷尽量解决在消费前端，为澳门居民在珠海（横琴）置业生活衍生的跨境消费提供释法咨询和维权指引，促进横琴与港澳跨境生活要素的高效便捷流动。为给港澳居民来珠海发展提供一套覆盖全面、针对性强、实用性强、可操作性强的办事指引，11月12日，珠海发布了《便利港澳居民在珠海发展60项措施》及其实施细则，体系化梳理了港澳居民在珠海居住生活、就学就业创业、科技创新合作、经贸交流合作、社会文化教育交流等五方面60项具体的政策措施，展示了港澳居民在珠海发展的全面立体图景，珠海以打造港澳居民宜居宜业之城的力度和诚意增强了港澳居民来珠海发展的信心和意愿。

二 数字赋能，技术创新，助推政府治理 体系现代化科学化

《支持意见》提出，支持珠海建设"城市大脑"，助力珠海加快建成现代化国际化、未来型生态型智慧型城市。为进一步加大数字技术在政务服务领域应用力度，深入推进政务数据跨地区、跨系统、跨部门共享，珠海市印发《珠海市新型智慧城市"十四五"规划》（珠智办〔2021〕3号），为新型智慧城市发展明确了总体思路，提出打造"1+1+4+N"的智慧城市总体架构①，全面推进新型智慧城市建设与城市发展战略深度融合，打造全国领先的新型智慧城市。

---

① "1"体化智能设施筑基，集约部署融合感知基础设施、高速通信网络设施及协同存算设施，构建新型数字基础设施体系，支撑泛在、高速、协同的信息化发展需求。"1"个大脑赋智，打造城市数据枢纽、共性赋能平台及智慧管理中心，聚数赋智，为珠海市新型智慧城市注入大数据、人工智能、区块链等新一代信息技术发展动力。"4"类场景牵引，围绕城市治理、民生服务、数字经济、数字合作四类智慧应用场景。"N"个智慧应用，围绕珠海市经济社会各领域信息化发展需求，聚焦人民群众的重点关切和政府部门的业务需求，推出N个智慧应用，全面支撑经济社会数字化转型。

（一）建立"数据海关"，创新全国数据要素市场化配置标杆

珠海市大力推进数据治理工作，积极响应广东省数据要素市场化配置改革要求，加快激活数字经济巨大动能，探索构建跨境数据高效有序的流通机制。2021年9月，中共珠海市委全面深化改革委员会第七次会议审议通过《珠海市数据要素市场化配置改革行动方案》，作为全省首份市级行动方案，珠海以"三一、三百"的架构开展珠海特色数据要素市场化配置改革："三一"即一套科学完备的制度框架、一个珠澳融合的跨境体系和一个活力效能的特色市场；"三百"即围绕智慧化政务服务、智能化城市治理、精准化科学决策，打造三百个城市数字化转型的示范性、引领性创新应用。珠海不断完善公共数据和社会数据开发利用的制度框架，创新跨境数据服务能力体系，培育特色数据产业和市场，在公共数据资源治理方面实现了三个首创性能级飞跃，包括规范引入和使用社会数据的生命周期管理，将社会数据管理与信息化项目管理相结合，开展社会数据引入使用和集约化管理。通过多源数据有机融合，充分激发数据赋能和创造效用，助力数字经济高质量发展。截至2021年10月，珠海累计归集各行业共70多个部门12亿多条数据，已建数据资源目录5000多个；开放全市40多个部门的500多个数据集；推出了涉及交通、医疗、教育、政务等50多个领域的创新应用①。

（二）探索"云端政务"，建设一体化在线政务服务平台

珠海积极探索、全力推进数字政府各领域深度协同发展，让智慧城市变成触手可及。税务部门创新开设税务集约处理中心，对全市纳税人通过线上办税渠道提交的16类215项业务事项进行"云上办"集中处理，线上业务的平均响应时间由原来的2天减至半小时以内，实现了"服务不见面，时刻都在线"。截至2021年7月底，全市集约处理中心共受理业务85.3万笔。

---

① 《率先破题应用社会数据，珠海打造数据要素资源高地和国际化数据融合支点》，https：//www.aisoutu.com/a/856367。

税务部门还联合市社保局成立社保便民服务中心，在全省率先推行社会保险全链条业务"一窗通办"模式。业务数量已达20项，占总社保业务量的43.48%。截至10月17日，共办理跨部门通办业务2268单，接待缴费人6000余人，节省8688个小时的办理时间[①]。审计部门上线运行数字化在线审计系统，推出审计项目在线实施和日常监督、区域经济体检"一体两翼"的大数据审计工作新模式，打造在全省乃至全国具有创新示范意义的审计交互平台，实现审计全流程数字化。市公安部门更是积极打破各警种间的业务壁垒，推出多功能警务自助服务一体机，14项业务24小时随到随办警务服务，为群众带来优质、高效的服务体验。市司法局积极打造一体化智能化公共法律服务应用平台，对接广东省统一身份认证和珠海市政务服务数据接口，建成"云端司法"大数据中心，收集全市6000多名法律人才"智库"，实时对接12348法律咨询专线、广东法律服务网等的业务数据"智享"，成为全省首家对司法行政开展数据建模的地级市司法局，在"2021·全国政法智能化建设技术装备及成果展"上，被评为"智慧司法创新案例"。云端政务不仅提升了政务的协同便捷性和安全性，也推动政府决策的科学化以及公共服务的高效化。

（三）优化"跨境通办"，开创琴港澳行政服务事项

1. 打造跨境政务服务平台

为深入推进"互联网+政务服务"改革，横琴与港澳联手打造"横琴粤澳深度合作区跨境政务服务平台"（以下简称"跨境政务平台"）建设项目，运用区块链、大数据、人工智能等先进技术，整合多部门政务服务系统，打通数据壁垒，集成跨境办公申请、商事登记、横琴出入境线上申报等337项政务服务[②]。该平台设"粤澳特色服务"专区，推行集约化的便民利企服务，澳门居民可通过横琴政务服务网点击进入"粤港澳大湾区粤澳

---

① 《珠海：社保"一窗通办"真便民，20分钟可办妥》，https：//guangdong. chinatax. gov. cn/gdsw/bmbscfxd_ mtsd/2021－12/07/content_ 56a8b5a13258457e8908b76fb523c9c2. shtml。

② 该数据统计于2021年11月。

（横琴）特色服务专区"，开创琴港澳行政审批服务事项"跨境通办""一网通办"新模式，并且还可以通过电子印章赋能在线申请和在线取证，全流程电子化服务有效节约了企业的办事时间和成本。该平台的"政策解读"模块更是汇集了横琴深合区发展的交通、教育、医保及投资创业优惠等政策，增进港澳居民在大湾区和横琴工作生活福祉。

2. 探索琴澳跨境数据安全互通

跨境政务平台通过跨部门联合琴澳两地海关、交警、澳门车检厂等部门，澳门车主通过澳门机动车辆入出横琴综合管理系统，在网页申请后只需当面审核一次后即可办结澳门机动车入出横琴业务；港澳建筑企业及专业人士开启"互联网＋备案"新模式，在网页的备案申请模块填写基本信息即可完成资格备案申请；港澳居民可以与内地居民一样通过扫脸即完成身份核验的认证服务，真正实现了内地与港澳三地的个人身份识别与互认。自平台上线以来，共计助力7744辆澳门单牌车完成出入横琴申请，完成网办服务超过12000件，减少澳门企业跑动近19.4万人次①，跨境数据高效有序流通提升了澳门企业及群众来横琴投资创业、生活的便利性，获得了港澳企业和群众的一致好评。

3. 组建珠澳跨境数字服务联盟

为深化珠澳合作，协同推进跨境数字服务体系，进一步探索开展跨境开放型、合作型、示范型数字服务融合的创新实践，2021年9月，由珠海、澳门的43家政府机构以及两地跨境服务相关的企事业机构、社团组织、高校、科研院所等结成珠澳跨境数字服务联盟，这是一个跨行业、开放性、非营利性的社会组织，在珠澳跨境新技术应用、数字服务领域进行探索创新、资源共享和专业合作。为此，由广东省政务服务数据管理局创新打造，珠海和澳门协同推出的一站式、移动式跨境数字服务新平台的"珠澳通"App上线，涵盖珠澳经商合作、旅游出行、求职就业、医疗健康等八大板块内容，以及100多项珠澳两地高频公共服务事项，共有超过200篇办事指南，

---

① 该数据统计于2021年11月。

为"在内地的澳门居民"以及"在澳门的内地居民"提供精准的双向多场景服务，推动珠澳加快打造跨境融通数字服务能力体系，共同促进两地公共服务向前发展。

（四）实施"智能监管"，建设信用风险分类管理体系

1. 建设智慧市场监管综合服务平台

珠海一直重视信用体系建设，加强监管资源和力量的科学合理配置，积极探索具有珠海特色的市场监管模式。2021年，珠海市继续推进商事主体年报公示服务、经营异常名录管理和严重违法失信企业管理，开展对市场主体"死户"清理的各项工作，加强涉企数据归集共享，按照国家标准改造升级"国家企业信用信息公示系统（珠海）"，完成建设投资近2000万元的智慧市场监管综合服务平台，涵盖应用支撑、市场监管大数据中心、信用综合监管以及风险监测预警系统等12大模块，深度挖掘数据共享与更新，打破各业务条线的信息壁垒，对网络主体、电商平台、在线云搜索、存证取证执法等4个系统功能启动网络交易监管，实现线上线下一体化专业监管目标，促进市场监管数据整合和智能监管一体化。

2. 形成全方位市场信用监管体系

珠海市不断加强以信用为基础的新型监管机制建设，在重点领域大力推进信用建设，根据国家"互联网＋监管"系统企业信用风险分类评价规范，立足于市场监管职能，启用企业信用风险分类管理系统。从企业的基本信息、经营行为、履约历史、监管信息、成长潜力等维度收集并细化指标项，初步建立包含20个一级指标、50个二级指标、107个三级指标的风险指标体系，便于对企业信用风险进行科学的分类评定，还可以搭建信用风险监测预警系统，建立企业风险发现、识别模型，开展对重点行业、重点区域整体信用风险状况的数据挖掘和化解，同时，通过信用风险分类结果的强化应用，实现差异监管和精准监管，提升监管的针对性、均衡性和科学性，夯实法治诚信社会环境根基。

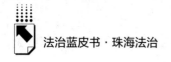

三 对标评价、互促共建，持续优化市场化法治化国际化营商环境

珠海作为第一批全国法治政府建设示范城市，在经济社会快速发展的同时，积极处理好改革、发展与稳定的关系，提高用法治思维、法治方式解决问题的能力。营商环境是市场经济的培育之土，也是城市竞争力的提升之本，珠海一直致力于优化营商环境，将其视为实现地区发展的关键要素，以衔接港澳为牵引，以法治珠海建设推动营商环境整体优化、培育和激发市场主体活力，保障和促进现代化国际化经济特区的发展。

（一）对标评价体系，增强营商环境制度竞争力

2021年，珠海围绕全国营商环境评价体系，加强实践导向和问题导向，抓好营商环境法规制度的实施，健全市级国家营商环境评价组织机制，常态化开展"以评促改、以评促优"工作。连续出台《珠海市以评促改优化营商环境工作方案》（珠府办〔2021〕7号）、《珠海市"一照通行、联动激励"涉企审批服务改革试点实施方案》（珠府办〔2021〕9号），持续深化"放管服"改革，再造涉企审批按需组合"一次申办"、智能导引"一表申请"、并联审批"一键分办"、证照信息"一码展示"等四种服务模式。优化工程建设审批流程、简化审批手续，推进办理建筑许可效率和质量双提升。深入推进"证照分离"改革，深化告知承诺制改革，提高政务服务标准化水平，为企业全生命周期提供服务。对接省企业开办"一网通办"系统，使珠海商事登记、涉企经营许可事项"湾区通办""跨境通办""一照通行"，实现港澳资企业登记注册离岸办理，粤港澳三地企业登记实现信息共享和资质互认，力争在营商环境方面实现与澳门高度趋同，与澳门实现跨境资本自由流动，切实降低制度性交易成本，营造公平透明可预期的营商环境。

（二）优化通关协作，促进跨境贸易便利化

珠海作为全国重点口岸城市，自2019年始不断加强与海关、边检、海事等部门协调合作，连续三年出台专门措施，优化通关流程、降低通关成本，通关效率位居全国、全省前列。2021年4月，拱北海关再次聚焦市场主体关切，对标国际先进水平，推出促进跨境贸易2.0版便利化措施，进一步简化随附单证措施，推进入境货物检验检疫证明电子化，开展与境外检验检疫证书联网核查，推动在进出口环节可以通过国际贸易"单一窗口"一口受理和自主打印监管证件。结合市场主体需求，深化"提前申报""两步申报""两段准入"等改革措施，为企业提供便捷的通关选择。拱北海关立足联通港澳的区位特点，扎实推进澳门制造食品输入内地的安全监管合作和区域性通关便利化协作，探索开展大湾区组合港、"湾区一港通"模式试点，压缩进出口环节边境合规时间，提升大湾区物流效率。2021年10月，珠海市政府通过《珠海市优化口岸营商环境　促进跨境贸易便利化工作方案（2021~2023）》，在促进通关作业无纸化电子化、推进智慧口岸及智慧港口建设方面，加快打造市场化、法治化、国际化口岸营商环境。

（三）高标准工作引领，促进城市高水平开放

珠海自2017年以来，全面推进"标准国际化创新型城市"示范创建。作为最早设立市级标准化战略工作联席会议制度的城市之一，珠海率先出台地级市地方标准管理办法，为城市治理现代化探索标准支撑路径，形成市、区两级横向协调、纵向联动的标准化工作机制，实现全省国际标准化组织主席职位由零到一的突破，全国增材制造标准化技术委员会秘书处落户珠海。在家用电器、智慧城市、电子信息等领域，探索"标准+认证+品牌"发展模式，由珠海市龙头企业参与制定的国际标准11项、国家标准26项，在跨境管理、分线监管、注册审批等方面率先推进团体标准，对跨域机动车服务管理研制湾区标准等，初步构建起标准国际化发展新格局，助力千亿级产业提质升级。目前，珠海已构建起了"全社会、全领域、全过程"的城市

标准化工作新模式，在城市可持续发展中，标准化的经济效益、社会效益、生态效益显著，是全省唯一在历届省政府质量工作考核中均获评优秀等次的地级市。2021 年 12 月，珠海顺利通过示范创建评估验收，获评"标准国际化创新型城市"。

（四）共建服务平台，推进知识产权协同保护

知识产权保护制度是衡量法治化营商环境的重要指标。2021 年，珠海市继续推进国家知识产权示范城市建设，把"知识产权的保护"列入智慧城市"十四五"规划发展目标之一①，全力构建知识产权保护平台，深化促进珠澳合作交流，持续加强知识产权管理、保护、运用、服务，为珠海打造粤港澳大湾区知识产权保护高地提供有力保障。在全国营商环境评价中，知识产权创造、运用和保护作为 18 个一级指标之一，珠海该项指标评价结果在全国地级市中排名第三，珠海成为该领域的标杆城市。

1. 共建琴澳知识产权公共服务平台

科技创新是粤港澳大湾区建设的重要驱动力量。自 2016 年以来，横琴通过"横琴国际知识产权保护联盟"平台，构建知识产权"五环节一平台"工作机制，形成知识产权全链条培育和保护监管体系，并联手港澳共建港—琴—澳跨境知识产权保护与服务合作机制。2021 年 4 月 26 日，珠海再次联合澳门大学、澳门科技大学、澳门知识产权服务中心等单位签约共建"琴澳知识产权公共服务平台"，在门户框架、大数据检索、知识产权运营、活动管理、维权援助、产业联盟及专利池、培训和专利数据库等方面加强合作，帮助和引导企业通过知识产权在市场竞争中获得优势地位。横琴新区知识产权培育建设项目同时启动，成立横琴新区商标品牌培育工作站和七弦琴国家知识产权运营平台知识产权工作服务站，为琴澳企业的知识产权注册、管理、保护和品牌运用等提供全方位、深层次、一体化的知识产权综合服务，推进琴澳知识产权保护规则"软联通"，为科技创新和经济高质量发展

---

① 《关于印发〈珠海市新型智慧城市"十四五"规划〉的通知》（珠智办〔2021〕3 号）。

提供有力的服务支撑。

2.强化知识产权全链条保护

知识产权保护是一个系统工程。珠海针对知识产权保护的痛点难点，不断加强知识产权行政和司法的协同保护，推进知识产权保护规范化、法治化。公安部署对重点行业、重点企业开展预警防控、普法宣讲，严厉打击知识产权违法犯罪，与相关职能部门在涉案线索收集、移送、调查取证、行政刑事联合打击等环节初步形成快速联动的执法合作机制。两级法院知识产权审判庭"三审合一"，秉持保护知识产权就是保护创新的理念，严厉打击侵权行为，加强知名品牌保护，全面构建知识产权侵权联合惩罚机制，积极探索知识产权立体司法保护；检察机关出台《关于进一步强化知识产权保护工作保障和促进高质量发展的实施意见》，在四个方面提出12条举措，率先在全国检察机关探索知识产权检察职能统一集中行使的新模式，大力建设全市检察机关知识产权专业化办案机构和团队，积极参与打击侵犯知识产权专项行动，开展涉及知识产权的民事、行政、公益诉讼案件的立案监督，市检察院还设立惩治和预防侵犯知识产权犯罪教育基地，帮助企业建立侵权风险快速反应机制，使知识产权检察保护更加高效和有针对性；司法部门与多家行政部门共同签订《珠海市知识产权司法与行政协同保护框架协议》，促进知识产权行政执法标准和司法裁判标准的统一，并完善知识产权行政执法和刑事司法衔接机制，共同打造粤港澳大湾区知识产权保护高地，为珠海创新驱动发展和法治化营商环境建设作出更大的贡献。

3.完善知识产权纠纷化解机制

知识产权纠纷的多元化化解是实现国家知识产权治理现代化的重要内容。珠海不断加强知识产权全链条保护的统筹协调与综合施策，印发《珠海市市场监督管理局专利侵权纠纷行政裁决试点建设工作方案》，健全知识产权行政裁决与调解制度，加强社会监督共治。依托中国（珠海）知识产权保护中心，成立珠海市知识产权人民调解委员会和珠港澳知识产权人民调解委员会，整合珠港澳三地调解资源，搭建知识产权调解联动工作平台，统一受理并调解有关部门委托的知识产权纠纷，为创新市场主体提供快速、灵活、便捷的知识产权纠纷调解途径。中国（珠海）知识产权保护中心分别与珠海市国际仲裁院、珠海市香洲区人民法院签署《关于建立仲调对接机制的合作协议》《关于建立诉讼与调解相衔接的多元化纠纷解决机制合作协议》，实现知识产权系统和仲裁机构、司法机构调解机制的高效衔接和优势互补，减少企业维权的时间成本和诉讼成本，推动构建珠港澳三地共商、共建、共享的多元化知识产权纠纷化解，加速释放知识产权的经济社会效益。

四 诉源治理、多元解纷，全面贯彻新发展理念

法治社会不仅需要一整套多元化、立体式的纠纷化解途径和体系，更应关注纠纷的源头治理，将矛盾消解于未然、将风险化解于无形。珠海法院将化解矛盾、定分止争职能嵌入诉源治理大格局，实现案件"分流、调解、速裁、快审"多流程有效衔接，以办案效率"快"和办案流程"简"提升审判质效。珠海检察系统以全新理念、更高要求推进检察工作，切实履行好"公共利益代表"的职责使命，聚焦国家利益和社会公共利益，规范推进公益诉讼检察工作向高质量、高品质发展。

（一）全面推进一站式诉讼服务体系和一站式多元解纷

1. 加强信息化建设，创新跨境司法服务机制

珠海法院充分运用以信息化为核心的智慧法院建设成果，推出从立案到审理全过程的"线上 + 线下"诉讼信息化司法服务，为境内外当事人提供更优质的司法公共服务，努力构筑现代化、国际化法治服务新高地。

线上跨境立案。横琴法院①升级"广东微法院"小程序功能，全面推行跨域立案，稳步开展当场立案、自助立案、网上立案，形成线上线下相结合的便民立案新格局。通过人脸识别、电子签名等技术手段，完善案件查询、诉讼风险评估、智能咨询、线上预约等多项诉讼服务"一站通办"，整个过

---

① 横琴法院，即珠海横琴新区人民法院，2021 年 12 月更名为横琴粤澳深度合作区人民法院。

程以视频方式存证留痕，确保信息真实有效。横琴法院还以视频在线的方式推出"授权见证通"小程序，跨境诉讼当事人和受委托律师视频在线可以顺利自助跨境签署授权委托书、授权委托承诺书等，实现自助授权委托见证"在线云面签"。截至2021年11月20日，横琴法院诉讼服务中心已完成在线授权委托见证174次，全流程最快仅需5分钟①。

网上远程阅卷。横琴法院深入推进电子卷宗随案同步生成和深度应用，充分利用司法数据资源，在"广东法院诉讼服务网""粤公正"小程序平台开通网上阅卷功能，并逐步对已经归档的纸质卷宗开展档案电子化工作，当事人、代理人登录平台即可打破时间、地域限制，实现远程阅卷。截至2021年，为当事人提供28次网上阅卷服务，有效提升了司法为民水平。

跨境特色联合调解。为提高调解工作质效，横琴法院紧跟粤港澳融合发展趋势，探索实践"内地调解员＋港澳调解员"联合调解工作模式，创新推出跨境纠纷联合调解机制，由内地调解员与港澳调解员分别对接境内外当事人，以线上或线下方式同时开展调解工作，携手助推纠纷化解。在一起因借贷关系引发的跨境纠纷中，横琴法院常驻调解员在多元解纷中心发起网上调解，邀请香港调解员事先通过微信、电话方式与香港当事人联系，在境外现场协助香港当事人加入网上调解，通过公平、贴心的调解氛围促成纠纷高效化解。该跨境特色调解机制入选在全市复制推广的横琴自贸试验片区第五批改革创新举措。

智慧法庭建设。横琴法院不断强化法院信息化技术保障，积极加强智慧法庭的数字化、信息化建设，加快推进审判体系和审判能力现代化。目前，11个审判法庭均建设了庭审录音录像系统、庭审直播系统，促进庭审活动和法官行为更加规范有序，保证庭审活动的权威性。针对不同业务应用场景，建设具备远程提审系统的刑事审判庭、具备网上开庭系统的民事审判庭等，远程传召当事人和远程视频开庭，为当事人提供最优司法服务，既方便当事人诉讼、方便法官办案，也方便群众参与旁听庭审，有效拓展了司法公

① 资料来源：http://www.hqcourt.gov.cn/list/info/1182.html#anchor。

开的深度和广度。

2. 深化和发展"枫桥经验"，促进矛盾纠纷源头化解

诉源治理是社会治理的重要组成部分，是对"枫桥经验"和多元解纷的深化与发展。珠海法院确立调解等非诉机制先行前置的原则，联动政府部门、群团组织、行业协会广泛参与社会综合治理，将诉讼作为纠纷化解的最后一道防线。市中级人民法院根据案件类型，发挥行业调解的专业优势，实行"对口分案"，借助"法院＋工会""法院＋行业协会""法院＋知识产权中心"等诉调对接模式，有效契合矛盾多元化解的现实需求；横琴法院与入驻的11家调解机构组建多元解纷中心，使诉前多元解纷联动衔接，推动跨境纠纷集约高效化解；斗门区人民法院设立调解协议司法确认专窗，依托广东省道路交通事故纠纷一体化处理网上平台，创新完善"诉前调解＋诉后司法确认"线上解纷模式，并主动延伸审判职能，联合司法所和社区设立首个"法庭＋司法所＋社区"调解工作室；香洲区人民法院在前山街道凤祥社区设立全市首个"驻社区诉讼服务站"，依托"特邀调解员和人民调解员"为基层群众提供家门口的纠纷化解服务。诉源治理以高质量和低成本的方式实现了社会矛盾纠纷的源头预防、前端化解，是新时代对"枫桥经验"的坚持和传承。

3. 推进分调裁审机制改革，优化司法资源配置

准确把握繁简分流标准。珠海严格遵循司法规律，推进案件繁简分流机制建设，各级法院在诉讼服务中心均设立了专门的诉调对接窗口，由专人负责委托或委派调解案件的分配以及案卷材料的流转登记，开展案件的繁简识别与分流：市中级人民法院通过清单管理建立标准化的案件识别分流体系，根据案件所涉类型、调解员专业特长，实行"对口分案"；金湾区人民法院建立"案由＋标的额＋诉讼程序"等复合识别标准，实现案件快慢分道；斗门区人民法院则结合分案系统识别与人工识别的方式，促使案件快速分轨办理；香洲区人民法院建立两次分流制度，通过立案前诉前调解案件分流与立案后小额诉讼及普通案由分流，司法资源的分配更加合理。

灵活运用速裁快审机制。珠海法院以简案快审提高审判效率、繁案精审保证审判质量为目标，灵活运用速裁快审机制办理案件。市中级人民法院建立由诉前调解员记录的无争议事实记载机制和无异议方案认可机制，为速裁审理提供参考，以诉前专业调解对接诉讼，辅之以类案集中办理和示范诉讼等方式，推动简案速裁快审；香洲区人民法院从专业类案件（如金融）审判的规范化和专业化着手，制订专业类案件审判操作流程，采取同审同判方式建立类案固定审理机制，并引进金融智审平台，实现电子数据共享、文书自动生成、电子送达等功能的审判管理模式；横琴法院专设两个速裁团队，对涉外涉港澳台案件，构建"集中证据交换、集中排期开庭、当庭调解宣判"的速裁结案模式，维护跨境当事人合法权益。速裁快审让公平正义提速增效，不仅优化司法资源配置，也大幅提升审判质效。

（二）服务民生关切，促进国家治理，推动科技赋能检察监督

1. 发挥检察公益诉讼职能，守护百姓美好生活

检察机关公益诉讼是检察机关充分发挥法律监督作用，运用司法手段保护公共利益的重要职责，也是推进依法治国、建设法治政府的重要举措。为进一步推进检察机关公益诉讼工作，珠海市人民代表大会常务委员会通过《珠海市人民代表大会常务委员会关于加强检察公益诉讼工作的决定》，从五个方面为加强检察公益诉讼工作提供了强有力的制度保障。珠海检察机关积极探索创新"检察一体化"机制，在全省率先成立"珠海市公益诉讼检察指挥中心"，充分利用以"智慧珠海综合服务平台"为基础的"绿水青山一张图系统"，结合大数据、卫星遥感等进行数据采集、处理和服务，切实发挥新科技在办案中的数据赋能作用，实时监测掌握包括自然资源、海事、生态环境、水务、交通运输、农业农村、城市管理等7个职能部门资源环境的情况和变化趋势，开展分析与统计，提升公益诉讼线索发现、调查取证能力，为全市范围内公益诉讼案件开展"统一组织、指挥、协调"，实现"一体化"办案，为人与自然和谐共生的美好生活贡献更多的公益检察力量。

2. 落实少捕慎诉慎押政策，推动审前羁押率降低

作为广东省检察院确定的降低审前羁押率工作试点单位，珠海市检察院统一思想认识，强化人权司法保障，充分发挥检察主导作用，与市公安局联合成立"非羁押保障措施专责小组"，采取双组长模式，共同推动降低审前羁押率工作，对轻微刑事案件提前介入，繁简分流，引导侦查机关降低呈捕率；在审查逮捕环节，严格把握逮捕条件，牵头制定社会危险性评估机制，注重社会危险性的证据审查，严把逮捕批准关；加强对羁押必要性的审查，充分借力认罪认罚、公开听证等多种方式，结合绩效考核导向，严格控制逮捕羁押，体现司法宽和与谦抑。2021年1月至5月，珠海市检察院审前羁押率为51.03%，与上年同期的72.86%相比，下降了21.83个百分点，真正发挥了少捕慎诉慎押刑事司法政策在深化诉源治理、释放司法善意、修复社会关系、促进社会治理方面的作用。

3. 践行"穿透式监督"理念，开展行政非诉执行类案监督

珠海市检察机关对交通运输、自然资源、人力和社会保障、食品药品以及住房和城乡建设五大领域典型行政违法行为，坚持全面审查原则，大胆探索行政非诉执行类案监督工作，发挥"一手托两家"职能，既监督人民法院公正司法，又促进行政机关依法行政，创造性地构建"三+"办案模式：一是"强领导+重整合"，即强化组织领导，组建由分管院领导任组长的办案小组，选任具有丰富办案经验的检察官充实行政检察办案队伍，以专业化为导向，通过市区一体化办案机制，提升行政检察类案监督质效；二是"强摸排+重审查"，通过积极开展专项活动、联系市民热线、查询裁判文书网等手段开拓案源，获取线索，通过多次、逐项分类梳理摸排，对线索进行调查核实，研判发现深层次、具有共性的司法执法和行政管理问题，提高类案监督的精准度；三是"强统筹+重跟进"，运用"分阶段法"从线索摸排到立案办理，再到制发检察建议，由市检察院分阶段对各区检察院的工作进行统筹和跟进监督。行政非诉执行类案监督办案模式有效形成检察机关与审判机关、行政机关的共识，达到"办理一批案件，治理一个领域"的效果，对于维护社会公共利益、促进依法行政、规范非诉执行活动具有重要意义。

（三）加强涉外法治体系建设，共建跨境法律服务合作平台

1. 推进大湾区优质公共法律服务建设

珠海将建设优质公共法律服务体系写进全市经济社会发展"十四五"规划，宽视野、高标准统筹谋划公共法律服务体系，建设粤港澳大湾区公共法律服务最优质城市。不断完善涉港澳公共法律服务的规则制定、政策衔接和资源配置，在劳动争议、知识产权、金融等领域创新公共法律服务的内容、形式和供给模式。积极构建珠海特色公共法律服务信息化体系，通过移动端"珠海智慧司法"微信小程序，为港澳居民企业提供行政复议、法律援助、公证业务等申办指引。远程视频公证服务为居住在国外的中国公民，以及我国港澳地区的同胞快速便捷办理公证事项。2021年，全市公证机构共办理涉港澳公证9804件，约占全市公证业务量的27.7%。充分发挥法律援助服务民生的作用，深化珠澳法律援助合作，建立涉军维权法律援助联络点、残疾人法律援助工作站，在全省率先将港澳人士纳入法律援助范围，让优质的法律援助服务给予更多的人文关怀。市司法局、市总工会与澳门工会联合总会共同签订《珠澳劳动者法律服务中心框架协议》，探索跨境法律服务融合与衔接，建立两地劳动者法律援助案件转办、沟通联络等双向协作机制。2021年共为港澳居民提供法律援助案件29件，2021年珠海市法律援助处荣获广东省五一劳动奖状。

2. 打造涉外公共法律服务中心

为加快涉外法治工作战略布局，珠海市立足于粤港澳大湾区和横琴深合区公共法律服务的实际需求，集聚粤港澳大湾区涉外法律服务要素资源和法治力量，成立涉外公共法律服务中心，组建了由131名珠澳律师、32名涉外公证员、233名珠澳调解员组成的法律服务团，为在大湾区工作生活的港澳居民及企业提供调解、公证、法律援助、法治宣传、法律服务交流与研究等12项法律服务。中心突出涉外差异化法律服务功能和线上服务功能，搭建粤港澳和横琴深合区法律服务合作交流的桥梁，加强与高校、境内外高端研究机构培训合作，建设"珠澳律师训练营"等培训载体，开展高层次涉

外法律服务人才整合与培养。利用现代科技手段开展涉港澳（涉外）全景式、融入式法律服务体验。依托入驻中心的各类研究机构，为港澳学者与内地研究人员共同探索粤港澳及横琴深合区法治理论融合研究提供条件，实现公共法律服务触角最大化延伸，为推动粤港澳大湾区高质量发展和高水平开放提供更为坚实的法治保障。

3. 建设珠澳跨境仲裁合作平台

早在 2019 年，珠海仲裁委员会就提出"横琴澳珠跨境仲裁合作平台"建设方案的基本思路。在横琴深合区建设背景下，为进一步整合珠海澳门两地仲裁资源，在横琴共同打造国际化的仲裁知名品牌和跨境争议解决新高地，2021 年 4 月，珠海仲裁委员会分别与澳门律师公会仲裁中心、澳门世界贸易中心仲裁中心、澳门仲裁协会签订合作协议，在粤澳两地仲裁机构间搭建共建、共治和共享合作的"横琴澳珠跨境仲裁平台"。该平台充分对接国际贸易纠纷解决规则体系，使用中文、葡文、英文多语种，由合作各方共管平台，充分运用互联网系统进行身份验证、立案受理、开庭审理和宣传咨询等，双方共享办案秘书、场地设施、取证送达、证据核对、财务管理等服务。各机构以自身名义受理、办理仲裁案件，按各自规则出具裁决书，可实现澳门仲裁机构在横琴运用澳门法律，通过仲裁解决涉澳经贸纠纷。平台体现了独立、智能、便利、协作的特色，对横琴深合区商事纠纷的处理以及粤港澳大湾区仲裁机构的深度合作极具示范意义。2021 年 11 月 23 日，珠海国际仲裁院发布《珠海国际仲裁院服务横琴粤港深度合作区建设实施方案》，致力于在仲裁领域率先推动珠澳两地规则衔接和机制对接，构建横琴深合区公共法律服务体系，打造国际化区域仲裁中心，为中国与葡语系国家经贸往来、中拉经贸往来和"一带一路"经贸往来提供新的争议解决平台。

4. 共建跨境金融纠纷调解室

随着粤港澳大湾区金融开放的不断推进，为营造平安金融氛围，着力化解金融纠纷，2021 年，珠海市金融纠纷人民调解委员会充分发挥调解在建立共商共建共享多元化纠纷解决机制中的基础性作用，不断深化金融纠纷调解合作模式，在加快横琴深合区建设的背景下，进一步推动《粤澳地区金融纠纷调解合作框架协议》的落地实施。珠澳两地金融行业组织借鉴港澳及其他发达经济体先进的金融纠纷解决制度，充分发挥各自优势，共同签署了"3＋4"《战略合作框架协议》①，并成立横琴（珠澳）金融纠纷调解室，为琴澳两地金融消费者提供线上或线下金融纠纷调解"一站式"快速便捷服务，有效避免了传统的跨境诉讼解决金融纠纷存在的程序烦琐、耗时长、成本高等问题，粤澳金融纠纷调处联合工作机制建设将进一步提升金融服务便利化水平，保障金融消费者的合法权益。

五　市域统筹、系统治理，推进市域社会治理创新发展

珠海市把加强和创新社会治理纳入全市经济社会发展"十四五"规划，成立了由市委书记任组长的平安建设和市域社会治理"双合一"领导小组，高规格建立社会治理领导体制。2021年，珠海市相继实施《珠海市文明行为条例》《珠海经济特区出租屋管理条例》《珠海经济特区物业管理条例》，在市域社会治理方面着力顶层设计，加强实践创新，规范推进镇街综合行政执法改革，完善基层治理框架，从试点开展到全面推进，高质量推动市域社会治理创新发展。

（一）整合运营商大数据，促进精细化城市治理

珠海市政务服务数据管理局联合中国电信珠海分公司、中国移动珠海分公司、中国联通珠海分公司三家通信运营商共同编制了《珠海市运营商人口指标分析规范》，这是国内第一个运营商人口指标的地方规范性文件。该规范定义了包括稳定活动人口、日间稳定活动人口、夜间稳定活动人口、潜在流入人口、潜在流出人口、访客人口、过客人口等7类16种人口指标，统一运营商人口指标标准，实现了三家运营商大数据深度融合。政府部门可

---

① "3"包括珠海市金融消费权益保护联合会、横琴新区金融行业协会、珠海国际仲裁院，"4"是指澳门世界贸易中心仲裁中心、澳门银行公会、澳门保险公会、澳门保险中介行业协会。

以有效利用运营商人口大数据开展融合创新应用，为政府部门个性化人口服务管理提供数据支撑，让政府决策更加精准、科学。在此基础上，珠海发布了国内首份市运营商人口指标分析报告，在国内率先实现了基于手机信令人口数据的标准化、规范化，实现了人口治理数据在职住平衡布局、公共设施承载、假日人流监测、公共资源分配等方面的最大化赋能，该实践做法也荣获 2021 年珠海市"社会治理创新优秀案例"。

（二）加强顶层设计，完善城乡社区治理标准化框架

珠海在顺利完成 4 个镇街、46 个城乡社区治理示范点建设的基础上，不断加强借鉴、复制和推广社区治理和服务创新经验。2021 年，珠海继续坚持党建引领，强化基层党的建设和基层组织建设，使每个村（社区）至少配备 2 名村级后备干部和 1 名党建指导员，推进社区党委领导下的民主协商机制，建立社区工作者"3 岗 32 级"岗位等级序列和薪酬体系，让基层治理更加规范有序。通过打造品牌调解工作室，全市建成"粤心安"社会心理服务站（室）354 个[①]，进一步扩大社会心理服务的影响面，营造积极向上的社会心理氛围。

珠海把标准化的原理和方法融入社会治理和社会服务中，将标准化建设与珠海特色的基层社会治理实践紧密结合，出台《珠海市基层自治标准》，形成一整套涵盖基层民主选举、民主决策、民主管理、民主监督及社区协商的"4 + 1"基层自治标准化体系框架。标准化为基层治理确立规范，通过标准化的手段和工具，形成一个闭环式工作指引，固化基层自治的具体要求和操作流程，指导镇（街道）、城乡社区基层工作人员熟悉基层治理业务知识，规范基层工作实践，做到有标可循、有规可依，提升基层自治的规范化水平。

（三）启动民生微实事，推动治理方式手段升级

2021 年 2 月 4 日，珠海市委、市政府出台《关于全面实施"民生微实

---

① 资料来源：http：//union. china. com. cn/zhuanti/txt/2021 - 10/25/content_ 41712438. html。

事"的指导意见》（珠委办字〔2021〕6号），全面启动"民生微实事"工作，印发《珠海市实施"民生微实事"工作指引（第一版）》（珠民生微实事领导小组办〔2021〕6号），研究制定《珠海市"民生微实事"项目资金管理办法》《珠海市"民生微实事服务类项目库"管理办法》等，全年共安排专项经费3亿元，通过甄选"代表性强、受益面广、资金量少"的优质服务类项目，在全市复制推广。

"民生微实事"项目把更多资源、服务、管理放到社区，所有辖区居民均可作为项目申报主体，以不同群体的居民需求为导向，社区服务由政府"配菜"向百姓"点菜"转变，快速解决群众身边的"急难愁盼"问题，各级镇街和村（社区）充分发挥紧密联系群众的直接优势，加强群众议事协商，将"民生微实事"与"我为群众办实事"、基层矛盾纠纷排查化解相结合。例如，新竹社区探索嵌入式医养结合创新型服务，以"医护＋社工"模式为长者提供居家养老和上门医疗保健服务；凤山街道新溪社区通过"聚爱助残蒲公英计划"，为辖区残障人士开展日常照料、心理疏导的家庭支持服务等。这些项目聚焦微观层面社区治理，通过精准对接服务供给，有效促进了"社区、社会工作者、社会组织、社区志愿者、社区公益资源"的"五社联动"。截至2021年11月底，全市"民生微实事"项目确定6662个，已完成5479个，涉及服务困难群众、老年人、未成年人等特殊群体的项目达2106个[①]，切实提升了群众的获得感、幸福感、安全感。

（四）开展理论研究，培育社会治理创新优秀品牌

市域社会治理是国家治理在市域范围的具体实施，是国家治理的重要基石。市域社会治理现代化是国家治理体系和治理能力现代化的题中应有之义，也是国家治理效能得到全面提升的重要基础。2021年，珠海市法学会先后成立基层社会治理研究会、珠澳社会治理研究会，聚焦基层社会治理的新机制、新挑战，团结与组织珠澳社会治理领域的专家，倡导、引领基层社

---

① 数据来源：http：//www.zhuhai.gov.cn/sjb/xw/yw/content/post_3036566.html。

会治理、珠澳社会治理研究，完善市域治理制度体系，通过学术交流和人才培养，挖掘基层首创经验，突出市域特色，积极推动研究成果转化，为珠海市域社会治理创新发展提供理论支撑。

珠海连续举办三届社会治理创新培育行动，由市委政法委通过征集、培育、评选等形式，培育走在全国前列的社会治理"一枝独秀"样板创新项目。其中"平安＋"市域社会治理指数、"物业城市模式"等优秀项目品牌受到中央政法委和省委政法委充分肯定，香洲区翠香街道康宁社区、金湾区三灶镇海澄村等基层治理亮点成为珠海社会治理的亮丽名片。2021年9月，珠海开启市域（基层）社会治理项目库建设，该项目库聚焦市域和基层，按政府治理、基层治理、社会协同治理、珠澳合作治理四大板块，精选近百个知名的市域社会治理优秀项目，在自治、法治、智治等方面进行全过程精心培育，不断打造创新亮点，该项目库也成为交流珠海社会治理先进经验和做法、讲好珠海社会治理创新故事的重要平台。2021年12月16日，珠海市评选出平安建设（市域社会治理）"十佳"典范案例。

（五）构建社区联动，打造珠澳社会治理共同体

珠海在跨境医保、执业、办公、纳税和跨境通勤方面推动粤港澳三地规则衔接和联通贯通融通，珠海也借助社区服务和社区营造，不断加强珠海与澳门的社会融合、社区融合以及社区治理合作。茂盛社区把握珠澳合作机会，与珠海市社工协会、澳门街坊总会签署《茂盛美好社区发展战略合作框架协议》，三方建立有效联动合作机制，引入珠澳专业资源，成立珠澳社会工作服务联盟，围绕珠澳社工人才培养、社会组织发展等推动珠澳社会治理领域深度合作，利用澳门社会服务的先进理念和经验为生活在珠海的澳门居民提供各类社区服务，搭建邻里社交平台，构筑互助互信网络，努力打造"澳门新街坊""港澳义工站"等品牌项目。在社区党群服务中心专门设立为港澳居民提供咨询的服务平台，让澳门市民真真切切地感受到内地生活的温暖与便利，打造具有大湾区特色的社区治理共同体。

市民政局积极对接澳门养老服务体系，探索珠澳养老新模式，主动服务

横琴深合区基层政权建设，提炼优秀社区协商经验，协助横琴深合区探索澳门居民深度参与的议事协调机制，促进澳门居民融入本土社区生活和国家发展大局。在省、市妇联和司法业务部门指导下，珠澳妇联合作成立珠澳家事调解服务中心，携手探索珠澳家事调解服务联动机制，为跨境涉澳家庭解决矛盾纠纷提供服务新平台。

六 展望：法治融合背景下，珠海法治建设新思路

新时代，新作为。珠海站在了新时代对外开放的前沿阵地，粤澳两地的经贸合作推动更深层次的人才、产业、资源要素的融通与交流，珠海与澳门联动的社会治理随着横琴深合区的建设也将深入推进，更多的港澳居民、国际人士将在珠海生活，形成一个个国际化社区。《支持意见》要把珠海打造成粤港澳大湾区高质量发展新引擎，建成民生幸福样板城市、知名生态文明城市和社会主义现代化国际化经济特区。《横琴方案》明确指出，横琴要通过粤澳深度合作推进新一轮开发建设和对外开放，将横琴深合区打造成为面向全球、高度开放的新的投资兴业高地，成为壮大提升实体经济的新载体，增强澳门—珠海极点发展的新势能，为粤港澳大湾区率先融入新发展格局提供战略节点支撑。

"十四五"是珠海跨越发展的关键期和破局突围的攻坚期，珠海经济特区要再度升级，迫切需要解决法治政府、营商环境、社会治理、珠澳协同等诸多建设中发展不平衡不充分的问题，解决基础设施、信息资源中的互联互通问题，解决重点领域关键环节问题，解决改革的系统性、整体性和协同性不足问题，解决教育、医疗、住房、社会保障、社会福利等最受关注的民生问题，实现更加现代化、国际化和更高水平的经济特区，要全力支持服务好横琴深合区建设。

珠海将继续发扬敢闯敢试、敢为人先、埋头苦干的特区精神，深入学习贯彻习近平法治思想，按照《支持意见》和《横琴方案》的精神，厉兵秣马，砥砺奋进。在中央和广东省的指导下，紧紧围绕横琴深合区和现代化国

际化经济特区建设，在法治领域开创新思路、新技术、新制度，探索珠澳法治融合新路径。统筹发展和安全，深入推进法治政府、法治社会建设，聚焦法治化营商环境优化、科技创新合作、金融市场互联互通、民生事业合作、基层社会治理以及港澳居民在珠海就业生活便利化等领域的重点工作，积极探索和创新政府治理、社会协同治理、珠澳合作治理的新格局，为公共服务及社会福利延伸提供充分的制度供给和优质的法律服务，促进澳门经济适度多元发展，为在珠海居住的澳门居民提供更加便利、优质的生活空间和生活条件，为建设新时代中国特色社会主义现代化国际化经济特区、横琴深合区提供更有力的法治保障。

（一）加强立法探索，以法治引领改革创新实践

法律是治国之重器，良法是善治之前提。珠海面临"四区"叠加的重大历史发展机遇，要在习近平法治思想的指导下，坚持"一国"之本，善用"两制"之利，不断完善法律制度体系，用足用好珠海经济特区立法权，立足改革创新实践需要，以推进与港澳规则衔接为重点，从立法层面促进人员、物资、资金、信息便捷有序流动，以法治保障全面深化改革、扩大开放。

1. 用足用好经济特区立法权

横琴深合区上升为广东省管理，但并没有涉及行政区划的调整，仍属于珠海经济特区的范围，也适用珠海市地方性立法和经济特区立法。因此，珠海要充分发挥经济特区立法在推进粤港澳大湾区建设以及横琴深合区建设中的重要作用，高度重视立法的引领、规范和保障作用，充分挖掘经济特区立法权的使用空间，最大限度争取全国人大授权、省人大支持，根据授权对法律、行政法规和地方性法规按程序作变通规定，围绕机制对接和规则衔接开展制度创新。

进一步健全地方立法工作机制。推动立法决策与改革创新实践相衔接，使法律法规、政策制定与政府决策相协调，充分发挥"珠海经济特区立法研究中心"的智库和研究力量，加强对现行法规的梳理，对涉粤港澳大湾

区、横琴深合区建设迫切需要解决的问题开展立法必要性和可行性研究，明确需要调整的有关法律、行政法规目录清单以及相关专项立法需求，增强法律法规的连贯性和可操作性。

加强立法调研与论证。提高立法的透明度与参与度，重视来自基层的现实需求和建议，推进立法协商，注重与港澳规则相衔接，充分发挥港澳法律专业人士与机构的立法顾问作用，为立法服务保障提供智力支持，提高立法质量和效率，兼顾立法目标与社会效益，为促进澳门经济适度多元发展和支持配合服务好横琴深合区建设营造良法善治氛围。

2. 推动横琴深合区的制度衔接和政策配套

密切关注国家关于横琴深合区建设的政策方针，聚焦珠海经济社会发展重点任务，推动谋划横琴深合区建设的配套制度与政策，重点推进对横琴新区条例的修订。在推动高质量发展体制机制、要素市场化配置、营商环境、城市治理、生态文明等重点领域和关键环节，拟定全力支持配合服务好横琴深合区建设的包容性地方法规，在粤港澳三地规则衔接和体制机制"软联通"上开展创新性立法；在跨境公共服务和社会保障衔接方面，促进横琴深合区对接澳门的养老、居住、教育、医疗及社会保险，推出更多造福两地居民的务实举措；扩大跨境工作许可及执业资格互认，推动拥有港澳专业技术执业资格的港澳籍专业人士在珠海执业。

3. 加强预防与化解纠纷的制度供给

完善矛盾纠纷多元化解机制是中央提出的重大决策部署，也是深化平安珠海建设、维护社会稳定、服务保障民生的现实需要。珠海应在多元化纠纷解决机制及诉源治理方面先行先试，总结概括珠海乃至广东省或全国其他地区推进预防和多元化解矛盾纠纷机制建设的实践经验，借鉴吸收已有的地方立法成果，突出民本思想和社会自治精神，对预防和多元化解纠纷工作进行系统的制度设计和程序安排，优化配置各类预防和化解资源，健全和完善社会矛盾纠纷多元调处综合机制，使纠纷解决有路径可依，有规则可循，提高社会治理能力和水平。

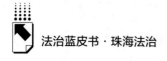

（二）促进法治政府建设，打造最优营商环境

1.继续打造法治政府建设示范城市

坚持党对法治政府建设的领导，党政主要负责人切实履行推动法治建设第一责任人职责，进一步对标法治政府建设实施纲要，聚焦法治政府建设目标，加强对珠海依法治市的统筹谋划、整体推动和协同发展，为构建发展新格局、优化营商环境、促进高质量发展提供有力的法治服务和保障。

推动法治政府建设均衡发展。作为全省最早出台的行政复议体制改革实施方案《珠海市行政复议体制改革实施方案》，提出要进一步完善行政复议工作机制，充分发挥行政复议监督功能，加强专业化规范化建设；总结镇街综合行政执法改革一年来的工作，提升镇街行政执法人员的专业水平和履职能力，规范执法程序；完善智慧执法系统建设，破解综合执法工作中存在的突出问题，弥补短板，提高基层执法能力和水平。

建设数字法治政府。运用互联网、大数据、人工智能等技术手段，深度融合政府治理信息化与法治化，推动政务数据归集共享和业务协同，推动对政府机构、职能、流程等数字再造的法治化进程。

完善法治政府建设的专业化、常态化督查工作。坚持法治领域问题导向，加大督查力度，有效发挥督查工作对法治政府建设与责任落实的督促推动作用。

2.持续对标建设最优营商环境

进一步完善营商环境法规制度体系。紧紧围绕贯彻新发展理念、构建新发展格局，坚持系统思维，加强统筹协调，强化基础设计，建立基于新时代社会主义市场经济体制特点并兼顾新产业、新业态、新模式的营商环境法规体系，将珠海营商环境的优化经验和实践举措整合到总体法规层面。在深化行政审批制度改革、完善涉企服务体系、加强法治保障等方面推动市场化、法治化、国际化一流营商环境建设迈上新台阶。

激发市场主体投资信心。优质营商环境建设是政府与市场协同共治的综合治理过程，要以保障市场主体合法权利和高效化解商事纠纷为导向，着眼市场主体全生命周期，平等保护各种所有制经济主体，包括提供平等的准入条件，维护公平的监管环境和开展高效的司法服务，保障规则公平、机会公平和权利公平。

对标最高最好最优最强的营商环境评价。增强营商环境评价的引导和督促作用，推动政府加快转变治理理念和治理方式，在法治框架内积极探索原创性、差异化的优化营商环境的具体方法和措施，针对性解决优化营商环境工作中的各种实际问题。

加强与港澳营商规则的衔接与协调。建立健全粤港澳大湾区一体化营商环境，提升粤港澳大湾区生产要素流动和人员往来的便利性，降低资源跨境流动的制度成本和政策成本，加强科技创新和民生领域的合作，推动知识产权保护规则衔接。

3. 拓展琴澳跨境政务服务的数字创新与应用

在横琴深合区背景下，提出符合横琴实际和特色的"数字政府"规划，搭建一批琴澳数字政府基础平台，推动公共数据普查、对接、资源开发利用，促进并健全琴澳政务数据有序跨境流动；继续深化政务服务"跨境通办"，探索依托琴澳跨境政务平台、横琴企业专属网页、政务服务一体机、5G政务小屋等创新模式，促进更多涉港澳企业享受线上跨境政务服务。

（三）推进跨境诉讼智能服务，增强大湾区司法互助互信

1. 继续推进司法服务智能化发展

继续深化司法改革和智慧法院建设，推动大数据、人工智能、区块链等前沿技术在涉外审判领域与诉讼制度的深度融合，创新司法服务方式和载体，实现人民法院全业务网上办理、全流程依法公开，面向法官、诉讼参与人、社会公众和政务部门提供全方位的智能化服务；以在线诉讼为核心，进一步规范、完善涉外案件在线立案、调解以及在线庭审等机制，完善在线诉讼程序规则和证据规则，保障诉讼参与人诉讼权利；推进审判工作信息化智能化，以互联网为基础，构建集在线咨询、调解、仲裁、诉讼等服务于一体、线上线下相融合的多元解纷平台，便利当事人足不出户参与纠纷解决，

提升解纷效率，为粤港澳大湾区和横琴深合区建设提供有力的司法保障和服务。

2.加强粤港澳司法交流与协作

立足粤港澳大湾区"一国两制三法域"的特征，进一步完善民商事纠纷化解和法律冲突解决机制，加强内地法院与港澳法院的沟通合作，定期开展参观访问、专题研讨和业务交流；探索建立司法信息共享网络平台，加强对港澳法律制度的比较研究，拓宽粤港澳大湾区司法案例研究和专项统计分析制度，定期发布大湾区审判情况通报，有效推动司法信息往来；加强粤港澳民商事在司法管辖、送达取证、判决和仲裁裁决的相互认可与执行等方面的司法协作；完善域外法查明和适用体系，丰富涉港澳法律查明资源库和法律数据库，探索允许涉港澳案件当事人协商选择适用港澳法律处理大湾区内民商事纠纷；引入港澳高端法律专业人才参与珠海法治建设，继续选任港澳人士担任人民陪审员，港澳籍调解员参与涉外、涉港澳台纠纷化解和案件办理，促进涉港澳纠纷平稳顺利解决。

3.加强重点领域跨境执法合作

在"一国两制三法域"背景下，加强与港澳地区就刑事司法协作等问题进行积极磋商与研究，推动内地与港澳刑事司法协作在国家层面形成制度化的协助安排。在治安、刑侦、边防等领域加强警务合作，推动粤港澳三地犯罪信息交流与反馈，分享、交换和传递犯罪情报和资料，携手共同做好重大活动期间和特殊时期的安全保卫工作，严厉打击电信网络诈骗、赌博、走私、偷渡、贩卖毒品、地下钱庄等跨境犯罪，提高粤港澳三地的联合打击效率。

建立粤港澳三地金融信息交流和共享机制，建立健全跨境金融监管协作机制，健全资金融通保障与金融风险管控机制。贯彻知识产权最严保护要求，加强知识产权跨境保护与执法，加强电子商务、进出口等重点领域和环节知识产权跨部门、跨地区执法协作机制。

（四）实施最优公共法律服务，建立域内外解纷资源协同共享机制

珠海将立足粤港澳大湾区和横琴深合区法律服务需求实际，加强涉外法

治理论融合研究，加快推进现代化国际化法律服务业的发展，建设最优质公共法律服务体系，提升涉港澳公共法律服务供给水平，加强人才培养和法治宣传。

1. 继续推进涉外公共法律服务中心建设

珠海市涉外法律服务中心已揭牌成立，内设各项机构机制也正在逐步完善。首先，该中心要进一步加强粤澳法律服务机构之间的双向衔接，积极统筹整合粤港澳大湾区涉外法律专业人才和资源的互通与共享，吸引更多的涉外公共法律服务专业团队和法律服务机构，加强培育与合作交流，整合涉外法律服务资源清单，助力粤澳两地公共服务汇集对接。其次，中心要突出涉外差异化法律服务，聚焦港澳居民的实际需求，对于跨境劳资纠纷、物业小区、婚姻家庭等纠纷化解以及港澳青年来珠海创业、就业，提供一站式多元化的公共法律服务，细化政策落实。再次，要加快构建珠海特色公共法律服务信息化体系，拓展线上服务功能，开发"远程"公共法律服务视频服务系统，探索推动各类公共法律服务的跨境办理，让专业便捷的公共法律服务触角最大化延伸，为在珠海的港澳居民、港澳企业解决问题、协调纠纷、反映诉求提供差异化、一门式、精准式的优质公共法律服务。最后，要借助中心平台，吸引境内外高校、高端研究机构的学术资源和研究团队，共同开展涉外法律、民商事规则衔接的理论研究与法律服务合作，深化珠澳公共法律服务沟通协调机制。

2. 努力打造国际化区域仲裁中心

珠海国际仲裁院作为横琴唯一的商事仲裁机构，有责任以横琴深合区建设为契机，充分发挥仲裁制度融合中的独特优势，深入推进珠海国际仲裁院差异化、特色化、国际化改革，创新仲裁机制体制，围绕四大产业对标建立与国际经贸往来接轨的国际化仲裁规则和商事惯例，对接内地与澳门两套民商事规则和制度体系，在仲裁领域率先推动珠澳两地规则衔接。进一步深化珠澳跨境仲裁平台的组织功能、共建功能和治理机制，探索准法人型合作平台模式的发展路径，有效整合珠澳跨境仲裁优势资源，珠澳双方通过依法互聘仲裁员、建立"双涉"案件（同时涉澳涉珠的案件）共同研讨机制等形式的多元化合作，在珠澳跨境纠纷解决和珠澳仲裁制度融合方面推动实现共建，让横琴深合区来自不同法律文化背景的商事主体能更好地利用仲裁解决民商事争议，提升珠海国际仲裁院的仲裁公信力和国际影响力。

3. 深化珠港澳三地联动调解合作

继续推进民商事调解纳入粤港澳大湾区和"一带一路"建设工作体系，形成优势互补、有机衔接、协调联动的大调解工作格局；以建立调解协会为抓手，切实加强全市及粤澳调解资源的统筹协调，规范不同类型的调解制度，推动调解服务领域与国际及港澳规则的衔接，完善双方在调解协议互认、港澳籍调解员资源共享、调解员互聘以及建立调解员专家库等方面的政策依据，促进调解领域工作规则的"软联通"；深化珠澳两地特定领域、行业调解合作机制，探索引导珠澳两地社团组织在珠海发起成立商事调解组织，向两地的调解机构推广跨境争议调解相关规则，完善珠澳两地家事纠纷、医疗纠纷、建筑工程纠纷、劳动争议、知识产权纠纷和金融纠纷调解合作与对接机制；在澳门企业、居民聚集区设立涉澳公共法律服务站或涉澳品牌调解室，延伸服务触角，探索更多的跨境纠纷线上解决等，为粤澳深度合作提供优质、高效的调解服务。

4. 加强涉外法治人才培养

加强涉外法治人才培养的整体布局和制度设计。涉外法治人才是涉外法治建设的重要基础和保障，培养涉外法治人才对服务"一带一路"建设、参与全球治理具有重要意义。珠海要扩大涉外法治人才培养规模，将国际化思维融入人才培养全过程，提升人才培养质量。鼓励珠海本土高校与港澳高校以及法律实务部门、法律服务机构开展多种形式的"院所合作"，创新涉外法治人才培养机制，充分调动在珠高校对公共法律服务的参与积极性，吸引高校科研人才与法律专业在读学生参与法治实践，提高涉外法律事务应用能力。

构建跨境法律职业对接机制。探索粤港澳三地执业范围的跨境法律职业对接，司法行政部门发挥对律师行业的引导和规管作用，拓展粤港澳大湾区法律人才交流与合作，支持粤港澳联营律师事务所的发展，支持境外律所来珠设立代表机构，鼓励更多的港澳律师通过粤港澳大湾区律师执业考试，来珠海从事一定范围内的内地法律事务，或鼓励本市律所在境外设立分支机构，支持本市律所聘请港澳律师担任法律顾问，为律师事务所"走出去"提供更为优质的服务。

（五）建设现代化市域治理体系，共建珠澳优质生活圈

珠海要继续强化共建意识，把社会治理纳入经济社会发展全局谋划，将市域社会治理工作融入粤港澳大湾区建设以及横琴深合区框架考量，放到国家治理体系和治理能力现代化整体进程中推进，在营造共建共治共享社会治理格局上率先探索，坚持珠海市域社会治理创新路径。

1. 提高社会治理数字化智能化水平

科学技术是社会发展的强大动力，提高社会治理数字化智能化水平已成为政府应对社会治理的最佳方案。珠海必须充分运用现代科技手段，建立健全智能治理体制机制，推动市域社会治理体系架构、运行机制和工作流程智能化再造，实现全要素智慧治理。提升基层智慧治理能力，推动政务服务平台向镇（街道）延伸，统筹推进社区智能基础设施、系统平台和应用终端建设，促进基层治理数据资源共享和向基层开放使用；建设开发智慧社区信息系统和简便应用软件，提升基层政策宣传、民情沟通和便民服务效能，依托平台大数据构建"幸福＋"民生评价指数，量化反映城乡社区治理成效和群众幸福感、满意度，形成智慧互联、一体协作的基层现代化治理体系。

2. 继续完善基层社会治理标准化体系

标准化是国家治理现代化的基础。珠海要继续发挥标准化在推进国家治理体系和治理能力现代化中的基础性、战略性作用，充分借力专家智库、加强调查研究、推动成果转化，进一步完善社会治理"标准化＋"体系，推动标准嵌入社会治理的各个领域和各个环节，形成城乡社区治理与可持续发展的标准体系，推动基层治理资源的优化配置，以标准化覆盖城乡社区治理全过程，强化基层治理的规范化、制度化，在市域层面统筹推进新时代社会治理和平安法治建设的科学性和协同性。

3. 建设便利澳门居民生活就业的新家园

以改善民生为重点，打造珠澳国际化教育高地，完善珠澳青年创业就业服务体系，促进珠澳文化交流，共建健康湾区。推进珠澳协同治理，加强珠澳在民生服务、社区治理、社会组织建设、社工人才职业资格互认等方面的优势互补，与澳门街坊会联合总会横琴综合服务中心等澳门社会组织共同开展社会服务、社会保障、社会治理等领域的合作。引领港澳籍居民参与社区治理，在港澳籍居民人数较多的社区，充分借鉴拱北茂盛社区社工服务项目的经验，以党建为引领，以社区社会工作站为依托，引入珠澳专业社会服务资源，推动珠澳社会服务专业建设与合作，打造具有大湾区特色的社区治理共同体，促进珠澳共融。

（六）开启新时代全民普法，培养港澳居民的法治认同

全民普法是全面依法治国的长期基础性工作。珠海要大力开展新时代全民普法，落实公民终身法治教育制度，学习宣传习近平法治思想，推动宪法法律融入日常生活。完善国家机关"谁执法谁普法"责任，全面落实普法责任清单制度，在立法、执法、司法过程中开展实时普法，运用社会力量开展公益普法，借助新技术新媒体开展精准普法，推动普法可持续发展，推动普法与依法治理有机融合。

加强社会主义法治文化建设。培育全社会法治信仰，将我国优秀的传统法律文化与社会主义现代法治理念相结合，坚持开放包容，厚植有利于创新的法治文化土壤。推动法治文化与特区文化、红色文化、岭南文化、海洋文化融合发展。提升人们内心深处对于法治的认同、信守与遵从，促进人们更加积极地参与法治实践，形成依法行为的自治与自觉，让公民的法治信仰内化于心、外化于行。发挥毗邻港澳地缘优势，加强与澳门在法治文化产业方面的交流合作，不断增强澳门同胞对祖国的向心力。

探索涉港澳法治宣传教育新模式。继续打造"服务港澳普法行"品牌项目，依托珠海市涉外公共法律服务中心"涉外法治宣传教育大讲堂"等平台，将普法资源精准对接港澳居民的普法需求，开展现代化国际化经济特

区建设和横琴深合区建设的精准和特色普法，促进粤港澳三地法治认知水平、文化观念的交流与融合，增强港澳居民对宪法及国家惠民政策的认识，以法治精神凝聚粤港澳大湾区的价值共识、法治共识和行为共识，以法治为核心价值观推动粤港澳大湾区和横琴深合区的创新发展。

立法探索

Exploration in Legislative Sphere

B.2
珠海市电力设施保护立法和
执法的实践探索

南方电网广东珠海供电局课题组 *

摘　要： 为推动形成电力设施保护工作格局，加快电力设施保护管理
体制改革进程，珠海以特区立法的形式创新性地制定出台了
《珠海经济特区电力设施保护规定》，为珠海市电力可靠供应
起到了一定保障作用。为进一步优化电力营商环境，广东电
网有限责任公司珠海供电局（以下简称"珠海供电局"）结合
近六年来电力设施保护工作的实践和探索，针对电力设施保
护立法和执法中存在的问题，提出进一步完善立法、构建电
力执法体系、加强执法防控措施的设想，以期推动电力设施
保护执法队伍建设进程，使电力设施保护更加完善并真正落

---

* 课题组负责人：阮绵晖，南方电网广东珠海供电局党委书记、副总经理。课题组成员：唐
捷、李振聪、练思妤、林超、赵爽、孟繁春、张卉、马云、施晓蓉、王松楠。执笔人：张
卉，南方电网广东珠海供电局企业管理部普法及合同管理专责；马云，北京大成（珠海）律
师事务所律师。

到实处。

关键词： 电力设施保护　优化电力营商环境　电力执法体系

一　引言

为贯彻落实习近平总书记关于打造市场化、法治化、国际化营商环境的重要指示，国家发展改革委、国家能源局下发《关于全面提升"获得电力"服务水平　持续优化用电营商环境的意见》，强调提升供电可靠性是提升"获得电力"服务水平的重要措施，明确要求加大对违章作业、野蛮施工、违规用电等行为的查处力度，并确定以政企协同、合力推动为基本原则，健全完善电力设施保护协同工作机制。为此，南方电网有限责任公司和广东电网有限责任公司以提升供电可靠性为抓手，加大电力设施保护力度，将珠海打造成为全国"获得电力"指标示范单位。珠海作为大湾区经济建设的"新引擎"，对电力设施保护提出新的更高的要求和新的挑战。

保护电力设施是保证"获得电力"的基础，珠海市发展和改革局（以下简称"市发改局"）和珠海供电局充分认识到提升"获得电力"服务水平对优化营商环境的重要意义，积极推动电力设施保护立法和执法进程，加大电力设施保护工作力度，确保电网安全运行，为广东实现"四个走在全国前列"和高质量协调发展提供有力支撑。

二　珠海市电力设施保护立法和实施成效

电网是发电送出通道和提供社会用电的基础载体，只有加强电力设施保护，才能保证供电可靠性。珠海供电局肩负着对澳供电的政治任务，为更好地应对珠海供电设施破坏情况严重、电力设施存在安全隐患、严重威胁公众安全等现实问题，在国家上位法保护相对滞后，不能完全满足电力行业发展和电力设施保护需求的情况下，珠海于2012年启动了电力设施保护的地方立法工作。经过2年多的调研、实地考察，以及与其他城市的立法比较与分析、全面论证，最终于2015年9月25日经珠海市人民代表大会常务委员会审议通过《珠海经济特区电力设施保护规定》（以下简称《规定》），并于2015年11月1日起正式实施。《规定》实施后，在一定程度上有效加强了珠海的电力设施保护，保障电力安全运行。

（一）优化电力空间布局，提升综合管理水平

为保障已建电网持续有效运维，珠海编制《珠海市2020～2035年空间规划（能源保障专题）》，推动城市规划与电网规划深度融合。全力推动"四极两翼"远景目标网架落地，优化了电力空间布局，全面支持珠海市从"小而美"向"大而全"转型的用电需求，既满足珠海电网不断更新的建设要求，又保障了珠海经济社会平稳发展。同时，珠海进一步提升新建预建电网的设计水平，将地下管线纳入综合管廊建设和管理，在政府规划层面实现电力设施安全综合管理工作，保障了电网建设的合理性、安全性，确保在源头设计阶段更好地促进电力设施保护，降低电力设施公共安全隐患风险。

（二）建立健全电力设施保护工作机制，优化电力设施保护管理格局

一是建立领导机制。珠海市成立了由珠海市人民政府、珠海供电局等12个单位组成的珠海市电力设施保护工作领导小组，负责协调解决电力设施保护工作中的重大问题。二是强化电力行政监管。市发改局与珠海供电局形成了定期报告协调机制，由珠海供电局汇总每个季度电力设施周边隐患及用户安全隐患上报，市发改局协调各区政府、各相关部门协助处理影响电网安全的事件。对于重大紧急安全隐患则以"一事一议"进行报告。三是建立警企协作联动机制。珠海供电局与香洲区和横琴新区公安分局通过建立警企协作联动机制，建立电网警务室，委托专业的安保服务机构，进行日常巡视和重要时期特巡特维，加大对破坏、盗窃电力设施犯罪活动的打击力度。四是建立多部门联合巡线机制。珠海自2019年1月起每季度开展市内河通

航水域架空管线联合安全巡查工作，强化内河通航水域架空管线安全监督，宣传电缆保护常识，纠正并查处在电缆管线范围以及电力设施保护区域内的违规违法行为；组建一支由 130 名电力行业从业人员组成的"电力设施保护志愿者队伍"，由珠海供电局提供 23 名专业技术人员协助配合志愿者共同参与全市电力设施检查与安全保护工作。通过警企联动机制、多部门联合巡线机制，消除电力设施安全隐患，预防外力破坏事件，涉电力设施违法案件大幅下降。

（三）加大电网安全保障工作力度，持续优化用电营商环境

为加大电网安全保障工作力度，市发改局组织珠海供电局开展用户电力设施检查和安全保护，要求用户对照《规定》履行电力设施保护职责，防止故障出门影响电网安全及周边用户的人身财产安全。为加强重要电力用户安全管理工作，珠海及时调整修编了重要电力用户名单，加强与重点电力用户的定期联系并组织开展用电安全检查工作，督促用电安全的整改与落实。同时，珠海还从电力企业着手，完善电力设施保护的标识管理，督促电力企业在电力设施保护范围和保护区内设立标识，分类设置好各作业点的提示性或警示性标识，降低电力设施被破坏的风险，减少涉电人身伤亡隐患。2015～2020 年，珠海供电局供电可靠率持续保持全国领先，五次获得全国第一，为珠海市营造了良好的用电营商环境。

（四）建立健全电力设施安全应急机制，提高处置电力设施安全事件应急能力

为完善全市电力应急预案，珠海完成了《珠海市大面积停电事件应急预案》的修编工作，进一步完善应急指挥协调联动机制，优化应急处置机制，细化各级政府及相关企业工作要求，包括：1 个总体预案、11 个部门预案、16 个专项预案的应急体系，12 个直属单位的三级应急组织机构，应急队伍 8 支共 800 人、应急专家共 53 人。

按照"分层管理、分级应对、平战结合、专业搭配、装备专业"的原则，

组建"一专多能、一队多用"的应急抢修队伍，有效预防突发电力事故造成不利影响，提升保障排险抢修能力。为促进电力应急演练制度化、常态化，珠海供电局每年编制印发年度应急演练计划，每年完成200余次现场处置方案演练，包括：每年一到两次应对大面积停电事件演练，防风防汛、地震、人身伤亡、卫生等专项预案演练，火灾应急演练；每季度一次应对电网设备、网络信息安全现场处置方案应急演练，其他类每季度一到两次实战演练。

（五）实现电力企业自力救济权利，增强防范电力设施破坏能力

为保障电力企业实现自力救济的权利和供电安全，完善电力企业应对电力设施危害情形的救济手段，珠海明确了电力企业在电力设施面临危害时的职责与权利。例如，电力企业巡视发现林木与电力设施安全距离不足时，负有通知林木产权人和管理人修剪的义务，前述人员收到修剪通知后三日内未修剪的，电力企业具有强行清理或砍伐的权利，在紧急情形下还有先处置后备案的权利。该规定解决了《电力设施保护条例》及《电力设施保护条例实施细则》关于电力企业修剪或砍伐林木权利实现不明确的难题，使供电企业处理线树矛盾具备了可操作性。在电力行政主管部门不能有效履行监管职责、行使监管职权时，珠海通过安全协议的方式落实各项安全保护责任。例如，电力企业对危及电力设施安全的作业有权要求作业方与其签订安全协议，明确各自职责，并通过规定作业方实施安全监护、提供施工图纸、提出施工作业建议等，要求作业方采取相应的安全措施，将电力设施保护工作落到实处。

（六）加大电力设施保护宣传力度，提高电力设施保护意识

为提高电力设施保护意识，市发改局、珠海市海事局、珠海市司法局与电力企业联合开展保护电力设施的政企联合法律宣传活动。珠海供电局制作《规定》宣传册和视频，通过广播、电视、报纸、微信公众号等新闻媒体向广大群众宣传普及《规定》相关内容和供用电保护基本常识，在各供电营业厅播放视频并向用户派发宣传册，每年以"电力实施保护月"（5月）、

"12·4"国家宪法日暨全国法制宣传日活动为契机,向公众派发宣传册,提高市民电力设施保护意识。电力企业积极开展内部专题普法宣贯培训,提升依法保护电力设施的意识。

三　电力设施保护立法与执法工作存在的问题

（一）立法缺陷和法律冲突,导致线树矛盾突出

目前,《电力法》和《电力设施保护条例》并未完全禁止在架空电力线路保护区种植植物,仅限制不得种植危及电力设施安全的植物。《电力设施保护条例实施细则》进一步明确不得种植可能危及电力设施和供电安全的树木、竹子等高杆植物,但未对高杆植物进行界定。实践中,土地使用权人经常以法律未禁止种植树木,或种植的树木不属于高杆植物,或者以及时修剪植物就不会危及电力设施安全等为由,对在线路保护区内种植植物的行为进行抗辩,导致在电力线路保护区种植树木、竹子等植物的乱象大量存在。不同法律对修剪、砍伐树木所持立场不同。根据《电力法》等上位法和《规定》,基于电力设施保护的需要,电力企业在树木危及电力设施安全时有权进行清理或砍伐。但林业主管部门或产权人则基于对树木等森林资源的保护,依据《森林法》的规定禁止电力企业进行砍伐。虽然《规定》明确对在架空电力线路保护区种植的不符合安全距离的林木有修剪、砍伐两种处理方式,但林业主管部门或产权人一般不同意砍伐,为避免矛盾激化,电力企业也只能修剪,导致高杆植物屡剪屡长,无法杜绝。2020年,珠海市输电线路树障隐患多达466处,共清理树障约5万棵,其中绝大多数树障隐患经历过多年反复修剪。随着珠海市电网建设的快速发展,电力线路的长度、覆盖面积不断扩大,森林资源保护的要求也不断提高,国家退耕还林政策大力推广,在架空电力线路保护区内（包括在电力线路通道内）种植的树木越来越多,电网建设及电力线路运维中线树冲突就显得越来越尖锐和复杂。

（二）涉电公用设施运维职责监管不足，涉电安全隐患风险加大

根据国务院《电力供应与使用条例》和电力工业部《供电营业规则》规定，公用路灯、交通信号灯是公用设施，应由政府及有关管理部门投资建设，并负责维护管理。但相关法规均无详细规定。珠海的立法也只是明确了电力设施产权人、管理人有履行电力设施保护的职责，未对公用设施的用电监管进行细化。实践中，相关部门对于公用设施与一般用电设施的用电监管行为并无区别。涉电公用设施运维职责未能明确，导致涉电安全隐患风险加大。2018年广州、佛山、肇庆等地就曾因强降雨发生水浸，造成多起公共场所用电设施安全问题引发的人身触电死亡事件。珠海作为海滨城市，易遭受台风等恶劣天气侵袭，部分地区地势低洼，若涉电公用设施存在安全隐患，关乎不特定人数的人身财产安全，有必要对涉电公用设施运维加强监管。

（三）电力执法力量不足，电力执法机构缺位

目前电力设施保护执法力量不足。市发改局是全市电力行政管理部门，由市发改局能源科负责"电力设施保护的监督管理""牵头组织查处危害电力设施的违法行为"等行政执法和监管职能，却没有专项电力行政执法编制，各区发改局作为区域内的电力行政管理部门也未建立专门的电力执法机构。因此，实践中，电力行政管理部门无法对电力设施遭受外力破坏、电力安全隐患等问题实施有效监管和执法，部门职责未能充分履行，主要表现在以下方面。一是保护区域公告未有效开展。电力行政主管部门应当根据电力设施建设项目的建设工程规划许可和电力设施保护的要求，公告依法需要划定的电力设施保护区范围和电力设施保护的具体要求，但目前尚未开展保护区域的公告工作。二是危及电力设施安全作业的行政审批职责未落实。作业方在电力设施保护区内进行开挖、施工等作业的前置条件是取得所在地电力行政主管部门的批准，但该审批制度也因电力执法机构缺位而未能建立。三是电力设施宣传教育工作开展有待加强。电力行政主管部门有电力设施保护

宣传教育职责，但电力执法机构缺位导致宣传教育不足，缺少群众参与和全社会的大力支持，未形成保护电力设施的良好社会氛围。此外，因政府机构改革，电力设施保护的相关职能已于2019年3月由珠海市科技和工业信息化局划转至市发改局，与《规定》中工业和信息化行政管理部门是电力行政主管部门的规定不符，导致市发展改革局开展电力设施保护执法的主体合法性受到质疑。

（四）电力设施保护机制不完善，保护力度有待进一步加强

珠海虽然成立了市级电力设施保护工作领导小组解决电力设施保护工作中的重大问题，但各区级尚未成立电力设施保护工作领导小组。警企联合保护工作也未引起足够的重视和认可，警企联动也未在全市范围建立协调统一的机制，联动制度、程序不够完善，部门协作配合不够。群众护线机制尚未建立，群众参与监督力度不够，未充分发挥广大群众的力量。

四 展望和构想

通过研究各地保护电力设施实践，结合珠海实际情况，电力设施保护只有通过完善立法和加强电力执法工作齐头并进，才能确保电力设施保护有法可依，执法落地。

（一）完善立法，确保电力设施保护有法可依

1. 修正电力行政主管部门规定，化解电力执法主体疑虑

鉴于电力行政主管部门发生变更，为解决电力执法主体合法性问题，应对《规定》相关法条进行修订。关于确定电力行政主管部门的方式有两种：一是通过地方性法律法规明确具体的行政管理部门是电力行政主管部门，二是在地方立法时仅规定电力行政主管部门的职责，然后通过市委、市政府发文明确具体的行政管理部门作为电力行政主管部门。《规定》目前采用的第一种方式显然不能适应行政主管部门的变化，因此，在修订《规定》时，

建议采取第二种方式确定电力行政主管部门的职责，从而避免行政主管部门变化导致的电力执法主管部门工作缺位。

2. 完善林木处置制度，减少线树矛盾纠纷

为减少线树矛盾纠纷，有必要进一步完善林木的处置制度。一是明确公告后种植林木和植物的前置条件。电力设施保护区范围公告后种植林木和植物的，需要征得电力行政主管部门和电力企业的同意，避免电力设施保护区域内的土地使用权人恶意种植危及电力设施安全的植物，从源头上减少线树矛盾。二是对不符合安全距离的林木由"修剪"方式修改为"清除"。修剪方式作为一种临时措施不可避免地会导致同样的问题不断复发，以清除、砍伐的方式则可杜绝因植物反复生长而引发的线树矛盾。三是完善处置树障的主体内容。根据危害电力设施的情况区分处置树障的主体，对于不涉及供电安全的电力设施的线树矛盾应当由电力设施产权人或授权管理人负责，对于危及电力设施、影响电网运行安全的，供电企业有权清理，解决非供电企业电力设施产权人权责问题是树障处理权责主体问题的内容之一。四是增加履职保障条款。明确供电企业工作人员在定期巡视、维护、检修及消除隐患、排除故障和处理事故等履行职责时，其人身安全不可侵犯，以保障电力企业工作人员在履行砍伐职责、处理线树矛盾时的人身安全，并有效防止线树矛盾恶化。

3. 明确涉电公用设施的维护管理责任，降低公共场所人身触电风险

对涉电公用设施用户参照重要电力用户进行管理，明确公用路灯、交通信号灯等公用设施的产权人、管理人应当定期巡视、维护、检查受电设施，严格履行用电单位用户的义务，并及时整治安全隐患。通过强调涉电公用设施的维护管理责任，降低公共场所人身触电风险，切实维护人民群众利益。

4. 完善保护区内的作业管理制度，减少外力破坏风险

为减少外力破坏风险，在危及电力设施安全作业的单位与供电企业签订安全协议的基础上，应明确增加电力行政主管部门的审批职责，作业方采取的安全措施应当经过供电企业认可。电力行政主管部门和供电企业在作业方施工前充分参与，可有效防止作业方在不了解作业区域电力设施的情况下违法违章施工，从源头上减少电力设施遭受外力破坏。

（二）构建电力设施执法体系

电力法治建设迈向了新的起点，珠海应常态化开展电力执法工作，在借鉴和学习广东省及其他省地市先进执法模式及港澳以及国外相关立法的基础上，形成针对本市的电力执法方案，建立行之有效的电力执法体系，全面落实电力执法机构设置、明确执法人员和执法方式。

1.设置电力执法机构和人员

广东省电力执法机构和队伍主要存在以下三种模式：广州市在电力行政主管部门设立电力行政执法处（挂市电力行政执法支队牌子），确定编制和人员，供电企业成立电力行政执法协助中心配合执法；云浮市成立执法机构挂靠电力行政主管部门下属科室，安排至少2名具有编制的行政人员出具执法文书，供电企业提供技术支持；清远市则由市/县政府委托有关单位负责执法，供电企业提供技术支持。

比较而言，广州市的电力执法工作形成了高质量的运作模式，珠海可以参照，设立电力行政执法支队，承担全市电力行政执法和电力保护的日常行政管理职责，负责电力事业的监督管理工作，建立健全保护电力设施常态化机制，会同有关部门打击损害电力设施违法行为等，并开展电力宣传教育工作。同时，设置不少于2名行政执法类公务员编制，执法人员应当取得电力类行政执法证，并建立健全执法培训机制，不断提升执法人员的政策、法律、专业水平和行政执法能力。

2.明确电力执法运行方式

建立区级协同机制，设置供电安全保障办公室，由各区发展改革、安监、公安、综合执法、海事、园林、规划等部门与供电企业和街道办事处等组成。由电力行政执法支队负责统筹协调电力执法工作（特别是涉及跨区域、多部门协同的联合执法工作），明确各单位的职责划分以及相关联合执法人员和相关职责，为电力设施保护工作提供充足的组织保障。

建立"接单—受理—处置"执法运行方式，其中"接单"环节可以从保障办公室派单，也可从举报等渠道获得。接单后，由电力行政执法支队负责审核是否受理，由电力行政执法人员与相关单位工作人员前往现场调查和处置，确保高效、精准执法，有效补充电力执法力量，提高执法效率。

（三）建立电力设施执法防控机制

一是建立基层协同机制。为进一步发挥基层组织作用，有效防范和化解电力设施安全隐患，由区供电安全保障办公室与街道办、村委会、居委会形成电力执法协调工作小组，并按最小区域划分将街道办、村委会、居委会作为电力设施保护责任人。一旦发现存在破坏电力设施的安全隐患，立即上报电力执法协调工作小组，由工作小组安排发展改革部门工作人员、区域责任人负责协调解决，若涉及其他部门职责的，应当一并参与。协调不成的，再上报供电安全保障办公室，将电力设施执法工作落到实处。

二是建立信息共享机制。建立工程项目全流程审批信息共享机制，政务平台和供电公司实现网络资源共享，对电力设施附近的规划、施工申请同时发送电力企业，电力企业通过提前获取周边工程施工信息，提早对接施工单位，避免野蛮施工导致电力设施遭受外力破坏。同时，建立电力设施违法行为并入征信机制，与金融、税务、法院、公安和城管等部门加强联系，形成执法合力，将单位和个人涉电违法行为纳入银行税务征信系统，以此威慑相关人员依法保护电力设施。

三是建立公用设施用电监管机制。电力行政主管部门制定涉电公用设施维护管理指导意见，并建立与涉电公用设施产权人或管理人、电力企业三方联动机制。定期由供电企业指导涉电公用设施产权人或管理人开展用电检查，涉电公用设施的产权人或管理人及时整改涉电安全隐患。此外，电力行政主管部门每年组织供电企业开展大规模的公用设施用电安全检查，督促落实主体责任，从电力设施保护着手保障供电安全，降低电力设施安全隐患。

四是建立电力设施保护规定宣介常态化机制。加大经费投入，由电力行政主管部门定期开展宣传电力设施保护活动，确定每年5月为珠海市电力设施保护月，电力行政主管部门与珠海供电局合力组织开展宣传活动。为有效避免线树矛盾和施工造成的电力设施破坏，电力设施保护的宣传教育还应做到送法下基层，深入工地、村组开展活动。同时，要充分发挥新闻媒体的作用，加强利用舆论引导，及时曝光盗窃、破坏电力设施等典型行为，营造保护电力设施人人有责的社会氛围，全面提高社会公众维护电力设施安全的主动性和自觉性。

五是建立群众护线组织，提高社会参与度。聘请群众护线员加强护电组织建设，安排群众参与供电企业巡线工作，或者不定期对其所属区域巡线，并将有关巡线情况及时反馈给供电企业。对于群众巡线发现的涉电违法犯罪活动予以表彰或一次性物质奖励，形成全员共同参与保护电力设施的良好氛围。

习近平总书记强调："建设好大湾区，关键在创新。要在'一国两制'方针和基本法框架内，发挥粤港澳综合优势，创新体制机制，促进要素流通。"随着《横琴粤澳深度合作区建设总体方案》的出台，珠海的区位优势愈加明显，也对珠海电网的供电保障能力提出了更高的要求，珠海电力设施保护立法和执法的问题应当在社会经济发展大潮中逐步解决，逐步构建珠海地方电力执法体系，推动《规定》全面落实，为全面服务粤港澳大湾区建设提供更好的电力支撑。

法治政府
Law-Based Government Administration

B.3
粤澳深度合作区建设背景下琴澳跨境
政务服务模式的实践与探索

横琴粤澳深度合作区商事服务局课题组*

摘　要： 在粤港澳大湾区和横琴粤澳深度合作区"双区"建设的背景下，琴澳两地的联系也日益紧密。为破除两地行政与制度壁垒，让要素流动更加顺畅，促进两地融合发展，横琴粤澳深度合作区积极探索横琴和澳门跨境政务服务新模式，并通过政务跨境区块链应用，依托广东省一体化在线政务服务平台搭建"数字政府"粤澳特色服务平台——横琴粤澳深度合作区跨境政务服务平台，推行"集约化"便民利企服务，实现跨境事项一网通办，办事流程更为优化，办事渠道更为畅通，贴心服务港澳同胞。未来，该平台还将进一步推动跨境数据的共享共通，加速覆盖更多跨境政务服务事项，扩大平台使用范围，释放更多政

---

* 课题组负责人：吴创伟，横琴粤澳深度合作区商事服务局代理局长。课题组成员：邱润华、林喜斌、杨正汉、何春江。执笔人：何春江，原横琴新区科技创新和商务局高级工程师。

务服务改革红利。

关键词： 琴澳合作　跨境政务服务平台　优化营商环境　跨境通办

一　背景

2019 年澳门回归二十周年之际，习近平总书记发表重要讲话，提出"当前，特别要做好珠澳合作开发横琴这篇文章，为澳门长远发展注入新动力"。同年，中共中央、国务院发布的《粤港澳大湾区发展规划纲要》要求，充分发挥珠海横琴等重大合作平台作用，促进信息便捷有序流动，为粤港澳发展提供新动能。2021 年 9 月，中共中央、国务院印发了《横琴粤澳深度合作区建设总体方案》，明确指出横琴粤澳深度合作区的战略定位是促进澳门经济适度多元发展的新平台，便利澳门居民生活就业的新空间，丰富"一国两制"实践的新示范，推动粤港澳大湾区建设的新高地。

随着横琴粤澳深度合作区的建设，未来会有越来越多港澳人士来横琴旅游、学习、工作、生活，他们在享有与内地居民相同的基本政务服务、公共服务和互联网服务方面，存在办事难、办事繁等不便利问题。

为深入推进"互联网＋政务服务"改革，进一步提升港澳居民在横琴粤澳深度合作区的获得感、幸福感、安全感，吸引更多港澳人才参与经济、科技、教育、社会等领域创新创业和促进"琴澳一体化"发展，横琴与港澳联手开展"横琴粤澳深度合作区跨境政务服务平台"（以下简称"跨境政务服务平台"）建设项目，开创琴港澳行政审批服务事项网上"跨境通办"新模式。现港澳企业和群众只需登录该平台，即可免跑动办理所需政务业务。琴澳跨境政务服务新模式实现了政务服务领域的跨区域合作，与国家的发展战略规划完全契合，更是为粤港澳大湾区城市群政务服务合作探索路径、积累经验。

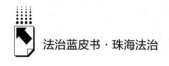
二　做法措施

（一）搭建跨境政务服务平台，跨境事项一网通办

1. 打通业务链条，加快数据共享

横琴粤澳深度合作区利用先进成熟的信息化技术与手段，打通社保、市场监督管理、税务、金融、不动产等部门的跨境数据，通过数据整合，促进各部门数据资源信息的实时共享，实现港澳数据资源纵向穿透、横向交叉，为跨境事项跨境可办提供有力支撑。

2. 开发港澳自然人身份认证功能，实现港澳自然人身份线上远程认证

由于港澳居民所持出入境证件在身份确认、证件识别等方面的联通不畅，港澳居民难以享有与内地居民相同的基本政务服务、公共服务和互联网服务，存在办事难、办事繁、办事慢等不便利问题。跨境政务服务平台利用接口对港澳居民往来内地通行证（回乡证）通过人脸识别、网证合一的手段，实现港澳居民享有与内地居民相同的身份认证服务。目前，港澳企业法定代表人通过扫脸即可完成身份核验，有效地解决了港澳居民身份互通认证难的问题，为在横琴粤澳深度合作区的港澳居民用出入境证件办理各类社会事务提供更多网上办理和自助办理的便利。

3. 集成跨境服务事项，实现跨境涉企政务网上办

跨境政务服务平台运用区块链、大数据、人工智能等先进技术，从底层应用层面整合了多个部门的政务服务系统，形成统一安全的一体化政务服务平台，并集成跨境办公申请、商事登记、横琴出入境线上申报服务等330项①政务服务，港澳企业和群众需登录网页点击相应的办事模块，足不出境即可办理相关政务事项。

---

① 以上数据统计至2021年12月。

（二）推行"集约化"便民利企服务，跨境事项办理更清晰

为提升港澳办事群众的获得感，帮助办事群众快速找寻所需办理业务及相关资讯，跨境政务服务平台针对不同办事群众提供"分门别类"的集约化服务，办事群众可根据自己的需求选择"个人服务""企业服务""政策解读"等不同专区。

1. 个人服务

个人服务专区整合了社保、通行、税务等94项高频个人服务事项模块，其中办理类45项、资讯类49项，港澳办事人员通过该服务专区即可实现办理相关个人服务，享受实实在在的便利。该专区开启了"互联网＋备案"新模式，为港澳建筑企业及专业人士提供线上备案服务，港澳专业人才只要点击跨境政务服务平台的备案服务模块，即可快速完成备案申请，该模块为港澳同胞备案节约了大量的办理时间与成本。为便利澳门车辆人员往来横琴，该专区还建设了澳门机动车辆入出横琴综合管理系统，澳门车主在网页申请后只需当面审核一次即可办结澳门机动车入出横琴业务，有效解决了此前澳门车主初次申办业务需来回琴澳高达5次、续期申报3次、流程复杂、跑动频繁等难题，大幅提升了澳门企业及群众来横琴投资创业的便利性。

为进一步方便琴澳两地居民跨境旅游、生活，个人服务专区上开辟了"精彩横琴""畅享澳门"两个带有区域特色的模块，整合了琴澳两地概述、出入境、旅游景点、购物攻略、特色美食、交通指南、旅游地图、游记攻略、娱乐活动、就医等指南，并提供通俗易懂、图文并茂的"图文包"，将帮助用户更好地了解合作区及澳门的跨境生活及旅游信息。

2. 企业服务

企业服务专区是跨境政务服务平台专门为港澳企业搭建的服务专区，该专区共分为政务服务与特色服务两大模块，其中政务服务模块按照审批部门、业务内容进行划分，集成多项跨境政务服务事项；特色服务模块则集合了合作区的对澳特色服务事项，囊括了港澳人员到合作区就业补贴、企业设立登记等236项基础企业业务，实现跨境业务及资讯在线浏览、预约和办理。

现在澳资企业只需登录跨境政务服务平台并点击所需服务模块，即可足不出境快捷办理相关事项。其中港澳人员到横琴粤澳深度合作区就业补贴申请过去至少需要线下跑动3次，现通过跨境政务服务平台的补贴申领模块进行线上申领，即可实现零跑动申领，有效节约了港澳企业的办事时间与成本。

3. 政策解读

由于港澳人员缺乏内地政策及资讯获取渠道，难以获取所需政策及信息，跨境政务服务平台从港澳用户需求角度出发，整合了合作区对港澳政策资讯，并细分为通知公告、最新资讯、相关政策三个模块，其中通知公告包括合作区各业务部门、社会团体面向大众公布的通知信息，最新资讯囊括合作区、香港及澳门三地的新闻资讯，相关政策则是国家及合作区对琴港澳发展政策的集合。港澳用户点击对应模块即可快速找寻并了解所需信息，将帮助港澳居民一目了然地了解合作区的政策及发展。

（三）设置分类主题，智能引导用户主题式办事

为方便澳门办事人员快速了解合作区相关资讯、快捷找寻并办理所需业务事项，跨境政务服务平台打造了对澳特色服务专区，专区整合了与澳门企业、人员相关的特色服务事项，可为湾区内澳门居民提供民生项目、企业开办等方面的跨境事项服务，如出入境签证、交通出行、学习教育、医保及投资创业优惠政策汇总等服务事项；同时将澳门居民和企业在横琴生活、出行、工作、居住、投资和办事等各项主题服务进行了包装推广，并集成前往横琴需要用到的证件及服务指南、民生服务、主题服务、政务服务、友情链接等六大模块，实现轻松引导、便利港澳居民在横琴及大湾区工作、生活。其中，主题服务模块整合了合作区的一站式业务主题服务，包括"湾区通办专区""横琴粤澳深度合作区企业专属网页""跨境通办专区"等6个一站式主题集成服务专区，可避免港澳办事人员找不到办事入口、在多个网站重复登录。友情链接模块囊括粤港澳大湾区城市的介绍及最新资讯，助力港澳居民快速了解粤港澳大湾区各个城市的风光风貌及相关政策。

（四）创新人性化服务，贴心服务港澳同胞

平台结合粤港澳文化和群众办事需求及特点，人性化地推出"简体、繁体"服务，并提供全粤语沟通渠道，避免港澳同胞出现看不懂、听不懂的问题。同时，在图文指引的基础上新增视频指南，将办事步骤、流程及注意事项以可视化方式呈现在港澳同胞面前，帮助港澳同胞快速了解办事流程，让港澳企业办事更明白。

电子印章赋能跨境线上取证。为节约港澳同胞的办事时间与成本，跨境政务服务平台通过电子印章赋能实现在线申请、在线取证的全流程电子化服务。以跨境备案服务模块为例，港澳人员在完成跨境备案申请审核后，系统将自动生成带有电子印章的执业资格备案认可书，通过网页即可完成跨境备案认可书的获取，大幅节省此前需亲自到现场领取或者委托他人领取、跨境快递上门的时间费用成本。

（五）加强对跨境政务服务平台的运营与优化

为更好地了解企业用户意见及政务服务需求，持续推动跨境政务服务平台后续功能开发，为跨境政务服务平台现有专区和服务模块优化升级以及跨境政务服务平台服务建设等工作提供参考，横琴粤澳深度合作区跨境政务服务平台的运营人员定期对平台用户进行调研回访，了解平台使用情况及用户需求，并通过一系列有针对性、有目标、有方向的完善举措，不断提升办事群众的满意度。例如，跨境政务服务平台通过调研分析涉企服务、办事指南等在琴澳两地名称的差异（如营业执照在澳门被称作商事登记证），强化网页的搜索引擎，解决琴澳两地对涉企服务多语义差异问题，以更好地满足澳门用户使用习惯及需求。

三　取得成效

目前，跨境政务服务平台已上线300余项跨境政务事项，有效解决了港澳

企业及群众办理横琴政务事项身份认证难、多部门跑动、办理时间长、数据不能共享等堵点、难点、痛点问题。跨境政务服务平台自上线以来，共计助力 112 位港澳居民、12 家港澳企业完成港澳建筑及相关工程咨询资质备案，158 家港澳资企业线上申请就业创业补贴，近 2 万澳门居民及企业完成澳门单牌车业务，已完成网办服务超 1.4 万件，获得了港澳企业和群众的一致好评①。

主要成效如下。①打破"信息孤岛"，实现"数据通"。平台打通琴港澳三地等多个部门的数据壁垒，初步实现琴港澳数据互通共享，促使港澳居民享有与内地居民一样的身份认证服务，港澳企业法定代表人通过扫脸即可完成身份核验，真正实现了内地、澳门、香港三地的个人身份识别及互认。②集成跨境政务，实现"一网通"。平台利用区块链、大数据等技术突破了琴港澳政府服务的"行政壁垒"，集成"跨境通办"事项已达到 330 项，将横琴粤澳深度合作区的政务服务延伸至港澳地区，助力港澳居民足不出境完成相关政务事项办理。③优化办事流程，实现"业务通"。对于法律法规没有明确必须到现场办理的事项，港澳企业和群众可直接登录平台进行线上办理，实现跨境政务全流程网上办理，申请人"一次都不用跑"。④畅通办事渠道，实现"时时通"。此前港澳居民想了解横琴信息、办理横琴政务，至少需登录 5 个网页、App 或者微信公众号，或是需线下多次跑动。而跨境政务服务平台打破空间、时间限制与信息壁垒，港澳居民全天候 24 小时均可通过跨境政务服务平台的"粤澳特色服务"专区了解资讯，真正做到"服务口统一，衣食住行覆盖"，有效节约了港澳居民的办事时间与成本。

四 问题与困境

跨境政务服务平台的运营取得良好成效，2021 年 7 月入选广东自贸试验区第五批制度创新案例，11 月荣获国家 2021 年政府信息化创新成果优秀案例，获得了港澳群众的一致好评。但是，在横琴粤澳深度合作的大背景

---

① 以上数据统计至 2021 年 12 月。

下，港澳群众对跨境业务的需求不断提升，"互联网＋跨境"也面临更大的挑战。客观审视，跨境政务服务平台仍存在薄弱环节，主要体现在以下方面。

一是跨境数据共享深度不够。数据的流动是政务线上办的基础，琴港澳三地制度不同、法域不同，数据流动存在明显障碍。随着粤澳深度合作区的加快建设，琴港澳三地的联系日益密切，未来将会有越来越多港澳同胞在横琴生活、就业、创业，跨境数据流动也必将更加频繁。如何在"一国两制"的大前提下，合法合规安全地实现跨境数据共享互通，以数据扩展实现更多跨境政务服务网上办和移动办，成为琴澳深度融合的一大挑战。

二是跨境事项覆盖面不广。随着琴澳两地合作的不断加深，港澳人员对跨境事项办理的需求也不断提升，而目前跨境政务服务平台虽集成多项跨境服务，但并不能完全满足港澳人员跨境办事需求。如何理清港澳居民的跨境办事需求，在尊重其办事习惯的前提下，推动更多高频跨境政务服务事项网上可办、自助可办，有效满足港澳同胞跨境办事需求，是跨境政务服务平台下一步重点关注的方向。

五　未来展望

横琴粤澳深度合作区将围绕港澳企业和群众的需求，不断充实跨境政务服务平台的服务内容、扩大平台服务覆盖面，释放更多政务服务改革红利，促进更多涉及港澳企业线下业务可线上申报办理，通过开放的平台给港澳同胞带来更多的共享政务服务，给港澳同胞带来更多的获得感和认同感。同时结合横琴粤澳深度合作区，提出符合横琴实际和特色的"数字政府"规划，构建一批琴澳数字政府基础平台，发挥好横琴粤澳深度合作区促进澳门经济适度多元化发展的作用。

（一）进一步推动跨境数据共享共通

在遵循法规政策的前提下逐步实现跨境数据安全流动是进一步减免两地

居民跨境跑动的重要前提。对此，横琴粤澳深度合作区将推动琴澳政务大数据平台建设，推动公共数据普查、对接、资源开发利用，促进并健全琴澳政务数据合规互信有序高质量流转。通过数据的安全流动，加强跨境业务部门之间的协同，逐步实现港澳居民与内地居民享受相同的大数据服务，促进琴澳政务服务"跨境通办"系统集成化、科学规范化、高效便利化，有效满足琴澳各类市场主体和广大人民群众的跨境办事需求。

（二）加速覆盖更多跨境服务事项

虽然跨境政务服务平台已集成了330项跨境事项，但澳门居民的跨境服务需求还有很多。下一步，跨境政务服务平台将对澳政务服务事项进行完善升级，提升澳门居民办事获得感，同时对澳门居民的跨境服务需求进行深入调研和梳理，并利用大数据、区块链等先进技术不断丰富跨境服务，推动更多跨境高频政务服务事项可上线办。例如，跨境学籍管理、跨境出行、跨境惠企服务、跨境民生服务等，实现更多与港澳居民生活、生产密切相关的跨境事项"最多跑一次""一次不用跑"即可办，便利港澳居民在横琴粤澳深度合作区生活，为促进琴澳两地深度合作提供有力支撑。

（三）提高平台使用好评率

下一步跨境政务服务平台将聚焦澳门企业和群众普遍关注、需求集中的领域，以使用者感受为导向，不断完善现有跨境服务事项，优化服务流程，提升跨境服务实效，把用户体验作为衡量服务质量的唯一标准，推进跨境服务"线上可办""线上好办"，让平台功能更强、体验更佳、口碑更好，不断提升港澳用户获得感和满意度，努力打造合作区跨境服务的金字招牌。

B.4
创新医用耗材集中采购治理的实践与思考

珠海市医疗保障局课题组*

摘　要： 为深入贯彻落实党中央、国务院改革决策部署，进一步减轻人民群众就医负担，净化医药采购生态环境，推动医药产业持续健康发展，珠海市医疗保障局在广东省第三方药品电子交易平台开创医用耗材集中采购的新模式，率先设立地级市集中采购专区，通过创新采购模式，促进供需对接，强化了供应保障，取得较好成效，为其他地市探索医用耗材集中采购提供可复制可借鉴的实践经验。未来还将在完善医用耗材采购监管系统、集团采购及信用评价体系以及支付方式和结算管理机制等方面进一步完善。

关键词： 医用耗材　集中采购　创新治理模式

一　珠海市医用耗材集中采购的基本情况

（一）采购现状

珠海市从2015年3月起实行公立医疗机构医用耗材零差率改革，2016年6月开始实行公立医疗机构医用耗材配送改革。全市公立医疗机构在第三方交易平台开展医用耗材采购，组织专家制定采购目录，通过公开竞价、现

---

* 课题组负责人：程智涛，珠海市医疗保障局党组书记、局长。课题组成员：王霞、蔡艳艳、吴喜临、周娟。执笔人：吴喜临，珠海市医疗保障局医药价格和招标采购科副科长。

场议价等方式确定采购价格。通过公开招标确定配送企业。将公立医疗机构采购医用耗材的经费纳入预算，管理部门审核批准后将采购款项划入指定结算账户，每月据实拨付货款至中标配送公司。此即珠海市公立医疗机构医用耗材采购工作的"五统一"，即统一目录、统一采购、统一配送、统一预算和统一结算①。

（二）存在问题

公立医疗机构实施医用耗材配送改革过程中，截至 2019 年 6 月 30 日新采购模式建立前，珠海市公立医疗机构共在第三方电子交易平台采购约 11 亿元的医用耗材，比改革前共节省约 1 亿元，综合降幅约为 9%，其中通用耗材价格整体降幅约 18%；专科医用耗材重点关注目录骨科类降幅约 6%，心脏起搏器类降幅约 4%，其他类降幅约 1%，对降低医用耗材费用起到了积极作用。但实施中也存在以下主要问题②。

一是医用耗材供应不能满足需求。全市公立医疗机构划分为若干组，每组通用耗材由一个中标企业配送。单一配送企业不能完全满足组内医疗机构所需的全部产品，且在部分产品未获得生产企业授权经营的情况下，影响配送供应，导致部分产品出现断货，临床正常使用受到影响，医疗机构将目录内产品替换或者违规线下采购等情况时有发生。

二是采购平台耗材目录有限。采购平台由生产企业自主提供产品信息，部分生产企业医用耗材未在平台上线，导致部分医疗机构使用的医用耗材在平台采购不到。口腔医院等专科医疗机构使用的产品个体化差异大，部分综合医院使用的大型检查、检验设备的医用耗材专机专用，在采购平台均不能完成采购，医疗机构又不能停止业务开展，导致医疗机构线上采购率达不到要求。存在线上采购不能满足临床需求等迫切需要解决的问题。

---

① 黄立杰、蔡艳艳、王霞：《珠海：不让高值医用耗材再"耗财"》，《中国社会保障》2020 年第 2 期。
② 黄立杰、蔡艳艳、王霞：《珠海：不让高值医用耗材再"耗财"》，《中国社会保障》2020 年第 2 期。

三是医用耗材采购支付不及时。企业配送产品时未随附发票，导致结算延时，部分医疗机构在产品入库后需要较长时间才完成采购支付。根据《珠海市专科（通用）医用耗材配送服务及购销合同》，珠海市公立医疗机构与商业银行签订"集中代收委托扣款授权书"，由银行在医疗机构账户无足够余额支付采购货款时代为支付货款，医疗机构在规定时间内按融资协议偿还融资本金、利息等应付费用。但由于实际上采购平台的线上融资及结算功能没有启动，集中代收委托扣款未能执行，部分货款甚至超过 6 个月未支付。

改革中的问题使得利益相关各方对采购工作不满意，医疗机构、配送企业、生产企业均有较大意见，改革工作越来越困难。

二　改革做法

2019 年 5 月，习近平主持召开中央全面深化改革委员会第八次会议，指出"要理顺高值医用耗材价格体系，完善全流程监督管理，净化市场环境和医疗服务执业环境；要加强省级集中采购招标平台建设，促进省级平台间信息互通，进一步降低医用耗材价格"①。同年 7 月，国务院办公厅下发《关于印发治理高值医用耗材改革方案的通知》，要求"全面深入治理高值医用耗材，所有公立医疗机构采购高值医用耗材须在采购平台上公开交易、阳光采购。对于临床用量较大、采购金额较高、临床使用较成熟、多家企业生产的高值医用耗材，按类别探索集中采购，鼓励医疗机构联合开展带量谈判采购"②。

广东省下发《广东省医疗保障局　广东省卫生健康委关于做好医用耗材网上交易工作的通知》，要求"各地市做好推动医疗机构医用耗材网上交易工作，严格落实医疗机构医用耗材网上交易规定，公立医疗机构必须在广

---

①　参见习近平 2019 年 5 月 29 日在中央全面深化改革委员会第八次会议上的讲话。
②　《国务院办公厅关于印发〈治理高值医用耗材改革方案〉的通知》，2019。

东省第三方药品电子交易平台采购医用耗材"①。

2019 年 1 月，珠海市医疗保障局（以下简称"市医保局"）成立，负责组织实施医用耗材采购管理工作。为适应医用耗材集中采购新要求，进一步降低医用耗材采购价格，降低医疗机构运行和群众就医成本，市医保局对珠海市公立医疗机构医用耗材采购工作进行了全面梳理，对现行医用耗材采购进行了一系列的改革。

（一）集思广益，科学严谨打造"总引擎"

在广东省未出台统一采购办法的情况下，如何按照国家、省的要求，在广东省第三方药品电子交易平台（以下简称"省交易平台"）全面开展医用耗材集中采购，并进一步降低医用耗材采购价格，是一个重大课题。市医保局主动作为，通过座谈、调研、沟通，积极推进改革工作。一是组织医疗机构医用耗材专家开展了多次座谈，充分调动医疗机构、医疗专家的积极性，听取专家们对集中采购改革的意见和建议，经反复研究讨论和完善，提出珠海市公立医疗机构医用耗材集中采购改革工作初步意见。二是两次专程向省医保局汇报珠海改革的工作思路与计划，征求相关意见，并结合省医保局的指导意见进行完善，在政策允许的框架内发挥敢为人先、敢闯敢试的特区精神，获得省医保局的支持。三是每周与省交易平台面对面沟通协调，研究采购目录，明确采购方式，探讨采购限价，签订《医疗机构医用耗材集中采购改革工作备忘录》，厘清相关权利和义务，明确工作推进台账，通力合作完善方案。

2019 年 5 月，制定《珠海市公立医疗机构医用耗材集中采购工作实施方案（征求意见稿）》，先后向市财政、卫生健康和市场监管等部门，全市公立医疗机构以及社会公众广泛征求意见，修改完善政策。同年 8 月 24 日，珠海印发《珠海市人民政府办公室关于印发珠海市公立医疗机构医用耗材

---

① 《广东省医疗保障局 广东省卫生健康委关于做好医用耗材网上交易工作的通知》，广东省医疗保障局，2019。

集中采购工作实施方案的通知》，确定全市公立医疗机构医用耗材集中采购方案，珠海市医用耗材线上采购"总引擎"启动。

（二）开辟专区，优化线上采购"新路径"

基于省交易平台开展的医用耗材线上采购是当前全省医疗机构采购的主要途径，医用耗材线上可交易品规2016年为58万个，至2019年增加至110万个。但医用耗材存在编码与产品并非唯一对应的问题，医疗机构在大量的产品信息中寻找目标产品耗时耗力。珠海市通过与省交易平台协商，创新性地在省交易平台设立珠海专区，将珠海市医疗机构临床常用的医用耗材集中到专区采购，优化采购路径，便于生产企业精准推送，提高医疗机构采购便捷性。

市医保局与省交易平台按"质优价适"原则确定珠海区域采购目录，医疗机构自主申报后经核定，目录内品规增加至6万余个，临时性采购区域为应急采购提供了通道，自主采购备案模块为临床特殊需求采购预留了空间，以集中采购为主、兼顾自主采购需求的新模式，充分满足了各医疗机构临床诊疗的需求。

（三）深入调研，找准症结抓住"牛鼻子"

改革前珠海市医用耗材实施统一配送，通用医用耗材和专科医用耗材分别分组招标，按中标结果由不同配送企业分别配送。生产企业和医疗机构对配送机构毫无选择权，经常出现配送企业未经生产企业授权而导致产品供应不足，或者货票不一致入账结算难等情况。一方面，医疗机构反映企业配送不及时、配送产品质量不能保证，存在串换产品等行为；另一方面，中标配送企业反馈医疗机构不及时结算，双方意见都很大。如何开展医用耗材集中采购改革是一个巨大的考验。市医保局多次召开配送企业及部分生产企业座谈会，深入医疗机构调查研究，切实了解各方的现状、需求、意见及建议，逐步理清症结，揪住生产企业和医疗机构没有自主权的核心问题，将配送企业由政府招标转变为生产企业指定范围、医疗机构自主选择的方式。通过引入竞争机制，在珠海专区挂牌的医用耗材生产企业选择3~5家配送企业，将本企业产品在珠海区域的配送全权授权，由医疗机构线上采购的同时，自行选择配送企业，既保障了生产企业和医疗机构供需双方的自主选择权，又让配送企业之间有了竞争，服务效率、服务质量均得到提升。抓住竞争机制这个"牛鼻子"，既让生产企业选择授权企业配送，保证了产品质量和供应，又让医疗机构能够选择信用良好的配送企业，为推进珠海市医用耗材集中采购改革打下坚实的基础。

（四）推陈出新，价格控制设置"双开关"

省交易平台于2016年10月26日正式启动医用耗材挂网交易工作，医用耗材在网上实行自由交易管理模式。证照齐全的医用耗材生产企业均可自主申请挂牌，做好产品信息维护及提供挂牌价格。各医疗机构自主在线从医用耗材挂网交易目录中遴选医用耗材，与企业进行点对点自主议价采购。由于省交易平台对挂网目录及采购价格没有进行集中管理，医用耗材交易价格不透明不公开，采购主体的采购价格相互并不能查询，加之体量不同的医疗机构话语权不同，中小医院议价能力差，各医院采购价格不一。珠海市组织专家遴选出全市医疗机构常用的医用耗材在珠海专区挂牌，并将珠海市公立医疗机构医用耗材现行采购价格和省交易平台成交价格进行比对，以其中较低值作为专区产品采购限价，公立医疗机构在省交易平台进行议价采购时，不得高于采购限价。医疗机构有了参考价格，议价不再是"眼前一抹黑"，而是清清楚楚可以看到平台交易最低价。珠海市要求省交易平台发挥大数据功能，定期参考其他地区医用耗材挂网成交价格，及时调整采购限价，确保了医用耗材采购与市场变化同步，避免了供应企业利润降低不愿供货而导致医疗机构采购不到产品的问题，也为医疗机构降低采购成本提供了大数据支撑。医用耗材价格控制"双开关"机制为公立医疗机构降低医用耗材采购成本提供了很好的制度保障。

（五）创新采购模式，四个在线树立"新典范"

市医保局按照政府指导的原则，明确以市场为主导，阳光公开开展集中采购，依托省交易平台，以大数据为基础，创新推出在线议价、在线交易、在线支付、在线监管"四个在线"珠海模式，为开展医用耗材省级集中带量采购、联盟议价采购、稳步降低价格奠定基础，得到省医保局的充分肯定，在全省进行推广应用。同时，珠海市在省交易平台珠海专区设立管理员账号，对专区的所有采购行为实时查询、实时监控。医保部门每季度对医用耗材线上采购情况进行通报，对违规的生产企业、配送企业信息及时向市场监管部门通报，对可能存在不合理使用医用耗材的医疗机构信息及时通报卫健部门，提高珠海市医用耗材采购监管效力。各部门协同配合、加强监管，为医用耗材采购改革达到预期效果提供了重要保障。

三　改革成效

（一）有效防控廉政风险，遏制医药行业不正之风

全市公立医疗机构按临床需要自主申报，通过大数据比对形成集中采购目录和采购限价，医疗机构直接在省交易平台上进行议价，实行在线议价、在线交易、在线支付、在线监管一体化管理，使医用耗材采购过程公开、透明，不但有利于预防和遏制购销领域腐败行为，净化公立医院风气，而且有利于打造医药生产、流通企业公平竞争的环境，促进产业健康发展。

（二）为全省医用耗材集中采购改革提供珠海经验

2020 年 5 月，省交易平台以珠海模式为基础，设立"广东省医用耗材联盟采购区"，在全省推广珠海经验。至 2020 年底，中山、云浮等 18 个地级市和全部驻粤军队医疗机构在联盟采购区开展医用耗材采购。联盟采购区实现全省医疗机构医用耗材目录价格信息资源共享，为实现医用耗材省级集中带量采购、竞价采购、稳步降价和统一医用耗材编码等工作打下了坚实的基础。2020 年联盟采购区挂牌品种 101036 个，平均降幅 18.7%，降幅大于 50% 的有 1977 个品种。珠海采购模式已成为可复制可推广的品牌。

（三）进一步降低采购价格成本，实现医院、医保、群众三方共赢

珠海医用耗材线上采购模式，进一步降低了采购成本，实现医院、医保、群众"三减"的目标。一是医院减成本。通过省交易平台联盟采购区，有效解决了单家医疗机构议价难问题；通过实行限价采购和价格联动的价格双控模式，医用耗材采购价格逐步降低，珠海市医用耗材采购成本降幅达22%，为医疗机构节约了采购成本。二是医保统筹基金减支出。截至2021年12月，采购金额23.18亿元，节省费用6.43亿元，医保基金的支出也相应减少，为珠海市下一步公立医疗机构医疗服务项目价格结构调整腾出空间。三是人民群众就医减费用。医用耗材采购成本进一步降低，使得群众在治疗过程中医用耗材的费用负担减轻，尤其是高值耗材的使用。例如，微创神通医疗科技（上海）有限公司生产的血管重建装置，型号TB4520、TB4525，原采购价格为20.5万元，改革后采购价格为16.5万元，降价4万元。

四　完善医用耗材集中采购的建议

（一）改革经验

改革方案的制订需要科学谨慎，改革的推动需要一往无前，在珠海市推动医用耗材线上采购改革的过程中，推过大力宣传、加强沟通、完善制度、加强监管，促进改革政策落地。

1. 加强宣传培训，全力落实改革政策

采购政策出台制定后，必须及时召开新政实施动员及解读大会，组织全市医疗机构、医用耗材生产经营、配送企业进行培训动员，切实增进医疗机构及企业的政策认同和深入理解；同时通过"两报两台"、网站及微信公众号等媒体广泛深入开展珠海市医用耗材集中采购新政的宣传，营造良好的舆论氛围，为推动政策措施平稳落实落地打下扎实的基础。

2.加强沟通协调，有效推进采购工作

加强与省级采购平台、公立医疗机构和企业的沟通联系，听取意见建议，梳理问题清单，制订有效措施，优化采购流程，协商解决各方在采购中遇到的问题，进一步推进规范医用耗材集中采购工作。同时，加强与纪检部门的沟通及联动，定期通报公立医疗机构医用耗材集中采购工作情况，指出问题督促落实整改，加大对违法违纪行为的查处力度，防控采购领域廉政风险，促进行业健康有序发展。

3.完善采购制度，规范采购行为

市医保局重视制度建设，坚持"用制度管人，靠制度管事"，根据工作实际先后出台《珠海市医疗保障局关于做好珠海市医疗机构医用耗材临时性采购工作的通知》《珠海市医疗保障局关于印发〈珠海市医疗机构医用耗材临时性及自主采购业务规程〉的通知》等4份采购程序文件，规范临时性采购和自主采购等行为，推进集中采购改革工作。

4.加强采购监管，推动政策落地见成效

一是开展定期通报，规范采购行为。定期进行月度、季度或年度通报，通报各公立医疗机构采购情况，要求医疗机构对采购工作中存在的问题逐一提出整改时限，做到问题举一反三、立行立改。二是开展专项检查。对采购工作进行专项检查，检查包括是否按照规定在线上开展采购、自主采购产品是否按照规定备案等，对存在问题进行通报和约谈。三是定期监测数据。要求医疗机构完善入库管理系统，加强入库产品信息管理，定期上报医用耗材入库金额、平台采购金额、自主采购金额等数据，进一步加强医用耗材采购数据监测。四是完善协议管理。健全监督管理机制，将医用耗材采购纳入医保定点医疗机构协议管理范围，通过医保基金的指挥棒作用，加强对医疗机构采购的管理，提高医保基金使用效能。

（二）未来发展建议

珠海市医用耗材集中采购改革虽然取得了一定成绩，但也存在一些问题，如口腔专科、专机专用检验试剂等部分医用耗材个性化强，未在平台上

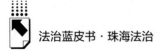

线，货款结算不及时，生产企业、配送企业或医疗机构未按采购平台规则或合同约定执行等，为此提出以下建议。

一是完善耗材采购监管系统。目前的医用耗材线上采购监管功能不够完善，只提供对生产企业挂牌、价格信息、医疗机构采购等查询功能，缺乏预警、提醒、分析等功能，未来应进一步完善监管系统，实现挂牌信息、交易信息的动态监控、及时预警。

二是建立健全集团采购及信用评价体系。针对目前部分医用耗材如口腔专用耗材、专机专用检验试剂等未进行线上交易，企业对执行线上医用耗材集中采购持观望态度的情况，建议上级部门制定全省统一的医用耗材挂网采购规定，完善采购管理办法，发挥集团采购规模效应，同时建立健全信用评价体系，加强企业管理，严格执行诚信记录和市场清退制度，依法惩戒采购失信行为，加强对采购守信行为的正面引导，推进医药领域和医疗保障诚信建设①。

三是探索医保基金与企业直接结算。着力改进支付方式，加快资金流动，探索推进医保基金与医药企业直接结算货款，将30天回款率作为考核指标，确保医疗机构及时回款，降低交易成本，切实提高企业上线交易的主动性和积极性。

医用耗材集中采购工作是医药卫生体制改革中的一项重要内容，随着国家对医用耗材的规范和治理，医用耗材采购必将会有新的改革要求。市医保局将继续秉持"以民为本"的初心，坚持"为用而采"的目的，切实为医疗机构采购医用耗材提供保障，为减轻群众就医负担保驾护航，努力实现"十四五"医疗保障发展目标。

---

① 《广东省医疗保障局关于做好药品和医用耗材采购工作的指导意见》，广东省医疗保障局，2020。

B.5
大湾区视野下珠海安全生产行政执法现状分析与探索思考

珠海市应急管理局课题组 *

摘　要： 珠海市应急管理局以习近平总书记关于安全生产的重要论述为引领，紧扣"大应急"体系格局发展脉络，围绕粤港澳大湾区建设以及横琴粤澳深度合作区深度融合，推动全市应急管理部门在队伍构建、行政执法、两法衔接、制度设计等方面进行改革与探索。重点分析当前珠海市安全生产行政执法领域遇到的新问题、新风险、新挑战，目前湾区融合发展带来的风险叠加，坚持以大湾区新发展改革为方向，有针对性地提出应对策略及改革设想，健全完善法律法规体系，全面加强执法队伍建设，适当突破执法主体适格瓶颈，积极探索共商共建共管共享，以期取得新的成效与突破，为珠海市安全生产工作行稳致远发展提供应急管理智慧。

关键词： 珠海应急　粤港澳大湾区　安全生产　行政执法

《中共中央　国务院关于推进安全生产领域改革发展的意见》提出："安全生产是关系人民群众生命财产安全的大事，是经济社会协调健康发展的标志，是党和政府对人民利益高度负责的要求。"近段时间以来，全国各地安全生产形势较为严峻，陆续发生多起重特大责任事故或事件，暴露了相

---

* 课题组负责人：高树林，珠海市应急管理局党委书记、局长。课题组成员：余海彬、苑振辉、何瑞。执笔人：何瑞，珠海市应急管理局执法监督科副科长。

关单位和人员法治意识、安全意识、责任意识淡薄等问题，引起了中央层面和社会各界的高度关注，同时也向各级人民政府敲响了警钟。

珠海，作为粤港澳大湾区、横琴粤澳深度合作区、经济特区、自贸区等"四区"驱动的中心枢纽和改革前沿阵地，面临多维度的深度融合与创新发展，政策上释放出重大红利，市场多元化程度与活力程度将持续攀升，安全生产形势呈现复杂多变的局面。如何坚守"一国"之本，善用"两制"之利，立足特殊监管体制和发展基础，着力破解安全生产行政执法领域存在的深层次难点、痛点、堵点问题，促进经济社会平衡协调发展，推动珠海"二次创业"，保障人民群众生命财产安全，成为全市应急管理部门必须做好的功课。

一　高位推动安全生产行政执法

党和国家高度重视安全生产工作，习近平总书记共计 60 余次作出重要指示批示，多次强调"人民至上，生命至上"的安全发展理念；要求统筹好发展和安全两件大事，做到以安全促发展、以发展保安全，实现良性循环；提出"发展决不能以牺牲人的生命为代价，这必须作为一条不可逾越的红线"。全市应急管理部门以习近平总书记关于安全生产的重要论述为核心引领，以全面依法治国基本方略为行动纲领，形成高度的政治自觉、思想自觉和行动自觉，主动适应法治国家、法治政府、法治社会一体建设的时代发展需要，绘蓝图、挈纲领，按照"中央所向、湾区所需、粤澳所求、应急所能"的宗旨和原则，科学规划安全生产实施路径，全面提升行政执法能力水平。

当前形势下，经济社会结构体量和发展规模高速扩张，有关新材料、新能源、大数据、人工智能、物联网、生物医药等新兴产业如雨后春笋般蓬勃发展，住建、工贸、危化等传统行业后劲十足，加之疫情防控、贸易政策、全球一体化等外部因素的影响，生产安全事故、违法违规现象频发，执法监管难度加大，安全生产总体形势不容乐观，亟须构建一个全链条、网格化、高质量的安全生产行政执法监管体系，保障各种技术、产业、业态、模式的生产经营活动平稳有序发展。

"安全生产行政执法"在整个应急管理体系中所占比重极高，涵盖了日常监督、执法检查、行政处罚、事故调查以及立法规范、制度建设等内容；作为一条看不见的"金线"，从事前的监督检查——防患于未然、源头阻隔，到事中的事故调查——查明真相、厘清关系，再到事后的处罚处理——追究责任、整改问题，串联起应急管理全方位各环节的工作；通过立法、规章、制度等多个层面的规范，有效形成事前、事中、事后一体化动态监督的执法监管机制，进一步压实主体责任、强化警示处罚、确保安全稳定，扮演着非常重要的角色，支撑起"大应急"体系的半壁江山。因此，安全生产行政执法的作用愈发突出，应将其放在前所未有的重要位置，高位予以推动。

二　有效构建应急管理职能体系

党的十九大以来，以《中共中央关于深化党和国家机构改革的决定》为纲，我国明确了全面深化改革的总目标，稳步推进新一轮党和国家机构改革，应急管理部共计整合了 11 个部门的 13 项职责，包括 5 个国家议事协调机构、2 支部队 19 万人的转制①，被称为整合职责职能最多的"超级大部"，确定了"大应急"体系的主色和基调。为全面保障中央与地方职能机构的靶向对接与精准实施，珠海高位聚焦职责交叉、功能重叠、机构冗余、部门掣肘等重点领域和关键环节，建立了结构合理、功能完整、关系明确、运行高效的多层级应急管理体系。

（一）应急管理体系确立成形

2019 年 1 月 20 日，珠海市着力应急管理的全新再造与重建，正式成立

---

① 《新闻办就新时代应急管理事业改革发展情况举行发布会》，原应急管理部副部长孙华山答记者问，2019 年 9 月 18 日，中央人民政府网站。

珠海市应急管理局，以原珠海市安全生产监督管理局为班底，整合了应急、消防、三防等8个部门的13项职责，同时还承担了三防、森防、抗震等3个指挥部以及安全生产、应急、减灾等3个委员会的职能，并将原有的9个区级安全生产监督管理局调整为5个区级应急管理局，其中包括1个正处局和1个副处局①，真正做到与上级部门职能机构一一衔接对应。同时，重点围绕"三个必须"②工作要求，着力构建"党政同责、一岗双责、齐抓共管、失职追责"的安全生产责任体系，以及"市、区安全生产委员会统筹协调，应急管理部门综合监管、各行政主管部门行业监管，生产经营单位履行主体责任"的三级运行体系，依托"生产经营单位安全生产主体责任制""安全生产责任险"等抓手，强化行业自律和社会监督，呈现全面发力、多点突破、纵深推进的崭新局面，"大应急"体系架构基本确立成形。

（二）行政执法队伍整合重建

根据珠海市委编办《关于调整珠海市应急管理局机构编制事项的通知》的工作部署，在市局层面设置综合执法支队，增设政策法规科，增加行政执法专项编制7名，并从市政府、公安等部门选调4名公务员；同时，根据各行政功能区一体化改革实施方案要求，在区局层面有效完成相关职能机构的整合与重建，进一步拓展执法队伍的广度和深度。目前市、区两级应急管理部门在编公职人员（包括公务员编和事业编）总数为263人，市局66人、区局197人；执法岗位的公职人员共69人，占在编总人数的26.24%；安全生产行政执法人员平均年龄基本低于所在单位平均水平，所学专业与法律、化工有关的约占50%；取得法律职业资格的3人，取得注册安全工程师资格的7人，取得中级以上技术职称的3人。

---

① 统计时间截至2021年8月31日，不包括横琴粤澳深度合作区成立之后的情况。
② 《安全生产法》第3条第3款规定，安全生产工作施行管行业必须管安全、管业务必须管安全、管生产经营必须管安全，强化和落实生产经营单位主体责任与政府监管责任，建立生产经营单位负责、职工参与、政府监管、行业自律和社会监督的机制。

（三）镇街综合改革落地实施

2020 年 12 月 30 日，珠海市政府印发了《珠海市人民政府关于镇街综合行政执法的公告》（珠府函〔2020〕213 号），积极推动镇街综合行政执法改革。根据改革要求，珠海市行政区域内 24 个镇街自 2021 年 2 月 1 日开始实行镇街综合行政执法，其中，香洲区 10 个、金湾区 4 个、斗门区 6 个、高新区 1 个、万山区 3 个。目前，香洲、金湾、斗门等行政区的镇街均已设置应急管理办公室，统筹开展应急管理及综合行政执法工作，彻底打通安全生产行政执法的基层关卡，形成自上而下的完整链条体系，进一步延伸执法触角、扩大覆盖范围、形成监督合力。改革后，全市镇街编制总量 1562 个，较改革前新增编制 815 个、增长 109%；区、镇两级用于应急管理工作（含安全生产监管和执法工作）编制 642 个，较改革前增编 326 个、增长 103%①。

三　坚决守牢安全生产基本盘面

"法律是治国之重器，良法是善治之前提。"珠海市应急管理部门深刻领会依法治国理念的实质内涵，牢固树立"法定职责必须为""法无授权不可为"意识，切实提升运用法治思维和法治方式分析解决问题的能力，重点攻关安全生产行政执法领域存在的突出问题和顽症痼疾，从小切口入手，在基本面破局，以严格执法倒逼责任主体全面履职，以制度规范促进经济社会平稳发展，坚决守牢安全生产基本盘面。

（一）行政执法工作成效显著

总的来看，全国安全生产基本走势呈现倒"V"字形，在 2002 年前后

---

① 涉及人员机构配置的数据，根据苑振辉《珠海市应急执法力量现状分析及对策》以及《当前我市安全生产监管工作存在问题及对策建议》（中共珠海市委办公室《信息专报》第 28 期）整理，统计时间截至 2021 年 8 月 31 日，不包括横琴粤澳深度合作区成立之后的情况。下同。

达到最高峰值,《安全生产法》也于当年应运而生。珠海市安全生产总体情况与全国走势基本保持一致,2002 年以来平稳向好发展。在全省安全生产责任制及消防工作考核评比中,珠海最近三年获得 2 次优秀、1 次良好的优异成绩。"十三五"期间,全市生产安全事故发生起数由 2016 年的 129 起下降至 2020 年的 84 起,死亡人数由 2016 年的 80 人下降至 2020 年的 59 人,受伤人数由 2016 年的 89 人下降至 2020 年的 46 人,直接经济损失由 2016 年的 2653. 26 万元下降至 2020 年的 2237. 71 万元,分别下降 34. 9%、26. 3%、48. 3%、15. 7%(见表 1、表 2)。行政执法行为较为规范,2020 年度全市应急管理部门监督检查生产经营单位 21171 次,查处一般隐患 31693 项,实施行政处罚 230 次,罚款金额 1280. 39 万元,使用安全生产行政执法文书 39744 份,共将 3 家企业纳入失信联合惩戒名单,检查企业数量和罚款金额同比上升 8. 74% 和 44. 89%,尚未出现"被人民政府或人民法院撤销、变更、确认违法或责令履行职责"等情形。

表 1　2016～2020 年珠海市安全生产事故情况

年份	各类事故情况				亿元地区生产总值生产安全事故死亡率(人)	工矿商贸企业就业人员 10 万人生产安全事故死亡率(人)	营运车辆万车死亡率(人)
	数量(起)	死亡(人)	受伤(人)	直接经济损失(万元)			
2016	129	80	89	2653. 26	0. 0400	2. 91	32. 02
2017	115	73	80	4928. 34	0. 0285	3. 39	16. 75
2018	116	63	93	2109. 35	0. 0216	1. 28	14. 58
2019	96	59	58	2642. 00	0. 0172	2. 32	13. 68
2020	84	59	46	2237. 71	0. 0169	1. 80	20. 30

数据来源:《珠海市应急管理"十四五"规划》。

表 2　"十三五"安全生产控制指标完成情况

相对指标	2016 年	2020 年	下降幅度(%)
事故总起数(起)	129	84	34. 9
死亡人数(人)	80	59	26. 3

相对指标	2016 年	2020 年	下降幅度（%）
受伤人数（人）	89	46	48.3
直接经济损失（万元）	2653.26	2237.71	15.7
亿元地区生产总值生产安全事故死亡率（人）	0.04	0.0169	57.8
工矿商贸企业就业人员 10 万人生产安全事故死亡率（人）	2.91	1.80	38.1
营运车辆万车死亡率（人）	32.02	20.30	36.6

（二）两法衔接力度不断增强

《珠海经济特区行政执法与刑事司法衔接工作条例》实施以来，取得了较好的引领和示范作用。为进一步规范安全生产和消防安全领域"两法衔接"工作，珠海市应急管理局联合公安、检察、消防等部门制定出台了《关于进一步规范安全生产和消防安全行政执法与刑事司法衔接工作的实施意见》，成为全省首个以四部门名义联合出台"两法衔接"制度的地市，具有首创性、实用性、功能性、警示性等特点，能够有效形成"大控方"的工作格局，依法惩治安全生产和消防安全领域违法乱象，被国内十余家主流媒体正面宣传报道，省应急管理厅也在全省范围内进行经验推广。2020 年度，全市各级应急管理部门主动移送安全生产"两法衔接"案件 5 宗，移送责任人员 15 人，移送宗数和移送人数均在全省排名靠前。

（三）制度规范建设水平提升

珠海市应急管理部门以法治建设为出发点和落脚点，坚持法治引领、优化顶层设计，不断规范执法行为、堵塞隐患漏洞、压实主体责任。一是在立法方面，组织修订《珠海经济特区安全生产条例》。二是在执法方面，扎紧制度藩篱，建立完善与执法公开、全程记录、法制审核相关的行政执法"三项制度"，出台《珠海市一般生产安全事故调查处理挂牌督办工作暂行办法》《珠海市应急管理局安全生产行政处罚信息修复暂行办法》，并重新编制发布涉及 298 个事项的《珠海市应急管理局权责清单》以及《安全生产轻微违法行为免处罚清单》，助力营商环境建设。三是在考核方面，充分发挥安全生产责任制考核"指挥棒""风向标"的作用，提升"行政执法工作考核"在安全生产责任制考核中的分值比重，并增设3项执法工作加分项。

四 勇敢正视队伍本身问题隐患

珠海安全生产基本盘面总体扎实稳固，但2021年以来出现了起伏波动，一些被忽略的问题和隐患浮出水面，成为不容轻视的"灰犀牛"，在安全生产行政执法领域也隐含着此类危机。

（一）安全生产形势低位运行

2021年以来，全市重点行业事故不断，建筑施工事故高发（发生事故15起，死亡31人）、交通运输事故多发（发生生产经营性道路交通事故30起，死亡14人）、高处坠落事故频发（发生11起高处坠落事故，死亡6人），情况较为严重，势头尚未得到有效遏制。同时，住房建设、交通运输等领域点多面广，全市在建房屋市政工程项目1227项、危险货物运输企业52家、危险化学品企业630家，执法监管难度较大，存在大量不安定因素①。

（二）湾区融合发展风险叠加

横琴粤澳深度合作区建成之后，珠海成为"多区"驱动的先行改革重要阵地，助力探索发展新技术、新产业、新业态、新模式，涉及科技研发和高端制造产业、中医药等澳门品牌工业、文旅会展商贸产业、现代金融产业等领域，经营方式灵活多变、企业数量高速扩张、交易往来频次加大，人、车、物、企的流通规模显著扩大，加之疫情防控、复工复产等因

---

① 数据来源于《珠海市应急管理月报》（2021年1~8月），统计时间截至2021年8月31日。

素的影响，安全风险叠加、事故隐患激增，对行政执法工作提出了新的更高的要求和标准。

（三）法律体系架构错综复杂

安全生产领域法律体系架构错综复杂，总量大、体系杂、认定难，存在执法人员学不完、学不深、学不透等现实问题。一是体系庞杂，内容繁多，充斥着各种类型的解释说明、制度规范、实施意见和指导案例，以及海量的部门文件和技术标准，可以说是汗牛充栋、难以计数，有的还表现出一定滞后性和冲突性。二是法律关系复杂，归责困难，对于管理责任、间接责任的认定往往只具有弱相关性，需要从多个方面综合考量，必须通过大量的证据支撑和自我心证，才能得出相对客观公正的结论。三是定性模糊，争议不断，许多理解与判定与执法者的法律综合素养息息相关。例如：关于"生产经营活动""项目法人""代建发包"等专业名词术语，缺乏统一、权威的表述和解释；对于不同类型法律存在的差异难以准确把握；关于执法当中自由裁量权的规定过于笼统、处罚变化幅度较大，可能出现同责不同罚或者同案不同罚现象；最高人民法院、最高人民检察院关于安全生产行政执法领域的解释说明，明显少于刑事及民事领域的内容。

（四）执法人员配置存在缺陷

全市应急管理部门行政执法人员存在数量严重不足、年龄结构老化的问题。全市应急管理部门现有 69 名行政执法人员，仅占总人数的 26.24%，而直接监管的企业达 8500 多个，平均每人负责 246 个企业①。市局执法人员平均年龄 47 岁，区局也在 40～45 岁，并且两极分化严重，存在较大断层。在专业化程度上，全市应急管理部门行政执法人员的专业化程度明显偏弱，所学专业与法律、化工、消防、工程相关的不足 60%，其余多为语言、体育、护理等与执法无关的专业，军转干部占比达到 37.68%。执法人员内部

---

① 按照法律法规规定，行政执法人员开展执法时，不得少于 2 人。

融合水平有待进一步提升，市、区、镇（街）三级联动能力有待进一步加强，镇街一级仍然存在职能交叉、监管空白、合而不统、"新瓶装旧酒"等问题①。

（五）证书申领限制过于严格

根据《广东省〈行政执法证〉管理办法》规定，行政执法人员从事执法活动，应当持有"行政执法证"等证件，并且只有本单位在编在职公务员才有资格申领。而目前的状况是，全市主要行政执法机关大多存在编制超标、委托执法等问题，事业编、合同编人员承担了大量辅助执法工作。由于标准限制过于严格，"在职不在编人员""事业编人员"无法申领"行政执法证"，造成执法人员数量与客观实际需求严重不符，并且牵涉制服配发、胸牌编号、人员交流等队伍统一管理问题。

五　积极探索共商共建共管共享

珠海地缘优势特殊，涉及"一国、两制、三法域"的意识形态，在制度政策、行政执法、货币关口、监管对象、发展方向等方面存在一定的复杂性与多样性，也为珠海大力改革创新预留了广袤的试验田。根据《横琴粤澳深度合作区建设总体方案》，澳门回归祖国25周年之际需要达到的既定目标是："粤澳共商共建共管共享体制机制运作顺畅，琴澳一体化发展格局初步建立，促进澳门经济适度多元发展的支撑作用初步显现。"珠海受此变革辐射影响，大有空间可为、大有潜力可挖，安全生产行政执法工作必须作出积极有益的尝试、探索和突破，有效促进区域经济社会稳定发展，实现从物理叠加到化学反应的提质与飞跃。

---

① 根据调研，全市许多镇街还是沿用以往的人员开展对应执法工作，如原安全生产监管局的人去搞安全生产、原市场监管局的人去搞市场监管，未能形成监督合力。

（一）打好"法治牌"，健全完善法律法规体系

一是根据新修正的《安全生产法》，结合珠海实际，组织修订《珠海经济特区安全生产条例》，落实中央决策部署，健全安全责任体系，贯彻新思想新理念，防范新风险新问题。二是动态调整政府及有关监管部门权责清单，制订完善自由裁量标准，及时清理失效、过时、冲突的规章制度，厘清职责分工以及执法真空地带，坚持依法行政。三是研究制定《生产经营单位安全生产主体责任规定》以及审慎、轻罚、缓处的监管新模式，主动适应与琴澳一体化衔接，保障商事主体在不同模式、体制、政策之间平稳过渡，熟悉区域范围内安全生产执法监管的度量标准，从而促进生产经营活动的有序开展。

（二）打好"创新牌"，探索建立释法析理机制

建议由市安委会、市人大法工委、市司法局等单位组成常态化议事协调机构，邀请横琴粤澳深度合作区执委会法律事务局、商事服务局以及相关专家学者作为常驻顾问，依托新成立的珠海经济特区立法研究中心等机构，探索建立安全生产领域释法析理机制，研究解决重点行业领域法律适用问题，统一明确行政执法尺度和事故调查标准，有效化解实践中存在争议或不明确的问题，最大限度提升解决问题的能力和效率，促进区域范围内的公平正义。

（三）打好"人力牌"，全面加强执法队伍建设

针对事故频发凸显的"执法人员严重不足"问题，建议推动市、区两级安委办实体化运作，设立专门内设机构，配备专职领导和安全生产行政执法人员编制，不再采用挂靠、兼顾等议事协调机构模式进行运作，保障其独立性、专业性和权威性；市、区两级应急管理部门对应恢复执法支队、大队等职能机构，增设"安全生产监督科（股、室）"，选配专业化、技术化、法治化人才，进一步充实和强化执法主体人员素质；各类生产性园区（工业园）单独设立安全监管机构，配备专业监管人员；充分利用镇街现有空

编资源，选配专业人才充实队伍，并根据镇街实际需求增配安监员，辅助行政监管执法。

（四）打好"实用牌"，适当突破主体适格瓶颈

建议适当突破《广东省〈行政执法证〉管理办法》规定，结合执法实际，采取"一线放宽、二线倾斜"模式，通过授权等形式，扩大一线执法主力——镇街事业编、合同编人员辅助执法权力范围，并严格落实综合执法改革要求，坚决杜绝合而不统、"新瓶装旧酒"、改革不深入不彻底的问题；同时放宽"行政执法证"申领标准，确保市、区两级在岗不在编公职人员、委托执法公职人员以及事业编人员，也可以申领"行政执法证"，并在编制配备上予以专门支持与倾斜。

（五）打好"激励牌"，着力营造良性循环氛围

建议完善执法人员工作激励机制，在晋级晋职、评先评优、立功嘉奖、提拔任用、干部交流上，给予相应的政策配套措施；可以参照公检法司监等系统执法队伍管理模式，按照"局队合一"和"准军事化管理"的标准，为应急管理队伍赋衔，提升队伍荣誉感和凝聚力；同时，应加强应急管理部门行政执法队伍的人员流动性，不断向外输出优秀人才、向内补充新鲜血液，形成正向良性循环机制，告别以往"安全生产深似海，一干执法出不来"的刻板印象。

（六）打好"合作牌"，切实加强区域共建共管

加强与横琴粤澳深度合作区的协作与互商，建立常态化沟通联络机制，及时协调、商议、解决安全生产领域存在的突出难点和共性问题。形成快速反应、高效联动的协作机制，通过联合执法、交叉检查、应急演练等方式，进一步规范执法行为、压实主体责任、统一标准尺度、提升安全等级。在全国层面收紧信用惩戒措施的情形下，探索塔建跨区域协作、多部门联动的生产经营单位信用惩戒平台。

（七）打好"文化牌"，不断丰富交流研讨形式

珠海与横琴粤澳深度合作区探索举办"珠琴澳安全生产交流峰会"，可以参考珠海公安与澳门政府联合打造的"珠澳警务论坛"模式，每年一度、轮流组织，围绕安全生产领域存在的痛点、堵点、难点问题以及未来发展方向，解放思想、大胆憧憬，在学术、政策、实操、经验、教训以及技术创新、机制改革等方面进行研讨与交流，为两地政府、部门、企业提供思想交流、创新发展、火花碰撞的互动平台。同时，进一步密切各类调研、交流、合作、宣传形式，特别是在科学技术领域加大投入力度，突出技防物管能力，提升信息化、智能化、即时化、可溯化水平，实现信息互通、资源共享、改革同创。

司法建设

Judicial Construction

B.6
完善行政公益诉讼诉前磋商程序之思考

广东省横琴粤澳深度合作区人民检察院课题组*

摘　要： 诉前磋商程序是行政公益诉讼诉前程序的重要组成部分，具有制衡、秩序和效益价值。横琴检察机关积极探索诉前磋商程序，与行政机关共商监管整改措施，推动行政机关自我纠错、依法行政，对于解决和处理错综复杂的行政公益诉讼案件具有可行性和可操作性。但由于诉前磋商程序的法律规定过于笼统、程序规范不完善，磋商效果难以充分体现。为此，必须进一步健全诉前磋商程序的法律制度、运行机制等。在粤港澳大湾区建设新时期，要进一步探索将内地生态环境检察公益诉讼制度纳入横琴粤澳深度合作区法治建设，建立健全跨区域公益保护磋商机制，推动公

* 2021 年 9 月，经最高人民检察院批复，同意撤销珠海横琴新区人民检察院，设立广东省横琴粤澳深度合作区人民检察院。课题组负责人：陈志刚，广东省横琴粤澳深度合作区人民检察院党组副书记、副检察长。课题组成员：曾命辉、龚志、伍嘉文、赵彦博、侯雪涵。执笔人：伍嘉文，广东省横琴粤澳深度合作区人民检察院检察官助理；赵彦博，广东省横琴粤澳深度合作区人民检察院检察官助理。

益诉讼制度迈向规范化、科学化。

关键词: 行政公益诉讼 诉前磋商程序 粤港澳大湾区公益保护

一 磋商程序：行政公益诉讼诉前程序的必要选项

（一）行政公益诉讼诉前程序的发展历程

检察机关提起公益诉讼制度，是党的十八届四中全会作出的一项重大改革部署，也是检察机关践行习近平总书记"检察官作为公共利益代表"重要指示的体现。我国的行政公益诉讼检察制度经历了顶层设计、法律授权、试点先行、立法保障、全面推进五个阶段，走出了一条具有中国特色的公益司法保护道路[①]，公益诉讼已成为新时代四大检察职能之一。其中，诉前程序成为办理行政公益诉讼案件的必经途径和重要手段，有充分的实践基础、必要的工作需求和明确的立法规定。

2015年7月1日，全国人大常委会通过《全国人民代表大会常务委员会关于授权最高人民检察院在部分地区开展公益诉讼试点工作的决定》。此后，最高人民检察院相继出台《检察机关提起公益诉讼试点方案》（以下简称《试点方案》）、《人民检察院提起公益诉讼试点工作实施办法》和《关于深入开展公益诉讼试点工作有关问题的意见》，上述规定为试点期间检察机关开展公益诉讼工作提供了依据。《试点方案》更是首次将"诉前程序"专业规范术语写进操作规程，明确规定检察机关对公益诉讼案件提起诉讼的，必须先进入督促行政机关履职的诉前程序环节。诉前程序要求检察机关发出检察建议督促行政机关履职或者纠正违法行为，行政机关收到检察建议

[①] 《最高人民检察院关于人民检察院全面深化司法改革情况的报告》，https：//www.spp.gov.cn/zdgz/201711/t20171102_ 204013. shtml。

后一个月内须以书面方式回复落实情况。如果行政机关在督促履职后积极履行法定职责或者纠正错误，使国家利益和社会公共利益得到有效保护，检察机关就可以终结行政公益诉讼案件程序。

2017年6月，《行政诉讼法》第25条第4款①以国家法律形式对检察机关提起行政公益诉讼作出规定，其中"应当向行政机关提出检察建议，督促其依法履行职责"即是行政公益诉讼前置程序。2018年3月，最高人民法院、最高人民检察院（以下简称"两高"）出台《关于检察公益诉讼案件适用法律若干问题的解释》（以下简称《两高解释》，该司法解释已于2020年修正），这是"两高"就公益诉讼制度共同出台的首个司法解释，含金量十足，对行政公益诉讼诉前程序方式、诉前程序行政机关回复期限、诉前程序与诉讼程序的衔接等予以明确。同月，最高人民检察院印发《检察机关行政公益诉讼案件办案指南（试行）》，结合试点工作经验，从调查、审查、终结审查、检察建议、审批程序等五个方面对行政公益诉讼诉前程序作出详尽规定，作为办理行政公益诉讼案件的指引。由此可见，诉前程序是"应当"而非"可以"，由法律确定作为检察机关提起行政公益诉讼的前置必经程序，有独特的地位。在适用顺序上，诉前程序必须先于诉讼程序进行，是提起诉讼的前提条件和基础，检察机关不能跨越诉前程序直接向人民法院提起诉讼。诉前程序包括线索研判、立案决定、调查核实、审查研究、终结审查或诉前检察建议等环节，环环相扣，确保诉前程序不浮于表面、不流于形式。

截至2021年12月，全国检察机关共立案办理公益诉讼案件57万余件，其中提起诉讼的仅2.8万余件，诉前程序在实现良好监督效果的同时节约了司法资源。试点期间及全面实施后全国行政公益诉讼诉前程序相关数据见表1、表2。

---

① 《行政诉讼法》第25条第4款规定："人民检察院在履行职责中发现生态环境和资源保护、食品药品安全、国有财产保护、国有土地使用权出让等领域负有监督管理职责的行政机关违法行使职权或者不作为，致使国家利益或者社会公共利益受到侵害的，应当向行政机关提出检察建议，督促其依法履行职责。行政机关不依法履行职责的，人民检察院依法向人民法院提起诉讼。"

表 1　试点期间全国行政公益诉讼诉前程序相关数据

单位：件，%

时间	公益诉讼案件数	行政公益诉讼案件数	诉前程序案件数	行政公益诉讼诉前程序案件数	行政公益诉讼诉前程序案件占公益诉讼案件总数比例	提起公益诉讼案件数
2015 年 7 月至 2017 年 6 月*	9053	/	7903	7676	84.79	1150

* 《公益诉讼试点两年 检察机关共办理案件 9053 件》，http：//news. youth. cn/sh/201706/
t20170630_ 10199066. htm。

表 2　全面实施后全国行政公益诉讼诉前程序相关数据

单位：件，%

时间	公益诉讼案件数	行政公益诉讼案件数	诉前程序案件数	行政公益诉讼诉前程序案件数	行政公益诉讼诉前程序案件占公益诉讼案件总数比例	提起公益诉讼案件数
2017 年 7 月至 2017 年 12 月*	9170	/	/	8781	95.76	257
2018 年 **	113160	108767	102975	101254	89.48	3228
2019 年 ***	126912	119787	107989	103076	81.22	4778
2020 年 ****	151260	136996	129971	117573	77.73	8010
2021 年 *****	16.9 万	14.9 万	14.4 万	/	/	1.1 万

* 《最高人民检察院关于开展公益诉讼检察工作情况的报告——2019 年 10 月 23 日在第十三届
全国人民代表大会常务委员会第十四次会议上》，https：//www. spp. gov. cn/spp/tt/201910/t20191024_
435925. shtml。

** 《2019 年最高人民检察院工作报告》，https：//www. spp. gov. cn/tt/201903/t20190312_
411422. shtml。

*** 《2019 年全国检察机关主要办案数据》，https：//www. spp. gov. cn/spp/xwfbh/wsfbt/
202006/t20200602_ 463796. shtml#1。

**** 《2020 年全国检察机关主要办案数据》，https：//www. spp. gov. cn/xwfbh/wsfbt/202103/
t20210308_ 511343. shtml#1。

***** 《2021 年全国检察机关主要办案数据》，https：//www. spp. gov. cn/spp/xwfbh/wsfbt/
202203/t20220308_ 547904. shtml#1。

（二）行政公益诉讼诉前磋商程序的价值基础

最高人民检察院检察长强调："具体工作中，要求各级检察机关把与行政机关磋商作为提出检察建议的必经程序，不单纯追求办案数量，更注重办理政府及其部门遇到阻力或者需要几家单位协同解决的难案。"2021年7月1日，《人民检察院公益诉讼办案规则》正式施行，从立案与调查、检察建议、提起诉讼等方面对行政公益诉讼作出规定，并明确了检察机关行政公益诉讼立案后诉讼前磋商程序（以下简称"诉前磋商程序"）的事项、方式等内容，这是首次将诉前磋商程序写进了办案规定。

行政公益诉讼的本质是以保护公共利益为目的的"检察权＋行政权"复合法律关系。诉前磋商程序是检察机关通过磋商方式督促行政机关用尽自身手段依法行政，提升行政机关自我纠错的积极性，以保护国家利益和社会公共利益，符合检察公益诉讼监督职能的价值取向。换个角度，如果检察机关在没有用尽其他救济手段的情况下直接将行政机关诉至法院，必然会引起行政机关的抵触心理甚至拒绝配合，案件质效将大打折扣。我国作为东方礼仪之邦，历来崇尚"和"的思想，诉前磋商程序体现的正是"柔性的磋商程序"与"刚性的诉讼程序"相平衡的"和"思想。现阶段，各地检察机关正在积极探索适用诉前磋商程序，在诉前程序中充分发挥磋商程序灵活高效、沟通化解分歧的独特优势，先与行政机关共同商议整改措施，共同探讨解决公益保护问题，实现"双赢多赢共赢"的办案目标和效果。

原珠海横琴新区人民检察院（以下简称"横琴检察院"）在办理行政公益诉讼案件过程中，充分运用简便快捷有效的诉前磋商方式诚恳提出意见建议，督促行政机关积极履职，对于解决和处理错综复杂的行政公益诉讼案件具有重要的价值性、可操作性、复制性。2020年3月，横琴检察院在履职中发现，区内有一处被评定为省级文物保护单位、距今已有5000多年历史的古人类生活遗址，由于种种原因一直没有得到充分的宣传、保护和利用。为此，检察机关主动介入，邀请文物保护专家和公安民警一起实地勘查，并充分征询专家意见。经多次座谈磋商，督促职能部门采取一系列针对性的保护措施，使该遗址得到了切实有效保护。这是横琴检察院探索运用诉前磋商程序成功办结的珠海首例文物保护领域行政公益诉讼案件，引起了众多媒体的关注和转载，得到了上级检察机关的充分肯定。2020 年 5 月，横琴检察院在履职中发现区内重点澳资企业涉嫌违法使用国有土地的线索。经调查，涉案地块此前杂草丛生、垃圾遍地，企业入驻后投资 200 多万元建设足球场和停车场等设施用于改善办公环境和丰富员工业余生活。承办检察官从支持澳门企业在横琴经营发展的工作大局出发，主动与职能部门进行诉前磋商，建议国土部门在不影响该地近年整体规划建设的情况下给予该企业补办临时用地手续的便利，以消除目前的违法状态；建议执法部门对该企业此前的违法行为依法尽量予以从轻处理。以上意见通过磋商程序得到采纳和支持，实现了司法办案的法律效果和社会效果相统一。上述两个行政公益诉讼案件诉前磋商方式的运用，表现出良好的可行性及高价值性，不仅符合"加强监督"的检察原则，也切实规避了"僵硬执法"的不足，更容易获得多赢之效。

二 现实困境：诉前磋商程序的完善动力

诉前磋商程序作为一种实施初期、尚处于探索阶段的新制度，司法办案实践中存在"摸着石头过河"现象，容易导致法律权威性和司法严肃性受损，成为制约行政公益诉讼诉前磋商程序案件有效性的现实困境。

（一）诉前磋商的法律规定过于笼统

在全面推行行政公益诉讼检察制度实践中遇到了许多问题，亟须法律制度的细化与完善。其中，行政公益诉讼诉前程序的法律规定稀少且空泛，原则性、条框性的规定居多，而对于诉前磋商程序的性质、方式、标准、成效、审查等均缺乏具体的法律制度设计、内容规范和配套规则，难以满足磋商程序的现实要求，容易造成实践操作的分歧与争议，不利于检察机关、行政机关形成完整的诉前磋商程序共识。

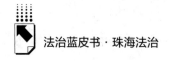

（二）诉前磋商的程序规范性不足

诉前磋商程序实践中存在如何衔接、适用程序、组织形式、次数期限等具体问题。一方面，诉前磋商程序适用不明确，检察机关决定诉前磋商适用与否的选择空间大，适用的时间以及具体案件适用范围等均缺乏明确规定，不利于磋商程序的全面适用。另一方面，诉前磋商的组织形式不明确，磋商的具体内容、程序步骤、操作方式等缺乏清晰明确的指引；对磋商次数与期限也没有严格限制，造成磋商次数难以把握、出现"久商不决"的情形；在涉及多个行政单位的案件中，还会出现行政单位之间对磋商不能达成一致的情况，对此也缺乏明确操作规定。

（三）诉前磋商的效果难以充分展示

由于我国推行诉前磋商程序的时间不长，还处于摸索发展阶段，法律制度不健全，案件样本较少，实践经验不足，行政部门轻视诉前磋商程序的情形也会存在，不仅不利于检察机关深入调查案件，还不利于诉前磋商程序自身价值和优势的充分发挥，导致行政公益诉讼案件效果大受影响。此外，在磋商程序中，检察机关如何判断负有职责的行政机关是否恰当、完全履职的标准值得研究。行政管理领域的法律法规较为繁杂，部门间法规交叉竞合的情况并不少见，导致行政机关容易出现"踢皮球"现象，而检察机关能否依据科学、正确的履职标准，对涉案行政机关作出是否履职的判断将直接关系到案件的走向和行政公益诉讼诉前磋商程序的实现，因此，厘定诉前磋商程序履职标准具有重要意义。

三　依法磋商：行政公益诉讼程序的完善路径

诉前磋商程序是检察机关适应新时代要求，依法履行公益诉讼职责的重要途径和创新方式。总结我国检察机关开展行政公益诉讼的经验，认真借鉴有关国家和地区的有益做法，加快健全和完善符合我国国情的诉前磋商程序及其运行机制，是我国检察公益诉讼制度迈向规范化、科学化的重要课题，也是推动行政公益诉讼检察工作深入发展的现实需要。

（一）健全诉前磋商程序的法律制度

建立规范化、科学化的诉前磋商程序不仅有利于更好地发挥磋商程序的制度优势，而且有利于实现行政公益诉讼实体正义和程序正义。在推进依法治国的大背景下，国家最高立法机关应当把完善公益诉讼立法纳入重要议事日程，在条件成熟时参照民事诉讼、行政诉讼领域的立法，单独设立公益诉讼实体法和公益诉讼程序法，对公益诉讼活动的实体和程序内容作出统一明确的法律规定，把"两高"的有关规定和地方各级人大常委会作出的决定上升至国家立法层面。公益诉讼实体法应对公益诉讼原则、案件范围、侵权主体、行为、过错、后果等调查审查重点作出法律规定，并对行政公益诉讼和民事公益诉讼予以区分。公益诉讼程序法则包括公益诉讼管辖、立案、调查、诉前程序、诉讼程序、诉讼监督等，其中，应结合实践中关于行政公益诉讼诉前程序的经验，把诉前磋商程序作为重要内容纳入进来。在此基础上，"两高"针对诉前磋商程序面临的新情况、新问题，充分开展针对性强的司法实践调研，广泛听取意见，及时修订《两高解释》。此外，最高人民检察院对磋商程序的期限、流程、方式、调查、评估、处理等予以细化，制定符合工作实际、操作性强的诉讼配套规则，确保诉前磋商程序在司法实践中得到规范、有效运行。

（二）完善诉前磋商程序的运行机制

制定诉前磋商程序优先的基本原则，以制度或者法律的形式确定诉前磋商程序适用于行政公益诉讼的各种案件，但国家利益和社会公共利益受到紧迫侵害、严重影响社会和谐稳定的情形除外。对于侵害同一国家利益或者社会公共利益，多个行政机关可能存在不依法履职的，检察机关予以分别立案。对于单个行政机关同一时期存在多个不作为或者违法履职时，检察机关

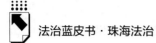

予以一个案件立案。由于诉前磋商程序属于行政公益诉讼诉前程序的一部分，因此磋商程序办案时限与诉前程序3个月办案时限相一致。参考"生态环境损害磋商制度"，建议设立以下程序节点。

一是审查研判。行政公益诉讼立案后，检察机关应在梳理各种线索的基础上严格规范地审查研判，分析判断案件能否适用磋商程序，并在立案7日内和被监督行政机关进行初步磋商。

二是磋商告知。发出磋商告知后，与行政机关展开磋商。如果行政机关同意磋商程序，则进入磋商研讨节点。如果行政机关认为其不存在不依法履行职责的情形，不同意适用磋商程序，检察机关需进入行政公益诉讼诉前检察建议阶段，启动调查核实程序。

三是磋商研讨。实践中，可以通过召开磋商会议的方式开展磋商研讨工作。对于相对简单且事实清晰的案件，可直接利用发送事实确认书、当面交谈、电话联系等便捷方式进行研讨。检察机关在与行政机关充分交换意见后，达成符合长远发展规律、操作性强的整改落实方案，避免日后再次出现公共利益受到损害的情况。同时，应将磋商情况记录在案并经双方背书确认，以作为后期判断履职情况的监督对照材料。

四是调查核实。行政机关虽然表示愿意依法履职或者纠正违法，但磋商后仍然怠于履行或者拒绝履行职责的，或者磋商后发现受侵害的国家利益或者社会公共利益不具备恢复条件、仍存在持续受侵害的情形，检察机关应当充分运用调查核实权，厘清行政机关的法定职责及存在问题。如果行政机关确实不存在不依法履职的情形，检察机关对案件作出诉前终结审查决定。如果行政机关怠于整改或者无法挽回国家利益和社会公共利益的损失，检察机关应当终结磋商程序，并向人民法院提起行政公益诉讼。

五是跟进监督。双方磋商之后形成统一整改方案的，应根据实际情况共同约定整改落实"回头看"时间。检察机关在设立的"回头看"时间内，应遵循"履职行为＋履职结果"的复合标准，重新梳理并严格检视双方通过磋商达成的解决方案，不仅要看行政机关是否作出相应履行职责的行政行为，还要看该行政行为是否已经执行、落实到位的结果，防止虚假整改情形①。

六是终结审查。检察机关与行政机关磋商后，若行政机关能够悉数采纳检察机关提出的具体意见和建议，严格依法履职，受到侵害的国家利益和社会公共利益也得到有效弥补或者不再受到侵害，检察机关可以对案件终结审查。为更好地实现共建共治，检察机关还可与行政机关探索共建诉前磋商协作机制，进一步丰富办案视角，加大资源共享力度，共同营造健康积极的监督环境。

（三）建立诉前磋商制度的咨询评估程序

公益诉讼案件涉及的知识面广、专业性强，专业、客观、科学的评估与鉴定是实现公正磋商的重要载体。深化"外脑"借助，可以借鉴关于完善检察委员会决策咨询机制的规定②，以及引入专家辅助人制度③，建立专家智库咨询评估制度，由环境保护、自然资源、食品药品等领域具有丰富司法理论或实践经验的专业人才组成专家智库。在磋商会议召开前，检察机关和行政机关共同指定或者在智库随机抽取专家，对公益诉讼实务、专业领域知识、法律政策等进行专业分析，并提出有价值的专业意见。经双方同意，还可以邀请智库专家列席磋商会议，对议题发表专业意见并提供咨询解惑，增强咨询活动的透明度。此外，深化智慧检务协作，大力推进"互联网＋公益诉讼"模式，构建专门的公益诉讼专家咨询网，消除地域束缚，实现专

---

① 以行政处罚为例，行政处罚是立案→调查→作出处罚决定→执行处罚的过程，在这个过程中，行政行为是紧密相扣的，缺少任意一个行为都会导致执法行为不合法，如果没有执行处罚的结果，这个行政处罚决定将无法实现，导致行政机关的不作为。

② 详见最高人民检察院《关于完善人民检察院司法责任制的若干意见》第15条规定，完善检察委员会决策咨询机制。建立健全专家咨询委员会、专业研究小组等检察委员会决策辅助机构。检察委员会讨论案件，可以邀请有关专家到场发表咨询意见。

③ 详见最高人民法院《关于审理环境侵权责任纠纷案件适用法律若干问题的解释》第9条规定，当事人申请通知一至两名具有专门知识的人出庭，就鉴定意见或者污染物认定、损害结果、因果关系、修复措施等专业问题提出意见的，人民法院可以准许。当事人未申请，人民法院认为有必要的，可以进行释明。具有专门知识的人在法庭上提出的意见，经当事人质证，可以作为认定案件事实的根据。

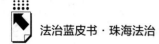

家线上实时提供专业咨询、出具专业建议等，既能保证司法公正性，也能切实增强司法权威性。还可考虑建立邀请人大代表、政协委员参与机制，增强决策的透明度和科学性。同时，深化落实"枫桥经验"，充分运用公开听证、公开宣告等方式，主动接受社会监督、凝聚公益保护共识，既解开法结，又解开心结。

（四）建立健全跨区域公益保护磋商机制

为进一步健全和优化诉前磋商程序运行体系，在粤港澳大湾区建设发展新时期，针对大湾区生态环境污染防治具有跨区域、监管难度大、协同要求高、法律体系不一的特点，粤港澳三地迫切需要建立联合防控及治理合作机制。因此，探索建立粤港澳环境保护公益磋商制度，签订粤港澳环境保护公益磋商合作框架协议，积极构建与粤港澳大湾区建设相契合、严谨专业、规范合理的生态环境公益保护磋商机制，不仅能够有效规避因法域有别、监测机制差异而造成公益诉讼程序衔接不畅的问题，又可以深化粤港澳生态环境保护与开发规划的交流与合作，促进三地达成跨地区生态环境损害问题的有效解决方案，进一步提升大湾区环境公益管理与保护水平。2021 年 11 月，横琴、前海、南沙三地检察机关会签《广东自由贸易试验区海洋生态环境保护检察公益诉讼协作工作意见》，建立定期会商、联合调研、信息共享等机制，构建全方位区域立体"守护海洋"网络，不断提升检察机关保护海洋生态环境资源和服务大局的实效。

（五）探索将内地生态环境检察公益诉讼制度纳入横琴粤澳深度合作区法治建设

横琴与澳门一衣带水，具有合作的先天优势。2021 年 9 月 5 日，中共中央、国务院印发了《横琴粤澳深度合作区建设总体方案》（以下简称《总体方案》），健全粤澳共商共建共管共享的新体制。基于此，横琴粤澳深度合作区（以下简称"合作区"）应充分发挥合作区特殊的地理和制度优势，开拓两地公益诉讼司法磋商协作路径，维护合作区社会公共利益。我国内地与澳门的检察公益诉讼制度在顶层设计、理念搭建、工作模式等方面较为类似，在环境实体法和公益诉讼程序法上各有优势①。《宪法》《澳门特别行政区基本法》在环境保护、检察公益诉讼制度等方面的政策导向一致，说明确立生态环境公益诉讼检察权是科学的、可行的，在构建衔接澳门、接轨国际的制度体系过程中也是不可或缺的。

现阶段，我国内地检察公益诉讼制度执行的主要根据是《民事诉讼法》和《行政诉讼法》，两部程序法有关公益诉讼的规定能否在合作区继续适用，也会影响合作区检察机关公益诉讼工作的开展。为此，可以在以下几个方面进行探索。一是结合《总体方案》，立足合作区改革创新实践需要，在制定合作区条例时列明检察公益诉讼的相关立法条款，主动与澳门检察公益诉讼制度设计对标对接，探索建立两地公益保护磋商机制，解决合作区生态环境公益保护的司法衔接问题。二是以生态环境公益诉讼工作为桥梁，推动建立与澳门检察机关的培训交流、业务研讨等机制。三是加强对合作区检察办案工作的宣传力度，助力澳门更深层次融入粤港澳大湾区发展建设。四是针对性充实强化合作区生态环境检察公益诉讼办案力量。合作区检察院应当吸纳引进澳门优秀人才，帮助了解澳门产业特色、发展模式、居民生活习惯等方面实际情况，并进一步在人员调配、经费划拨、硬件配置等方面进行充实。

---

① 例如，澳门环境实体法设计具有较强针对性和地域性，而内地环境实体法覆盖领域相对较为宽泛；在公益诉讼程序法上，澳门检察院虽然在公益保护范围方面限制性较小，但是相比内地检察机关司法实践较少，导致检察公益诉讼适用率较低。但无论是英美法系国家还是大陆法系国家，大多确认了检察权介入环境公益诉讼制度。

B.7
珠海法院多元化纠纷解决机制与诉源治理的实践探索

珠海市中级人民法院立案庭课题组*

摘　要： 近五年来，珠海法院受理各类案件总数及民商事案件数均逐年增加，但诉前分流案件较少，诉前调解或撤诉成功率不高，一线办案人员人均结案有增长趋势，加之诉调对接程序不畅，多元化纠纷解决机制配套建设不到位，案件诉讼质量与数量难以平衡的矛盾日益突出。因此，需要进一步推动地方立法，扩大联动，加强财政保障，完善诉调对接程序，并依托信息化手段、典型示范引领，从根源上对诉讼进行综合治理，以有效解决案多人少的矛盾，打造多元化纠纷解决机制与诉源治理的珠海样本。

关键词： 多元化纠纷解决　诉源治理　调解　诉调对接

在司法改革新的社会环境和时代背景下，如何积极发挥现有纠纷解决机制的优势，如何扬长避短丰富和完善多元化纠纷解决机制，对于进一步拓展司法改革的广度和深度、扭转法院主导解纷局面、弥补司法资源短缺、激发司法新动能、提高社会治理能力、构建公正合理的法治秩

---

* 课题组负责人：蔡美鸿，珠海市中级人民法院党组成员，副院长。课题组成员：陈海凤、管文超、庹佳、董咏瑶、周余乐、苏寒、李东俊。执笔人：管文超，珠海市中级人民法院立案庭庭长；周余乐，珠海市香洲区人民法院立案庭副庭长；苏寒，珠海市中级人民法院立案庭法官助理；李东俊，珠海市中级人民法院立案庭法官助理。

序、提高司法公信力等有显而易见的积极作用。为深入研究当前非诉讼纠纷解决机制建设情况，本文选取珠海法院的实践情况作为实证研究的样本。珠海作为广东省第一批沿海经济特区城市，是粤港澳大湾区重要的门户枢纽、珠江口西岸核心城市和沿海经济带高质量发展典范，经济快速发展的同时伴随着大量的矛盾纠纷，着重研究珠海法院的非诉讼纠纷解决机制，对完善全国多元化纠纷解决机制具有一定实践意义。此外，随着"一带一路"建设、粤港澳大湾区战略的深入推进，法院积极推进多元化纠纷解决机制，大力发展诉调对接，为粤港澳大湾区建设提供有力的司法服务和保障。

一　近五年珠海法院收结案情况

1. 近五年受理各类案件总数及民商事案件数均逐年增加

2016 年至 2020 年，珠海法院受理各类案件量总体呈现逐步增长态势，2020 年达到近五年的顶峰，年收案 73338 件（见图 1）。

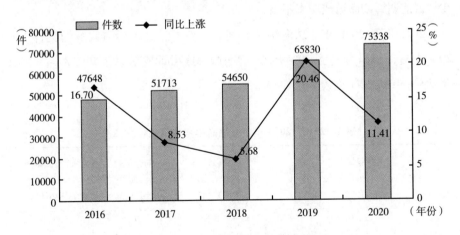

图 1　2016～2020 年珠海法院新收案件情况

数据来源于珠海中院 2016～2020 年珠海法院审判执行工作态势分析，部分数据由各区法院上报。下同。

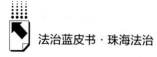
其中，民商事案件量也逐年上升，且2019年、2020年民商事案件增幅超过各类新收案件总数。从新收民商事案件占新收各类案件比例来看，每年民商事案件约占新收案件的一半（见图2）。

图2　2016～2020年新收民商事案件及其占新收各类案件比例情况

2.近五年多元化解民商事纠纷数量逐年有所增加，但诉前分流案件较少、诉前调解或撤诉成功率不高

2016年至2020年，珠海法院处理的案件中，进入诉前调解的案件数在20%左右，2020年达到40.49%。诉前调解或撤诉成功率在40%左右，2020年达到54.97%（见表1、图3）。

表1　2016～2020年新收民商事案件诉前化解情况

年份	新收民商事案件数（件）	诉前分流（件）	诉前成功调解或撤诉案件数（件）	诉前分流数占新收民商事案件数比例（%）	诉前调解或撤诉成功率（%）
2016	22702	3498	1554	15.41	44.43
2017	24182	3898	1567	16.12	40.20
2018	27304	4993	1600	18.29	32.04
2019	31303	6502	2076	20.77	31.93
2020	37776	15294	8407	40.49	54.97

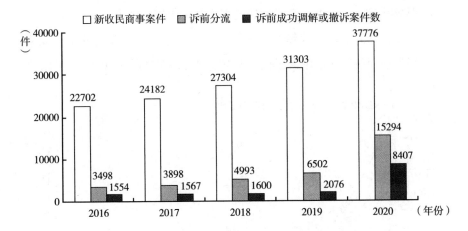

图3　2016～2020年新收民商事案件诉前化解情况

3. 从地域来看，各区法院近五年民商事案件收案分布不均

珠海三个行政区法院以及横琴粤澳深度合作区人民法院（以下简称"横琴法院"）中，珠海市香洲区人民法院（以下简称"香洲法院"）受理民商事案件数最多（见图4），这与香洲区为主城区、居住人口多有关；横琴法院受理民商事案件增长率最高，主要是因为横琴粤澳深度合作区经济社会发展迅速，粤港澳三地交流合作日趋增强，人员往来日趋频密。

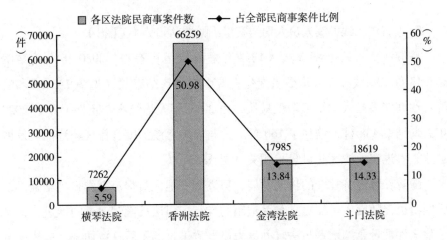

图4　2016～2020年各区法院受理民商事案件数及其占全部民商事案件比例

4. 从案由来看，近五年来受理民商事案件案由较为集中

近五年，珠海法院受理民商事案件类型变化不大，排前三的是民间借贷纠纷、买卖合同纠纷和信用卡纠纷，占全部民商事案件的27.06%（见图5）。

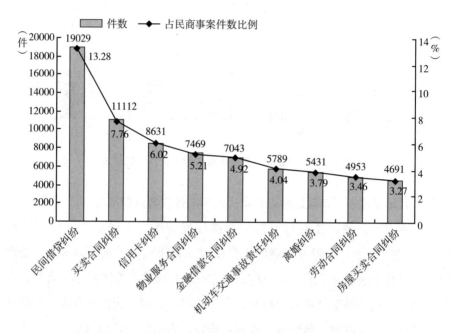

图5　2016～2020年各案由案件数量及占民商事案件总数比例

5. 近五年一线办案人员人均结案呈小幅波动趋势（见图6）

香洲法院一线办案人员人均结案呈高位运行态势，2020年人均结案362.13件，一线办案人员数量变化直接影响人均结案数（见图7）。横琴法院一线办案人员人均结案增长最快，由2016年人均结案278件上升到2020年人均结案438件，增加了160件，这与横琴粤澳深度合作区经济社会发展迅速、粤港澳大湾区建设息息相关（见图8）。

随着珠海经济社会的快速发展，粤港澳三地人员交流合作日趋增强，矛盾纠纷也伴随而生。加之立案登记制的推行、司法员额制改革的推进，人民法院案件数量急剧增多与法院办案力量严重不足的矛盾日益加剧，一线办案人员年办案数量大幅增长，诉讼质量与数量难以平衡的矛盾日益突出。建立

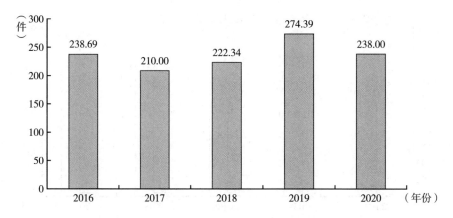

图 6　2016～2020 年一线办案人员人均结案情况

图 7　2016～2020 年香洲法院一线办案人员人数及人均结案数

快速有效的多元化纠纷解决机制，从根源上对纠纷进行综合治理，有效解决案多人少矛盾，是珠海法院现阶段面临的最大课题。

二　珠海法院多元化纠纷解决机制与诉源治理的实践探索

珠海法院始终坚持以人民为中心的发展理念，将多元化纠纷解决机制和诉源治理工作放在加强和创新市域社会治理大格局中统筹谋划，深入实施诉源治理，推进多元化纠纷解决机制建设。

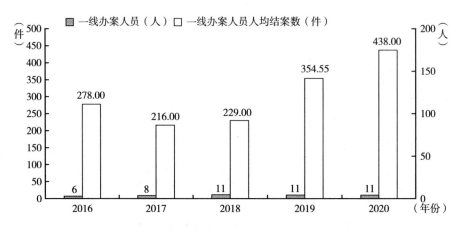

图8 2016～2020年横琴法院一线办案人员人数及人均结案数

（一）多元联动，将两个"一站式"①建设融入社会治理大格局

珠海市委、政法委支持法院"一站式"多元解纷机制建设，印发《关于构建基层社会治理新格局的实施意见》等文件，将"万人成讼率"指标纳入"平安珠海"建设考评指标体系。珠海两级法院重点推进两个"一站式"建设，成立以院长为组长的两个"一站式"建设工作领导小组，制订实施方案及责任清单，强化人、财、物保障，推进任务落实。打造"一站式"多元解纷和诉讼服务网络，强化诉讼服务中心、人民法庭与党政部门和其他社会组织联动对接机制，综合推动法院两个"一站式"建设全面融入基层治理大格局。

（二）多元优化，努力满足人民群众多元解纷需求

1. 市中院发挥制度建设职能

珠海市中级人民法院（以下简称"市中院"）牵头制定《珠海市中级人民法院民事案件速裁工作实施细则（试行）》等工作规范6个，对24类事实清楚、权利义务明确、争议不大的民商事案件，登记"诉前民调"案号，

---

① 指"一站式"诉讼服务中心和"一站式"多元解纷机制。

引入诉前调解中心调解，通过清单管理建立标准化的案件识别分流体系，促使案件快分快调。根据案件类型不同，调解员专业、行业不同，实行"对口分案"。2021年，委派调解案件1227件，调解成功543件，调解成功率44.25%。

2. 各区法院根据自身特色自选动作

横琴法院聘请包括澳门科技大学教授、公证员、律师、港澳籍法律人士在内的特邀调解员46名，与"北京融商一带一路法律与商事服务中心暨一带一路国际商事调解中心"、中国国际贸易促进委员会珠海市分会、横琴新区商事国际仲裁调解中心等多家机构签署合作协议，与南沙法院、前海法院共同签署三份协议，构建跨域立案、跨域调解、跨域庭审等诉讼服务协作机制，推动自贸区法院港澳特邀调解员资源共享和调解互认。

香洲法院从人大代表、政协委员、公证员、律师以及退休政法干警、教师、医生等各个行业的精英中选任116名调解员，分别组成家事案件、物业案件、劳动争议案件三个专业调解委员会；与区消费者委员会、医调委、金调委、家调委、交警支队、总工会、一带一路国际商事调解中心等多家单位构建诉调对接机制，与区劳动争议仲裁委员会建立共享特邀调解员机制，建立了11个调解工作室；在梅华街道鸿业社区挂牌成立"香洲区人民法院特邀调解员驻社区工作室"，依托"特邀调解员＋网格员"工作模式，从源头上预防和减少纠纷发生。2021年，委派调解案件22311件，调解成功18237件，调解成功率81.74%，同比增长25.8%。

（三）多措并举，深入推进分调裁审机制改革

全市两级法院通过诉调对接、繁简分流，实现案件"分流、调解、速裁、快审"多流程有效衔接，大幅提升审判质效。

1. 建立无争议事实记载机制

为案件快速审理提供便利，市中院借助诉前调解程序，对未达成调解协议的案件，调解员记录无争议事实交由双方当事人签名确认，同时在调解日志中整理双方争议焦点、提示案件风险，为速裁审理提供参考。

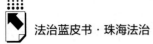

2. 建立速裁机制

香洲法院从金融审判规范化和专业化着手，制定金融案件审判操作流程，建立类案固定审理机制，对事实清楚、权利义务明确、当事人争议不大的批量金融案件采取同审同判模式，以表格形式统一撰写简易裁判文书。横琴法院于2020年4月设立两个速裁团队，建立速裁机制，全年共办理速裁案件646件，审结564件，结收案比87.31%，平均审理周期约为33天，大大提升了办案效率。

3. 完善繁简分流

珠海市金湾区人民法院（以下简称"金湾法院"）建立"案由+标的额+诉讼程序"等复合识别标准，通过对繁简案件精准识别的分流机制，快速分轨办理。根据速裁案件与精审案件对民事案件进行分类，民事速裁案件的分流比例不低于60%。珠海市斗门区人民法院（以下简称"斗门法院"）结合分案系统识别与人工识别的方式进行案件繁简分流；明确民商事速裁案件一般审结期限为1个月，刑事速裁案件一般审结期限为10天；规定要素式裁判文书适用案件类型，以优化司法资源配置，提高审判效率。

（四）多元拓展，提升"一站式"诉讼服务水平

全市法院诉讼服务信息化水平不断提升，升级改造诉讼服务中心，为当事人提供一站式、全方位、立体化、智能型诉讼服务。

1. 大力提高线上诉讼服务水平

大力推进网上立案。2021年全市法院网上申请立案47228件，审核通过率93.55%。推进跨域立案诉讼服务工作，2021年以来，两级法院成功完成145宗案件跨域立案工作，让"家门口异地立案打官司"成为现实。借助广东法院诉讼服务网、"粤公正"小程序、广东移动微法院实现网上立案、网上缴费、网上送达、网上阅卷、开具生效证明等掌上诉讼服务功能。市中院全面引入中国邮政"E键送达系统"，对接邮政司法专递系统，建立珠海法院智慧送达平台。香洲法院视频调解室、视频审判庭等硬件设施配备齐全，全面实现当事人线上立案、调解、申请司法确认，调解员线上收案、

办案、结案、反馈案件信息，法院工作人员线上分案、统计、监控案件。真正突破时间空间的限制，做到案件全流程线上办理，当事人足不出户即可完成全部诉讼程序，大大提高调解工作效率。2021 年，线上调解案件 1258 件，线上司法确认案件 136 件，纠纷化解更加高效便捷。

2. 引入第三方，增加矛盾化解渠道

建立律师参与涉法涉诉接待制度，由市司法局指派专职律师现场信访值班，通过现场听取来访人陈述，提供法律咨询解答，积极化解涉诉信访矛盾。

（五）加强管理，打造高质量调解团队

特邀调解员、专职调解员和特邀调解组织是开展多元解纷工作的主力军。香洲法院就调解工作方法、调解员廉政纪律等问题定期对调解员、特邀调解组织开展专业化、常态化、多元化培训，全面提高调解员、调解组织的业务能力和工作水平。员额法官和调解员也通过面对面座谈、交流或者在"法官＋调解员"微信群内在线随时答疑解惑，将调解技巧和具体案例相结合，分享工作经验，使培训穿插于日常、积累于点滴。香洲法院还安排调解员"走出去"分享调解方法和技巧，2020 年香洲法院安排调解员为区劳动仲裁委开展提升调解技能专题培训，获得参训人员一致好评。

三　多元化纠纷解决机制和诉源治理
存在不足及对策建议

（一）存在不足

1. 多元化纠纷解决机制和诉源治理发展不平衡

从全市法院推进的整体情况来看，各区法院多元化纠纷解决机制发展不平衡，差异较大。受理案件数量较多的香洲法院，推动多元化纠纷解决机制积极性较高、措施丰富多样、成效较为显著；横琴法院因主要是涉外案件，

多元化纠纷解决机制起步较晚，受理案件总数少，成效尚不明显；金湾法院、斗门法院虽案件量不多，但纠纷的地域特色也让诉前联调工作发挥了相当大的作用。珠海诉源治理仍处于起步阶段，诉源治理与社会综合治理工作需要进一步有效结合、分工合作、协调配合。

2. 诉调对接的程序不顺畅

诉前分流案件随意性较大，没有具体分流标准，与诉讼的衔接机制不畅，导致当事人不愿意选择诉前调解方式，诉前分流案件较少；有的人民调解组织不够熟悉司法确认制度，未能及时引导当事人向人民法院申请司法确认，致使纠纷无法得到彻底解决；有的调解组织能力不足，调解成功案件较少甚至没有；还有的行业调解组织因成立手续存在瑕疵，法院难以与其建立诉调对接机制。

3. 多元化纠纷解决机制配套建设不到位

一是立法缺位，多元化纠纷解决机制与诉源治理缺乏全国统一的法律规定，调解缺乏明确的立法和统一的司法实践指导，各地做法不一，各行其是。二是调解制度社会认同感不足，调解员身份未得到社会公众广泛认可，调解员专业素质参差不齐，自身法学素养不足，难以及时回应当事人提出的法律问题，对法律程序的不熟悉往往导致拟定的调解协议不具有可执行性，当事人对调解员信任不足。三是在线纠纷解决平台智能化、操作简易化仍有待加强，一些年龄偏大、调解经验丰富的调解员对平台操作不熟悉。四是多元化纠纷解决机制目前仍以法院为主导推进，还未形成依靠党委、多部门联动、社会各界共同参与的齐抓共管新格局。

（二）对策建议

新时代"一站式"多元化纠纷解决机制与诉源治理有重大的时代价值，其形成、落实以及深化改革要经历漫长的过程。《最高人民法院关于建设一站式多元解纷机制一站式诉讼服务中心的意见》的出台，对"一站式"多元解纷机制的框架设计和方式选择有重要指导意义，法院应坚持以人民为中心、司法为民原则，将"最好的场所、最便捷的服务"提供给人民群众。

1. 诉源治理：推动多元化纠纷解决机制优化

充分发挥基层自治组织在诉源治理中的作用。我国的基层社会组织居民委员会和村民委员会承担着一定的社会公共服务职能，因此，将居民委员会和村民委员会建设为基层社会多元化纠纷解决机制的核心是必然选择。具体实践中，在尚未建立配套基层调解委员会的居民委员会和村民委员会，尽快建立配套的基层调解委员会，吸纳优秀社区力量参与社区或行政村纠纷调解；在已经建立配套基层调解委员会的居民委员会和村民委员会，要经常推动指导完善和考核，落实"万人成讼率"主体责任，从根本上做好诉源治理。

培养社区居民自治能力。加强普法宣传力度，不断提高社区居民自治意识，使其树立正确的利义观，培养社区居民自发、主动参与社区公共生活的公共意识，加强居民自治管理、自我教育、自我协调的能力。通过重新发掘公共生活、公共意识，重建社区信任关系，发展社区关系网络，使更多的纠纷能通过社区居民自我协调的方式得到解决①。

2. 立法引领：利用特区立法权，制定多元化纠纷解决机制与诉源治理地方法规

夯实多元化纠纷解决机制的法律依据尤为关键。珠海作为经济特区，可利用特区立法的优势，在多元化纠纷解决机制及诉源治理方面先行先试，借鉴优秀的地方立法经验，制定珠海多元化纠纷解决机制与诉源治理地方法规，明确多元化纠纷解决机制运行的基本原则、法律性质以及不同纠纷解决机制之间的衔接关系，规范政府、法院及其他部门的职责，建立完善诉调无缝衔接流程、保密、回避制度等，通过以点带面推动地方顶层设计，从本地实践中先行先试，发挥"试验田"作用，为国家立法积累宝贵经验，推动《民事诉讼法》等法律的修订，建立多元化纠纷解决机制的综合性法律制度。

---

① 参见沈南《基层社会多元化纠纷解决机制的优化研究》，浙江工商大学硕士学位论文，2018，第45页。

3. 加强联动：扩大党政机关、人民调解组织及其他社会组织多元化纠纷
解决范围和规模

多元化纠纷解决机制改革应该通过党委领导、多部门联动、社会各界参
与的方式，把法院的"独角戏"转为齐抓共管的"大合唱"。法院应主动寻
求党委、政府的大力支持，推动地方党委领导层面理念的升级换代，在多元
共治的社会纠纷治理中，促进党委领导、政府参与、法院引领、综治协调的
纠纷化解格局建设①。加强法院与社会力量的对接机制，建立健全民事矛盾
纠纷化解组织网络，构建整体联动的基层社会治理组织体系，实现资源信息
共享②。

强化纠纷化解平台建设。各级政府和行政机关在治安管理、社会保障、
医疗卫生、消费者权益保护、环境保护等领域，应充分发挥职能作用，承担
一定的纠纷解决职责。将多元化纠纷解决机制作为网格化社会管理服务的深
化和延伸，积极构建组织体系，横向整合法院、检察院、公安、司法、人
社、民政、住建等部门力量，纵向整合市、县（区）、乡镇（街道）和村
（社区）综治维稳信访工作中心，不断提升处置能力和工作水平，将诉调对
接工作融入珠海市基层网格化管理③。

加强与基层调解组织对接。借助珠海司法行政系统在镇、街设立的成熟
的人民调解组织，及时就地解决民间纠纷、化解基层矛盾、维护基层稳定。
加强与各人民调解委员会的沟通，对人民调解员进行业务指导，支持人民调
解组织在道路交通、婚姻家庭、劳动争议、物业管理、民间借贷等领域开展
纠纷化解服务，有效化解社会矛盾纠纷。

4. 程序设计：探索完善诉调对接程序

探索和完善调解前置程序。明确规范适用法定调解前置程序的案件范围

---

① 参见周华《多元化纠纷解决机制的完善与发展》，吉林大学硕士学位论文，2017，第 23 页。
② 参见江苏省泰州市中级人民法院课题组《矛盾纠纷多元化解机制的实践困境与路径探析》，
《中国应用法学》2017 年第 3 期，第 76 页。
③ 参见杨良胜《多元化纠纷解决机制改革的创新发展——基于马鞍山实践探索的思考》，《法
律适用》2016 年第 10 期，第 21 页。

和类型、程序规则、衔接机制以及保障措施等，确保调解前置程序的案件调解不成时能够便捷快速转入诉讼程序。结合地域分布特点、纠纷性质、类型等，选择事实相对简单、特定标的额、适宜调解的民事纠纷实行调解前置。也可以借鉴我国台湾地区做法，建立小额诉讼强制调解前置程序，调解不成的，才能进入审判程序①。

切实发挥诉讼费用杠杆作用。对已经实施诉讼费用杠杆作用的法院进行调研，根据实践情况，尽快推动诉讼费用杠杆作用机制在全市铺开。改革调解案件诉讼费收费基本模式，合理调整收费标准，完善诉讼费负担和收退费规则，如当事人接受调解，人民法院可以根据调解阶段、调解结果等，适当减免诉讼费。除案件性质不适宜调解或者经过依法成立的调解组织调解等情形外，一方当事人无正当理由不参与调解或者不履行调解协议、故意拖延诉讼的，人民法院可以酌情增加其负担30%以上的诉讼费用②。

确立无异议方案认可机制。无异议方案认可机制是指当事人之间已经就主要争议事项达成共识，仅个别问题还有争议时，调解员征得双方当事人书面同意后，可以提出调解方案并书面送达当事人。当事人在规定期限内对该调解方案提出异议的，视为调解不成立；未提出异议的，该调解方案即视为双方自愿达成的调解协议③。这样有助于提高调解效率和质量，在日后诉讼

---

① 参见王汝洋《小额诉讼程序的理解与适用》，中国法院网，http://www.chinacourt.org/article/detail/2013/05/id/956816.shtml。

② 参考《广东省高级人民法院关于进一步加强诉调对接工作的规定》第7点，"发挥诉讼费用的杠杆作用"。实践中，香洲法院规定受理费不超过1万元的诉中调解案件，开庭前调解成功的，原告可免交案件受理费；开庭前调解成功且需要出具调解书的，按照应收受理费的70%收取；开庭后调解成功，当事人提交调解协议并申请撤回起诉的，按照应收受理费的70%收取；开庭后调解成功且需要出具调解书的，按照应收受理费的80%收取。通过诉讼费调节机制，促使当事人选择调解方式结案，成效显著。市中院在《珠海市中级人民法院调解协议法律效力确认工作规则（征求意见稿）》中规定，双方当事人申请司法确认的，不收案件受理费；双方当事人申请出具调解书的，按照案件受理费的20%收取；申请撤回起诉的，不收取案件受理费；上诉人撤回上诉的，不收取二审案件受理费；原审原告申请撤回起诉的，减半收取一审案件受理费，不收取二审案件受理费。

③ 参见李少平主编《最高人民法院关于多元化纠纷解决机制改革和特邀调解制度的理解与适用》，人民法院出版社，2017，第211、222、228页。

阶段减轻办案法官对相关事实调查的负担①。

完善司法确认制度。法院应加强司法确认业务指导，加强对人民调解组织以及相关工作人员的业务培训，及时引导当事人向法院申请调解协议的司法确认。提升司法确认程序的效率，减少当事人司法确认成本投入，加大司法确认适用的宣传力度，确保人民调解前期工作不浪费。在试点授权的基础上尝试适当扩大司法确认程序适用范围，扩充行业调解组织、商事调解组织、律师调解等调解组织类型，为社会组织深入参与纠纷解决提供更加充分有力的司法保障。

5. 理念转变：在全社会营造多元化纠纷解决氛围

各级法院应充分运用"两微一网"等新媒体平台加强多元化纠纷解决理念的宣传和普及，通过不定期发布典型案例等形式，或者在诉讼服务大厅播放宣传演示片、摆放诉前调解宣传册，通过线上线下形式全方位展示诉前调解高效、便捷的优势，增进当事人对诉前调解工作的理性认知和认可，提高广大群众和各部门、单位自觉运用诉前调解机制化解纠纷的意识，使调解成为当事人解决纠纷的第一选择。在登记立案环节，纠纷双方对诉前调解存在疑问或者顾虑的，立案人员应及时告知当事人诉前调解的经济性和有效性，并通过类似案例的介绍或展示，增强群众对非诉讼调解的信心，营造一种"理性协商""和谐共赢"的多元解纷文化氛围，增强社会公众的认同感。

6. 技术支撑：依托信息化手段提升多元化纠纷解决机制的质效

借助人民法院信息化3.0版的优势，利用互联网、大数据、云计算和人工智能为代表的信息科技发展成果连接线下多元纠纷化解资源，不断拓展多元化纠纷解决机制的技术应用广度、深度和力度，逐步完善在线调解机制的制度建设。可借鉴广州中院开发的"微法院"在线平台，设计"一站式"在线纠纷化解平台，依托公安、民政、司法等部门的信息系统汇集各行各业

---

① 参见龙飞《多元化纠纷解决机制立法的定位与路径思考——以四个地方条例的比较为视角》，《华东政法大学学报》2018年第3期，第112页。

的调解资源，实现纠纷受理、分流、化解、反馈的数据全覆盖。统计纠纷解决的相关数据，并对该类数据开展多层次对比分析，通过类案推送方式提高纠纷化解的可预见性，增强调解的说服力，促进解纷标准的统一。最大限度地实现法院资源与政府机关、行业和社会组织等外部资源的合理配置、资源共享和良性互动。

7. 硬件配套：确保人员、经费和设备保障

注重加强调解员的管理。加大对调解员的培训力度，推动调解员教育培训体系建设。进行多学科、跨领域的专门能力训练，利用工作群、讲座、案例模拟等方式提升调解技能，实现人才由经验型向职业型转变，帮助调解员准确理解法院的裁判思路和裁判尺度，提高诉前调解工作专业化水平。进一步完善人民调解员工作细则，建立工作台账，确保调解工作有据可查、有据可考。按照调解纠纷难易程度、调解工作量和化解效果，加大对化解成功案件的奖励力度。定期组织优秀人民调解员、优秀调解案例等评选活动，发挥示范引领作用，增强人民调解员的身份认同感。

优化法院诉调队伍结构。实现调解力量向诉讼服务中心集中、纠纷在立案前有效分流，法官与调解员组建"1+N"办案团队，诉调团队专门负责诉前调解、小额诉讼速裁程序、司法确认等，由擅长调解的法官和审判辅助人员优先介入，靶向指导调解员调解工作。建立以法学、心理学、社会学等专业以及调解实务领域工作者为主的专职调解员队伍，吸纳人民陪审员、专家学者、仲裁员、人大代表、政协委员、教师、法律工作者等担任特邀调解员。以调解员专业背景、调解特长对调解员进行专业分组，分别与法院各个专门审判团队对接联络，方便诉中调解的运行。

加强财政保障。将诉前调解等工作所需经费纳入财政预算体系，对公益性调解组织按照规定给予补贴，提供必要的物质和经费支持[①]。通过基本工资和调解成功数绩效考核等对法院专职调解员给予科学合理的物质奖励。探索公共服务多元化供给、政府购买服务等方式，促进调解职业化与市场

---

① 参见周华《多元化纠纷解决机制的完善与发展》，吉林大学硕士学位论文，2017，第27页。

化等多种方式结合。在法院诉讼服务中心设置专项调解工作室,方便人民调解组织、行业调解组织、公证机构、仲裁机构等工作人员进驻。

8.典型示范:积极探索多元化纠纷解决案件质量反馈机制

法院可以对多元化纠纷解决机制中的典型案件进行归纳总结,对调解难点、实际效果等逐一进行研判,就多元化纠纷解决工作情况作出反馈,总结经验教训、完善对接举措。推动多元化纠纷解决类案指导工作,针对多元化纠纷解决中的不同类型纠纷,编写相关典型案例,为调解员日常开展调解工作提供参考或者指导。

B.8
基层法院涉众型经济犯罪财产处置
调研报告

珠海市香洲区人民法院课题组*

摘　要： 涉案财产的有效处置，成为涉众型经济犯罪的办理难点，直接影响社会经济秩序的稳定。珠海市香洲区人民法院立足司法实践，借助实证研究方法，以近十年审结的非法集资类案件及全国较为重大的涉众型经济犯罪案件为样本，全面梳理了我国当前涉众型经济犯罪财产处置的现状，分析涉案财产处置的困境与问题；并从现有法律框架规定切入，提出涉众型经济犯罪财产处置程序中存在的"重定罪量刑，轻财产处置"观念定势、程序定位与多元平衡需求存在偏差、审查方式与诉讼对抗本质特征背离、处置程序无法满足现实需求等主客观归因。本文以完全剥夺原则、正当程序原则、比例原则、衡平原则、经济原则为基础，针对涉众型经济犯罪的财产处置提出了有效的程序改革对策建议。

关键词： 涉众型经济犯罪　涉案财产　非法吸收公众存款　集资诈骗

* 课题组负责人：黄伟锋，珠海市香洲区人民法院党组书记、院长，三级高级法官；郑镇和，珠海市香洲区人民法院党组成员、副院长，四级高级法官。课题组成员及执笔人：苏倩雯，珠海市香洲区人民法院研究室主任，一级法官；蔡超明，珠海市香洲区人民法院刑事审判庭庭长，一级法官；林碧娜，珠海市香洲区人民法院研究室副主任，一级法官；边琳琳，珠海市香洲区人民法院刑事审判庭副庭长，一级法官；王刚宝，珠海市香洲区人民法院二级法官；张梦颖，珠海市香洲区人民法院三级法官；戴露，珠海市香洲区人民法院法官助理；邵珠情，珠海市香洲区人民法院法官助理。

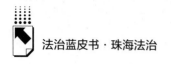

引　言

近年来，涉众型经济犯罪呈井喷式增长，其中非法吸收公众存款和集资诈骗等非法集资类犯罪尤为显著。涉案财产的有效处置、集资参与人财产损失的挽回，成为涉众型经济犯罪的办理难点，直接影响社会经济秩序稳定。但司法实践中此类案件退赔率长期在低位徘徊，因财产处置不及时、不规范引发的群体性上访事件屡屡发生，成为影响社会稳定的重大隐患。珠海市香洲区人民法院（以下简称"香洲法院"）近年来审结了一批具有全国范围影响力的案件，包括"掌上品""E租宝"等系列案，在研究涉众型经济犯罪财产处置中极具代表性。课题组以香洲法院近十年涉众型经济犯罪案件为基础分析样本，广泛收集其他法院的经验做法，梳理总结先进经验，围绕涉案财产界定、涉案财产处置程序构建、财产处置信息化建设等重点问题，提出完善基层法院涉众型经济犯罪财产处置的体系化对策建议。

一　涉众型经济犯罪财产处置现状

课题组以香洲法院2011年至2020年生效的89件非法集资类案件为主要分析样本，结合国内其他典型案例，总结涉众型经济犯罪财产处置现状如下。

（一）执行前财产查扣率低、查扣财产类型繁杂

在89件案件样本中，63件在进入执行阶段前未查封、扣押（以下简称"查扣"）到任何财产，占比超过70%。其余26件，在进入执行程序前，不同程度查扣到一定财产或存在被告人在审理阶段退缴退赔等情形。从实施机关看，查扣到财产的26件案件，均由公安机关采取强制性措施。其中，1件在法院审理阶段，经专责领导小组协调，由公安机关调查后对被告人个人名下账户其他合法存款予以冻结。从查扣的财产类型看，18件查扣到账户

存款、现金等货币财产，其余 8 件存在土地、房产、汽车、股票等不同财产类型。查扣到的财产类型，除可直接用于分配的货币财产外，还存在土地、房产、汽车等大宗不动产和动产，甚至木材成品和半成品等成批的实物动产及股票等有价证券。

查扣到财产的 26 件案件中，查扣财产无法实现 100% 变现（见图 1）。其中，84.6% 最终用于退赔；仍有 7.7% 的财产由于没有变现价值或价值不明、变现成本过高，不能用于退赔；另有 7.7% 因财产异议问题，也未能实现变现退赔，而审前查控到的其他财产恰能实现退赔目的。

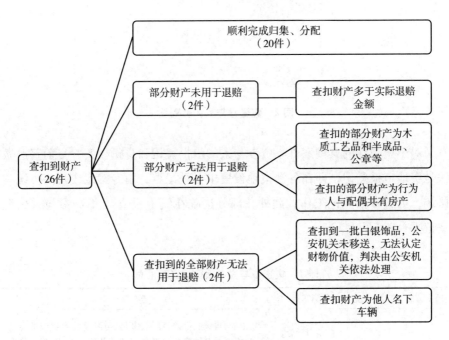

图 1　查扣财产变现情况

（二）集资参与人人数众多且不确定，影响处置进度

89 件案件中，判决未认定集资参与人人数的 9 件，认定集资参与人人数在 20 人以下的 29 件，20～100 人的 21 件，100～1000 人的 16 件，1000～1 万人的 7 件，1 万人以上的 7 件。超过一半的案件认定集资参与人人数在 20 人以上（见图 2）。

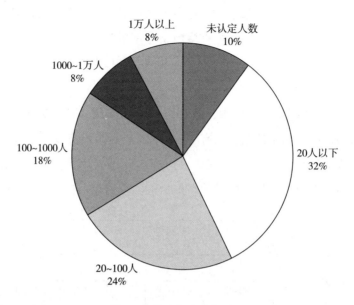

图2 集资参与人人数对比

对于全国性的典型案件集资参与人的申报登记和身份核实，目前普遍做法是实地申报登记，即在各涉案地设置申报登记点，由专案组或政法委统一协调，推进申报登记工作；此外，部分法院在线上设立"集资参与人信息登记平台"（见表1）。

表1 集资参与人申报登记经验汇总

核实方式	审题法院	典型案件	主要经验
实地登记	广州中院	"广东邦家"非法集资案	成立由公、检、法、信访、宣传、维稳、金融及政府组成的专案组，收集汇总全国涉案地市登记地址及联系方式，拟定集资参与人申报登记公告，推进申报登记工作
	上海各区法院	"钰诚系案"案件	在各地区政法委协调支持下，上海各区法院落实属地责任，确定30个具体核实地点，开展信息核实工作
线上登记	×法院	"掌上品"案件	×法院开发"珠海掌上品集资参与人信息登记平台"，并发布公告，通知集资参与人积极认领个人投资账号、申报个人损失

（三）跨区域案件主案分案财产处置衔接不畅

涉众型经济犯罪案件不仅涉案金额大、集资参与人遍布各地，被告人也可能遍布全国各地。为方便立案侦查和审查起诉，同一系列案件往往在不同地区的不同法院进行审理，由此出现主案和分案的区分。89 件案件中，跨区域案件占比超过 90%，区分主案和分案的系列案共 82 件，其中主案 33 件、分案 49 件，其中部分案件覆盖范围特别广泛（见表 2）。

表 2　部分跨区域案件主案分案分布情况

系列案名称	主案审理法院	分案数（件）	分案审理地法院
"善林金融"	上海市第一中级人民法院	204	涉及上海市、北京市、重庆市、天津市、福建省、黑龙江省、山西省、吉林省、山东省、辽宁省、广东省、湖北省、河北省、湖南省、山西省、浙江省、陕西省、江苏省、安徽省及内蒙古自治区的中基层法院，其中×法院 2 件分案
"千木灵芝"	广东省东莞市第一人民法院	36	涉及甘肃、广东、湖南、湖北等 4 个省份，仅广东省就有 14 个区县级基层法院共有 31 件分案，其中×法院 2 件分案
"掌上品"	×法院	8	×法院 6 件分案，浙江省温岭市人民法院 2 件分案

根据最高人民法院、最高人民检察院、公安部《关于办理非法集资刑事案件若干问题的意见》第 9 条的规定，涉案财产原则上应由主案审理地法院统一处置。但香洲法院审理的主案目前尚未收到过分案审理地法院移送的涉案财产。例如，"掌上品"案中，香洲法院为主案审理地法院，浙江省某法院审理 2 件分案，在两案审理过程中，该法院的案件承办人已就涉案财产处置与香洲法院承办人进行过探讨，并在判项中均判处违法所得按比例发还各集资参与人，但香洲法院至今未收到该法院移送的两分案涉案财产。香洲法院审理的 10 件跨区域分案中，仅 2 件成功移送涉案财产至主案审理地法院[①]。经走访了解，未能成功移送的原因有的是尚未执行到任何款项，有的虽执行到部分款项，但由于衔接问题还未能及时移送至主案审理地法院。

---

① 在"善林金融"系列案分案中，香洲法院在案件生效后发函给主案审理地上海市第一中院征询意见，按照其复函要求将审理的 2 件分案涉案财产移送给主案审理地法院统一处置。

（四）财产权属争议、执行冲突易发生

发生的争议与冲突主要存在以下几种类型：一是涉案财产处置权与案外人物权的交叉，如案外人主张涉案财产所有权或与行为人共有涉案财产，案外人基于担保物权主张对涉案财产享有优先受偿权等；二是涉案财产处置权与其他民事债权交叉，如与破产债权混合；三是对于同一财产或同一被执行人，发生以财产分配为主的执行冲突，如同一被执行人的财产甚至同一财产，同时成为民事案件执行标的和刑事追缴违法所得；四是对于同一财产，发生跨区域的刑事重复查封和扣押，产生执行冲突（见表3）。

表3　刑事涉案财产处置权交叉与执行冲突汇总

交叉类型	典型案例	基本案情
所有权	"掌上品"系列案	×法院审理的"掌上品"系列案，公安机关在侦查阶段扣押了涉案土地，在执行阶段案外人口头对涉案土地上新建的房屋提出土地附着物权属异议
	黄某乐等非法吸收公众存款案	×法院判决认定查封的房产为被告人与配偶婚存续期间共同购买，现有证据不能证明该房产系被告人用非法吸收的资金购买，不宜直接作为赃物处理，在执行阶段对于被告人名下房产份额，作为退赔被害人损失的财产予以退赔
担保物权	杜某某集资诈骗案	行为人用集资款购买的房产向案外人（个人）抵押借款1400万元，并将借款用于支付部分出资人的本息，最高人民法院驳回案外人要求优先受偿的主张
	刘某某、黄某某申请执行复议案	行为人用集资款购置车辆，公安机关予以扣押并在刑事判决生效后移交执行，案外人提出执行异议和复议，法院复议认为，案外人基于质押权转让协议占有涉案车辆，并未取得涉案车辆的所有权，涉案车辆应用于退赔
	张某某非法吸收公众存款案	行为人用集资款购买的房产向案外人（国有银行）抵押借款500万元，并将借款用于电站开发，两级法院均认定该笔借款不列入集资数额，银行先行向法院提起的民事诉讼有效，银行获得优先受偿权
破产债权	张某、闫某非法吸收公众存款案	行为人将集资款以"包装企业"的名义投资到案外公司，所投资项目的公司因为资不抵债且不能清偿到期债权被其他法院裁定宣告破产。"包装企业"作为破产项目公司的抵押权人，尚有抵押类债权2.6亿余元未受偿，执行法官要求破产管理人从清算财产中扣除"包装企业"的投资款后，继续参与破产债权的分配

交叉类型	典型案例	基本案情
同一财产刑民执行冲突	谭某南诉借款合同纠纷案	×法院在审理阶段根据原告申请先冻结了湖南龙某公司名下价值500余万元的公司财产,后该部分财产在湘潭市中级人民法院审理的成某华非法吸收公众存款案中,作为涉案财产被公安机关查封,现执行案件终结本次执行,由刑事案件统一处理
	唐某国非法吸收公众存款案	该案公安机关查封的涉案房产,已由成都市武侯区法院另案先行民事保全,×法院在该案执行阶段向武侯区法院发函,提取处置涉案房产的拍卖款,用于退赔和罚金执行
刑事案件执行冲突	吴某霖等集资诈骗案("一川")	2018年7月,×法院审理"一川"案主犯吴某霖等人集资诈骗案件过程中,发现湖北京山县法院已于2018年1月以组织、领导传销活动罪对从犯赵某明等人作出判决,并处罚金和没收,追缴涉案财产,两案公安机关均先后查扣了涉案财产,湖北京山县法院在从犯判决生效后执行并处置了涉案财产,而×法院审理主案目前尚在审理中

资料来源:表中刘某某、黄某某申请执行复议案引自广东省高级人民法院执行局《刑事财产刑执行案例选编》(2020年11月10日);杜某某集资诈骗案、张某某非法吸收公众存款案引自谢勇、陈小杉《非法集资案财物处置刑民交叉的规范路径》;张某、闫某非法吸收公众存款案引自王嬿《刑民交叉执行模式研究》。

(五)案件退赔比例低、办理周期长

考察41件已执结案件,集资参与人获得全部退赔的15件;50%≤退赔比例<100%的1件;10%≤退赔比例<50%的2件,退赔比例<10%的2件;完全没有获得退赔的案件21件。即全部获得退赔的案件仅占36.59%,退赔比例高于50%的案件,占比不及40%,完全未获得退赔的案件,占比达到51.22%(见图3)。可见,退赔比例低,已成为涉众型经济犯罪财产处置的一大特征。

已执结案件办理的平均周期为145.3天,其中用时最长的为240天,用时最短的为22天。未执结案件的平均办理时间为203.5天,远高于同期所有责令退赔类执行案件的平均执行时间123天,其中最长耗时377天。

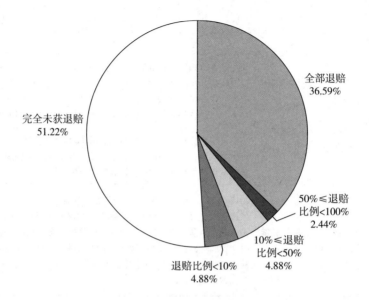

图 3　执结案件退赔比例

二　涉众型经济犯罪财产处置之困境与问题

（一）涉案财产界定和控制潜在任意性

侦查阶段是涉案财产进入刑事诉讼的关口，对于涉案财产的固定和控制起关键作用。实践中，侦查人员对于行为人的相关财产是否为违法所得较难准确作出认定，同时往往认为财产的认定和处置是法院的职能范围，不会将侦查重点放在财产追缴及性质认定上。因此，不同侦查人员基于理解不同或根据具体案件侦查需要，可能任意扩大或缩小纳入涉案财产的范围，出现两种截然不同的情况：如受限于法律规定，侦查人员即使发现部分行为人个人合法财产或者权属不明的财产，也不会采取强制性措施；为最大限度追赃挽损、稳定集资参与人的情绪，侦查人员可能先对行为人名下的所有财产采取强制性措施，待明确性质后再行解除，或者根据客观证据确定的犯罪数额、集资参与人的申报金额采取强制措施。而法官亦对财产调查和保全积极性不高，在审理阶段对于被告人的财产状况通常未主动调查，极少依职权采取保全措施。

（二）在案财产变现难

一是财产种类繁杂增大变现难度。例如，"掌上品"案件的涉案财产，既涉及土地，又有分布在全国 12 个省、17 个地级市的 51 处房产，还有股权、车辆、银行账户等各类型的其他财产，均需以不同方式变现。二是处置方式影响变现金额。不动产、动产、有价证券等价格会随着市场的波动而变动，处置方式和处置时机直接关系着最终的变现金额，进而影响据以分配执行的总资产。三是变现流程长、工作量大。例如：划拨土地需完成缴纳地价款和税费等手续；股东经营权须经审计和评估，确定评估价格才能进行拍卖，审计需取得公司财会等方面的配合，变现困难重重。四是权属争议阻碍变现进度。有的案件先后经过执行异议和复议，争议处理历时长。五是跨区域案件需取得银行、车管所、土地管理等部门的配合和协助，实践中变现常受阻。

（三）终局性处置推进难

1.资金归集和清退难点突出

其一，集资参与人无法联系。执行阶段部分案件出现集资参与人因信息不完备或变更而联系不上，无法实现资金及时分配到位。由此也会产生通知不到集资参与人是否预留份额、预留的期限等问题。其二，集资参与人人数众多，案款发放、分配、办理划款手续花费时间较长，清退工作时间跨度大，需耗费大量人力、物力。

2.涉案财产不足，清退追缴难

其一，财产状况难以查清影响追缴。非法集资案件线上线下多种吸存方式并存，投资材料、收款凭证、财务登记等材料散乱，即使专业的审计机构亦较难厘清资产具体来源和流向。同时，行为人往往以个人、公司等名义在各大银行开立大量账户，个人财产与公司财产混同，各个账户交易频繁、往来复杂，财产的权属、性质、流向等难以厘清。其二，财产权属争议导致追缴受阻。财产流动的属性使财产权利义务关系极易发生变动，加之行为人为逃避财产追缴，可能想方设法隐匿、转移财产或设置权利负担，易引发财产权属争议，处理争议使财产追缴进度受阻。

（四）处置缺乏监督救济

1.处置审查程序缺位

在法庭审理阶段，为提高庭审效率，对于被告人或案外人未就财产权属和处置提出异议的，公诉机关仅出示被告人定罪量刑的相关证据，不会就涉案财产的种类、价值、权属和强制性措施的适用、财产的处置进行举证，也不会就财产与犯罪的关联性提供证据，法庭未组织控辩双方就涉案财产处置展开专门性辩论，法庭审理仍以被告人刑事责任为核心进行和开展。法庭对审前财产处置结果是否合法、合理，通常也未作专门审查，无形中预设了审前处置程序的当然合法性。

2.案外人诉讼权利保护不到位

89件案件中，4件有案外人在审理阶段对涉案财产提出异议，但对案外人提出异议通过庭前笔录等形式进行调查的只有3件。可见，实践中通知案外人到庭参加诉讼并听取其意见的不多，案外人几乎未参加庭审。

三 涉众型经济犯罪财产处置症结之归因

（一）"重定罪量刑，轻财产处置"观念定势

1.审前查控囿于证据保全的定位

侦查阶段对于涉案财产的控制，目的在于为定罪量刑固定证据，而非涉案财产的追缴和财产刑的执行，侦查机关往往仅对具有证据属性的财产采取强制性措施。对于行为人为逃避财产追缴，而以他人名义购置财产或转移财产、转让债权等行为，未能给予必要的规制。对部分不具备证据属性且性质

不明的财产，侦查机关可能囿于法律规定而未采取强制性措施，致使财产被行为人或家属私下转移或处理。

2. 起诉阶段对财产的甄别和举证重视不足

香洲法院受理的涉众型经济犯罪案件中，公诉机关的起诉书虽附有随案移送物品清单和提请判决清单，但清单仅简单列明涉案财产的名称、类型和权属，并未具体记载财产的价值和采取强制性措施的时间等信息，起诉书也未就涉案财产提出处置意见。在庭审中，公诉机关基本上未就涉案财产处置进行举证、发表意见。

3. 审理中对财产调查、财产保全落实不到位

最高人民法院《关于刑事裁判涉财产部分执行的若干规定》第 4 条规定，人民法院刑事审判中可能判处被告人财产刑、责令退赔的，刑事审判庭应当依法对被告人的财产状况进行调查；发现可能隐匿、转移财产的，应当及时查封、扣押、冻结其相应财产。实践中，法官普遍认为，由法院调查被告人的财产状况比较困难，由公安机关进行调查和侦查更符合其职能设置。同时，认为较难审查被告人是否存在"可能隐匿、转移财产"行为，所以极少主动调查，并依职权作出保全裁定。

（二）程序定位与多元平衡需求存在偏差

1. 财产处置附属属性不能满足财产权保护多元需求

刑事诉讼以"被告人的刑事责任"为核心展开，财产处置附属于行为人刑事责任认定，重被告人定罪量刑、轻涉案财产处置，表现出明显的"对人之诉"特征。公安机关将主要精力放在证明犯罪嫌疑人有罪或无罪的证据上，不重视涉案财产的证据调取、查控、管理、归集、移送等工作。公诉机关偏重于审查犯罪嫌疑人定罪量刑的证据，忽视对涉案财产的权属、性质、范围、强制性措施是否恰当等方面的审查。

2. 诉讼地位不明影响案外人权利行使

目前法律规定没有明确案外人的诉讼地位。对于案外人提出异议的渠道、方式、期限和处理，是适用《民事诉讼法》还是参照《刑事诉讼法》

所设立的违法所得没收程序的有关规定进行处理，抑或设置专门的异议听证程序进行处理，案外人以何种身份参加诉讼，《刑事诉讼法》司法解释并未作出规定，由各地结合实际情况探索可行方案①。各地的指导意见亦未对案外人诉讼地位作出相关规定。案外人诉讼地位不明确，实践中做法不一，极易造成对案外人参加诉讼的忽视，影响其权利的行使。

（三）审查方式与诉讼对抗本质特征相悖离

诉讼在本质上是建立在双方平等对抗基础上，由中立第三方运用国家赋予的审判权就争议予以裁判的制度②。涉案财产处置应符合程序的参与性，裁判的对等性、中立性。对于利害关系人来说，财产处置涉及其财产权，只赋予其旁听和发表意见的权利，势必剥夺其实质的程序参与权和辩论权。涉案财产的证明标准，也与刑事诉讼的证明标准不同。司法实践中涉案财产处置没有明确证明责任的分担，检察机关和公安机关都不重视，极易出现法院认定缺乏相应证据的失范现象，未能实现司法程序的制约功能。

（四）处置程序无法满足现实需求

涉众型经济犯罪财产处置对立卷流转规范化、财产保管精细化、案件管理智能化要求更高。但实践中，传统财产处置模式按定罪量刑证据种类立卷，没有对涉案财产及财产处置相关诉讼文书和材料进行专门立卷和说明，未汇总财产情况制作详细清单。大多数实物动产均被堆积在专门的储存室，既未分类管理，又未及时进行变价处理，处于长期封存状态，不仅占用场所，财产还可能因未及时处理而在时间推移中丧失价值。

---

① 参见浓德咏主编《最高人民法院关于适用〈中华人民共和国刑事诉讼法〉的解释 理解与适用》，人民法院出版社，2015，第979页。
② 参见樊崇义《诉讼原理》，法律出版社，2009，第136页。

四 展望：涉众型经济犯罪财产处置程序规制

（一）以"完全剥夺原则"奠定处置程序的财产基础

"完全剥夺原则"旨在完全剥夺不法利益。在涉众型经济犯罪财产处置中，将与犯罪行为有关的不法利益完全剥夺，让通过犯罪行为所获的不法利益归零，以有效打击和预防犯罪。

1. 明确进入诉讼程序的涉案财产

基于涉案财产往往具有多重法律属性和多元法律价值，且处置贯穿侦查到执行各个诉讼阶段，涉案财产宜作广义理解，应是与涉众型经济犯罪行为直接相关的，依法予以追缴或者采取其他处置方法的财产①。建议将以下财产纳入查扣范围：行为人个人所有的财产、行为人实际控制的财产、行为人出资购买的财产、行为人转移至他人名下的财产、其他与行为人及其违法犯罪活动有关的财产。明确和细化侦查机关办理涉众型经济犯罪案件立案初期应及时查扣的财产范围。

2. 加强审前涉案财产控制

公安机关应当对涉案财产来源、性质、用途、权属及价值进行全面调查，及时对涉案财产进行保全。应当将资金来源、流向、权属、价值等方面的书证作为收集调取证据的重点。责令犯罪嫌疑人提供其个人财产信息，并对其财产状况进行调查核实，形成包括个人财产的名称、数量、权属证明、财产存放地点和财产保管人等信息在内的报告②。

3. 加强公诉机关对财产的审查甄别

公诉机关应将集资参与人损失情况纳入审查范围，如发现公安机关未能在侦查阶段围绕该事实收集证据的，应及时退回补充侦查。提起公诉时，应在起

---

① 参见龙建平《刑事案件涉案财物处置机制研究》，《重庆行政（公共论坛）》2017年第3期，第61页。

② 参见何永福《刑事诉讼涉案财物处置程序研究》，社会科学文献出版社，2020，第261页。

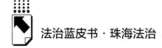

诉书中载明涉案财产查扣情况，并就涉案财产处理提出意见，一并移交受理案件的人民法院。在庭审中，应就涉案财产的权属情况进行举证，提出处置意见。

4. 落实审理阶段的财产调查和保全制度

法院应加强被告人财产状况的调查，在向被告人送达起诉书副本的同时，责令其书面申报财产。对于在案财产明显不足以清退集资参与人损失的案件，应当进一步调查财产线索，并及时采取保全措施，保证集资参与人的合法权益。

5. 加大财产追缴力度

被告人通过涉众型经济犯罪所获得的财产利益本质上属于不法利益，对于依法应当追缴的涉案财产，行为人用于清偿债务、转让或者设置其他权利负担的，在第三人明知是涉案财产而接受，第三人无偿或者以明显低于市场价格取得涉案财产，第三人通过非法债务清偿或违法犯罪活动等其他恶意方式取得涉案财产等情形下，应予以追缴。因此，用违法所得购买的财产上附有抵押权、质押权等担保物权不应得到优先受偿[1]。

（二）以"正当程序原则"确定处置程序的功能定位

正当程序的基本要义，即任何人在遭遇不利对待之前，都有权参与到相关程序中，并要求用权者听取自己的陈述和申辩。涉案财产处置必须要经历法律正当程序的"洗礼"，加强权利人的知情权、参与权等程序保护[2]。

1. 明确财产实质处置主体

涉案财产的性质和审查应由法院经过审判程序进行终局性处置。而审前实体性处置仅适用于特殊情况，经权利人同意或申请后，进行审前处理，依法出售、变现或者提前变卖、拍卖，所得价款存入专案银行账户。建议将申请主体与决定主体分离，由申请主体承担证明涉案性和先行处理必要性的责任，检察机关进行审查，作出是否批准的决定。

---

① 参见张燕龙《论涉众型经济犯罪案件的财产处置制度》，《商法之窗》2014 年第 17 期，第 189 页。

② 参见温小洁《我国刑事涉案财物处理之完善——以公民财产权保障为视角》，《法律适用》2017 年第 13 期，第 31 页。

2. 构建相对独立的审查程序

庭审增加涉案财产处置的审理环节，与定罪量刑审查适当分离，就涉案财产情况进行法庭调查，对涉案财产的认定和权属等情况进行审查，控辩双方在庭审中就财产处置问题展开举证质证，进行辩论。对于处置财产可能造成案件长期久拖不决，影响审判效率的，根据具体案情对定罪量刑部分和财产部分分开作出判决①。可参照刑事附带民事诉讼的程序设置允许对财产部分的判决提出上诉。财产处置因不涉及人身权利，且程序出现错误时易于救济，无须适用定罪的证明标准，法院可适用优势证据认定标准。

3. 强化财产处置庭审审查力度

法院应就涉案财产处置进行法庭调查，组织控辩双方展开质证和辩论。对于案外人提出权属异议案件，可通过召开听证或庭前会议，通知侦查机关、公诉机关、申请权属异议的利害关系人及其委托诉讼代理人、负有退赔责任的被告人及其辩护人到场，听取各方意见。听证或庭前会议应制作笔录，记录基本情况、争议焦点和处理结果。庭审中，应就听证或庭前会议的处理结果，听取控辩双方意见。

4. 完善遗漏集资参与人的处理

案件审结后，相关人员向公安机关、人民检察院提出其系集资参与人的，由公安机关、人民检察院查证属实后，书面通知负责刑事裁判涉财产部分执行的人民法院；直接向法院主张权利的，法院应当将相关证据材料移交公诉机关先行审核，并提出处理意见，经合议庭审核确认以后，分情况处理：当遗漏金额足以影响被告人量刑时，应先中止执行，通过公诉机关补充起诉，法院审理生效后再恢复执行，一并分配；当遗漏金额不足以影响被告人的量刑时，可借鉴上海法院的做法②，经审查后集资参与人可以直接参与涉案资产分配。实行涉案财产分批次按一定比例发还，如按照涉案财产的

---

① 参见芦磊《非法集资案件涉案财产处置机制的构建》，《人民司法》2019 年第 13 期，第 81 页。
② 上海市高级人民法院等《关于办理涉众型非法集资犯罪案件的指导意见》第 10 条规定。

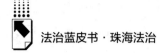

50%作出本次分配方案，另外50%用于下次分配，在保障新出现的集资参与人财产权益的同时，促使他们尽早积极申报、登记。

（三）以"比例原则"合理框定处置程序的措施限度

比例原则的精髓在于禁止过度。在涉众型经济犯罪财产处置上坚持比例原则，处置措施应与犯罪的危害性相适应，且以对行为人财产权利最小侵害为限度。

1. 减少对经营性财产的过度限制

在涉案财产处置中，在保障财产可执行性的同时，对于有经济效益的财产，减少过度限制，避免对财产占有人的严重影响，既有效保全财产价值，又实现财产效用的充分发挥。可借鉴美国联邦法律涉案财产处置中的处前保全方案，增设不改变占有诉前财产限制和未决诉讼提示的权利限制制度。即法院根据申请，通过发布禁止令的形式，要求财产占有人以缴纳保证金、指定管理人等形式，保证不转让、消耗该财产等；法院对于不动产属于涉案财产而可能被未决诉讼没收之事项进行公告，并在该不动产登记处加以注明，在不禁止不动产所有人使用与转让不动产的前提下，将该不动产可能被没收之事项告知其他人，避免其他人在案件结束前获得不动产后又以善意不知情为由提出抗辩①。

2. 明确共有财产以行为人所占份额为限

共有财产以行为人所占份额为违法所得，不得侵害他人合法财产权利。在执行过程中遇到涉案财产涉及共有财产问题，且判决主文或判决书附件未载明系违法所得的，可按以下思路进行（见图4）。

（四）以"衡平原则"加强处置程序中的产权保护

衡平原则注意权衡多元主体之间的利益关系，实现法律调整和社会利益的合理平衡。涉案财产处置应当在人身权保护和财产权保护之间寻求适当的平衡，还应当在保护被告人利益、被害人利益、善意第三人利益之间寻求适

---

① 参见吴光升《未定罪案件涉案财物没收程序之若干比较——以美国联邦民事没收程序为比较视角》，《中国政法大学学报》2013年第2期。

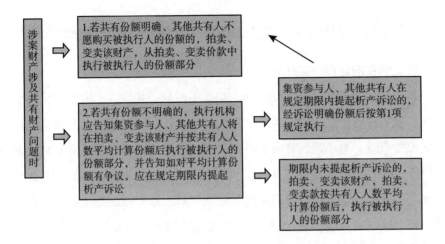

图 4 涉案财产涉及共有财产问题处理思路

资料来源：参见上海市高级人民法院《关于刑事判决中财产刑及财产部分执行的若干意见》第 22 条规定。

当、合理的平衡①。

1. 加强案外权利人程序保护

运用听证程序或庭前会议制度，对违法所得的认定和权属情况进行审查，此时应由公诉机关承担涉案财产属于违法所得或者依法应当追缴的其他涉案财产的举证责任，允许其他利害关系人主张其对违法所得享有合法权益并申请参加诉讼，以进一步明确违法所得的来源和权利归属。

2. 落实合法财产返还

审前阶段，如果利害关系人认为公安机关、人民检察院查封、扣押、冻结的涉案财产属于自己的合法财产的，可以申请先行返还②。此时，利害关系人应承担优势证据的证明责任，提供一定的证据来证明该涉案财产为其合法财产。审后阶段，应及时返还涉案财产，被扣押的财产一旦没有被法院相关刑事判决书认定为犯罪违法所得或责令退赔，扣押机关就应当在判决生效后一个月内将该财产发还给被告人。

---

① 参见熊秋红《刑事诉讼涉案财物处置程序检视》，《人民检察》2015 年第 13 期，第 33 页。
② 参见戴长林《依法规范刑事案件涉案财物处理程序》，《中国法律评论》2014 年第 2 期，第 32 页。

（五）以"经济原则"推进处置程序的精准化信息化一体化

1. 灵活精准处置涉案财产

其一，针对不同财产类型或同一类型不同财产状况，采取多元化的处置方式，以实现财产处置的最优化。例如，"掌上品"案件中，香洲法院在强制变现股票时，对于量大且市值高的股票，为避免出现市场监管不到位或信息泄露等导致利用法院强制变现"低吸高抛"情况的发生，责令协助单位做好保密工作，提前规划研判卖出的最佳时机，涉案股票变现价格比执行案件立案时的价格高出 1100 多万元，实现当时几乎最高点抛售。其二，规范先行处置行为①。对于自身不宜保存、价值极易贬损的财产，或者在保存财产的成本过高时，应当对已扣押财产进行拍卖、变卖，保证执行财产价值的最大化。应及时对金融产品类财产进行变价，对于股票、证券、理财产品等金融产品，在到期或者存在贬损风险时应及时处理，扣押相应款项。

2. 大力推进信息化建设

一是建立统一的信息公开平台，确保信息畅通、共享。公检法应形成联动合力，借助线上平台共享关联案件、集资参与人信息电子档案②，实现侦查、起诉、审理、执行"总对总"的无缝连接，解决主案和分案审理法院之间衔接不顺畅、信息不对称等问题③。同时，实现涉案财产线上集中管理，开设自动查询、线上保全等功能，同步录入"物的卷宗"、财产流转清单，及时跟进财产状况，共享财产信息，提升处置效率。"物的卷宗"包括：行为人财产状况及追踪线索，财产的名称、来源、管理、使用、权属、价值等证明材料及鉴定意见，财产与案件有关的证明材料，对财产采取强制性措施的法律文书等。

---

① 参见杨林《刑事涉案财物处置程序的生命周期检视与功能定位——兼评扫黑除恶中刑事涉案财物处置现状》，《法治研究》2020 年第 2 期，第 14～15 页。
② 包括身份信息、银行账户、联系方式、投资金额、未兑付金额等。
③ 参见蒋宏、史小峰、韩小龙《涉众型刑事财产刑执行问题研究》，上海高院研究室微信公众号"中国上海司法智库"，2021 年 1 月 14 日。

二是构建集资参与人信息登记和核实平台，实现线上申报、清退。为简化登记程序，提高申报效率，可利用互联网或微信小程序进行集资参与人申报登记工作。例如，香洲法院在"掌上品"案件财产处置中，研发了投资人信息登记平台和非法集资案件处置平台，集资参与人通过信息登记平台申报投资金额和损失，实现线上申报登记。处置平台则通过人脸识别实名认证和电子签名功能，完成对集资参与人的身份确认及签名要求。集资参与人能够通过小程序看到与自己身份信息相关的投资数据，对自己申报的投资账号、投资金额、损失金额等进行核对。对经办案机关审计、核实的投资信息及损失情况不持异议的，由系统自动生成信息表，集资参与人进行电子签名确认；有异议的，集资参与人可通过该系统提出异议申请，并上传相关凭证，补充材料。小程序会在关键节点向集资参与人发送短信通知，提醒、帮助集资参与人完成确认，从而让众多集资参与人"足不出户"兑现退赔损失，实现案款发放的高效和便捷。

3. 建立会商衔接机制

其一，将财产处置工作前置。建立案件会商机制，对于重大疑难复杂案件，提前在侦查、起诉阶段研判将来涉案财产处置工作可能面临的问题。公安、检察机关提前介入对涉案财产的查明工作，从源头上加大涉案财产的查控力度。在侦查、起诉阶段完成集资参与人信息登记、申报工作，调查涉案财产权属状况，作出临时性控制措施等，便于在申报登记基础上对集资参与人投资、返利和损失情况以及犯罪嫌疑人、被告人的非法获利等情况进行审计。审理阶段，审判庭、执行局可就涉案财产查控、甄别、梳理和集资参与人财产清单制作等问题先行会商，在作出判决前制订财产处置的初步方案，将清集资参与人名单、集资数额、财产保全金额、返还本金数额等。其二，加强跨域协同①。强化司法机关与金融、拍卖机构等跨领域协同，形成财产追缴合力。例如，联合线上、线下金融机构对涉案钱款的流向进行监控，迅

---

① 参见董彬《网络涉众型经济案件财产处分的现实困境与可行进路》，《人民检察》2018年第20期，第58页。

速发现、查证被告人亲属及其他人员窝藏、转移财产的线索。强化法院间跨地域协同，异地财产执行时，依托最高人民法院执行指挥中心事项委托平台，将涉案裁判、不动产信息、执行文书等统一委托至财产所在地法院，提升异地财产的处置效率。

B.9
行政非诉执行类案监督办案模式探索

陈燕玲　张　玲*

摘　要： 行政非诉执行类案监督既是行政检察工作的重要内容，也是行政检察开展法律监督新的业务增长点，具有"一手托两家"的监督效果。为做实做强行政非诉执行类案监督工作，珠海市人民检察院以理念变革为引领，立足办案实践，分别在交通运输、自然资源、人力和社会保障、食品药品以及住房和城乡建设五大领域开展类案梳理，针对执法中典型的行政违法行为进行类案监督。创造性地构建"强摸排＋重审查""强领导＋重整合""强统筹＋重跟进"的三加办案模式，有效提升了行政非诉执行监督的检察质效，取得了卓越的监督效果。

关键词： 行政非诉执行　类案监督　办案模式

在坚持和完善中国特色社会主义法治体系，推进国家治理体系和治理能力现代化，建设法治国家、法治政府、法治社会的背景下，"四大检察"新格局赋予了行政检察重要地位和广泛职能。习近平总书记在《关于〈中共中央关于全面推进依法治国若干重大问题的决定〉的说明》中指出："检察机关在履行职责中发现行政机关违法行使职权或者不行使职权的行为，应该督促其纠正。做出这项决定，目的就是要使检察机关对在执法办案中发现的行政机关及其工作人员的违法行为及时提出建议并督促纠正。"2021年6月

---

* 陈燕玲，珠海市人民检察院第六检察部主任，四级高级检察官，法律硕士；张玲，珠海市人民检察院第六检察部，一级检察官，法律硕士。

15 日,《中共中央关于加强新时代检察机关法律监督工作的意见》也指出:全面深化行政检察监督。检察机关依法履行对行政诉讼活动的法律监督职能,促进审判机关依法审判,推进行政机关依法履职,维护行政相对人合法权益;在履行法律监督职责中发现行政机关违法行使职权或者不行使职权的,可以依照法律规定制发检察建议等督促其纠正;在履行法律监督职责中开展行政争议实质性化解工作,促进案结事了。

行政非诉执行监督作为开展行政检察工作的新的业务增长点,如何长期有质效地开展该项工作,充分发挥"一手托两家"的监督作用,是各级检察机关需要不断思考、不断探索的问题。珠海市人民检察院近两年在开展行政非诉执行监督工作中进行了大胆的探索,从行政非诉执行案件的特点分析,在众多成功案例的基础上总结办案模式,以期为行政非诉执行监督工作提供一些实践经验和参考。

一 行政非诉执行案件的特点

行政非诉执行是行政检察工作的重要内容及新的业务增长点,加强行政非诉执行监督,在促进法院依法履职、促进行政机关依法行政的基础上,更有利于维护国家利益、社会公共利益和群众的合法权益。从办案实践来看,行政非诉执行案件通常具有以下特点。

第一,行政非诉执行案件数量大,近年来呈逐年上升态势。

通过表1、表2数据可知,虽然珠海两级法院2015~2020年行政非诉执行案件受理数呈不规律发展,但全省三级法院受理行政非诉执行案件总数呈逐年快速增长态势。

第二,行政非诉案件涉及范围广,且地域和类型分布高度集中。

2018 年,全省行政非诉审查案件类型中,土地、公积金、环保和交通 4 类案件占全部非诉审查案件的 72%。2019 年,上述 4 类案件占全部非诉审查案件的 66%,全省 40623 件行政非诉执行审查案件中,84% 的案件量来自大湾区内的 9 个地市。

表 1　2015～2020 年广东省行政案件情况

单位：件

	2015 年	2016 年	2017 年	2018 年	2019 年	2020 年
一审行政案件	16031	15599	18170	21442	23149	22004
行政非诉执行审查案件	25442	25931	29433	33129	40623	52538

数据来源于《广东省行政诉讼情况报告》，广东法院网权威发布。

表 2　2015～2020 年珠海行政案件情况

单位：件

	2015 年	2016 年	2017 年	2018 年	2019 年	2020 年
一审行政案件	118	109	139	247	170	216
行政非诉执行审查案件	305	991	330	32	13	1233

数据来源于中国裁判文书网。

第三，行政非诉执行案件的裁定准予执行率反映了行政机关作出的行政行为存在较多实体或程序问题（见表 3）。

表 3　2015～2020 年广东省行政行为裁定准予执行情况

单位：件，%

	2015 年	2016 年	2017 年	2018 年	2019 年
行政非诉执行审查案件	25442	25931	29433	33129	40623
裁定准予执行案件	20386	19782	22913	25658	33908
准予执行率	80.13	76.29	77.85	77.45	83.47

数据来源于《广东省行政诉讼情况报告》，广东法院网权威发布。

第四，行政非诉执行对象中，财产类相对较为容易执行，如罚款、没收违法所得、没收违法财物等；行为类案件则存在执行难的困境，如拆除违法建筑、责令恢复原状等。

二　以类案监督模式开展行政非诉执行监督的办案实践

根据党的十九届三中全会《中共中央关于深化党和国家机构改革的决

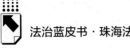

定》，我国行政执法机构整合为五大综合执法队伍——市场监管综合执法、生态环境保护综合执法、文化市场综合执法、交通运输综合执法、农业综合执法。通过办案实践及探索，针对行政非诉执行案件的特点，珠海市人民检察院分别在交通运输、自然资源、人力和社会保障、食品药品以及住房和城乡建设五大领域开展类案梳理，针对执法中典型的行政违法行为进行类案监督。2020 年以来，共与九大领域的行政机关召开座谈会，重点摸排类案监督线索 8654 条，调查核实线索 327 条，依职权立案 281 件，制发类案检察建议 11 件，并实现了三个 100%：行政机关回复采纳率 100%、整改率 100%、定期通报率 100%，形成衔接工作机制及会议纪要 3 份，向市委政法委提交专题报告 1 份。

第一，以专项监督和专题报告的形式聚焦自然资源领域执行困境。珠海市人民检察院以行政非诉执行专项监督为突破口，主动筛查涉自然资源领域行政非诉执行案件 54 件，针对法院怠于执行的违法行为发出类案检察建议，促使法院立案执行 16 件，并对长期未执结的 22 件案件采取了多项措施推进执行进程，10000 多平方米被非法占用的农用地得以恢复原状；与此同时，积极探索通过行政磋商的形式，促成属地政府积极配合法院执行，并深刻剖析导致涉自然资源领域执行困境的原因，以专题形式向市委政法委作报告，对"执行难"问题提出解决路径，助推国家治理体系和治理能力现代化。检察建议作出后，珠海自然资源部门定期向检察机关通报申请法院强制执行的案件 21 件。

第二，逐案筛查，发出检察建议，开展交通运输执法领域的类案监督。珠海市人民检察院在履职过程中发现交通运输管理局在执法过程中存在多种违法行为情形。通过调取法院近两年裁定驳回或不准予执行的案件 176 件，并逐案筛查，最终发现珠海市交通运输局在 23 个申请强制执行的案件中存在执法不规范情形：主要是事实认定不清类、执法文书当事人姓名记载不一致类、提交材料不齐全类、送达程序错误类、程序违法类。针对交通运输管理局在执法环节存在的普遍性问题，珠海市人民检察院开展了类案监督并发出检察建议。检察建议作出后，珠海交通运输部门建立了非诉执行案件跟踪回退机制，并定期向检察机关通报申请法院强制执行的案件 851 件。

第三，全面调查核实，规范行政处理决定，畅通人力资源和社会保障领域非诉执行渠道①。珠海市人民检察院在履职过程中发现，人社局在办理用人单位拖欠劳动者、农民工工资案件过程中，要么移送公安机关处理，要么让劳动者、农民工自行申请仲裁和诉讼，长达十余年未再依法作出责令用人单位支付工资的决定并申请法院强制执行，即有行政强制权却怠于行使，致使劳动者、农民工的维权周期和诉累大大增加。通过调取行政机关和法院的办案卷宗，走访市区两级劳动监察部门、市劳动仲裁委员会，并听取市区两级人民法院行政庭法官的意见②，珠海市人民检察院在认真调查核实的基础上决定向珠海市人社局发出检察建议，协同人民法院共同畅通了人社部门就行政处理决定申请法院强制执行的渠道。

珠海市人社局收到检察建议书后，针对检察建议提出的问题进行了深入研判，并及时印发《关于进一步加强和规范作出行政处理决定的通知》，要求全市各级劳动保障监察机构做到"三个依法"：必须依法办理未足额支付劳动报酬案件，必须依法根据案件进展情况作出行政处理决定，必须依法及时向法院申请强制执行。通知发出后，珠海市人社局对四家用人单位依法作出了责令用人单位支付工资的决定，并依法及时向法院申请行政非诉执行，法院依法受理后随即作出准予执行裁定。至此，珠海人社局就解决拖欠劳动者、农民工工资行政处理决定申请法院强制执行的渠道彻底畅通。

第四，监督行政机关自查自纠，统一执行程序，督促食品药品领域非诉执行案件限期执行。珠海市人民检察院在履职过程中发现，市场监督管理局在执法过程中存在多种违法行为情形，通过调取法院 2017～2020 年所有行政非诉执行类案件中裁定不准予执行及裁定驳回的全部卷宗，并逐案筛查，最终发现市场监督管理局存在处罚后申请法院执行不及时的问题。检察机关

---

① 张玲：《"检察为民办实事"——行政检察与民同行系列典型案例（第四批）》，《检察日报》2021 年 12 月 22 日。

② 张玲：《"检察为民办实事"——行政检察与民同行系列典型案例（第四批）》，《检察日报》2021 年 12 月 22 日。

向市场监督管理局发出类案检察建议后，市场监督管理局立即开展了自查自纠，对所有积案进行全面梳理，统一执行程序，规范办案文书编号和编制规则并建立办案台账，确保办案及时完成。至今，再未出现超期申请法院强制执行的情况。

第五，梳理案件材料，规范执法行为，加强建设工程监管力度，促进住房和城乡建设领域非诉执行案件的问题解决。2021年，珠海市人民检察院在履职过程中发现，住房和城乡建设局在执法过程中存在多种违法行为情形。通过调取相关案件材料并逐案筛查，最终发现珠海市两级住房和城乡建设局存在执法不规范情形：一是建筑工程未取得工程竣工验收备案即交付使用；二是建设工程竣工验收后未依法在15日内办理工程竣工验收备案，住建部门对此未依法予以行政处罚；三是商品房竣工备案文件内容不齐全即完成竣工验收备案。

房屋建设工程质量安全问题关系广大人民群众的人身和财产安全，是建设工程项目开发的重中之重。国务院通过多个行政规章及文件强调建设工程竣工验收以取得备案为标准，旨在通过有效强化政府部门对建设工程各环节的监管力度，防止不合格工程项目交付使用，切实维护民生利益。针对住房和城乡建设局在执法环节中存在的问题，检察机关开展了类案监督并发出检察建议。

三　类案监督办案模式构建

珠海市人民检察院立足上述办案实践，根据最高人民检察院、广东省人民检察院的部署和要求，以理念变革为引领，大胆探索类案监督工作，创造性地构建三加办案模式。

（一）"强摸排 +重审查"

一是加强线索摸排力度。线索是开展工作的前提和基础，做好线索管理，再抓住筛查、研判、评估等环节，能为提高类案监督成功率和办案质效打下坚实的基础。珠海市人民检察院一方面积极开拓案源，依托最高人民检察院、广东省人民检察院部署开展的各个专项活动，通过联系市民热线、查询裁判文书网等手段，有针对性地发函给相关行政单位获取线索；另一方面进行精细审查，对线索进行多次、逐项分类梳理，归纳总结线索存在的问题，不遗漏每个监督点。在线索摸排的基础上，进一步筛查研判，确定监督的方向。二是重视对线索的调查核实。"工欲成其事，必先利其器"，充分行使调查核实权，是保证检察建议权威性的重要手段和保障。珠海市人民检察院因案施策，逐案调查，全面、深入挖掘线索背后的原因，确保检察建议有的放矢，掷地有声。三是通过充分行使调查核实权为类案监督夯实基础，进而实现精准监督。类案监督的最高价值在于能够通过监督促进社会治理，而监督的精准度直接影响社会治理效果。珠海市人民检察院要求市区两级检察院把充分行使调查核实权思维贯穿办案全过程，宽视野，深摸排，在办案中精细审查，发现深层次、具有共性的司法执法和行政管理问题，实现办理一个类案、治理一片的效果。

（二）"强领导 +重整合"

一是强化组织领导。院领导带头积极参与办案，对排除办案阻力、理顺各种办案关系能起到关键作用。珠海市人民检察院立足精准监督，由分管院领导带队走访珠海市九大行政机关，破题开局扫清阻力后，最终锁定在交通运输、人力资源和社会保障、自然资源、食品药品、住房和城乡建设五大领域开展类案监督。二是重视整合办案力量和资源。四大检察如何均衡发展，整合力量和资源显得尤为重要。为使四大检察全面协调充分发展，一方面整合全院办案力量，选任具有丰富办案经验的检察官充实行政检察办案队伍；另一方面整合部门资源，组建办案小组，由分管院领导任组长，三名检察官及一名助理任组员，在正常办理民事监督案件的同时，专门办理行政检察案件，以专业化为导向提高监督质效。三是通过市区一体化办案机制提升类案监督质效。在类案监督办案实践中，珠海市区两级检察院通过协作联动一体化办案机制，不仅提高了办案效率，实现行政违法线索上下移送顺畅，更大大提升了办案质效，促进了当地政府依法行政。

（三）"强统筹 +重跟进"

一是强化统筹工作。珠海市人民检察院运用"分阶段法"强化统筹力度，从线索摸排到立案办理，再到制发检察建议，由市检察院分阶段对各区院的工作进行统筹，确保工作进度及监督质效。在办理上述五大领域的类案过程中，均由市检察院全程统筹各区院的办案情况，并根据办理情况逐案指导，破解办案难题。二是注重跟进监督效果。监而不督，则检察质效难以落地。2020 年，珠海市人民检察院在五大领域向法院和行政机关发出类案检察建议后，督促交通运输部门建立了案件回退跟踪机制，按季度向珠海市人民检察院通报申请法院强制执行案件共 1112 件；督促自然资源部门建立了信息沟通机制，定期通报申请法院强制执行 18 件，并主动申请检察监督；督促人社局依法作出责令用人单位支付拖欠工资的决定，并主动申请法院强制执行；督促食药监部门对相关责任人予以教育和警示，至今再未出现超期申请法院强制执行的情况。

四 类案监督办案模式的价值分析

类案监督旨在纠正并防止共性问题，开展类案监督对于提升行政检察的监督质效具有重要意义。珠海市人民检察院在办案实践中，针对类案监督办案模式进行了梳理分析，总结了类案监督办案模式具备多种价值和优势，可在行政非诉执行监督工作中强化其运用。

一是有利于破解基层检察院行政检察案源少的困境。根据《行政诉讼法》的规定，多数经过再审的行政案件，当事人申请检察院监督时，这些案件将集中到市级以上检察院，且广东各地法院的行政案件实施集中管辖，基层检察院的监督作用难以发挥。基层检察院以类案监督的办案模式开展行政非诉执行监督，既可破解案源困境，又可发挥基层检察院的监督作用。

二是有利于实现双赢多赢共赢。行政检察"一手托两家"的职能定位，要求行政检察在开展工作时坚持政治效果、法律效果和社会效果相统一，在监督中赢得法院和当地政府对监督工作的支持。类案监督办案模式最大的特点就是可以达到"办理一批案件，治理一个领域"的效果，也更容易与审判机关和行政机关达成共识，实现双赢多赢共赢的效果。

三是有利于推动法治政府建设。行政检察工作对于全面推进依法治国，建设法治国家、法治政府和法治社会具有重要作用。行政非诉执行监督作为行政检察工作的重要内容和新的业务增长点，通过类案监督办案模式开展行政非诉执行监督工作，有利于针对监督过程中发现的社会治理问题和漏洞，进行精准研究并提出对策建议，进而向相关职能部门和法院提出加强社会治理的检察建议，达到强化当地政府依法执政的效果。

五　未来工作思考

行政检察是科学有效的权力运行制约和监督体系的重要组成部分，行政检察监督工作能否落到实处，不仅影响到能否通过监督督促行政机关依法行政、保障公民合法权益，也直接影响到法治政府、法治国家的进一步发展。2021 年，《中共中央关于加强新时代检察机关法律监督工作的意见》着重强调要全面深化行政检察监督，《"十四五"时期检察工作发展规划》也提出：检察工作要有力服务经济社会高质量发展，促进提升国家治理效能。行政检察部门将进一步通过有效开展行政非诉执行监督，促进国家治理效能提升。

第一，作为执行同一法律体系、追求同一法治目标的国家机关，审判机关、检察机关和行政机关价值追求是一致的，有必要在开展行政非诉执行监督工作中尝试与人民法院建立协同联动机制，在信息互享、线索移送、办案协作、人员培训等方面建立交流合作机制，形成监督合力，发挥司法机关职能作用，共同推进国家治理体系和治理能力现代化。

第二，行政检察在开展行政非诉执行监督业务过程中应不断优化监督方式与思路，注重监督办案质效。检察监督并不直接解决社会治理问题，更多的是通过督促和评价，促使行政机关严格规范公正文明地执行法律，进而推动社会发展。因此，行政检察可以采取多元化的监督方式，在制发检察建议之外，还可以根据《人民检察院行政诉讼监督规则》第 121 条，以年度或者专题分析的形式，向人民法院、行政机关通报，向当地同级党委、人大报告。

第三，行政非诉执行监督应充分尊重行政机关履行职责的规律。检察机关开展行政非诉执行监督应当在尊重法院和行政机关裁量权的基础上，严守检察权的边界，在法律框架内积极稳妥履行监督职责，加强与法院和行政机关的沟通，争取同级党委支持，推动检察机关法律监督与行政机关纠错机制有效衔接。因为监督不是高人一等，不是零和博弈，而是为了争取双赢多赢共赢，共同推进国家治理体系和治理能力现代化。

B.10
斗门区能动检察助推社会治理
现代化的实践与探索

珠海市斗门区人民检察院课题组*

摘　要： 社会治理是社会建设的重大任务，也是国家治理的重要组成部分。加强和创新社会治理，既是推进国家治理体系和治理能力现代化的题中应有之义，也是夯实党的执政基础、巩固基层政权的必然要求。本文以珠海市斗门区人民检察院工作实践为切入点，立足办案、监督、服务大局与自身发展，积极履职、能动检察，在助推社会治理法治化、促进形成社会治理合力、创新社会治理模式、提升社会治理能力等方面进行了有益探索，以期对司法实践有所裨益。在新发展阶段，为进一步助推社会治理现代化，检察业务还将与党建工作深度融合，推进诉源治理，提升监督质效，提高检察工作智能化水平，服务保障经济社会高质量发展。

关键词： 能动检察　社会治理现代化　法律监督

党的十九届五中全会通过的《中共中央关于制定国民经济和社会发展第十四个五年规划和二○三五年远景目标的建议》指出，"十四五"期间要努力实现"社会治理特别是基层治理水平明显提高"的目标，加强和创新社会治理。这是以习近平同志为核心的党中央在全面统筹国内国际两个大局

* 课题组负责人：韩树军，原珠海市斗门区人民检察院党组书记、检察长。课题组成员：朱德林、莫家欣、黄冯清。执笔人：朱德林，珠海市斗门区人民检察院检察官助理。

基础上作出的重要部署，是从推进国家治理体系和治理能力现代化的战略高度提出的一项重大任务。2021 年 6 月 15 日，中共中央印发《中共中央关于加强新时代检察机关法律监督工作的意见》（以下简称《意见》），这是党的历史上第一次就加强检察机关法律监督工作专门印发的文件。在中国共产党建党 100 周年、人民检察制度创立 90 周年这一特殊节点，检察机关发挥法律监督职能推进社会治理现代化的责任愈加重大。面对党和人民的新要求、新期待，检察机关要不断深化新时代能动司法检察工作。能动，就是自觉、积极、主动，就是要以高度的政治自觉、法治自觉、检察自觉，把习近平法治思想落实到"四大检察"①、"十大业务"②，以扎实的检察履职厚植党执政的政治基础，助推社会治理现代化，服务保障经济社会高质量发展。

近年来，斗门区人民检察院（以下简称"斗门检察院"）找准服务保障社会治理现代化的切入点、着力点，在办案监督、服务大局、自身发展方面做深做实，进一步推动依法治理、源头治理、综合治理、创新治理，助力提升社会治理现代化水平。

一 立足办案职能，坚持"三个效果"相统一，推动社会治理法治化

（一）扎实推进认罪认罚从宽制度

认罪认罚从宽制度③被誉为中国之治的制度创新，以追求化解社会矛盾为目的，有效地减少社会对抗、节约司法资源，在推进国家治理体系和治理能力现代化过程中发挥着重要作用。认罪认罚从宽制度施行以来，斗门检察

---

① "四大检察"，是指刑事检察、民事检察、行政检察和公益诉讼检察。
② "十大业务"，是指普通刑事犯罪检察业务、重大刑事犯罪检察业务、职务犯罪检察业务、经济金融犯罪检察业务、刑事执行和司法人员职务犯罪检察业务、民事检察业务、行政检察业务、公益诉讼检察业务、未成年人检察业务、控告申诉检察业务。
③ 认罪认罚从宽制度，是指犯罪嫌疑人、被告人自愿如实供述自己的罪行，承认指控的犯罪事实，愿意接受处罚的，可以依法从宽处理。

院坚持依法该用尽用，累计办结案件 1234 件，涉案人数达 1651 人。其中，2019 年、2020 年、2021 年认罪认罚适用率分别为 27.81%、90.95%、89.71%，呈现由快速增长到稳定发展的态势（见图 1）。在目标追求上，由提升数量转化为提升质量、强化效果。

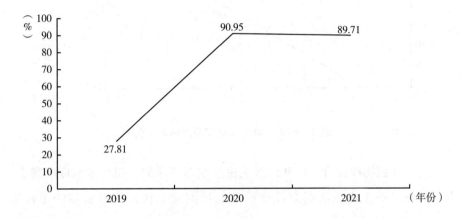

图 1　2019～2021 年认罪认罚从宽制度适用率

一是推进繁简分流。一方面，针对危险驾驶、盗窃等轻微刑事案件，密切侦、诉、审衔接配合，创新速裁案件"四个集中"模式，由公安机关集中移送审查起诉、检察机关集中做好认罪认罚并提起公诉、法院集中开庭审理，办案期限缩短为 7 天，办案效率得到显著提升。2019 年至 2021 年速裁程序适用比例分别为 1.27%、18.07%、33.49%，呈现逐年激增趋势（见图 2）。另一方面，针对重大疑难复杂案件，充分发挥认罪认罚从宽制度在查明案件事实、提升指控效果、加大追赃挽损力度等方面的积极作用。在办理"9·30"特大跨境开设赌场案中，涉案 73 名犯罪嫌疑人全部自愿签署认罪认罚具结书，实现了司法公正与诉讼效率的有机统一。

二是强化权利保障。坚持提速不降低质量、从简不减损保障，主动与司法行政部门沟通，实现值班律师派驻全覆盖，为犯罪嫌疑人提供法律帮助累计达到 1297 人次，一审服判率连续三年超过 94%，有效促进社会和谐稳定。

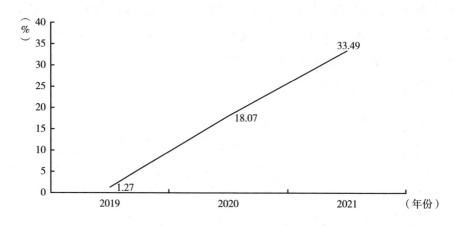

图2　2019～2021年速裁程序适用比例

三是加强协作配合。与斗门区人民法院召开认罪认罚从宽制度联席会，共同签署《关于认罪认罚案件推进精准量刑建立快诉快审机制的工作协议》，以可视化量刑为工作目标，进一步细化、规范量刑细节和刑期增减，力争做到检察机关提出量刑建议有依据、审判机关采纳或改变量刑建议有理由、被告人对自己认罪认罚的后果有认识。2019年量刑建议采纳率为49.8%，2020年增长为98.91%，同比增加49.11个百分点，2021年已稳定至99%（见图3）。

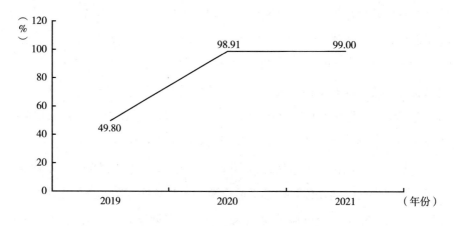

图3　2019～2021年量刑建议采纳率

四是深化"智慧检务"建设。上线运行"小包公""华宇"等智能办案辅助系统,充分运用大数据,实现智能精准预测量刑,全面提高量刑建议精准度,2021 年确定刑量刑建议占提出量刑建议比例为 98.01%,同比增长 27.71 个百分点。

(二)常态化开展检察听证

检察听证①是新时代检察机关主动转变司法办案理念、提升办案质效、促进公平公正的一项制度创新,也是化解矛盾纠纷、加强法治宣传、参与社会治理的重要手段。斗门检察院坚持以公开促公正赢公信,推动矛盾实质性化解,努力让人民群众在每一起案件中都感受到公平正义。

一是推动检察听证规范化。制定出台《珠海市斗门区人民检察院关于加强检察听证工作的实施办法(试行)》,对检察听证目标原则、各类业务听证要求、统筹推进方式等作出明确规定,确保检察听证各环节有章可循、规范有序。

二是明确检察听证范围。在适用条件上,主要针对事实认定、法律适用、案件处理等方面存在较大争议,或者有重大社会影响,需要当面听取当事人和其他相关人员意见的案件。在适用范围上,坚持"应听尽听",由过去较为单一的刑事检察逐步拓展到行政检察、公益诉讼检察等领域。

三是做好示范引领。积极发挥"头雁效应",领导班子带头主持听证。2020 年以来开展检察听证 17 件,其中由检察长或分管院领导主持听证 10 件,占总数的 58.82%。听证案件涉及羁押必要性审查、拟不起诉、行政非诉执行公开审查等类型,当事人、听证员对处理意见同意率 100%,有效提升了疑难复杂案件的化解率。

四是提升听证员参与度。将检察听证与代表委员联络工作相结合,广泛

---

① 检察听证,是指人民检察院对符合条件的案件,组织召开听证会,就事实认定、法律适用和案件处理等问题听取听证员和其他参会人意见的案件审查活动。

邀请"第三方"参与案件审查、评议。2020 年以来共邀请 77 名听证员参加，受邀人员涉及人大代表、政协委员、人民监督员、群众代表、律师等社会各界人士。通过深化"智慧借助"、主动接受监督，促进检察听证的民主化、科学化。

（三）不断提升控申检察水平

控申检察是检察机关直接面对群众的窗口。斗门检察院坚持和发展"枫桥经验"，认真接待好每一次来访、处理好每一封来信、化解好每一个矛盾，切实把群众反映的问题解决好、把群众的情绪疏导好，连续四届获评全国检察机关"文明接待室"。

一是强化软硬件保障。集中升级 12309 检察服务大厅，根据接访需求增设检察长接待室、心理疏导室、法律援助工作站、视频接访室等专用办公室，并设有残疾人无障碍通道等人性化设施。通过 12309 检察服务热线、官方网站、"两微一端"等渠道，整合检察机关现有服务功能，实现集案件受理、检察服务、检务公开、监督评议、检察宣传等于一体的"一站式"服务。

二是打造"温暖控申"品牌。贯彻落实最高人民检察院"群众信访件件有回复"工作部署，突出快速受理、快速专办、快速回复"三快原则"，健全完善信访工作细则、信访接待实务操作规范、控申案件流程管理、控申首办责任制等一系列制度。2020 年以来，受理控告申诉案件 32 件，处理群众来信 41 件，接待来访 77 批 130 人次，"7 日内程序性回复率、3 个月内办理过程或结果答复率"均为 100%，切实把群众反映强烈的热点、难点问题和集体访、告急访等案件解决在基层、处理在首办环节。

三是推进司法救助工作。树牢"合力帮扶，长效救助"理念，出台《珠海市斗门区人民检察院关于国家司法救助工作内部协作暂行规定》，加强各部门的协作配合，重点强化司法救助案件线索发现、移送和处理一体化机制。围绕未成年人、残疾人、贫困户等重点人群开展救助，2020 年以来向 24 名救助对象发放司法救助金合计 20.6 万元。认真开展司法救助跟踪回访工作，详细了解司法救助金发放及使用情况，并做好心理疏导、家庭教育指导等帮教工作，进一步巩固司法救助成果。

二 立足监督职能，树立双赢多赢共赢理念，形成社会治理合力

（一）以问题为导向，提高线索发现能力

为妥善解决监督线索匮乏、被动受案、碎片化监督等现实问题，斗门检察院坚持把发现问题作为最基本的履职能力，进一步增强一体监督、主动监督、专项监督、智慧监督，不断拓展线索来源。

一是强化一体监督。制定出台《珠海市斗门区人民检察院刑事立案监督工作细则》《珠海市斗门区人民检察院关于加强公益诉讼工作内部协作配合的规定》《珠海市斗门区人民检察院"两法衔接"工作实施细则》等一体化办案监督机制，明确责任分工，建立检察长带头抓、分管领导具体抓、部门负责人直接抓的责任体系，层层传导压力，进一步就线索发现、线索移送、案件调查等工作形成合力。

二是强化主动监督。前移监督端口，实现派驻派出所侦查监督工作室全覆盖。驻所检察官通过登录警综系统、查（调）阅案卷材料、听取案情介绍、参与现场勘验、旁听讯（询）问、讨论分析案件等形式，对刑事不立案、立案后未刑拘、刑拘后未提请批捕、批捕后变更强制措施或撤案等五类案件进行重点审查，从中发现线索。2020年以来，监督立案19件，监督撤案104件，发出"纠正违法通知书"7份、"侦查活动监督通知书"36份，公安机关均已书面复函并完成整改。

三是强化专项监督。扎实推进法律专项监督工作，加强对财产刑执行、社区在矫人员监管工作的法律监督，针对工作不规范、在矫人员脱管等问题，及时制发法律监督意见书179份。深入开展"减假暂"专项排查工作，全面摸排法院办理的减刑、假释、暂予监外执行案件，纠正执法司法问题案

件 25 件。同步开展刑事拘留强制措施专项监督工作，发出"要求说明立案理由通知书"59 份，公安机关均已作出撤案或终止侦查处理。

四是强化智慧监督。积极运用科技手段开展法律监督，2020 年以来通过"两法衔接"信息共享平台动态跟踪案件 325 件，针对监督发现的重点线索，组织专人调查核实，监督行政执法机关向公安机关移送涉嫌犯罪案件 9 件。加强对法院审判活动监督，通过"法信"等智能办案辅助系统，针对性地检索、筛选类案，提升发现线索的精准度。

（二）以目标为导向，构建多元解决机制

针对监督过程中发现的普遍性、倾向性问题，充分运用法律赋予的各项监督职权，以构建多元解决机制为目标，综合用足不捕不诉权、用好检察建议、用活诉前磋商机制，靶向施策、精准发力，不断提升监督质效。

一是用足不捕不诉权。随着经济社会的发展，起诉严重暴力犯罪人数整体下降，被判处三年有期徒刑以上刑罚整体占比降低。犯罪结构明显变化，司法理念也要与之相适应。斗门检察院深入落实"少捕慎诉慎押"刑事司法政策，依法全面适用不捕不诉权，制定出台《珠海市斗门区人民检察院降低审前羁押率工作方案》，推动羁押必要性审查实质化、常态化运行。组织开展羁押必要性审查专项活动，不捕 30 人、不起诉 72 人，不捕率、不起诉率分别为 13.82%、18.70%；在审查逮捕、起诉环节对 68 人开展羁押必要性审查，依法变更强制措施 42 人。

二是用好检察建议。把检察建议作为检察机关参与社会治理的重要抓手，认真执行《人民检察院检察建议工作规定》《检察建议督促落实工作统管办法》等相关制度，围绕扫黑除恶、农村三资平台招投标、食品药品安全、资源和环境保护等领域存在的问题，向法院、公安机关、司法局及镇街等制发检察建议 40 件，其中社会治理检察建议 19 件、公益诉讼检察建议 11 件、纠正违法检察建议 10 件，规定期限内采纳率和回复率均为 100%。

三是用活诉前磋商机制。以"着力实现诉前保护公益的最佳司法状态"为目标，召开诉前磋商会议 11 次，助推行政机关厘清职责、加强执法、完

善制度，凝聚保护国家和社会公共利益的共识和合力。在办理一起污染一级饮用水源公益诉讼案中，因违法行为涉及多个行政机关，管理权责不清，问题未能及时解决。办案组通过与各行政机关分别磋商，明确各自职责、督促依法履职并建立长效监管机制。经共同努力，涉案地区堆放的砂石等物料全部清理完毕，两个码头、输送设备、相关构筑物均已清拆，公共利益得到有效修复。

（三）以效果为导向，合力推进诉源治理

斗门检察院通过全面落实"回头看"、强化协作机制、加强社会法治意识引领，将办案职能向社会治理领域延伸，实现标本兼治、诉源治理。

一是全面落实"回头看"。一方面，加强与行政部门沟通协调，促进共同做好群众疏导、矛盾化解工作；另一方面，以定期通报、圆桌会议等形式，持续跟踪监督效果。通过监督禁养区畜禽养殖场清拆案7份诉前检察建议落实情况，及时阻止了320万元国有财产流失；跟进黄茅海海域非法养殖清拆工作，确保合计6020亩海域面积清拆完成，真正让检察建议落到实处、取得实效。

二是强化协作机制。加强与司法机关、行政机关的协作配合，进一步完善提前介入、案情协商、联合执法、联席会议等工作机制。针对食品、药品领域违法犯罪案件多发问题，与区市场监督管理局会签《关于在办理食药领域公益诉讼案件加强协作配合的实施意见》，与区教育局等三个部门会签《关于开展校园及周边食品安全专项整治活动方案》，对线索移送、立案管辖、调查取证、诉前程序、提起诉讼、人员交流等方面作出明确规范，形成打击合力，切实保障人民群众生命安全和合法权益。

三是加强社会法治意识引领。持续深化检务公开，以公开促公正，以司法公正引领社会公正。打造新时代基层检察宣传品牌——"斗检说"，讲述检察好故事，传播检察正能量。2020年以来发布信息1475条，推出"检察官讲述办案故事"专栏，加强法律文书说理和以案释法工作；推出反电信诈骗系列宣传漫画，增强对群众法律精神、法治意识的教育引领，多条信息

被《检察日报》、《南方日报》、正义网等官方主流媒体报道转载。深入落实"谁执法谁普法"责任制，编发《预防电信网络诈骗宣传册》《检察公益诉讼宣传手册》等法律读本 7.2 万册，促进群众法治观念养成，实现更多层面、更高水平的源头治理。

三　立足服务大局，贯彻新发展理念，创新社会治理模式

（一）创新未成年人综合保护机制

持续推进落实"一号建议"①，打造"晨萱未成年人检察"品牌，构建"五位一体"未成年人综合保护体系，获批"广东省青少年维权岗""珠海市社会治理创新优秀案例"等。

一是构建双向保护的办案机制。设立"晨萱未成年人检察"工作办公室，办理侵害未成年人案件 97 件，成功抗诉的伍某某强奸案获最高人民检察院、省高级人民检察院肯定；对 25 名未成年人作出不起诉决定，举办全市首例附条件不起诉案件听证会；探索未成年人保护公益诉讼领域，成功办理全市首例支持起诉撤销监护权案；会同公安机关建立"一站式"取证中心，对未成年被害人进行"一站式"询问，避免造成"二次伤害"。

二是构建立体融合的救助机制。积极开展国家司法救助，向未成年被害人发放司法救助金 4.8 万元；努力探索心理治疗救助，为涉案未成年人及其法定代理人提供心理测评、心理疏导、家庭教育指导等 200 余次。

三是构建社会观护的帮教机制。与 2 所中等职业学校、4 家企业签订观护帮教协议，建立 6 所观护帮教基地。通过社会购买服务的形式，与专业青少年服务机构和志愿者团队合作，形成一名检察官、一名基地指导老师、一

---

① "一号建议"，是指最高人民检察院于 2018 年 10 月 19 日针对儿童和学生法治教育、预防性侵害教育缺位等问题向教育部发出的首份检察建议。

名社工的"3+1"团队专业帮教模式，大幅提高帮教成功率，累计协助25名未成年人复学、就业，目前无一例再违法犯罪。

四是构建特色多元的预防机制。推进检察官兼任法治副校长工作，22名检察官、17名检察官助理被聘任为法治副校长、法治辅导员。开展"法治进校园"巡讲100余场，受众学生逾4万人；发布《预防未成年人性侵害》原创法治动画片，在全区19所中学、53所小学的374个班级巡回播放；拍摄的微电影《爱的救赎》被最高人民检察院和《检察日报》转载，获评全国微电影艺术节最佳影片奖。

五是构建点面结合的治理机制。开通"晨萱未成年人检察"服务24小时热线，在辖区内所有幼儿园、小学、初中校园悬挂热线匾牌，畅通求助渠道。针对未成年人检察案件反映的倾向性问题和治理漏洞，发出检察建议7份，助推教育、文化、市场监管等职能部门依法履职。

（二）优化法治化营商环境

在疫情防控常态化背景下，斗门检察院牢固树立"法治是最好的营商环境"理念，依法平等保护民营企业和企业家合法权益，努力为民营经济健康发展提供优质的检察产品和法治保障。

一是健全完善检企联络机制。深入落实与工商联会签的《关于建立健全检察机关与工商联沟通机制的实施办法》，建立院领导定点联系企业机制，通过走访调研、征求意见、案件回访、专题授课等形式，提升对民营企业的法律服务水平。上线"斗门政企直通车"视频连线活动、编印《疫情防控复工复产法律服务册》7000余册、与工商联联合举办"服务'六稳''六保'护航民企发展"主题检察开放日活动，服务保障民营企业行稳致远、健康发展。

二是健全涉企案件办理机制。坚持依法保障企业权益与促进守法合规经营并重，坚持"能不捕的不捕、能不诉的不诉、能不判实刑的就提出适用缓刑的建议"，对涉企案件不起诉12人。认真开展"挂案清零"和对涉企人员羁押必要性审查工作，清理涉民营企业挂案4件，变更强制措施8人。

构建涉企案件办理"绿色通道",积极适用刑事速裁或简易程序,做到快速流转、优先办理、重点监督,切实防止久办不决、久拖不决。

三是认真做好"后半篇文章"。总结涉企案件发案趋势和特点,就办案过程中发现的经营管理漏洞、法律政策风险等问题,针对性地向企业制发检察建议,帮助企业提高风险防范能力,促进企业依法合规经营。

(三)服务保障乡村振兴

全面落实斗门区委和上级检察机关决策部署,将"四大检察"与乡村治理有机融合,助力提高乡村善治水平,为脱贫攻坚和乡村振兴有效衔接提供坚实的法治保障。

一是助力平安乡村建设。依法严惩侵害农民权益的各类犯罪,对涉"三农"案件,起诉 26 人。加强与监察机关的办案衔接和配合制约,严厉打击利用职务便利虚报冒领城乡居民基本养老保险和医疗保险补贴、侵占村集体财产等"蝇贪""蚁贪"微腐败犯罪,起诉 13 人。组织开展"农资制假售假专项监督"行动,联合区农业农村局、市场监督管理局对区农资市场开展专项检查,全面排查近三年涉农资制假售假行政执法案件,对 5 条涉嫌制假售假线索开展专项监督。

二是助力村居换届选举。积极配合做好村(社区)两委换届选举工作,成立服务保障村(社区)"两委"换届选举工作领导小组,抽调干警全脱产驻村,印发《"两委"换届依法选举》宣传册 6 万册,制作专题展板 16 个,开展法治宣讲 6 场次,扎实做好新任村(社区)"两委"干部的廉洁履职法治教育。

三是助力富裕乡村建设。针对农村产业存在的法律意识淡薄、管理不够规范等问题,立足检察职能,助推农村产业规范化发展。在办理一宗销售有毒有害食品案件过程中,发现农业农村局、市场监督管理局等部门对河豚养殖产业缺乏有效监管后,组织开展专题调研,制发检察建议,督促相关部门加强对河豚养殖产业的规范、引导和监管。深入开展"司法救助助力巩固拓展脱贫攻坚成果助推乡村振兴"专项活动,加大对因案致贫返贫农村地区贫困当事人的司法救助力度。在办理一起性侵未成年人案件中，远赴广西南宁开展异地司法救助，获评广东省检察机关国家司法救助工作服务脱贫攻坚"优质案件"。

四是助力美丽乡村建设。按照农村人居环境整治行动要求，紧盯村民"急难愁盼"问题，从农村生活垃圾乱堆放、乡镇污水排放、饮用水源地污染等方面入手，以公益诉讼守护村民美好生活、守护美丽乡村环境。针对村民关注的黑臭河涌问题，开展公益诉讼专项整治，督促相关部门依法履职，建成污水处理站 101 座，配套管网约 200.03 公里，将过去的"黑臭河涌"变成了如今的"水清岸绿"。

四 立足自身发展，永葆忠诚干净担当本色，提升社会治理能力

（一）充分发挥党建引领作用

始终把党建工作放在突出位置，紧扣检察业务工作实际，充分发挥党组织的战斗堡垒作用和党员先锋模范作用，创新"三融三促"工作方法，推进党建与团建、业务、队建深度融合。以"党旗飘扬、检徽闪耀"党建品牌为引领，着力构建以"晨萱未成年人检察"和"检察蓝守护'黄绿蓝'，检察助益美好生活"品牌为示范，以"一部一品"为基础的品牌矩阵，以求极致的精神推动各项检察业务同向发力、同频共振。

（二）做实做优业绩考评工作

深入落实司法责任制，完善案件评查工作机制，充分发挥检察官业绩考评[①]的"指挥棒"和"风向标"作用。通过把考评内容和指标设置引导到

---

① 检察官业绩考评，是指根据法律、司法解释以及检察官岗位说明书、司法办案权力清单等规定的检察官职责，对检察官办理案件和其他检察业务的质量、效率、效果等进行的考核评价。

提升办案质量、助推社会治理这个核心目标上，引导到打造本院工作亮点、补齐工作短板上，建立推进各项工作健康发展、提振检察干警精气神的良性机制、常态化机制，并在执行过程中不断总结、健全、完善，实现"有质量的数量"和"有数量的质量"有机统一。健全分析研判会商制度，通过数据分析，发现办案监督中存在的短板、弱项，推动检察业务提质增效。

（三）着力提升队伍专业素能

对标"五好"基层检察院建设①，实施台账式工作管理模式，强化政治学习、业务培训、岗位轮训、以赛促训，多措并举促进检察队伍素能提升。加强青年团建工作，创设"检察青年书屋"，为青年干警开展主题团日、读书沙龙、业务研讨等提供学习交流场所，获"广东省五四红旗团支部""珠海市五四红旗团支部"等荣誉称号。强化检察调研成果转化，围绕粤港澳大湾区建设、新时代党建工作、平安斗门、法治斗门建设等主题，入选最高人民检察院、省高级人民检察院课题 3 项，获国家、省、市级表彰论文15 篇。

五 展望

斗门检察院以高度的政治自觉、法治自觉、检察自觉，在助推社会治理现代化进程中进行了积极探索，取得了一定成效。但是，在工作中仍存在一些不足亟待解决。

一是党建引领作用还未充分发挥，党建工作与业务工作还需深度融合，党建工作标准化规范化建设仍需加强。

二是办案质效仍需提升，司法政策落实还不够好；在发挥认罪认罚从宽等制度的综合带动作用上，系统思维还需增强；在打造精品、典型案例上还

---

① "五好"基层检察院建设，是指以"党的建设好、检察理念好、职能发挥好、能力素质好、纪律作风好"为主要内容的基层检察院建设活动。

要持续发力。

三是法律监督水平仍需提高，精准监督、智慧监督做得还不够好；监督体系，特别是对外协作机制仍需进一步完善。

四是信息化、智能化建设还不够完善，检察办案数据的分析研判仍需进一步增强。

进入新发展阶段，为进一步助推社会治理现代化，斗门区检察院将从以下几个方面探索完善。

一是以党建品牌建设为引领，推动党建与业务深度融合。集中力量抓好品牌建设，强化"党旗飘扬、检徽闪耀"党建品牌引领，进一步凸显品牌矩阵效应。通过党建规范化促进办案专业化、将党员政治轮训与业务培训相结合，建立"把党员培养成业务骨干、把业务骨干培养成党员"的双向培养机制，构建"党组带支部、支部带党员、党员带全院干警"三级联动工作推进机制，在办案中彰显天理国法人情，实现政治效果、法律效果、社会效果的有机统一。充分发挥党员干部先锋模范作用，针对业务短板、薄弱环节，将支部党史学习、"三会一课"等党建责任落实到办案团队中，由党员先锋带头突破，努力把各项检察业务由弱变强、由好变优。

二是以系统思维为引领，深入推进诉源治理。坚持开放协作共赢的工作原则，严格落实重大事项请示报告制度，积极融入党委领导、政法主导、社会协同多方参与、齐抓共管的诉源治理工作大格局。坚持治罪与治理并重，注重效果导向，讲究政策理念，检察官既要做犯罪的追诉者、无辜的保护者，更要努力成为社会治理的参与者、法治意识的引领者。结合办案以社会治理类检察建议促进源头治理、系统治理。坚持"谁执法谁普法"责任制，完善检察官以案释法、法律文书说理制度。发挥认罪认罚从宽制度的综合带动作用，在办案过程中充分考虑逮捕必要性，及时开展羁押必要性审查，积极促进和解谅解，探索督促涉案企业合规管理，以此带动"少捕慎诉慎押"司法政策的落实、刑事和解程序的适用以及企业合规制度的完善。

三是以《意见》精神为引领，着力提升监督质效。注重提高监督的专业性，充分发挥检察官联席会议、检委会的职能作用，增强内部监督的系统

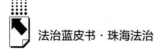

性、协同性，在客观全面认定案件事实的基础上，综合运用相关法律规定和司法政策助推社会治理。注重提高监督的引领性，树立案例"培养"意识，要努力将典型、影响性案件办理成具有示范性、指导性的精品案例。注重提高监督的联动性，加强与司法行政部门的协作配合，打通环节衔接的堵点、阻点，进一步健全完善线索移送、同步介入、同步审查等机制，共同推进严格执法、公正司法。注重提高监督的实效性，在保持监督力度的同时，常态化开展监督工作"回头看"，确保各项检察建议能够落地落实；深化运用检察听证，保障当事人表达意见和参与说理论证的权利，促进各方认同；对监督中发现符合救助条件的，及时开展司法救助，传递司法温暖。

四是以智慧检察为引领，推进检察工作智能化发展。推进构建政法跨部门数据汇集共享机制，打破"信息壁垒"、消除"信息孤岛"，实现办案系统互联互通，数据自动推送，资源共享共用，以数据共享拓宽监督管理途径、拓展监督线索来源。构建智能化的辅助办案体系，在不断完善现有智能辅助办案系统的同时，加强"三远一网"（远程提审、远程庭审、远程送达和基础工作网）系统建设，提高办案效率。全程推进"案件质量智能化管控"，将案件质量评查、流程节点监管、数据质量管控纳入辅助办案体系，并与检察官业绩考评相衔接，有效规范司法行为。推进规范化检察听证室建设，配备完善智能听证系统，发挥听证过程管控、听证互联网直播、听证设备联动等功能，提升听证业务的公开化、智能化水平。

B.11

降低审前羁押率的探索与实践

——以金湾区人民检察院的批捕工作为视角

珠海市金湾区人民检察院课题组*

摘　要： 审前羁押率是衡量一个国家人权保障水平的重要指标，也反映国家治理体系和治理能力现代化水平。本文围绕完善羁押标准、羁押必要性审查程序、社会危险性条件的量化评估、羁押替代措施及配套机制等内容开展调研，通过对比分析审前羁押率相关数据，总结了金湾区人民检察院在降低刑事案件审前羁押率方面的工作实践与探索。在"少捕慎诉慎押"司法理念指引下，司法机关需要加强工作合力，形成和完善非羁押配套措施和社会支持体系，在轻微刑事案件刑事赔偿保证金提存以及科学有效的考评和容错机制方面，进一步推动建立行之有效的降低审前羁押率制度体系。

关键词： 审前羁押率　羁押必要性　批捕　降低路径

联合国《公民权利与政治权利国际公约》第9条明确规定，"等待审判的人被置于羁押状态不应当是一般的原则"。无论是注重正当程序模式的英美法系国家，还是注重犯罪控制模式的大陆法系国家，基本都确立了对刑事被追诉人在被法院作出有罪判决前以"非羁押为原则、羁押为例外"的适

---

* 课题组负责人：高智慧，珠海市金湾区人民检察院党组成员、副检察长，四级高级检察官。课题组成员及执笔人：李闽粤，珠海市金湾区人民检察院第一检察部主任、一级检察官；胡莹，珠海市金湾区人民检察院第一检察部三级检察官。

用原则或事实状态①。针对审前羁押率过高现状，最高人民检察院检察长明确提出："应当慎用羁押，以取保为常态。要进一步降低逮捕率、审前羁押率。能不捕的不捕，能不羁押的不羁押，有效减少社会对立面。"如何打造"以非羁押为原则、羁押为例外"的刑事诉讼新格局，成为摆在检察机关面前的一项重大课题②。

十三届全国人大四次会议上最高人民检察院工作报告指出，2020年审前羁押率降至53%，比上年度下降超过了12个百分点，创有史以来受理审前羁押率新低。这一组数据充分展示了新时期检察机关大力提倡"少捕慎诉慎押"的司法新理念得到了有效贯彻落实。但同期全国检察机关逮捕率为76.65%，其中无社会危险性不捕占比37.92%，捕后被判处三年有期徒刑以下刑罚的轻刑率仍然将近80%③。说明全国检察机关的逮捕率仍居高不下，无社会危险不捕案件比例仍有较大提升空间，降低审前羁押率大有可为。

一 刑事案件审前羁押率数据分析④

审前羁押，是指犯罪嫌疑人、被告人在法院作出生效判决前，被剥夺人身自由的状态。2018～2020年，广东省刑事案件审前羁押率⑤分别为78.48%、72.27%、67.33%，基层检察院平均审前羁押率分别为78.61%、72.13%、67.58%。同时期，珠海市金湾区人民检察院（以下简称"金湾检察院"）刑事案件审前羁押率分别为77.65%、75.73%、50.25%（见图1）。从数据比较来看，2018、2019年，金湾检察院审前羁押率与全省基层检察院平均水平基本持平，在2020年有较大降幅，达到全国平均水平。通过分析，对审前羁押率的影响可以从以下数据得以体现。

---

① 张志杰、张庆彬等：《检察环节非羁押诉讼研究》，《人民检察》2019年第14期。
② 《降低审前羁押率需把好"四关"｜办案要务大家谈》，最高人民检察院微信公众号，2021年8月20日。
③ 数据源自最高人民检察院2020年工作报告。
④ 本部分数据来源于广东省、珠海市、金湾区三级检察机关案件管理部门统计数据。
⑤ 按照2020年最高人民检察院计算公式，审前羁押率＝逮捕人数/起诉人数。

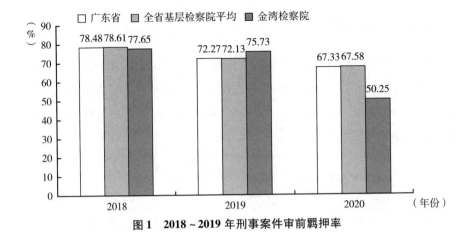

图 1　2018～2019 年刑事案件审前羁押率

（一）案件呈捕率

2018～2020 年，广东省刑事案件呈捕率①分别为 84.94%、78.9%、72.49%，全省基层检察院平均呈捕率为 88.27%、81.37%、74.34%。同期，金湾检察院刑事案件呈捕率分别为 86.89%、80.17%、60.64%（见图 2）。比较而言，2018 年、2019 年，金湾检察院案件呈捕率与全省基层检察院平均水平基本持平，2020 年呈捕率大幅下降，明显低于全省平均水平。

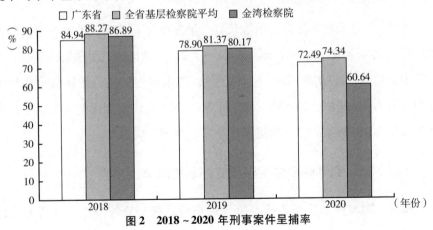

图 2　2018～2020 年刑事案件呈捕率

---

① 呈捕率＝受理审查逮捕人数/受理审查起诉人数。

（二）案件逮捕率

2018～2020 年，广东省刑事案件逮捕率[①]分别为 80.9%、82.35%、80.76%，位居全国中下游。2018～2020 年，金湾区刑事案件逮捕率分别为 71.52%、76.09%、81.73%（见图 3）。从趋势来看，金湾检察院逮捕率自 2018 年以来呈现反弹上升。

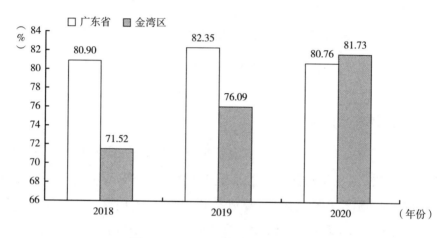

图3　2018～2020 年刑事案件逮捕率

此外，"有无具有社会危险性及其严重程度"是检察机关审查逮捕的重要条件，无社会危险性不捕则体现了检察人员主动担当适用逮捕裁量权，在办案中适用非逮捕措施。2018～2020 年，广东省检察机关无社会危险性不捕率分别为 24.58%、24.58%、27.62%。2020 年，金湾检察院无社会危险性不捕率为 45.88%，这一数据高于全省、全国平均水平。

（三）捕后羁押必要性审查改变强制措施率

2018～2020 年，广东省检察机关逮捕后羁押必要性审查改变强制措施

———————————

① 　逮捕率＝批准逮捕人数/受理审查逮捕人数。

率①分别为 2.78%、3.52%、1.49%。同时期，金湾检察院逮捕后羁押必要性审查改变强制措施率分别为 4.77%、4.29%、1.17%（见图 4）。金湾检察院羁押必要性审查改变强制措施案件适用率呈逐年下降趋势，其中 2020 年下降幅度较大。该数据下降说明办案人员在司法实践中，未能适应上级检察院强化逮捕后羁押必要性审查的工作要求。

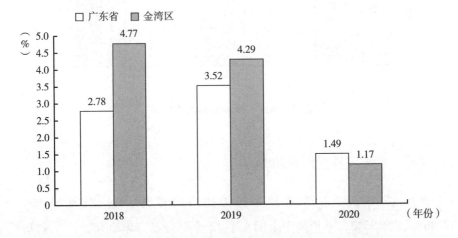

图 4　2018～2020 年逮捕后羁押必要性审查改变强制措施率

（四）捕后不诉率

2018～2020 年，广东省检察机关捕后不诉率②分别为 3.26%、3.89%、5.51%，高于全国捕后不诉率。2018～2020 年，金湾检察院捕后不诉率分别为 3.57%、2.94%、1.96%；如包括其他检察院批捕在金湾检察院起诉的案件，捕后不诉率分别上升为 5.32%、2.68%、11.17%（见图 5）。2020 年金湾检察院捕后不诉率明显高出全国、全省平均水平，说明办案人员对批捕条件把握能力不足，批捕质效有待提高。

---

① 羁押必要性审查改变强制措施率 = 羁押必要性审查后改变强制措施人数/逮捕人数。
② 捕后不诉率 = 捕后不起诉人数/批准和决定逮捕人数。

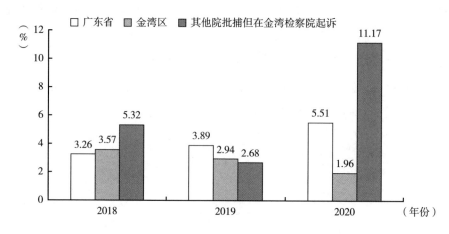

图5 2018~2020年捕后不诉率

（五）刑事案件捕后轻刑率

2018~2020年，广东省检察机关捕后判轻刑①率分别为61.96%、69.86%、79.85%，平均高于全国水平12个百分点。2020年，广东省基层检察院办理刑事案件捕后判轻刑率平均为83.95%。2018~2020年，金湾检察院捕后判轻刑率分别为93.48%、85.64%、89.56%（见图6）。金湾检察院捕后轻刑率明显高于全国、全省平均水平。上述数据表明，金湾检察院在降低捕后轻刑率方面还有很大潜力可以释放。

二 影响降低审前羁押率的主要原因

从以上数据分析，金湾检察院近三年来在降低审前羁押率方面有明显变化，在2020年达到全国平均水平。但仍然存在捕后轻刑率、不诉率较高，捕后羁押必要性审查主动性不够的问题，审前羁押率仍有较大下降空间。本文结合办案实际，对影响降低审前羁押率的主要因素进行分析，主要包括以下几点。

---

① 轻刑是指判处三年以下有期徒刑、拘役、管制。

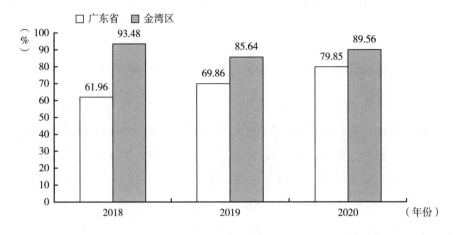

图 6　捕后轻刑率

（一）执法办案理念亟待更新

随着经济社会发展，国内治安形势持续向好，严重暴力犯罪持续下降，犯罪轻刑化趋势明显。为推进司法领域的国家治理体系现代化建设，最高人民法院、最高人民检察院突出保障人权和以审判为中心的刑事诉讼制度改革。但部分司法人员仍未能适应司法改革步伐，没有树立"惩治犯罪与保障人权并重""少捕慎诉慎押"等现代司法理念，在办案过程中存在"重打击轻保护"和"以捕代侦"、"构罪即拘"、"构罪即捕"的倾向。侦查机关过分强调刑事拘留、逮捕的作用，依赖通过羁押取得犯罪嫌疑人、被告人口供来突破案件，不能全面客观收集证据，不能结合犯罪情节、认罪态度、民事赔偿情况等综合判断如何适用强制措施，而是机械地"一押到底"，甚至"不在押不受理"①。检察机关也长期存在"重配合轻制约"理念，导致批捕率居高不下；审判机关案多人少的情况突出，为保证案件及时处理和避免判后送押问题，乐见被告人在提起公诉前先行羁押；司法行政机关囿于人员编制，也希望减少非羁押的社会调查工作。如

———————

① 张志杰、张庆彬等：《检察环节非羁押诉讼研究》，《人民检察》2019 年第 14 期。

果司法办案人员人权保障理念不能得到贯彻落实，执法办案中就会导致较高审前羁押率。

（二）司法办案人员对逮捕的社会危险性要件理解片面、机械适用

根据《刑事诉讼法》第81条逮捕条件的规定，办案人员对犯罪嫌疑人曾经故意犯罪、身份不明或可能判处十年有期徒刑以上刑罚等应当径行逮捕的条件容易把握，但对于逮捕条件中"社会危险性"的证明标准理解比较泛化。虽然《最高人民检察院、公安部关于逮捕社会危险性条件若干问题的规定（试行）》对五种法定社会危险性情形进行了细化，但实践中操作性仍难满足办案需要，社会危害性的认定主要依靠承办人的主观判断及办案经验来认定。

检察办案人员由于对社会危险性把握能力不足，审查逮捕的重心仍然放在有罪证据的审查，对社会危险性的认定和把握偏向保守。办案人员对存在社会危险性的批捕理由多笼统套用为"可能逃跑""存在串供"危险，但对逃跑、串供的具体证据和理由论述不充分，导致部分轻刑犯罪嫌疑人被采取羁押强制措施。机械适用逮捕条件就出现呈捕率高、批捕率高、捕后轻刑率高的情况。

（三）执法办案的考核制度设计有待完善

长期以来，政法系统内部存在不合理的考核指标与机制，如公安机关有刑事拘留数和批准逮捕数的考核指标（以下分别简称"刑拘指标""批捕指标"），基层办案单位为了完成刑拘指标数，对符合取保候审条件人员均一律采取刑拘措施；为完成批捕指标数，对刑事拘留人员一律呈捕。检察机关内部也长期存在批捕率和起诉率的考核指标，对批捕率低、不起诉率高的办案单位实施负面评价，甚至约谈领导。这些考核机制使办案人员在履行批捕、起诉职责时束手束脚，导致办案过程中呈捕率高、批捕率高、不诉率低。近两年来，最高人民检察院多次强调不要把不捕率、不诉率作为负面评价因素，侦查机关也逐渐适应检察机关考核变化，将批捕考核指标变更为起

诉数，使得呈捕率明显下降①。考核机制的导向作用还直接反映在捕后羁押必要性审查适用率上。检察机关对于捕后羁押必要性具有审查职责，但现行考核机制未将其纳入执法办案考核的选项，因此，检察办案人员主动启动羁押必要性审查程序的积极性不高，这也成为影响审前羁押率的一个重要因素。

（四）非羁押社会管控的配套机制尚未形成

《刑事诉讼法》规定取保候审和监视居住两种非羁押强制措施的监督方式主要是当事人到办案机关报到或由侦查机关执行。但金湾区是一个新兴的产业聚集新区，有大量外来劳动力，外来人员犯罪率较高。部分外来人员无固定居所、常住亲友，不符合取保候审和监视居住的适用条件，加之部分犯罪嫌疑人法律意识较弱，担心判处实刑和高额罚金，脱保、漏管现象时有发生。受限于监视居住的场所和警力资源，即便对犯罪嫌疑人采取监视居住措施，公安机关也难以执行到位，部分案件的监视居住措施形同虚设②。由于缺乏配套的社会管控机制和办案容错机制，司法办案人员担忧采取非羁押措施不能有效避免社会危险性，甚至担心犯罪嫌疑人、被告人再次故意犯罪被追责的办案风险。司法办案人员更倾向于采取羁押这一保守的选择。

（五）社会舆论、信访维稳等因素制约非羁押措施的适用

受我国传统法律文化形成的绝对主义刑罚观、权力本位观等因素影响，基层民众更关注对犯罪的惩罚，忽视对人权的保障，在心理上对打击犯罪的期望值远远超过诉讼中侵犯人权的失望值③，他们认为恶有恶报，释放嫌疑人无异于放纵了嫌疑人。刑事案件宣传也更侧重于对案件侦破、抓捕归案、

---

① 2021 年 1~6 月，珠海市全市检察机关呈捕率均低于 60%，数据来源于珠海市案管专报。
② 课题组走访了辖区多家派出所和有关办案单位，了解到 2021 年以来已经发生多名犯罪嫌疑人在不批捕或者办案单位采取取保候审后再次实施犯罪的情况，以及侦查机关对犯罪嫌疑人决定采取监视居住强制措施但无法实际执行的情况，非羁押措施流于形式。
③ 张志杰、张庆彬等：《检察环节非羁押诉讼研究》，《人民检察》2019 年第 14 期。

审判定罪的报道。对非羁押案件的报道往往与政法工作人员不作为、乱作为等违法情形挂钩。被害人、社会舆论也容易剑走偏锋，借用上访、舆论造势等方式对办案机关施加压力。一些轻刑案件犯罪嫌疑人即使有赔偿意愿，但被害人不谅解，办案单位因担心群众闹访作出呈捕以及批捕的决定。随着刑事政策和客观环境的变化，一些办案人员担心对犯罪嫌疑人的"不捕不诉"、从宽处理的决定会招来日后"徇私放纵"的猜忌甚至是反查。因此，办案人员对于非羁押诉讼的推进与落实往往难以把握，顾虑重重。

三　金湾检察院降低刑事案件审前羁押率的探索

现代司法不仅要履行打击犯罪职能，也要强调保障犯罪嫌疑人、被告人合法权益。为进一步推进降低审前羁押率，金湾检察院牢固树立"少捕慎诉慎押"司法理念，发挥认罪认罚从宽制度在案件办理中的功效，丰富刑事检察"工具箱"，把握好审查逮捕、羁押必要性审查、非羁押强制措施监督等重要关口，有力融入诉源治理工作中，最大限度降低审前羁押率。2021年1~8月，金湾检察院的审前羁押率为58.86%，呈稳步下降趋势，其中8月份的审前羁押率降至31.43%，为金湾和谐社会建设贡献了检察力量。

（一）及时更新司法理念,传导司法责任压力

2021年初，金湾检察院被确定为降低审前羁押率工作的试点单位，金湾检察院党组深刻认识到降低审前羁押率是强化司法人权保障、社会法治正向发展的重要举措。为把"以人民为中心""全面依法治国"理念落到实处，成立了由检察长任组长的专门领导小组和办公室，将降低审前羁押率作为2021年检察工作的重中之重，"一把手"亲自抓，进行研究部署并开展专题讨论，将降低审前羁押率纳入检察机关教育整顿顽瘴痼疾"6＋N"的整治范围。严格要求检察人员转变办案思维，全面落实"少捕慎诉慎押"司法理念，切实防止"构罪即捕""一押到底"，并将降低审前羁押率纳入检察官绩效考评，将责任压力层层传导到一线检察官。专责办公室及时与综

合业务部对接，对审前羁押率实行动态分析和每周汇总，并适时调整工作思路与举措。

（二）加强沟通协商，初步形成工作合力

降低审前羁押率是一个系统工程，需要党委、政府的支持及各司法机关的共同协作和配合。金湾检察院加强向区党委、区政法委请示汇报并提出切实可行的举措，推动建立系统性工程，确保降低审前羁押率的各项举措能落实到位。同时，也积极与其他司法机关特别是侦查机关沟通协调，通过开展联席会议、座谈会、征求工作意见会等方式，及时传达上级工作会议精神和部署，通报检察机关不捕案件的质量分析和无社会危险性的审查意见分析，总结办理轻微刑事案件工作经验，引导侦查机关转变执法理念，推动侦查机关无社会危险性的轻刑案件直诉，形成降低审前羁押率共识，协同推进工作。按照珠海市检察院的统一组织，金湾检察院与侦查机关协同派员参与山东省东营市、浙江省杭州市创新非羁押科技保障措施学习，积极探索在本辖区建立非羁押保障机制。

（三）细化社会危险性标准，不断提升批捕质效

金湾检察院结合辖区刑事案件特点，细化了逮捕条件和社会危险性条件。出台了《逮捕社会危险性审查指引》，要求检察官加强逮捕必要性论证工作，严格审查提请逮捕案件的刑罚条件和社会危险性条件。要求承办人对犯罪嫌疑人"社会危险性"是否存在、危险性程度进行评估考量，避免捕后判处管制、拘役、单处附加刑的轻刑案件发生。对侦查机关没有提交社会危险性证据的轻刑案件，原则上不予批捕；对可能判处三年以下有期徒刑的犯罪嫌疑人，严格以侦查机关提交的社会危险性证据为依据，准确区分社会危险性，能不捕的就不捕，倒逼侦查机关重视逮捕案件需具备的刑罚条件和社会危险性条件，相应工作得到明显改善。2021 年 1～8 月，金湾检察院批捕率为 68.3%，与 2020 年相比，批捕率下降了 12.46 个百分点，其中无社会危险性不批捕达到 57.95%，较 2020 年上升了 12.07 个百分点。金湾检察

院办理的邓某某等人污染环境系列案,严格把好案件事实关、证据关、社会危险性认定关,对 10 名犯罪嫌疑人以不具备社会危险性作出不批捕决定,有效提高了批捕的质效。

(四)建立捕后跟踪机制,加强羁押必要性审查工作

为适应羁押必要性审查常态化审查工作,金湾检察院制定出台了《羁押必要性审查工作指引》,细化检察机关在侦查、起诉、审批等诉讼进程中依职权和申请及时变更羁押的程序。明确羁押必要性评估指标、评价标准和启动条件,畅通羁押必要性审查运行机制。办案人员适时围绕被羁押人的平时表现,有无社会危险性、捕后侦查进展、社会矛盾是否化解、有无影响诉讼程序顺利进行等情形进行审查。同时结合最高人民检察院《人民检察院审查案件听证工作规定》要求,细化听证工作程序,建立符合辖区特点的公开听证模式,主动邀请人大代表、政协委员、社会各界人士等多方代表参与羁押必要性审查听证,有效化解社会矛盾,有效提高了羁押必要性案件审查适用的比例。2021 年 1 ~ 8 月,金湾检察院依职权或申请开展羁押必要性审查 42 次,主动或建议司法机关对 26 名已批捕的犯罪嫌疑人变更为非羁押强制措施。通过羁押必要性审查改变强制措施率达到 13.26%,其中检察机关依职权启动程序超过 50%,羁押必要性审查不力局面得到明显改变。

(五)加强源头监督引导,推动呈捕率及羁押率持续下降

金湾检察院在办案中坚持将"羁押是例外,取保是常态"的现代刑事法治原则落到实处,从源头上降低审前羁押率。基层派出所是公安机关最重要的办案主体,降低审前羁押率最根本的是改变一线民警的办案思维,实现办案的同频共振,尤其是将"逮捕必要性""社会危险性"理念贯彻到基层办案单位和一线民警,形成降低羁押率的工作共识。金湾检察院充分发挥检察机关监督职能,对辖区派出所实行刑事检察官派驻全覆盖,加强对派出所工作办案指引工作。通过引导办案单位对无逮捕必要或判处徒刑以下刑罚的案件捕前分流,实现非羁押移送审查起诉常态化,有效降低了侦查机关刑事

案件呈捕率。2021 年 1～8 月，公安机关移送审查起诉 521 人，其中非羁押直诉 312 人，移送审查起诉羁押率为 40.12%，呈捕率较 2020 年大幅降低。

四　未来展望与建议

金湾检察院在前期实践中进行了有效尝试，取得了一定成绩，但司法机关在降低审前羁押率的合力及协作机制方面还有待加强，非羁押配套设施和机制缺失，管制人员配备不足，社会参与度不高，执法办案理念还有待进一步更新。要真正实现降低审前羁押率的目标还需要加大制度建设力度，自上而下凝聚各方合力，从社会治理层面加强非羁押监管配套措施及机制建设，形成全社会共同参与、协作共赢的良好局面。

（一）进一步加强司法机关工作合力

司法机关的沟通、协作和配合是降低审前羁押率的关键。面对新形势、新变化，司法机关应进一步更新执法司法理念，深化交流协作，凝聚共识，打通司法衔接的"最后一公里"，形成工作合力。司法机关可根据辖区刑事案件特点，针对常见的盗窃罪、故意伤害罪、交通肇事罪、赌博罪等常见轻刑案件，根据刑事政策精神，制订相对明确的执法司法标准，统一执法尺度，便于司法实践操作。

（二）建立非羁押配套措施

借鉴浙江杭州和山东东营等地先进经验，利用"电子手表""非羁押码"等结合的科技保障措施。积极争取党委、政府统筹支持，大力加强与公安机关、司法执行机关的沟通，积极探索在本辖区建立非羁押保障机制。推动办案机关探索利用大数据和现代科技手段加强对非羁押人员的监管、实时定位和轨迹查询，防止逃避诉讼，消除办案人员对采取非羁押强制措施后，犯罪嫌疑人可能逃避诉讼或者重新犯罪的后顾之忧。检察机关要注重对取保案件的信息跟踪和案件把控，对侦查机关直诉案件要做到快速办理，避

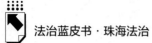
免诉讼拖延。对违反取保候审、监视居住规定的犯罪嫌疑人，要及时启动逮捕程序。

（三）探索建立完善的社会支持体系

为最大化实现刑罚的教育挽救功能，建议由党委、政府牵头，结合本地情况探索建立由公安、检察、司法行政机关以及企业、社区志愿者共同参与的教育帮扶基地。通过整合社会力量，为被采取非羁押措施的人员特别是居无定所且缺乏劳动技能的犯罪嫌疑人提供工作、住所和技能培训，并设置专人负责落实后续监管措施，既充分维护外来犯罪嫌疑人的合法权益，又有效落实监管措施，促进监视居住地点实质化，杜绝指定居所虚化，保证刑事诉讼程序的顺利进行。

（四）建立轻微刑事案件刑事赔偿保证金提存机制

当前基层发案量较大的交通肇事、故意伤害（轻伤）、盗窃等轻微刑事案件，部分犯罪嫌疑人认罪认罚且愿意赔偿损失，但因被害人提出过高的不合理赔偿要求，当事人双方无法达成刑事和解。针对此类情况，在犯罪嫌疑人、被告人向侦查机关、检察机关提供刑事赔偿保证金后，综合考虑其前科情况、被害人谅解程度、行为手段、赔偿金提存情况等因素，可以采取不捕或变更逮捕措施、建议适用缓刑、对犯罪嫌疑人作相对不起诉处理等[1]。

（五）建立科学有效的考评机制和容错机制

降低审前羁押率的一个重要保障措施是将该项工作纳入司法机关工作绩效考评。对检察机关而言，要将无社会危险性不捕、羁押必要性审查纳入业绩考核范围。其中，对依法决定无社会危险性不捕、逮捕后通过羁押必要性

---

[1] 《降低审前羁押率需把好"四关" | 办案要务大家谈》，最高人民检察院微信公众号，2021年8月20日。

审查变更强制措施的案件要予以肯定评价，并视情况增加分值；对捕后不诉率、无罪率和轻刑率排名靠前的办案人员，且怠于履行职责，存在故意或者重大过失的，应当予以否定性评价；对审前羁押率高且捕后不起诉率、无罪率和轻刑率高的地区要采取通报批评、约谈等措施，督促改正。要建立容错机制，明确对犯罪嫌疑人不批捕，采取取保候审、监视居住后出现嫌疑人脱逃或者再犯罪等意外情形的，要根据办案时案件具体情况和条件来评判，办案人员尽到审查责任，没有故意或者重大过失的，不应予以否定评价。

（六）加强舆论引导，健全非羁押风险防控机制

司法机关要发挥主导作用，借助主流媒体和微信、微博等各种平台，积极宣传降低审前羁押率的意义和做法，形成正面的社会舆论氛围，同时对被害人做好释法说理工作，提升人民群众对降低审前羁押率的理性认识，减少信访带来的不确定风险。建立羁押必要性审查和非羁押诉讼的内部监督机制，梳理降低审前羁押率过程中的办案风险点。例如，检察环节不捕、不诉案件实行听证、检察官集体讨论和领导层级审批，纪检监察部门不定期回访当事人及其家属、听取律师意见。定期开展案件评查，加强办案监督，降低办案风险，防止权力滥用，杜绝司法腐败，始终坚持让人民群众在每一起司法案件中感受到公平正义。

B.12
深化横琴粤澳深度合作区警务合作的对策与思考

横琴粤澳深度合作区公安局课题组*

摘　要：《横琴粤澳深度合作区建设总体方案》提出，大力发展促进澳门经济适度多元的新产业，不断健全粤澳共商共建共管共享的新体制。建设横琴粤澳深度合作区，是横琴改革开放再出发的重大历史机遇，也是横琴公安服务横琴粤澳深度合作区的重要平台。在大湾区加速融合发展的背景下，深化横琴粤澳深度合作区警务合作具有现实意义。本文总结了横琴公安与澳门警方多年的合作经验与成效，提出进一步强化顶层设计，凝聚两地警方共识，继续探索警务合作、拓展警务外延，同时，还应聚焦民生需求，推进琴澳一体化政务服务，打造社会治理琴澳样本。

关键词：　横琴粤澳深度合作区　琴澳　警务合作

习近平总书记强调，建设横琴新区的初心就是为澳门产业多元发展创造条件。2021 年 9 月，中共中央、国务院印发了《横琴粤澳深度合作区建设总体方案》，明确了横琴粤澳深度合作区的战略定位是促进澳门经济适度多元发展的新平台、便利澳门居民生活的新空间、丰富"一国两制"实践的新示范、推动粤港澳大湾区建设的新高地。在此背景下，横琴迎来了新一轮

＊ 课题组负责人：陈智，珠海市公安局党委副书记，横琴公安局党委书记、局长。课题组成员：蒋哲、李祥、王错、黄伊俏。执笔人：黄伊俏，横琴公安局法制大队副大队长。

的发展良机，党和人民也对横琴公安服务横琴粤澳深度合作区建设、服务澳门发展、创新服务管理方式、谋划推出服务举措、推进建设粤澳共商共建共管共享的新体制等工作提出了新的更高要求。直面新形势下的新挑战，横琴公安亟须找准新方位，服务保障支持澳门适度多元发展。

一　进一步深化横琴粤澳深度合作区警务合作的现实意义

深化粤澳警务合作是一项整体性、持续性的系统工程。当前，人员、货物、资金、技术等经济要素在横琴内外加速流动，给横琴经济社会发展格局带来重大变化，势必给警务工作带来新形势新要求新挑战。

（一）保障横琴粤澳深度合作区长治久安的必由之路

横琴建设是落实惠澳利澳政策的重要载体，是推进粤港澳大湾区深度融合的重要纽带。由于特殊的地缘位置，横琴面临更多的境内与境外相互交织的复杂因素影响。尤其是随着合作区建设的加快推进，人流、物流、车流、信息流、资金流加速流动，其特殊区位特征效应进一步放大，各类治安维稳压力与日俱增。与此同时，区内货物"一线"放开、"二线"管住、人员进出高度便利的监管模式使得两线之间存在一定程度的张弛关系，极可能导致"一线"放得越开"二线"压力越大的现象，从而打破自由开放环境中高效的经济模式与伴生的治安风险的平衡。此外，境内外媒体对横琴高度关注，一旦出现敏感问题，极易引发关联炒作风险。只有携手澳门警方，进一步深化合作交流，打造互利共赢的警务共同体，才能增强抵御各类风险挑战的战略定力和战术能力，才能服务保障横琴粤澳深度合作区更快更好发展。

（二）服务澳门产业适度多元发展的现实需要

2009 年至 2018 年，习近平总书记 10 年内 4 次视察横琴，3 次提及服务澳门产业适度多元发展，横琴作为粤港澳合作示范区，承载着促进澳门产业适度多元发展的重任。目前，一系列支持澳门经济发展的产业园区、民生项目在横琴投入建设。在此大背景下，横琴的治安环境无论在人口结构、违法犯罪预防方面，还是在社会治理创新、涉外法律服务等方面，都发生了重大变化，日常工作中涉及的澳门元素也将越来越多，警务外延不断拓展。唯有积极适应新发展新变化，进一步深化横琴粤澳深度合作区警务合作，共同维护社会治安稳定，共创横琴与澳门宜居宜业生活环境，才能有效服务于澳门产业多元发展，推动两地人民深度融合，满足两地居民对美好生活的向往。

（三）落实警务体制机制改革"先行先试"的必然要求

习近平总书记在深圳经济特区建立40周年庆祝大会上强调："改革不停顿，开放不止步，在更高起点上推进改革开放。"改革创新是刻在横琴骨子里的底色。2014年以来，多位国家领导先后对横琴警务体制机制改革予以充分肯定，并明确批示"先行先试"。2015年7月2日和2016年8月20日，《人民公安报》先后两次对横琴公安服务自贸区建设情况进行报道。2016年4月和12月，公安部督导组两次到原横琴公安分局督导警务改革创新，都给予了高度评价，认为横琴公安分局积极适应、主动对接港澳融合和自贸区建设，突出横琴区位特色，改革亮点纷呈，以小队伍做了大文章。客观而言，珠澳警务合作历经几十年的发展，在多个领域取得了重大突破，结出了丰硕成果，但两地警方在互涉法域工作中较为谨慎，通常采取"一事一议"的方式协调解决，相对低效的警务合作模式已经难以匹配飞速融合发展的两地经济社会需求。横琴粤澳深度合作区作为改革创新的"探路者""试验田"，必须站在更高的起点上，勇挑改革重担，继续先行先试，以局部警务合作机制创新推动珠澳乃至粤港澳警务合作破局探路。

二 深化横琴粤澳深度合作区警务合作的实践探索

截至2021年8月底，在横琴注册的澳资企业达到4579家，注册资本达 1393.76 亿元，在横琴办理居住证的澳门人士达 7884 人，澳门居民在横琴购置各类物业共 11712 套。全力支持澳门经济适度多元发展，促进湾区要素自由流动，创造平安稳定的治安环境，加快完善澳门居民在横琴学习、就业、居住、生活的制度机制，推动不同体制、不同区域条件下的社会治理创新融合，是深化横琴粤澳深度合作区警务合作的重大职责和横琴公安义不容辞的责任。近年来，横琴公安在上级机关的正确领导下，大胆探索，先行先试，相继推出了一系列警务合作新举措，取得了初步成效。

（一）牢固树立服务宗旨，打造"零距离"琴澳警民伙伴关系

一是进一步完善涉澳项目警务制。横琴公安始终坚守服务澳门经济多元发展的初心，秉持"涉澳项目推进到哪里，警务服务就跟进到哪里"的工作思路，相继启用了"横琴·澳门"青年创业谷警务室、粤澳合作中医药产业园警务室，并积极推动澳门新街坊项目警务室建设，努力提升公安机关服务澳门经济发展的能力和水平。警务室在做实公安基础业务的同时，致力于探索港澳居民管理、化解三地居民矛盾、人才引进及落户、粤港澳车辆管理等服务举措，进一步提高居民、企业经营者的安全感、幸福感、满意度。二是设立服务澳门的智慧警务室。横琴公安在新家园小区建成社区智慧警务室，搭载了 3D 仿真体验、AR/VR 互动新媒体技术，澳门居民可模拟体验三地交通行驶差异、生活习惯差异。通过交互式体验平台，使警务工作更加贴近澳门居民需求，警民关系更加亲密和谐。三是提高澳门居民对横琴公安的知晓度。通过警察开放日、发展澳门籍志愿警察等活动，宣传推广横琴公安便民业务、内地法律制度、优秀警察先进事迹等，增进澳门居民对内地警察的了解与理解。借助"澳门街坊联合总会横琴综合服务中心"这一平台，举办面向澳门居民的讲座，针对澳门单牌车的申办条件和程序、港澳台居住证的办理流程进行宣讲和解答，对澳门单牌车车主最关心的"越界"情况作详细分析等。同时，横琴公安已计划在"澳门街坊联合总会横琴综合服

务中心"定期进行现场办公，提供报案、交通违章处理、失物招领查询等服务，实现便民服务最大化。

（二）持续深化"放管服"改革，提升澳门居民对公安工作的满意度

一是加紧筹备外国人签证受理点设置工作。横琴公安紧紧围绕《粤港澳大湾区发展规划纲要》的要求，在上级公安机关的支持下，设置了外国人签证受理点窗口，并积极组织建立相关工作制度，认真谋划受理点的日常管理工作，不断探索拓展服务内容，为横琴人才引进、经济发展提供最优服务。二是推动澳门机动车入出横琴政策调整落实。积极推动澳门机动车入出横琴政策调整，澳门机动车入出横琴申请指标从原来的 800 辆增加至 10000 辆。同时，不断放宽政策申请条件，从在横琴开办企业的澳门法人扩大至在横琴工作、购房居住、开办企业的澳门居民，赢得了澳门居民的一致好评。三是优化澳门机动车入出横琴临时牌照管理。简化临时牌照申领手续，对于澳门机动车入出横琴临时号牌期满后且不满一年重新申请的，申请人可在网上提交申请材料，经审核后，继续使用原临时号牌入出横琴。截至 2021 年9 月底，已累计对 7882 辆澳门机动车批准入出横琴资格，是上年同期的2.75 倍；当前处于资格有效期内可入出横琴的澳门单牌车共 6565 辆，是上年同期的 2.51 倍。四是发放澳门单牌车临时入境"电子车牌"。澳门单牌车车主可以直接申领"电子车牌"，无须到申报大厅打印纸质的临时入境车牌；车牌有效期从原来的 3 个月延长至 1 年，汽车可以在有效期内多次入出横琴；车主注册登记的 6 年以内的 7 座以下（不含）非营运小微型载客汽车，申领"电子车牌"免于上检测线。"电子车牌"实施后，在横琴口岸客车出入境通道通关仅需 30 秒，大幅降低了车辆通关成本，提升了澳门机动车入出横琴的效率，对促进粤澳便利往来起到了积极作用。

（三）以协同治理为出发点和落脚点，组建横琴公安志愿警察澳门中队

横琴公安大胆突破，将公益行动、政府行为、社团组织、澳门元素、湾

区效应等有机结合，经过制度拟定、前期筹备、人员筛选、面试及审核工作，共募集澳门籍志愿者 17 名，组建了志愿警察澳门中队。横琴公安将澳门籍志愿者融入横琴公安工作，让其近距离直观感受横琴公安以人为本、执法规范、尊重人权、开放先进的执法理念和环境，以及"平安横琴"建设新成果，不断提升澳门同胞对横琴公安工作的认同感和参与度。通过组织澳门志愿警察以讲座形式学习内地《民法典》等法律法规，加深澳门志愿警察对内地法律背景的理解，提升法治素养，通过组织体能、格斗拓展训练，为志愿警务工作奠定良好的体能基础。在平等、开放、民主、合作、共赢的基础上，形成目标一体化、利益一体化、行动一体化的警务共同体。

在组建志愿警察澳门中队过程中，横琴公安重点探索解决了几个核心问题。一是制定管理办法。横琴公安在原有管理制度基础上，重新制定了《横琴分局志愿警察管理办法》，明确澳门籍志愿警察的职责、纪律、权利和义务，以及保障与激励机制、人员招募及退出机制等，力求打造一支规范化、制度化、社会化、专业化的志愿警察队伍。二是制定培训考核计划。统一组织志愿警察澳门中队进行法律法规、警务管理模式、辅助性警务工作的培训考核。定期组织参观开放警营，提升澳门籍志愿警察对横琴公安工作的认同感和参与度，深入推进横琴粤澳深度合作区社会治安群防群治工作。三是建立量化工作机制。大胆创新、合理分工，使澳门籍志愿警察的工作目标、岗位职责与横琴警务工作有机融合，保证效率最优、服务质量最优。四是完善保障机制。专门设计并配置志愿警察澳门中队服装和装备，配备"澳门中队"袖套与相应标识，并为每位队员购买保险。这不仅便于志愿警察澳门中队更加规范地参与社会治理工作，也提升了志愿者自身安全保障水平。

三　对进一步深化横琴粤澳深度合作区警务合作的思考

澳门科技大学可持续发展研究所的《澳门社会对横琴开发建设意见之调查研究》一文公布了前往横琴的澳门人员频率调查结果。在 1003 位受访者中，选择极少去横琴的比例最高，有 464 人，占比 46.26%；从未去过的有 421 人，占比 41.97%；偶尔去的有 68 人，占比 6.78%；经常去有 31 人，占比 3.09%；天天去的有 19 人，占比 1.89%。其中，"从未去过"和"极少去"横琴的人员占比已达 88.23%；并且，在 582 位到过横琴的受访者中，路过横琴的（如借道横琴去往机场或其他地方）又占 22.85%。可见，澳门与横琴的人员流动、互动交流频率并不算高，仍有很大提升空间，尚未达到紧密融合的程度。这是由于当前琴澳双方合作仍处在生产要素的简单组合、互补及政策推动阶段，协同发展规划仍有待进一步优化提升。虽然近年来随着横琴的不断开发建设，越来越多的澳门人员选择到横琴生活、学习、就业、置业，但如何进一步促进两地居民广泛交往、全面交流、深度交融，仍然是摆在政府部门面前的一个现实课题。就两地警方而言，也应在现有良好合作基础上，充分结合当前横琴发展实际，立足"澳门所需"，发挥"横琴公安所能"，由易至难、循序渐进，推动珠澳同心同向同行。

（一）强化顶层设计，凝聚两地警方共识

一方面，深挖警务合作空间。珠澳双方警务合作由来已久，并取得了一定成效。但受制于种种因素，相关合作一直处于浅层次、尝试性的探索阶段，没有实现真正的内在联动协调发展，比较优势没有充分发挥出来。横琴公安作为服务横琴粤澳深度合作区建设的前沿阵地和"排头兵"，要在积极争取上级公安机关政策支持的基础上，主动联络澳门中联办警联部，探索与澳门基层警署建立对接渠道，拓宽琴澳基层警队的沟通交流路径，开展日常工作会晤，加强交通和治安事务合作。经授权后，开展案件线索核查、情报交流，完善情报信息双向互通系统。另一方面，组建琴澳新型公安智库团队。建立横琴公安创新发展的咨询团队，充分借鉴香港、澳门简明务实的警务工作理念和警务运作机制，研判掌握世界警务发展趋势，紧密结合横琴开发建设实际，借脑思考、借力发展，以世界眼光谋划和推动横琴警务创新。例如，可以聘请一些熟悉澳门情况的澳门居民代表和退休澳门警察作为顾问，参与指导涉澳警务事宜，并根据实际需要提出相关课题，进行有针对性的警务合作项目研究。同时，积极争取上级部门支持，推出警务人才联合培养计划，与澳门警署互派工作人员进行挂职或交流性工作，促进双方沟通及改革措施的互相认同，提升双方警务合作软实力。待条件成熟后，双方还可考虑通过签订协议或安排等方式，接受或招募港澳警员在横琴配合执法，引入港澳执法经验。

（二）推动联勤执法，探索警务合作新模式

一是试点运行口岸地区警务合作。横琴新口岸已落成，总面积为66428平方米的横琴口岸澳门口岸区及相关延伸区旅检区域正式移交澳门，琴澳双方开启了"合作查验，一次放行"的新型通关模式。在提升口岸通关能力和效率的同时，治安防控挑战也逐步升级。横琴公安规划搭建新口岸治安防控平台，适时启动莲花派出所或"横琴口岸派出所"实体运作，并在该所预留设立澳门警方工作联络站，为下一步澳门警方进驻提供便利，全面深化两地警方在重大活动安保、打击防范琴澳跨境犯罪等方面的合作，努力实现警务协作效能最大化。二是建立警务技能训练交流基地。横琴粤澳深度合作区公安局业务技术用房2021年底建成竣工，内含计算机网络系统、信息发布系统、多媒体会议室、指挥作战中心、射击训练场及智能枪弹库。横琴公安可划定专用场地作为警务技能交流基地，用于双方共同训练。琴澳双方还可就共同交通管理、巡逻防控、社区警务、刑事侦查、接处警、治安管控、智慧新警务等内容进行战术性质的技能交流，相互借鉴先进的管理手段与经验，相互吸取对方优点和特色。推动澳门警方先进的国际警务理念、经验和技术在横琴进行"嫁接"，让横琴公安逐步向国际化、精致化、品牌化发展。

（三）拓展警务外延，打造社会治理琴澳样本

一方面，进一步用好用活志愿警察澳门中队。横琴公安将持续招募优质澳门籍居民加入志愿警察队伍，安排在横琴口岸、粤澳合作中医药科技产业园、澳门新街坊等重点区域协助执勤，辅助横琴公安民警开展治安巡逻防

控、矛盾排查化解、大型活动安保、接处警和爱心公益活动。在深度协同配合过程中，培育澳门籍志愿警察逐步成长为琴澳合作建设的宣讲员、调解员、信息员、治安员等。在此基础上，探索组建"粤港澳志愿警察队伍"，让粤港澳三地居民共同加入群防群治工作，增强对祖国的向心力。另一方面，构建与"澳门新街坊"相适应的社区警务新模式。借鉴澳门社团管理模式，与"澳门街坊联合总会横琴综合服务中心"建立常态化联络沟通机制。还可以定期举办沟通交流活动，加强横琴公安与澳门居民的互动，增进澳门居民对横琴粤澳深度合作区和公安工作的了解。在持续接洽中，积极借鉴澳门警方社区警务工作的经验，结合警区制改革实际，丰富社区警务工作内容和形式，构建琴澳双方共治共建共享的社区警务新模式。

（四）聚焦民生需求，推进琴澳一体化政务服务建设

一方面，推进警务服务前移。探索推进前置澳门居住证办理业务，委托澳门警方或相关机构代理前期业务，澳门居民可以通过委托代办的方式，在澳门本地提交相关资料，实现业务无跨境办理。同时，横琴公安将积极寻求上级部门支持，争取将澳门居住证业务纳入公安部"互联网＋政务服务"平台，澳门居民登录平台，简单填写相关信息后即可办理居住证业务，实现全流程网上办、自助办，让澳门居民享受更多更好的"互联网＋"便捷服务。另一方面，争取简化澳门车牌入出横琴手续。为充分满足澳门居民对琴澳两地衔接的政策期待，持续完善跨境交通，并简化澳门车牌入出横琴手续，横琴公安也将积极寻求上级部门支持，回应澳门居民需求，进一步简化相关申请手续，增加澳门机动车入出横琴配额，便利澳门私家车主跨境出行，提升居民来横琴发展的意愿。同时，争取澳门客座小型机动车及旅游大巴入出横琴政策，切实为在横琴工作和生活的澳门居民提供优质的公共服务。

跨境法治

Cross-Border Rule of Law

B.13

珠澳跨境仲裁合作机制的创新实践

珠海国际仲裁院课题组*

摘　要: 为建立完善国际商事审判、仲裁、调解等多元化商事纠纷解决机制,进一步整合珠澳两地仲裁资源,珠海国际仲裁院联合澳门仲裁组织搭建"横琴珠澳跨境仲裁合作平台",各方在平台以自己的名义独立办理仲裁案件,按各自规则出具裁决书,为合作区的商事主体提供多元开放的仲裁法律服务,充分体现了"一国两制"下横琴的区位优势。为进一步发挥仲裁服务横琴粤澳深度合作区建设的重要作用,合作平台在管理上还可以探索准法人型模式,合作各方在互聘仲裁员、建立"双涉"案件研讨方面,进一步夯实平台的共建共治共享机制。

关键词: 珠澳仲裁合作　跨境仲裁合作平台　合作创新

---

* 课题组负责人:许智铭,珠海国际仲裁院副院长。执笔人:海玉,珠海国际仲裁院仲裁二部负责人。

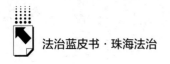

一　珠澳仲裁合作的背景

随着横琴粤澳深度合作区建设的推进，珠澳两地经济社会的融合发展更加紧密，在横琴投资、置业的澳门企业、居民日益增多，横琴正在成为澳门经济多元化发展的重要区域，随之产生的跨境民商事争议也不断增多。越来越多澳门企业、居民希望选择运用澳门的商业模式、商业惯例甚至是民商事法律来处理日常事务和合同交易，但是由于两地法律制度、司法体系的差异，发生争议后以内地司法途径解决涉澳民事纠纷困难重重。

珠澳的仲裁机构虽有一定的交流合作，但主要以双方开展互访、信息交流、共同举办论坛等内容为主，尚未涉及仲裁业务深层次、实质性的合作，与"一国两制"新实践的要求尚有差距。仲裁作为国际通行的争议解决模式，将在珠澳经济社会发展中发挥更重要的作用，如何有效整合珠澳仲裁资源，进一步发挥仲裁的作用，是珠澳仲裁机构面临的共同问题。

为进一步整合珠澳两地仲裁资源、发挥仲裁服务粤澳深度合作区建设的重要作用，珠海国际仲裁院（又名珠海仲裁委员会，以下统称珠海国际仲裁院）提出在横琴建设"横琴珠澳跨境仲裁平台"的方案（以下简称"建设方案"）。2021年4月28日，珠海国际仲裁院、澳门世界贸易中心仲裁中心、澳门律师公会仲裁中心、澳门仲裁协会在横琴共同签署合作协议，共同搭建"横琴珠澳跨境仲裁合作平台"（以下简称"合作平台"），为横琴粤澳深度合作区的商事主体提供可选择的、多元的、开放的仲裁服务体系。

二　建立珠澳跨境仲裁平台的可行性

合作平台整合了珠海国际仲裁院、澳门世贸中心仲裁中心、澳门律师公会仲裁中心和澳门仲裁协会四家机构仲裁资源，发挥两地区位优势，建设由珠澳两地仲裁机构共商共建共享的跨境仲裁深度合作新模式。澳门的仲裁机构可以在横琴办理仲裁案件，完成从立案到结案的全流程，真正意义上实现澳门企业在横琴可以由澳门的仲裁机构、运用澳门的民商法律、由澳门的仲裁员来裁判案件。合作平台作为国际仲裁和跨境争议解决的法律服务平台，将助力法律风险的防范和法律纠纷的解决。

（一）合作平台建设的政策基础

2018 年 12 月中共中央办公厅、国务院办公厅印发了《关于完善仲裁制度　提高仲裁公信力的若干意见》，提出要加快推进仲裁制度改革创新、提升仲裁委员会的国际竞争力，加强对外交流合作等任务，其中特别指出要"深化与港澳台仲裁机构合作"。在庆祝澳门回归祖国 20 周年大会暨澳门特别行政区第五届政府就职典礼的讲话中，习近平总书记指出，"当前，特别要做好珠澳合作开发横琴这篇文章，为澳门长远发展开辟广阔空间、注入新动力。"在深圳经济特区建立 40 周年庆祝大会上的讲话中，习近平总书记强调，要"加快横琴粤澳深度合作区建设"。《2020 年横琴新区推动粤港澳大湾区建设暨自贸试验区改革创新发展工作方案》提出，"推进横琴澳珠两地仲裁合作平台建设，共同提升澳珠两地的国际仲裁水平和跨境争议的解决能力，服务大湾区经贸往来"，为横琴仲裁制度的发展作出详细规划。

2021 年 9 月 5 日，中共中央、国务院发布《横琴粤澳深度合作区建设总体方案》，方案明确：充分发挥"一国两制"制度优势，在遵循《宪法》和《澳门特别行政区基本法》的前提下，逐步构建民商事规则衔接澳门、接轨国际的制度体系。加强粤澳司法交流协作，建立完善国际商事审判、仲裁、调解等多元化商事纠纷解决机制。全面推进横琴粤澳深度合作区建设，深化珠澳各领域的制度合作创新，是落实总书记重要指示的自觉行动，具有重要的政治意义和使命价值。

合作平台的创建为粤澳两地仲裁机构提供新合作，为内地仲裁制度与国际仲裁制度的衔接与融合作出新尝试，契合我国当前改革商事仲裁制度、提高仲裁服务国家全面开放和发展战略能力的总体目标和政策精神。

（二）合作平台建设的法律依据

1. 合作平台建设符合"一国两制"的宪制要求

仲裁业务事关司法权限的宪制问题，《宪法》第 31 条规定："在特别行政区内实行的制度按照具体情况由全国人民代表大会以法律规定"，《澳门特别行政区基本法》第 19 条规定："澳门特别行政区享有独立的司法权和终审权。"这是合作平台建设的宪制基础。从合作平台的主体属性看，合作平台属于一个非营利契约型合作体，并不作为实体注册；从合作平台的运行看，各仲裁机构在合作平台上依自己的仲裁规则，并以自己的名义办理案件。因此，合作平台的建立并未创设新仲裁机构，也未涉及司法管辖权，珠海国际仲裁院和澳门相关仲裁机构有权依法签订实现共同建设合作的方案，在该协议的基础上建立合作平台符合"一国两制"宪制的要求。

2. 合作平台符合内地仲裁法律的规定

《立法法》第 8 条规定，"诉讼和仲裁制度"属于只能制定法律的事项，第 9 条规定，尚未制定法律的事项，全国人民代表大会及其常务委员会有权作出决定，授权国务院可以根据实际需要，对其中的部分事项先制定行政法规。因此，国务院可以根据授权对仲裁制度制定行政法规。《仲裁法》未明确规定境外仲裁机构能否在中国内地从事仲裁工作。从目前情况看，境外仲裁机构在中国内地从事仲裁主要有两种形式：一是境外仲裁机构在中国内地设立分支机构，以商业存在的形式提供仲裁服务；二是境外仲裁机构未在中国内地设立分支机构，但将仲裁地设定为中国内地。

对于第一种情况，目前仅有上海和北京通过授权获得此项权利。以上海为例，国务院出台《中国（上海）自由贸易试验区临港新片区总体方案》，允许境外知名仲裁机构遵循一定程序在新片区内设立业务机构，《境外仲裁机构在中国（上海）自由贸易试验区临港新片区设立业务机构管理办法》对上述规定进行了细化。除京沪特定区域外，通过设立分支机构的方式在国内进行仲裁活动缺少法律依据。建设方案所设计的合作平台发起人为珠海国际仲裁院，澳门相关仲裁机构作为被邀请方参与合作，这种合作方式并不涉及澳门仲裁机构在珠海设立分支机构，亦不属于境外非政府组织在境内活动的情形，故不属于第一种情况。

合作平台为澳门仲裁机构在珠海进行仲裁活动提供办案场地和后勤服务，为澳门仲裁机构将中国内地（横琴）选择为开庭地提供便利，不当然涉及仲裁地的改变，因此应属于第二种情况，合作平台的建立与我国现行相关仲裁法律制度并无冲突。

3.澳门仲裁机构的仲裁裁决可以得到内地法院的承认与执行

根据合作平台建设方案，参与合作平台的珠澳仲裁机构以各自名义在平台办理案件。在双方当事人无明确约定的情况下，澳门仲裁机构在平台（横琴）办理案件的仲裁地应视为澳门，可以有效满足澳门《仲裁法》（第19/2019 号法律）第 3 条规定的条件和情形。同时，依据最高人民法院《关于内地与澳门特别行政区相互认可和执行仲裁裁决的安排》，澳门仲裁机构在平台内作出的仲裁裁决可得到内地人民法院的承认与执行。

（三）合作平台建设体现了横琴的区位优势

澳门多数律师精通中葡双语，既通晓澳门本地法律，又熟悉中国内地和葡语系国家地区的法律制度、政治环境和市场情况。澳门现有的法律体系与葡语系国家的法律体系，在基本构成和内容方面均较接近。澳门新修订的《仲裁法》充分参考国际通行规则，是澳门打造中葡经贸争议仲裁中心的有利因素。珠海经历改革开放 40 多年的发展，取得令人瞩目的成果，珠海仲裁也得到迅速发展，仲裁标的及案件数量大幅提升，涉外仲裁业务稳步开展，涉澳门案件也逐年上升，珠海仲裁正致力于打造国际化的仲裁知名品牌。横琴作为珠澳毗邻地的区位优势明显，在区域法治融合与协同发展的理念引领下，珠海和澳门仲裁机构的交流合作日趋成熟，从以推荐仲裁员、举办互访交流培训等为主要合作形式向机构间合作办理案件等深层次、实质性合作转化。整合两地仲裁资源，在横琴开展珠澳仲裁核心业务的合作，可以实现双方的优势互补，产生乘数发展效应，共同提升珠澳国际化仲裁水平和跨境争议解决能力。

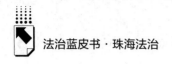

三　珠澳跨境仲裁平台的具体内容

"横琴珠澳跨境仲裁平台"由珠海国际仲裁院、澳门世界贸易中心仲裁中心、澳门律师公会仲裁中心、澳门仲裁协会发起成立。合作以自愿、共赢、共商、共建、共享为原则，合作各方共同管理合作平台，共同使用合作平台的资源，通过合作平台的建设，做大做强仲裁业务，共同打造国际化知名仲裁品牌和跨境争议解决新高地。这是横琴粤澳深度合作区法制创新的重要内容，不仅可为"一国两制"下解决民商事争议的合作探索新路径，也可为中国与葡语系国家经贸往来、中拉经贸往来和"一带一路"经贸往来提供新的争议解决平台。

（一）平台功能

合作平台提供涵盖争议解决、宣传推广、法律政策研究、法律查询等板块的法律服务，帮助防范法律风险，化解法律纠纷。

1. 争议解决

合作平台利用珠海国际仲裁院、澳门有关仲裁组织、横琴国际仲裁民商事调解中心、珠港澳商事争议联合调解中心等资源，面向境内外特别是大湾区内商事主体提供商事仲裁、商事调解服务，同时推进调裁对接、国际联合调解等机制建设，以满足商事主体对纠纷解决的多样性需求，促进商事争议解决方式多元化。

2. 粤港澳法制宣传推广

合作平台还面向大湾区内企业和个人开展自贸区政策制度、内地与港澳经贸法律的宣传与推广，通过开展论坛、研讨、宣讲等形式，提升企业法律风险意识。

3. 纠纷解决法律服务研究

通过合作平台的对接机制，可以与境内外的研究机构和行业组织进行合作，共同开展政策研究，以及跨境仲裁、调解等多元化纠纷解决法律服务研究等。

（二）合作机制

1. 合作平台不作为实体注册的机构，属于非营利的契约型合作体

关于合作平台的相关协议及制度不构成各机构的仲裁规则的组成部分，各机构应调整各自的相关制度，确保在平台上完成的仲裁程序和活动合法有效。合作期间，合作各方免予缴纳平台服务费。合作平台也会进一步开发运行软件，实现仲裁案件的线上立案和视频开庭功能，推动合作平台运行基本功能的互联网化。

2. 平台设立秘书处管理日常事务

珠海国际仲裁院承担秘书处的日常管理工作，其他参与共建的机构根据需要自行决定是否派驻人员参与管理。合作各方建立定期会商制度，通过定期召开会议，对平台运行情况进行阶段性的工作总结，共同商定下一步的合作计划。

3. 平台各方各自负责处理所属机构案件的相关事宜

平台各方在平台办理的案件，使用自己的名义并遵循各自的程序规则，按照各自的仲裁收费标准收取费用。在各自的法律框架下，各方可以根据需要提供认证和取证的便利或辅助。合作各方根据自身实际，共同探索建立仲裁员互认机制。珠海国际仲裁院为内地、澳门仲裁机构以及仲裁当事人提供办案秘书服务、财务辅助管理、会议和开庭的场地管理、送达及文件转交、差旅安排、记录与翻译、文件保管、后期和技术支持等服务内容（见图1）。

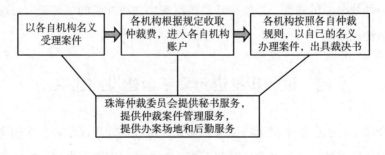

图1　仲裁平台合作机制

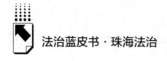

（三）优势及特色

合作平台具有以下优势及特色。

1. 具备拓展境内外仲裁业务的有利条件

合作平台由珠海仲裁机构和澳门地区的仲裁机构共同组建，拥有熟悉中国内地法律、澳门地区法律、葡语系国家法律的仲裁员，拥有熟悉内地仲裁程序、澳门地区仲裁程序、葡语系国家仲裁规则的秘书团队，可以熟练办理来自内地、澳门、葡语系国家的仲裁案件。可见，合作平台具备同时发展内地仲裁业务和境外仲裁业务的能力。

2. 具备使用中文、葡文、英文多语种办案的能力

平台参与方的仲裁员来自内地、香港、澳门，秘书团队来自内地、香港、澳门，具备使用中文、葡文、英文多语种办案的能力。

3. 具备办理临时仲裁案件的条件和能力

根据自贸试验区可有限度适用临时仲裁的政策，珠海国际仲裁委员会制定了临时仲裁规则及办案机制。根据澳门仲裁法，澳门地区允许临时仲裁，因此，平台上符合条件的自贸区内的案件以及以澳门为仲裁地的案件，均可适用临时仲裁。

4. 具备有效处理法律冲突的便利条件

为避免因法律冲突而造成的纠纷解决不畅或执行困难，可以通过平台引导当事人约定以珠海为仲裁地或以澳门为仲裁地；在当事人无约定时，平台也可为仲裁庭提供辅助，以便仲裁庭根据解决法律冲突的需要确定以珠海或澳门为仲裁地。

四 进一步推进跨境平台建设的建议

合作平台的建设丰富了法律合作形式，可以推动粤澳创新合作的全面深入，促进珠澳的进一步融合，有利于打造珠海仲裁服务新高地，推动珠海仲裁积极完善及适应与国际经贸往来接轨的仲裁规则，为境内外特别是粤澳市

场主体提供仲裁、调解等多元化纠纷解决服务。合作平台的建设也有利于通过创新珠澳两地仲裁合作机制，探索建立共建共治共享的新机制，推动珠澳两地法治营商环境创新。

目前，合作平台的门户网站已投入使用，平台办案系统的软件开发正在进行，其中的远程立案和远程视频开庭功能已开发完毕并投入使用。但合作平台的设立与运行均属于制度开创之举，没有先例可循。合作中还需要探索更加先进的平台管理模式、深化平台功能，进一步推动珠澳双方在仲裁领域的共建共治共享。

（一）管理模式上向准法人型合作平台发展

充分借鉴上海和北京的实践，在获得国务院授权的前提下，在横琴设立澳门仲裁分支机构，形成契约型、松散型的平台合作模式，以进一步深化平台的组织功能和治理机制，并朝着准法人型合作平台模式发展。在有效整合珠澳跨境仲裁优势资源、推动珠澳跨境纠纷解决机制等方面发挥共建功能，构建珠澳仲裁制度融合的基础。

（二）进一步深化合作平台的共建功能

随着平台运营的推进，可以考虑进一步深化合作平台的共建功能，丰富多元化的合作形式，合作各方可以进一步探索依法互聘仲裁员、建立"双涉"案件（同时涉澳涉珠的案件）共同研讨机制等。

（三）完善合作平台的共治功能

及时总结合作平台的运行经验，探索合作平台建设的实体化、法人化。其基本要义是在珠澳两地仲裁机构共商共建基础上，根据横琴粤澳深度合作建设的原则和精神，率先建立珠澳仲裁机构全面融合的法人型珠澳仲裁院。其管理模式可参照深圳国际仲裁院，为探索大湾区区域法治协同创新模式提供先行先试范例。如果涉及深度合作机制的合法性问题，可通过争取有关部门授权或者行使特区立法变通权的方式予以解决。也可借鉴横琴联营律师事务所的相关实践，争取国务院对澳门开放仲裁服务及其机构的市场准入，更新《内地与澳门关于建立更紧密经贸关系的安排》服务贸易协议中的相关承诺，实现珠澳两地组建合伙型联营仲裁机构，以联营仲裁机构的名义对外提供仲裁服务。

B.14
涉港澳跨境金融犯罪问题研究

珠海市人民检察院第二检察部课题组 *

摘　要： 珠海市毗邻港澳的地理位置特殊，涉港澳跨境金融犯罪问题突出，影响粤港澳大湾区的社会治理。通过对近年来珠海市检察机关办理的该类刑事案件的分析，案件呈现类型集中、数额大、严重危害金融安全等特点，而不同法域间司法合作、金融监管、侦查手段方面存在的问题限制了对此类案件的预防和打击。随着粤港澳大湾区和横琴粤澳深度合作区建设的推进，要进一步加强跨境金融犯罪的预防和打击，必须全面加强湾区内部门之间的工作衔接、创新监管，推动共建共享，形成协调联动的打防工作机制，并深化跨境个案协作，推动常态化、规范化打击跨境金融犯罪刑事司法协作机制的建立。

关键词： 港澳　跨境金融犯罪　打防

　　跨境金融犯罪是一个特定的交叉概念，实际是金融犯罪和跨境犯罪两个概念的交集。跨境金融犯罪系金融犯罪的范畴，依据危害对象、行为方式的不同，涉及危害货币管理、银行管理、证券管理的犯罪以及涉及金融欺诈的犯罪等；粤港澳大湾区之"跨境"犯罪，既有跨越广东省九市与港澳不同法域之"境"，也有广东省九市同一法域内不同行政区域之"境"，基于研

---

* 课题组负责人：陈强，珠海市人民检察院第二检察部主任。课题组成员：何亚军、张宇、朱敏。执笔人：何亚军，珠海市人民检察院第二检察部副主任；张宇，珠海市人民检察院第三检察部一级检察官。

究的需要，本文重点研究跨越内地广东省九市与港澳不同法域的跨境犯罪。跨境金融犯罪实质是金融犯罪活动在地域上的扩展和延伸，是国内金融犯罪的特殊表现形态。

香港和澳门回归以来，内地经济快速发展，粤港澳交流活动和人员往来日益频繁，内地与港澳的经贸联系不断深化。伴随两地经济活动的相互融合，跨境金融犯罪问题突出，亟须多管齐下，全面完善跨境金融犯罪的打防工作机制，加大打击犯罪力度，切实维护我国金融安全。本文以近几年来珠海涉港澳金融犯罪案件为研究对象，分析该类犯罪打击和预防的现状、问题并提出相应的对策。

一 跨境金融犯罪案件特点分析

（一）类型相对集中，涉澳犯罪突出

从近年来办理的案件情况来看，珠海打击的跨境金融犯罪类型主要为地下钱庄案。2018～2020年，全市公安机关共立案侦查地下钱庄犯罪案件50多宗，抓获涉案犯罪嫌疑人数、捣毁地下钱庄窝点数均呈增长趋势，涉案资金数额巨大。该类案件主要集中在以下五类：一是现金交易型，二是跨境对冲型，三是境外取现型，四是骗购外汇型，五是非法支付结算型。

上述地下钱庄案具有以下两个基本特征：一是地域特征明显，珠海市地下钱庄经营者以广东部分地市人员为主要群体，通常是家族式经营，使用的账户均是亲属、同乡的银行卡；二是资金转移网络化、规模化特征凸显，地下钱庄通过境内外资金对冲的形式将资金转移出境时，会涉及多个地下钱庄，同一笔资金可能涉及多笔交易，同行之间拆借、介绍客户等特征十分明显。

（二）犯罪手法新颖，监管难度较大

跨境犯罪的渠道和手段日渐变化，以洗钱罪为例，犯罪分子不断挖掘与创新，使洗钱犯罪活动的"掩体"更趋隐蔽、复杂，犯罪手段逐步科技化、智能化。由于缺少对网络银行、第三方支付等交易方式的有效监管，也为洗钱犯罪提供了新的工具，进一步提升了洗钱的效率；而网络银行等交易方式通过网络即可完成转账支付，账户间的交易缺少透明性，又进一步增加了追查洗钱犯罪活动的难度。

通过近年来办理的"地下钱庄"转移资金案件分析，犯罪嫌疑人通过港澳"地下钱庄"及内地"地下钱庄"在转移非法资金时预备了隔离带，有较大一部分资金很难通过流动轨迹进行追踪，地下钱庄在洗钱完毕后，资金流向不明，增强了洗钱的隐蔽性。就非法买卖外汇案件而言，犯罪分子通常以个体经营者身份所经营的商铺为掩护从事非法兑换外汇，通常掌握多人多个国内银行账号及港澳银行账号，非法买卖外汇双方"一对一"交易或"对敲型"交易的隐蔽性强，且一般并无记账，给收集证据和认定犯罪数额造成较大困难，打击力度有限。

（三）社会危害严重，影响金融安全

随着犯罪案件数量和涉案金额的增长，跨境金融犯罪已经成为国家金融安全的重大隐患，地下钱庄已然成为走私、诈骗、贪腐等犯罪活动转移资金的洗钱工具，造成外汇脱离金融机构的监管，严重扰乱金融管理秩序，危害金融安全。大数据显示，中国资本市场上的"国际热钱"数额中有相当一部分也是通过地下钱庄非法进入国内，已经严重影响国家及区域经济安全。其他跨境犯罪如跨境信用卡犯罪、非法集资、非法吸收公众存款等涉众型跨境金融犯罪等，也极易对社会造成严重影响，社会危害性极大。近年来，在移动支付迅速普及的情况下，口岸周边等特殊区域 ATM 机取现金额不降反升，外地公安机关到本市抓捕涉电信诈骗案件的取现犯罪嫌疑人数量增长明显，也在一定程度上反映了对金融安全的危害。

二 跨境金融犯罪打防难点分析

随着粤港澳大湾区建设的迅速推进，特别是随着横琴粤澳深度合作区

的建设和推进，内地与港澳在金融合作、货物贸易、服务贸易等各方面的合作逐步深入，物流、资金流、知识产权等方面的合作大幅度增加，内地与港澳已逐步从紧密型合作向深度合作推进，但司法合作渠道、监管机制、犯罪预防与打击机制并未与经济的高速发展相匹配。具体表现在以下几个方面。

（一）司法合作的路径仍不通畅，对打击跨境金融犯罪产生不利影响

首先，在我国现行法律体系下，内地与港澳的刑事法律体系存在较大差异，解决区际法律冲突也缺乏相应宪法性文件授权规范。虽然《香港特别行政区基本法》《澳门特别行政区基本法》均规定"特别行政区可与全国其他地区的司法机关通过协商依法进行司法方面的联系和相互提供协助"，为内地与港澳开展司法协作提供了法律依据，但该规定在实践中缺乏可操作性，仍需有具体的合作协议对不兼容的刑事程序进行协调。

其次，由于内地与港澳法域冲突的存在，双方就打击跨境犯罪的刑事司法协作方面至今仍难以形成明确且具有实际可操作性的司法协作规范，在一定程度上削弱了合作打击跨境犯罪的质量和效果。公安部与香港相关单位曾就"区际逃犯移交"开展协商，但因法治原则、法律衔接等存在分歧，至今仍未形成相关司法文件。可见，在一国之内不同的法域背景下，制定各方满意的区际刑事司法协作协议存在诸多困难，且缺乏一套稳定的法治化运行机制。

最后，当前粤港澳跨境的司法合作因法域不同，无论是立法权限还是具体的司法合作事项，都必须逐级上报经最高级司法机关审批后作出安排，双方存在司法信息不通畅、协调方式不灵活、可操作性不强、司法效率不高的问题，导致地方积极性不高，尤其在实践中跨境金融犯罪案件的侦查协助，仍采用旧时个案协查、双方行政默契、感情沟通等协作方式，协作过程中非法律因素影响大，办案周期长，司法成本高，影响办案取证效果和案件侦办效果。

（二）金融监管合作仍存在诸多问题，难以从源头上为打击跨境金融犯罪提供有力支撑

首先，粤港澳跨境金融监管合作，应当包含对银行、证券、保险以及其他金融融资、投资合作进行的合作监管活动。粤港澳三地"两种制度、三个关税区、三种法律体系"，且监管模式分别为分业管理、相对集中管理和单一管理，使三地在金融监管主体合作上不能统一监管主体，在合作中会出现金融监管职责不清或合作监管缺位的情况，监管资源、权限、能力和手段的差异，影响跨境金融监管质效①。

其次，跨境外汇监督和管理方面各法域均未摆脱"宽进严出"的陈旧模式，对外汇资金流入和流出加以区别对待。具体而言，一方面，采取较为严格的监管措施限制外汇资金的流出；另一方面，又采取宽松的制度放任外汇资金流入，从而导致大量的大额和可疑外汇资金游离于银行监控之外，为滋生跨境金融犯罪提供了可乘之机。目前，内地和港澳之间没有建立赃款返还的有效途径，对于转移出境的赃款追缴或者内地协助港澳查扣资金的返还，均存在法律上的障碍。

再次，粤港澳大湾区包括广东自由贸易试验区的三个片区，而自由贸易试验区内的政策优惠和宽松监管环境为洗钱犯罪分子提供了可乘之机，洗钱犯罪分子可能利用自由贸易区的政策优惠和宽松监管环境通过走私货物进境、跨境资金流转和货币兑换、空壳公司和前台公司、离岸公司等方式进行洗钱，增大了对洗钱犯罪行为的监管难度。

最后，金融业的风险监管依赖于大数据平台，虽有国家层面大力推进粤港澳三地关于金融业的信用征信体系建设，但迄今依然未能建立起统一联合的征信系统，无法从数据上建立起良好的金融发展第一道屏障，可控的金融风险因素未能通过统一的征信体系平台得到监管。并且，从风险发现到案件

---

① 参见刘慧《粤港澳大湾区金融监管合作治理模式探索》，《粤港澳大湾区的法律体系构建》，法律出版社，2019。

线索反馈的程序复杂，需谨慎处理，具有较强的时滞性，很难为精准、有效打击跨境金融犯罪提供有效素材。

（三）跨境金融犯罪侦查手段受限，办案理念亟须更新

首先，理念有待更新。跨境金融犯罪往往与有大量资金流转需要的其他上游犯罪密切关联，以洗钱罪最为典型，而办案人员在办理走私毒品、贪污贿赂、恐怖活动等案件的过程中，往往只注重对构成犯罪的要素进行侦查和审查，当资金流向并非证明上游犯罪所必需时，侦查人员深挖扩线、继续追查经济犯罪的能动性不足，检察人员向此方面引导侦查的意识同样不强，导致部分资金跨境非法流动的案件及线索没有被深挖出来。

其次，资金流向难以进一步追查。一方面，当前公安机关的数据系统未与银联等机构整合共享，仍采用传统银行账户进行查询，与当前经济犯罪交易的新变化不符，并且内地与港澳金融数据未整合，侦查人员即便掌握了资金跨境流动的一定证据，也无法进一步追查其去向。另一方面，当前跨境金融犯罪的数据来源主要是海关、证券、税务、银行、微信钱包和支付宝、物流等，数据之间缺少交流、比对，导致数据体量大但实际应用量小的"数据孤岛"问题①。同时，缺少社交信息这一重要数据，导致难以查实资金流向的真正通道，也难以挖出资金来往背后的客户真实身份和关系人。

再次，侦查策略受限。部分内地公安机关虽已形成"控制下交付""多地同步收网抓捕"等成熟的打击经济犯罪策略，但打击境外经济犯罪因涉及政治、法律、程序等多个方面的阻碍，导致打击力度和效率极大降低。例如，打击一方所在的地下钱庄，但另一方的地下钱庄仍然存续，并通过找到代理人后继续发展地下通汇业务，导致对地下钱庄的打击难以斩草除根。

最后，证据认定难。一是境外提取的证据需要在境内刑事诉讼程序中进行转化才可适用，由于不同法域的法律体系和办案机制不同，双方在证据取

---

① 参见赵东方《洗钱犯罪中地下钱庄的治理难点与对策》，《河南工业大学学报》（社会科学版）2019年第6期。

得的主体、方式、程序、证据种类及其表现形式以及权利保障方面的相关法律规则存在差异，证据取得、证据能力和证据使用方面存在困境，境外取得的证据不一定能够满足境内审判的证据资格和证明力要求，容易造成证据链破坏的风险。二是主观明知的认定较难，跨境金融犯罪主体组织性明显，犯罪成员之间分工明确，成员之间多为单线联系，且采用遥控指挥的方式，导致难以查获犯罪链条上的全部犯罪嫌疑人，也难以查清全部犯罪事实。对于仅参与部分环节的犯罪嫌疑人，一般很难突破口供，加之跨境金融犯罪的客观证据种类少、与犯罪嫌疑人主观上的联系弱，在司法实践中是否能够进行推定，常常存在较大的争议和分歧。

三 有效打击跨境金融犯罪的对策分析

（一）推进部门共建共享，加强打击金融犯罪的湾区内部协作

一是加强部门工作衔接。人民银行、公安机关和检察机关等部门均应当切实增强金融监管和金融风险防控意识，增强打击金融犯罪的责任意识和主体意识，在日常金融监管或者办理走私、毒品、贪污贿赂、恐怖活动等案件过程中，要加强涉金融犯罪的线索识别意识、移送意识和打击意识，加强部门之间的协作，在相关资金流向可能涉及跨境金融犯罪时，人民银行应当根据两法衔接工作机制要求，及时移送相关犯罪线索；侦查人员应当增强工作能动性，通过深挖扩线继续追查金融犯罪行为；检察人员则应当切实履行法律监督职责，通过积极引导侦查，深挖犯罪线索，及时查处犯罪行为，确保犯罪打击的力度和效果。条件成熟时，部门之间还可共同建立和充实打击金融犯罪的专门力量，提升打击犯罪的能力和水平。

二是推进部门共建共治。一方面，检察机关要加强与中国人民银行的沟通、合作，双方进一步建立和完善反洗钱等跨境犯罪联合处置机制和违法案件线索移交机制，在拓展线索、追赃挽损等方面开展常态化的合作，以提升执法司法效果，节约司法资源。另一方面，检察机关加强与公安机关的沟

通、联系、会商，探索建立信息互通、资源共享、协作配合的常态化机制，检察机关提前介入跨境金融犯罪案件的办理，提出明确的侦查取证意见引导侦查，同时确保案件质量、提高办案效率。检察机关还可以通过研讨会、联席会等方式，以个案为基础，共同商讨确定类案办理的思路，明确证据标准，从根本上提高类案办理质效。

三是创新监管模式。随着打击金融领域违法犯罪工作的不断深入，人民银行要发挥金融监管优势，根据公安经侦部门所提供的类案地下钱庄账户资金特征，协调商业银行进行监测，主动发现涉案线索；在案件侦查过程中，人民银行在账户流水调取、资金分析和扩线查询方面予以密切配合；而在案件收网打击时，人民银行要及时提供冻结账户资金协助，共同对涉案客户开展调查取证，实行"行、刑惩治"双管齐下。通过监管创新推动合作办案机制建设，不仅提高了打击效能，而且双方可以共享打击成果。近年来，珠海市金融部门和公安经侦部门共建了"金融风险联防联控工作室"和"非法集资网络监测预警系统"，公安经侦部门还积极探索设立"警银汇联合工作室"，推进双方形成更加紧密的"合作办案机制"，取得了较好的效果。在办理一宗非法经营案中，侦查机关将案件查获的上游客户企业数据及空壳公司数据线索移交相关行政执法部门，推进珠海市外汇管理部门对110家上游企业罚款4000多万元，珠海市市场监管部门专门组织开展了虚假注册空壳企业整治专项行动，清理注销虚假空壳注册企业1075家，封堵住国内资金继续大量非法外流渠道，有效净化了市场环境。

（二）深化跨境个案协作，推动常态化、规范化司法协作机制建立

粤港澳大湾区建设加速了内地与香港特区、澳门特区的金融一体化进程，但三地金融管理制度和金融法律制度的差异仍然客观存在，使跨境金融犯罪呈现上升趋势，且打击难度更大。《刑法修正案（十一）》细化了洗钱罪的行为方式，拓展了打击洗钱罪的深度广度，新增的跨境转移资产、地下钱庄结算等行为均为跨境金融犯罪的重要获利方式，也是打击的重点难点。在加强金融监管合作的同时，也必须在执法层面形成协作机制，才能推动粤

港澳大湾区金融圈的良性发展。对此问题，广东省和香港特区、澳门特区的金融和执法机构具有长期的合作历史，在实践中已经积累了丰富的经验，为粤港澳大湾区深化打击洗钱等跨境金融犯罪合作提供了基础条件。特别是复杂的跨境金融犯罪，极有可能向跨国、跨地区发展，或出现犯罪嫌疑人外逃等情况，必须使跨境司法协作机制统一融入国际或者区际之间的刑事司法合作，避免"缺少主导、各自接洽"的情况发生，才能保证对犯罪的有效打击。对此，应着重从以下几个方面着手。

一是要不断完善情报交流分享机制。香港特区是全球性金融中心之一，也是最重要的人民币结算中心，金融资本流动自由且速度极快。澳门特区是葡语系国家的人民币清算中心，也承担着监测人民币跨境资本流动的重要职责。在加强金融监管体制机制建设方面，香港特区和澳门特区需将跨境支付结算、大规模资金流动作为监管重点，并加强对情报信息的梳理研判，注重对洗钱犯罪、恐怖活动融资犯罪的监测和上报。在此基础上，拓展相互之间以及与内地主管部门之间沟通交流的广度与深度，建立情报信息交流分享制度，及时交换有价值的情报，如交换金融资本的异常流动、有组织犯罪集团的成员及其活动情况等内容，从而精准排查犯罪线索，有效地防范和打击跨境金融犯罪。

二是要转变司法协作理念。在粤港澳大湾区交流和融合高速发展的当代，跨境犯罪手段日趋网络化、智能化，广东省与香港特区、澳门特区之间的刑事司法协作应着重防范证据灭失风险，在程序上给予最大的便捷，在行为上确保最高的实效。这就要求在司法协作程序的一个环节内，具有审查、执行、反馈等具体职责的执法机关、司法机关必须具备快速反应能力、灵活应对能力以及高度协作精神，尽可能地缩短审查时间和交接时间，减少不必要的审批程序和推诿限制，尽快完成刑事司法协作的内容。

三是继续深化个案协作模式。内地与港澳间反贪污犯罪的"个案协查制度"为内地与港澳提供了有效的合作实践，不仅有效拓展了双方在反贪领域的合作，也为内地检察机关办理相关案件提供了重要依据。可以借鉴总结个案协查的经验，拓展个案协查的范围，在打击跨境犯罪方面建立起更为广泛的个案协查机制。以打击跨境洗钱犯罪为例，可以在"广东省公安厅港澳警务联络科"与香港特区、澳门特区的司法警察局商业罪案调查科之间设立一个总的指挥机构，负责以跨境洗钱协查为主的个案侦查协作，并结合实践制定具有针对性的反洗钱侦查策略；同时横向还可与金融、工商、税务、海关等部门加强沟通，使相关部门的反洗钱工作统筹并进、有序配合，形成打击跨境洗钱犯罪的合力。在常态化合作机制建立前，有必要进一步深化上述个案协作机制，解决个案协作中存在的突出问题，提升个案协作的效率，确保个案协作的质量和效果。

四是推动落实常态化司法协作机制。最高人民法院与香港特别行政区律政司以及澳门特别行政区律政司，经过多次"协商"一致，签订具有约束力的区际民商事司法协作"安排"，为内地与港澳在法定框架内开展民商事司法协作创造了条件。而内地和香港特区、澳门特区多年以来刑事司法协作的实践主要是采取"个案协商"方式，而其本质是"各自立案，共同调查"，即在某一具体刑事案件中，内地和香港特区、澳门特区针对某些具体协作事项再进行协商，确定刑事司法协作的内容。"个案协商"虽在解决问题上具有灵活性，但缺点是增大操作难度、不具有示范效应、易受政策影响，因此难以保证每个案件的协作都顺利进行。尤其是随着《粤港澳大湾区发展规划纲要》的出台和横琴粤澳深度合作区建设的推进，粤港澳大湾区的发展建设必将迎来新的机遇，跨境金融犯罪案件及需要司法协作的案件可能大量出现，必然更加凸显"个案协商"方式工作量大、重复劳动多、浪费司法资源等明显缺陷。如果仍继续以"个案协商"为刑事司法协作的主要方式，则会导致案件难以得到及时处理，严重影响区际金融秩序的稳定健康发展。因此，为适应内地与港澳司法协作的新形势，必须使"个案协商"的范例进化成"类案指引"，即充分借鉴近年来内地与港澳打击跨境金融犯罪的个案协作中已积累的经验，在此基础上，各法域可以进一步充分协商达成一致意见，专项制定打击跨境金融犯罪"类案指引"，利用"类案指引"的规范性、指导性和稳定性推动在一定周期内建立常态化的司法协作机制，最终形成优势互补、互利共赢、协调联动、快捷高效的打防工作机制。

B.15
横琴法院优化跨境司法服务的实践与探索

横琴粤澳深度合作区人民法院课题组 *

摘　要： 诉讼服务是司法文明的体现，是展示中国特色社会主义制度优越性的窗口。横琴法院紧紧抓住粤港澳大湾区、横琴粤澳深度合作区、现代化国际化经济特区叠加的重大发展机遇，立足新发展阶段，贯彻新发展理念，聚焦跨境当事人的痛点、难点、堵点问题，深入运用以信息化为核心的智慧法院建设成果，扎实推进一站式多元解纷和诉讼服务体系建设，持续提高涉外审判能力和水平，优化从立案到审理全过程的跨境诉讼司法服务，充分满足境内外当事人的司法需求。在横琴粤澳深度合作区建设进入全面实施、加快推进的背景下，横琴法院将努力对标最高最好最优，积极探索机制创新，进一步与国际接轨，努力构筑现代化、国际化法治服务新高地，为当事人提供高质量的司法服务。

关键词： 跨境诉讼　司法服务　涉外审判　横琴法院

　　横琴毗邻港澳，是中国内地唯一与香港、澳门陆桥相连的地方。随着粤港澳大湾区、横琴粤澳深度合作区建设的纵深推进，横琴区内涉外涉港澳台矛盾纠纷日益增加。根据 2014 年最高人民法院的批复，横琴法院集中管辖

---

　　* 课题组负责人：陈晓军，横琴粤澳深度合作区人民法院党组书记、院长。课题组成员：李宇苑、胡冬梅、梁诗韵。执笔人：李宇苑，横琴粤澳深度合作区人民法院审判管理办公室主任；胡冬梅，横琴粤澳深度合作区人民法院审判管理办公室副主任；梁诗韵，横琴粤澳深度合作区人民法院审判管理办公室职员。

珠海市一审涉外涉港澳台民商事案件，截至 2021 年 12 月共新收此类案件 5922 件（其中，2014 年收案 45 件，2015 年收案 659 件，2016 年收案 705 件，2017 年收案 820 件，2018 年收案 865 件，2019 年收案 896 件，2020 年收案 767 件，2021 年收案 1165 件），约占民商事案件总数的 32.5%，案件数量呈增长态势。涉外涉港澳台案件诉讼程序烦琐、审理周期长，往往需要耗费较多司法资源，当事人诉累也明显加重。2020 年以来，疫情防控处于关键时期，境外当事人不便参加诉讼，为跨境纠纷化解增添新难题。

横琴法院紧紧抓住粤港澳大湾区、横琴粤澳深度合作区、现代化国际化经济特区叠加的重大发展机遇，立足新发展阶段，贯彻新发展理念，坚持服务大局、司法为民、创新发展，不断提高服务跨境诉讼当事人的能力和水平。深入运用以信息化为核心的智慧法院建设成果，全面推进一站式多元解纷和诉讼服务体系建设，推出从立案到审理全过程的"线上 + 线下"跨境诉讼司法服务，充分满足境内外当事人的司法需求，努力构筑现代化、国际化法治服务新高地。

一　坚持便民利民，全面提高诉讼服务水平

诉讼服务是司法文明的体现，是展示中国特色社会主义制度优越性的窗口，同时也是人民群众评价司法、感受司法的重要依据。为进一步提高司法为民水平，坚定平等保护境内外当事人诉讼权利的态度和决心，横琴法院聚焦跨境当事人的痛点、难点、堵点问题，及时回应司法诉求，扎实推进一站式诉讼服务体系建设，进一步拓宽跨境纠纷服务领域，为当事人提供更为便捷更为优质的司法服务。

（一）建立跨境立案机制，减轻境外当事人诉累

横琴法院不断拓宽立案渠道，积极推进当场立案、自助立案、网上立案、跨域立案工作的稳步开展，形成线上线下相结合的便民立案新格局。2021 年，进一步开拓思路，推出跨境立案新举措，积极为跨境诉讼当事人

提供便捷的诉讼服务。一是提供高效便捷的立案服务。跨境诉讼当事人可以通过手机微信小程序登录"中国移动微法院"远程办理立案，实现"让信息多跑路、群众少跑腿"。2021年3月，通过"中国移动微法院"平台为身处香港的当事人办理了跨境网上立案，完成珠海首例跨境立案，打破了地域限制，进一步提高了诉讼效率。二是提供规范明确的立案指引。为细化跨境网上立案服务，制定《跨境网上立案指引》，为当事人提供清晰的操作指引。明确多元化的服务对象，服务对象为境内外居民，不仅包括外国人、港澳台地区居民，还包括经常居住地位于国外或港澳台地区的中国内地公民以及在国外或港澳台地区登记注册的企业和组织。明确单一的立案范围，即申请跨境网上立案的范围仅限于第一审民商事案件。明确具体的操作流程，规定了平台使用的流程以及立案所需材料等，制定了《跨境网上立案操作指南》，以一图读懂的方式在微信公众号对外发布，为当事人提供精准贴心的服务。

（二）推行线上授权见证，降低当事人诉讼成本

在内地诉讼的港澳当事人如果需要委托内地律师代理诉讼，必须办理公证认证或在法院见证下签署授权委托书。横琴法院充分考虑当事人的跨境立案司法需求，同步推行委托代理视频见证服务。积极运用微信小程序"授权见证通"，以视频在线的方式为港澳当事人提供授权委托见证服务，将"现场面签"拓展为"在线云面签"。由法官通过微信小程序"授权见证通"在线发起，法官、跨境诉讼当事人和受委托律师三方同时视频在线，在法院工作人员的见证下，在线签署授权委托书、授权委托承诺书等，全流程最快仅需5分钟，大大节约了时间和经济成本，实现了授权面签"零跑腿"。目前，已经办理在线授权见证187件，为身处中国香港、澳门地区和英国、澳大利亚等地的港澳当事人提供了便捷服务。另外，横琴法院还通过人脸识别、电子签名等技术手段，确保信息的真实性和有效性，整个过程以视频方式存证，实现全程留痕、全程可查，确保科学规范。

（三）开通网上阅卷服务，实现"零距离"阅卷

为解决境内外当事人来往奔波、耗时耗力的问题，横琴法院深入推进电子卷宗随案同步生成和深度应用，充分利用司法数据资源，在"广东法院诉讼服务网""粤公正"小程序平台开通网上阅卷功能，进一步优化案卷查阅服务。制作发布网上预约阅卷操作指南，同时在诉讼服务中心配备一名阅卷专员负责办理网上阅卷工作，为当事人提供全方位的线上线下咨询指导服务，截至 2021 年，为当事人提供 26 次网上阅卷服务。积极开展电子档案工作，目前对已经归档的 16411 宗纸质案卷，完成电子扫描 16014 宗，39097 册，共计 232.8 万页，不断提高网上阅卷的覆盖面。网上阅卷打破了时间、地域等限制，当事人、代理人登录相关平台即可实现远程阅卷，有效提升了司法为民水平。

（四）优化诉讼服务模式，提供智慧精准的服务

横琴法院精准对接境内外当事人的多元司法需求，多措并举推动司法服务转型升级，努力打造全方位、多层次、一站式的诉讼服务中心，不断增强人民群众的获得感和满意度。注重强化特色窗口服务，在诉讼服务中心设置了涉大湾区案件立案窗口、跨域立案窗口、多语种服务窗口等，为境外当事人办理立案服务、咨询服务提供绿色通道。出台《涉港澳民商事案件诉讼风险特别提示》，方便港澳当事人正确行使诉讼权利。充分整合各类诉讼服务功能，全面升级改版法院微信服务号，建成"诉讼服务一站通办"，面向公众提供诉讼风险评估、智能法律咨询、预约排号、网上立案、诉讼缴费、诉前调解、网上阅卷等丰富多样的掌上功能，让群众感受集约高效、便民利民、智慧精准的诉讼服务新体验，让智能诉讼服务平台成为群众满意的"指尖上的诉讼服务中心"。深入一线倾听群众心声，在信访室设置院长信箱，建立法官接访日工作制度，进一步畅通群众沟通渠道。

二　坚持多元共治，不断深化多元解纷机制

跨境纠纷通过审判方式解决耗时较长、成本较高。横琴法院坚持把非诉讼纠纷解决机制挺在前面，不断深化多元解纷机制建设，大力提高调解工作质效，持续提升跨境纠纷化解的能力与水平，为当事人提供高效、便捷的纠纷化解途径。

（一）建设多元解纷中心，实现"一站式"解纷

横琴法院强化诉调对接，建立高效的案件分流机制，在立案前，对涉外涉港澳台民商事案件100%率先启动诉前调解，将纠纷流转至多元解纷中心处理，最大限度发挥调解分流诉讼、缓和社会矛盾的作用。自2020年多元解纷中心成立至2021年12月，多元解纷中心共处理涉外涉港澳台纠纷559件，其中涉澳纠纷362件。充分运用网上诉讼平台，推行"线上调解＋线上司法确认"，实现"一网解纷"，为当事人提供"一站式"解纷渠道。出台《诉调对接工作规程》，确保诉讼与调解的有机衔接，发挥多元解纷的最大效能。打造专业调解工作室，邀请北京融商调解中心、横琴司法所委派调解员常驻法院开展调解工作，形成常态化、专业化的解纷工作模式。落实多元共治，深化与调解组织的合作交流，加强与珠海市涉港澳纠纷人民调解委员会、北京融商调解中心等11家专业调解组织的对接沟通，就跨境纠纷化解共商共建共享，形成多主体参与的解纷工作新格局。

（二）组建专业调解队伍，增强纠纷化解力量

横琴法院积极组建专业化、国际化的调解队伍，聘任68名具备丰富专业知识和调解技能的境内外人员担任特邀调解员，凝聚各方智慧，提升纠纷化解质效。针对跨境纠纷存在法律、文化背景差异的问题，精准对接境外当事人解纷需求，推动聘任13名港澳调解员，目前正在报广东省高级人民法

院审批。积极探索港澳特邀调解员共享，有 3 名港澳调解员被纳入广东法院大湾区跨境商事纠纷特邀调解员名册。充分运用港澳人力资源，加大跨境纠纷案件分流至港澳调解员的力度，推动纠纷高效化解。截至 2021 年，横琴法院委派或委托港澳调解员参与案件调解共 89 件，成功调解 57 件，调解成功率 64%。

（三）建立联合调解机制，促进纠纷高效化解

横琴法院紧跟粤港澳融合发展趋势，创新推出跨境纠纷联合调解机制，探索实践"内地调解员＋港澳调解员"联合调解工作模式。由内地调解员对接境内当事人、港澳调解员对接境外当事人，发挥调解员熟悉法律规定、通行规则和社会观念的专长，通过线上或线下方式同时开展说服解释工作，进一步消除当事人因法律、文化背景、语言等差异产生的顾虑，增进当事人对调解员的信任，携手助推纠纷化解。例如，在一起因借贷关系引发的跨境纠纷中，首次尝试开展"内地调解员＋香港调解员"联合在线调解，邀请香港调解员事先通过微信、电话方式与香港当事人联系沟通，横琴法院常驻调解员在多元解纷中心发起网上调解，香港调解员在境外现场协助香港当事人加入网上调解，营造公平、贴心的调解氛围，促成纠纷高效便捷化解。该机制入选在珠海市复制推广横琴自贸试验片区第五批改革创新举措，得到境内外媒体的宣传报道。

三 坚持公正高效，持续加强审判机制建设

涉外民商事审判是横琴法院工作的重中之重，但涉外诉讼程序纷繁复杂，工作量大，涉及管辖权、法律适用、域外法查明等问题，诉讼效率相对普通民商事案件而言较低，当事人的诉讼成本也较高。横琴法院坚持问题导向，持续提高涉外审判能力和水平，努力让境外当事人的获得感成色更足、幸福感更可持续、安全感更有保障。

（一）试行以港澳居民居住证为依据确定管辖权，提升诉讼便利性

随着粤港澳大湾区建设的纵深推进，越来越多的港澳居民在内地定居，依法办理了港澳居民居住证。如港澳居民持有居住证到法院提起诉讼，涉诉港澳居民无须再为证明其连续在内地某一地方连续居住一年以上而前往小区管理处、居委会或公安部门等单位寻求帮助。横琴法院开创性地单独以当事人提交的港澳居民居住证为确定管辖权的依据，而非必须提供其在珠海居住一年以上的其他证明。横琴法院受理了一起双方当事人均为香港居民且结婚生子也在香港的离婚纠纷案件，最终法官通过耐心细致的调解，一揽子解决了双方离婚涉及的多个复杂纠纷问题。该举措有效地填补了当前内地法律尚未就必要管辖问题作出明确规定的空白，也显著提高了港澳居民参与诉讼的便捷度，大大减轻了涉诉当事人的诉累，进而更加有利于保护在内地居住的港澳居民的合法权益，切实增强港澳居民对内地司法的认同感和满意度。

（二）试行速裁机制办理涉外涉港澳台案件，提高审判效率

横琴法院积极贯彻落实《最高人民法院关于人民法院深化"分调裁审"机制改革的意见》，准确把握案件繁简分流的标准，创新审判方式方法，灵活运用速裁机制办理涉外涉港澳台案件，实现了简案快审、繁案精审的目标，为维护跨境当事人合法权益提供了优质高效的司法保障。坚持快速审理原则，努力构建"集中证据交换、集中排期开庭、当庭调解宣判"的速裁快审模式。2020年6月，速裁团队首次适用速裁机制，开庭审理并当庭宣判一宗涉澳简易程序民事案件，随即向双方当事人送达判决书，从法院立案受理到当事人领取判决书仅历时19天，大大提高了涉澳审判效率。

（三）大力推行网上开庭，保障当事人的诉讼权利

横琴法院不断强化法院信息化技术保障，积极加强智慧法庭建设，11个审判法庭均建设了庭审录音录像系统、庭审直播系统等数字化、信息化系

统。针对不同业务应用场景，建设有远程提审系统的刑事审判庭，网上开庭系统的民事审判庭等，可以远程传召当事人和远程视频开庭。自新冠肺炎疫情发生以来，许多境外当事人难以亲自返回内地参与开庭。为最大限度减少疫情防控对审判工作的影响，积极推行网上庭审，努力解决"当事人到庭参加诉讼"这一难题。当事人及其代理人通过登录"广东诉讼服务网""粤公正"小程序等平台，即可足不出户参与庭审活动，打破了地域限制，及时保障了当事人的合法权益。截至2021年12月，横琴法院通过网上庭审的方式审理案件共计243件，合计213次，其中，网上开庭193次，庭前会议9次，判后答疑1次。

（四）积极查明和适用域外法，提升司法公信力

域外法律适用机制是国际通行的衡量法治水平的重要指标。商事主体参与贸易或投资活动遇到纠纷时，最为期待的是能够选择自己熟悉的法律，受到平等保护，对纠纷解决有预判，这直接影响到一个地区的投资吸引力。尊重当事人意愿，正确适用域外法，不仅有利于平等保护域内外当事人的合法权益，也有助于增强境外当事人对国内法治的信心。粤港澳大湾区、横琴粤澳深度合作区的建设发展推动了内地和境外企业及人员之间的经济贸易往来，由于这些经贸往来往往有涉外因素，审理相关纠纷时需要适用域外法的情形也随之增加。横琴法院积极应对粤港澳大湾区、横琴粤澳深度合作区融合发展趋势，不断提升法律运用能力，截至2021年12月，适用域外法办理案件21件，其中16件适用澳门特区法律，4件适用香港特区法律，1件适用台湾地区有关规定。在原告澳门某银行诉被告周某某和尹某某的金融借款合同纠纷案中，根据不同的法律关系依法查明并适用我国内地法律和澳门特区法律作出判决，充分保障当事人的合法权益，打造包容开放、平等保护的法治化营商环境。

（五）稳妥开展司法协作，提高办案效率

涉外涉港澳台案件的文书送达、调查取证问题，是长期制约审判工作的

一个"痛点"。为妥善办理涉外涉港澳台案件，横琴法院高度重视并大力推动司法协作工作的稳步开展，于 2015 年提出开辟区际司法协作便捷通道，建议通过信息化手段，以线上审批代替线下报送。该项工作获得上级法院的高度重视，最高人民法院于 2016 年建立涵盖全国四级法院的司法协作管理平台代替线下司法协作审批，实现案件全流程网上审批办理，缩短了涉外涉港澳台司法文书送达、调查取证时间。2020 年，最高人民法院进一步优化司法协作管理平台，在涉澳司法协作案件中采用线上平台转递文书的便捷方式，取代以往线下邮寄文书方式，实现内地与澳门送达取证全流程在线审查、在线转递和在线跟踪，大幅提升涉澳司法协作的效率与便捷度。2016～2021年，横琴法院共办理司法协作案件 805 件，其中涉外 4 件，涉港 88 件，涉澳 610 件，涉台 103 件。

四 未来展望

横琴法院在优化跨境司法服务方面取得新进展、新突破，但同时也存在一些问题。一是诉讼服务的规范化和系统化程度不够高，需要进一步细化工作流程和服务标准，拓展智慧诉讼服务领域，使便民利民的创新举措更加丰富多样。二是在预防和化解矛盾纠纷的整体效能方面，解纷资源的充分整合与调动还需加强，诉调对接的衔接机制和联动联防联调的纠纷化解机制有待进一步畅通完善。三是审判机制创新水平和审判能力亟待提升，需要在案件繁简分流机制、法律查明和适用机制、专业化审判团队建设等方面下功夫。四是服务和保障横琴粤澳深度合作区的能力有待提高，法院的职能和作用仍需强化拓展，粤澳规则衔接和机制对接探索不够，司法合作交流尚有深化空间。

当前是加快横琴粤澳深度合作区建设、打造粤港澳大湾区建设新高地的关键阶段。横琴法院将践行初心、担当使命，改革奋进、砥砺前行，对标最高最好最优，积极探索机制创新，进一步与国际接轨，努力构建更安全的司法保障体系、更开放的法律适用体系、更多元的纠纷解决体系、更便捷的诉讼服务体系，为境内外当事人提供高质量司法服务。

（一）深化一站式诉讼服务体系

不断深化"一站服务""一网通办"的诉讼服务机制，紧紧围绕"一站、集约、集成、在线、融合"五大关键点，在平台对接、机制对接、人员对接、保障对接等方面优化完善。全面梳理诉讼服务工作清单，规范诉讼服务标准，细化工作流程，推动诉讼服务提档升级，为跨境当事人提供更加专业化、便捷化、人性化的服务。认真落实"一次办好"目标，着力解决跨境当事人多次往返、异地诉讼不便等突出问题，让跨境办理手续更方便，当事人"最多跑一次"，跨境服务无差异。深化智慧诉讼服务应用，不断拓展线上诉讼服务功能，打造一网通办全程业务的"智慧诉讼服务"新模式，最大限度实现诉讼服务从现场服务向线上线下立体化服务的转变，让跨境当事人切身感受诉讼事项"跨境办""指尖办"，诉讼权利得到更充分的保障，司法需求得到更充分的满足。

（二）加大纠纷多元化解力度

加强纠纷化解方式引导，鼓励当事人选择以非诉讼方式解决纠纷。通过优化案件分流、诉前调解、司法确认等工作流程，加强诉调对接工作的规范化建设，确保各个环节的合理有效衔接，促进矛盾纠纷高效化解。深入拓展线上诉调对接，努力打造多元解纷平台，实现信息共享、解纷联动、实时交互、一网通用，让群众解纷"只进一个门、最多跑一次"。充分调动、整合境内外的解纷资源，广泛吸纳社会各方力量积极参与，加大与人民调解、律师调解、行业调解、商事调解等衔接配合，不断拓展与各类调解组织的合作交流，为境内外当事人提供丰富多样的解纷资源，推动构建更加开放共享、多元共治的纠纷解决机制。深化跨境纠纷联合调解工作机制建设，加大港澳调解员参与调解的力度，努力打造跨境特色调解品牌。持续打造专业化、多元化的调解员队伍，健全完善业务指导、业务培训、补贴发放等工作机制，不断提高调解员的工作能力和工作积极性。强化源头预防、前端治理，加大普法宣传力度，增强群众法治观念，减少矛盾成讼。

（三）持续提高审判能力和水平

坚持融入大局，主动服务粤港澳大湾区、横琴粤澳深度合作区发展新格局。立足审判职能，努力推进涉外、涉港澳台审判机制改革创新。强化繁简分流机制建设，发挥速裁机制审理涉外案件的最大效能，更好地实现案件繁简分流、轻重分离、快慢分道。着眼新时代人民群众新需求，创新"互联网＋司法审判"工作模式，提升诉讼便捷度。持续提升法官的法律运用能力，正确查明和适用域外法律审理案件，大力提升司法裁判的公信力。加强涉外法治人才培养，强化理论和实务研究，努力锻造高素质的专业化、国际化审判人才队伍。

（四）助力横琴粤澳深度合作区发展

加强内地民商事诉讼与澳门民商事诉讼规则研究，借鉴世界范围内其他法域间的诉讼规则衔接机制先进经验，积极探索粤澳民商事纠纷诉讼规则衔接。充分尊重当事人的意思自治，在合作区内探索扩大涉外商事案件管辖权和域外法律适用选择权，努力构建公正、开放、透明的法治环境。增强粤澳司法合作交流，探索横琴法院与澳门法院"点对点"司法协作，建立人才引进和交流机制，形成互助互鉴、资源共享的工作格局，协同打造法律服务"共同体"。

"道阻且长，行则将至；行而不辍，未来可期。" 2022 年，横琴法院将始终坚持以习近平新时代中国特色社会主义思想为指导，深入贯彻习近平法治思想，自觉把法院各项工作置于国家工作大局中谋划推进，坚持问题导向、目标导向，牢记初心使命，坚定理想信念，践行司法为民，以更加积极、更加主动的奋斗姿态，不断提升司法服务保障能力，努力构建国际一流营商环境，为珠海建设新时代中国特色社会主义现代化国际化经济特区、推动横琴粤澳深度合作区、粤港澳大湾区建设作出新的更大贡献。

B.16
拱北海关全面打击治理珠澳口岸"水客"
走私的实践与探索

拱北海关课题组 *

摘　要： 面对疫情防控常态化大背景下复杂的"水客"走私形势，拱北海关深入开展打击治理"水客"走私专项行动，第一时间制定并及时调整优化打私监管策略，采取深化全员打私、强化缉私部门专业打击、推进反走私综合治理等措施，一体化推进防范、管控、打击、整治工作，坚持"打头断链挖根摧平台"，有效遏制了"水客"走私行为。拱北海关还将在进一步高标准强化海关监管、高质量推进综合治理、高效率推动跨境共治等方面，全力推进建立完善打击"水客"走私长效机制，构筑起正面、后续、逆向监管互为依托、互为补充的严密防线。

关键词： 口岸通关　"水客"走私　打击治理　珠澳口岸

　　拱北海关深入落实海关总署、公安部对打击走私工作的全面部署，准确把握疫情防控常态化条件下"水客"走私形势的变化，以珠澳口岸为"主战场"，自 2020 年 12 月以来开展了为期半年多的打击治理"水客"专项行

　　＊ 课题组负责人：凌健琳，拱北海关法规处副处长。课题组成员：李晋、贝俊良、王之夏、张炜、徐汉卿、苏静、金宁、康志恒、吴满平、许文浩。执笔人：徐汉卿，拱北海关法规处法规管理科副科长。

动，以最大的决心、最严的措施、最强的力度，有效遏制了珠澳口岸"水客"走私势头，取得阶段性成效。

一 打击治理"水客"走私的背景与形势

（一）珠澳口岸水客走私成为口岸治理的顽疾

"水客"是指被走私集团雇用，以获取"带工费"为目的，高频率地在关境内外往返，将具有差价的物品以及国家禁止或限制携带进出境的物品化整为零，携带、运输进出境的人员。澳门"自由贸易港"的定位，使绝大部分商品可以免税进入澳门，同样的进口商品在澳门市场售价往往低于内地市场，"水客"走私进口商品入境可以牟取高额的非法利益；加之珠澳两地口岸众多、通关便捷，旅客往返两地仅需数分钟，"水客"走私具有很低的交通和时间成本。

近年来，随着"水客"团伙化、集团化的发展，珠澳口岸"水客"已从一般性的偷逃税或逃避国家贸易管制的走私违法问题，演变成以专业化、组织化的走私团伙及其操纵的职业化、常态化"水客"群体为主体的一种大规模、有组织走私违法犯罪的社会治理顽疾。"水客"团伙通常采取公司化管理，内部有明确的层级关系，对"水客"的控制更为严密，对带货"水客"的选择更为慎重，过关后的接头交货方式更加隐蔽，较之普通的"水客走水"更不易被查获。"水客"走私集团组织稳定、管理严密，使得整个走私流程更紧密、更封闭，走私日渐规模化，对社会危害性更大。

（二）新冠肺炎疫情以来，珠澳口岸水客走私呈现新的特点

在国内疫情趋于平稳之际，经过粤澳两地的不懈努力，珠澳口岸自2020年7月起逐步恢复了内地与澳门人员的正常往来，不再实施14天集中隔离医学观察措施，口岸疫情防控进入常态化，口岸通关人数逐步回升，其中拱北口岸作为单日旅客通关量最大的口岸，2020年12月客流量已回升到

日均25万人次左右。伴随着通关人数的逐步回升,曾经因疫情暂停活动的"水客"走私再度猖獗,并呈现新的特点。

1. "水客"走私从深港口岸集中转移到珠澳口岸

因香港疫情防控形势严峻,经深港口岸入境人员需接受14天集中隔离医学观察,深港口岸"水客"这一走私途径中断,香港走私团伙一方面利用"大飞"在珠江口非设关地进行水上走私,另一方面则将"水客"走私阵地转往珠澳。随着珠澳通关率先恢复正常化,经珠澳口岸进出境旅客的日均数量占全国日进出境总人数的80%以上,一些长期活跃在深港口岸的"水客"团伙也纷纷转移到珠澳口岸,通过人身藏匿、行李夹藏等方式,携带旧手机、旧电脑等从澳门带货至珠海。还有部分香港"水客"团伙将货物发运澳门,在澳门租用仓库,雇用"水客"或利用非设关地渠道走私进境。

2. 参与"水客"走私的群体有扩大趋势

传统意义上的"水客"以部分澳门本地居民(一般为年龄较大的社会闲杂人员)、内地持探亲签注人员及赴澳劳务人员为主,每日多次携带烟酒、日用品及生鲜食品等往返。受疫情影响,澳门地区的博彩、旅游等行业受到重创,一些雇主纷纷采取"放无薪假"或是直接裁员等方式应对行业不景气,在业人员薪资水平同样大幅降低,出现了较多的失业或半失业人员。在走私带来的高额报酬诱惑下,部分原本从事正当职业的人员选择加入"水客"大军,"水客"群体不断扩大。

3. "水客"走私的获利空间更大

受疫情影响,出境旅游购物活动呈断崖式下跌,香港、澳门本土消费不景气,商家纷纷推出打折促销活动;而以韩国为主的部分国家免税店因生意惨淡,纷纷开展线上折扣销售,同时提供国际物流发运服务,大量线上免税店订购的化妆品等货物发运至香港、澳门等地。此外,内地市场对于茅台酒等部分高端消费品的非理性炒作,导致相关商品价格飞涨,而香港、澳门的同类商品价格较为平稳。部分商品境内外价差进一步拉大,走私入境可获取的非法利益更大,诱使更多"水客"铤而走险、以身试法。

（三）"水客"走私带来了严重的危害后果

1. 增加了国家政治、经济、社会安全方面的风险

近年来海关查发的案件情况显示，毒品、枪支、贵金属、货币现钞、政治类反宣品、未经检验的食品药品等国家禁止、限制入境的物品，都存在通过"水客"走私进境的情况。这些违禁品的非法流入对我国的政治安全、金融稳定、社会秩序以及人民的生命健康等都造成了严重威胁。

2. 破坏国家疫情防控大局

当前国内新冠肺炎疫情逐渐趋于平稳，但海外疫情仍然严峻，严防疫情跨境传播依然是当前口岸最为重要的工作之一。大量"水客"为谋取非法利益高频次往来珠澳之间，大量聚集在澳门关闸、珠海拱北口岸一带活动，给本就紧张的口岸疫情防控形势带来了更多的不确定性，进一步加剧了珠海、澳门的疫情防控风险。

3. 扰乱社会正常的经济秩序

一是"水客"的走私行为冲击了国家税收制度、影响了国家财政收入。"水客"集团将大量应税货物走私进境，偷逃应纳税款，特别是走私高档手表、电子产品、高档烟酒等高价值商品，往返一次可导致数万元的税款流失，长此以往积少成多，国家税款蒙受了巨大损失。二是"水客"走私还损害了境内相关产业守法经营者的合法权益，未缴纳税款的走私商品侵占了正常报关纳税进口商品的市场份额，破坏了公平竞争的市场环境，导致守法企业的利益蒙受损失。三是"水客"走私影响了澳门本地正常的市场秩序，大量"水客"在澳门关闸区域扎堆购买"走水"商品，推高了相关商品价格，致使店铺租金上涨、经营品类向"水客"偏好商品集中，最终导致商品种类、物价水平与居民的生活需求脱离，严重影响了澳门本地市民的生活。

4. 严重破坏口岸正常通关秩序

"水客"大量多次进出境的行为，挤占了口岸海关有限的监管服务资源，降低了正常进出境旅客的通关体验感。部分走私团伙为了逃避海关监

管、掩护走私行为,有组织、有预谋地在通关高峰时段纠集大量"水客"集中进出境,故意制造拥堵混乱、恶意起哄,"水客"强行冲关闯关、聚众闹事、暴力袭击执法人员等恶性抗法事件也偶有发生,这些都对口岸正常的通关秩序造成了严重破坏。

二 打击治理"水客"走私的措施与成效

面对常态化疫情防控大背景下复杂的"水客"走私形势,拱北海关深入开展打击治理"水客"走私专项行动。在海关总署党委要求及海关总署、公安部联合调研组部署下,拱北海关聚焦"打头断链挖根摧平台",以珠澳口岸为"主战场",开展了为期半年的打击治理"水客"走私专项行动。专项行动期间,共立案查办"水客"走私案件5643起,案值74.8亿元,涉税12.3亿元,抓获犯罪嫌疑人424人,打掉团伙48个,有效遏制了珠澳口岸"水客"走私势头。

(一)坚持全员打私,推动打防管控一体化

拱北海关全面发挥海关打击走私职能作用,构建"监管—缉私—风险"协同作战机制,坚持打防并举、内外协同,全力压缩"水客"走私违法空间,坚决守好打私"主战场"。一方面,坚持科学精准打击。拱北海关整合优势资源和监管手段,开展常态化联合机动查缉,建立日报周评机制,真实、客观反映打击"水客"走私情况,精准布控、高效处置,坚决守好珠澳口岸第一道防线。另一方面,严防走私"漂移"。拱北海关统筹开展客货车"切片"行动、进境客车"雷霆"专项行动、跨境电商"断链刨根"整治行动、打击治理海南离岛免税"套代购"走私专项行动等,实行"海、陆、空、邮、货"全域防控。同时,做到全面保全。拱北海关结合珠澳口岸通关人次占全国总通关人次80%以上的实际,推动地方采取口岸分流措施,一体防控"水客"走私、通关安全等各类风险。坚持宽严相济,文明执法,在严打"水客"走私的同时,为守法旅客提供安全、便捷、高效的通关环境。

（二）坚持专业打私，打头挖根破网除链

拱北海关积极发挥缉私部门专业优势，重拳打击"水客"走私。一是强化缉私情报。充分发挥情报先导作用，依托"涉澳"情报中心，广辟情报来源，主动应对"水客"走私手法变化，及时调整打击策略和方式，确保打得准、打得狠。2020年12月至2021年6月，拱北海关缉私部门共立案侦办"水客"走私犯罪案件202起，案值74.1亿元，涉税12.2亿元。二是强化合成作战。拱北海关缉私部门与地方公安机关联合经营、联合行动、联合收网，全面展开合成作战12次，联合侦破10起"水客"团伙走私大案。3月29日，联合珠海市公安局破获近年来最大的"水客"团伙走私游戏机进境案，案值33.8亿元，涉税3.89亿元。三是强化滚动打击。拱北海关缉私部门注重深挖扩线、一查到底，在海关总署缉私局统一指挥下，共向28个直属海关缉私部门推送线索446条，促成查获刑事案件104起，案值2.79亿元，涉税6568万元。四是强化智慧引领。拱北海关以数据建模、综合分析研判为主要手段，加快智慧新警务与智慧缉私融合，创设打击"水客"走私实体工作室，对"水客"团伙走私关系网络及活动规律实施全链条精准"画像"，以侦查过程智能化实现打击精准化，得到公安部打击治理"水客"走私调研组的充分肯定。

（三）坚持多元共治，不断强化综合治理

拱北海关强化机遇意识和风险意识，配合地方政府全面落实反走私综合治理主体责任，协同澳门海关、澳门中联办下属中职协会、珠海边检总站、地方打私办、综治办、公安机关、检察机关、签证机关等部门单位，以空前密切的合作，前所未有地凝聚打私合力。一是严打境外"源头"。在粤澳执法合作框架下，不断完善与珠海市公安局、澳门海关、澳门司法警察局的珠澳"两地四方"跨境执法联动机制，合作侦办重大"水客"团伙走私案件6起。构建"环澳隶属海关—澳门海关站点"点对点联络机制。推动澳门海关、澳门司法警察局开展专项行动，系统整治关闸附近"水货"商铺。与

澳门中联办下属中职协会签订合作备忘录，近 11 万名赴澳劳务人员签订《进出境旅客海关监管规定告知书》，有力促进内地赴澳门劳务人员遵纪守法、诚信通关。二是推动综合整治。珠海市将打击治理"水客"走私工作正式纳入"平安珠海"建设考评体系，针对"水客"走私等重点问题开展综合整治，深化反走私工作的联防联控联动，海关、公安、海警、海事、市场监管、口岸综管、邮政管理等部门各负其责，形成了口岸正面监管、外围端窝打点和私货流通渠道治理相结合、多部门联合开展常态化专项查缉行动的打击走私新格局。拱北海关与地方公安部门加强出入境人员信息共享，建立限制签注工作机制，截至 2021 年 12 月，已推送 5 批限制签注人员名单共120 人。严管"水货"后续流向管控，海关联合多部门开展"水货"市场流通领域整治 47 次，推动有关执法部门加大打击利用网络平台销售走私商品行为的力度，端掉"水货"窝点 71 个。同时深化与检法机关合作，建立健全"三次入刑"案件快速处理机制，依法从快从重惩治"水客"走私犯罪活动。三是营造良好氛围。坚持"宣传也是打私"，将新闻宣传与打击走私同部署、同谋划，营造高压严打"水客"走私的声势，中央、地方媒体采用拱北海关打击"水客"走私成效宣传稿件 423 篇，发布新媒体信息 28条，彰显海关依法履职、守卫国门的良好形象。

三 打击治理"水客"走私工作面临的挑战

"水客"走私问题具有长期性、复杂性特征，打击治理力度稍有放松，就容易出现反弹。在口岸常态化疫情防控形势下，"水客"走私形势也在发生复杂深刻的变化，打击治理工作面临复杂形势和风险挑战。

一是"水客"利用珠澳口岸走私的驱动因素没有改变。新冠肺炎疫情仍在全球蔓延，西方国家为缓解经济压力普遍选择放松和解除疫情防控限制，我国各主要口岸在短期内将维持现有通关状况，珠澳口岸仍将是我国最主要的跨境流动口岸。当前，珠澳口岸仍有一定数量的疑似"水客"活动，并存在走私行为从旅客携带向其他进出境渠道"漂移"的现象。

二是"水客"走私更加隐蔽,打击难度加大。"水客"走私团伙组织严密,分工明确,各环节相对独立,采取单线垂直联系;走私团伙"熟人化"特征明显,在团伙内部形成较为牢固的攻守同盟关系,外人难以渗透。走私分子反侦查意识持续增强,为减少被查获的损失,多采取"蚂蚁搬家"式走私,控制好每次带货数量;"水客"使用暗号通联,以逃避侦查打击,打击治理的难度增大与执法成本增加。在严打高压态势下,珠澳口岸"水客"群体呈现明显"更新换代"现象,白底"水客"给海关风险防控带来新的挑战。

三是打击治理形势非常复杂,更加需要各部门协调配合。"水客"走私利益链条长,走私的重点口岸、重点商品、主要手法都可能随时变化,不确定性增大,仅靠一两个部门无法形成工作合力,以有效遏制"水客"走私行为。当前形势下,更需要相关部门保持紧密沟通,强化协同配合,联动开展专项打击和综合整治,坚决维护口岸安全畅通。

四 建立健全打击治理"水客"走私长效机制

为持续巩固打击治理"水客"走私专项行动成果,切实做好从专项行动转为常态化管控的各项工作,根据海关总署统一部署,拱北海关将重点围绕强化全域监管、推进综合治理、推动跨境共治等多个方面,建立健全打击治理"水客"走私长效机制,坚决遏制"水客"走私反弹回潮和漂移扩散,积极营造安全、便捷的口岸通关环境。

(一)高标准强化海关监管

拱北海关重点围绕风险研判、精准查验、线索移交等方面,加快完善风控、监管、打击一体化的海关打私体系,高标准推进打击治理"水客"走私正面监管工作。一是保持口岸现场高压态势。切实做好多口岸联动监管,深化分流分类管控,科学调配现场监管资源,不断增强口岸监管力量;在对重点口岸、重点时段、重点人群、重点物品进行严密监管的同时,及时利用机动力量清理疏散海关监管区前端、免税店前等重点区域内聚集的疑似

"水客"人群，根据不同情形综合运用好各种处置方式，有针对性地提高"水客"时间成本、机会成本，压缩其带货走私的获利空间和主观意愿。同时依托现有的区域执法合作机制，建立完善区域化协同作战体系，强化关区间执法联动，防止"水客"走私"漂移"。二是同步做好联动打击。加强各类专业力量和优势资源在打私工作中的实战应用，强化整体联动，织牢织密监管网络；持续强化对航空、货运、特殊监管区域、跨境客车、来往港澳小型船舶、邮件、快件、跨境电商等渠道的监管，实行"海、陆、空、邮、货"全域防控，加强对非设关地相关走私案件查发能力，开展联合研判、联合防控、联合监管、联合打击；密切关注改革过程中的走私风险，重点针对横琴粤澳深度合作区封关运作后可能产生的"水客"走私问题，提前开展预判研究，在合作区的设计与运作中防患于未然，坚决筑牢安全屏障。三是重拳打击走私犯罪。及时掌握"水客"走私犯罪动向，把打击锋芒始终对准实施走私犯罪的"水客"团伙，依法运用多种侦查措施，始终坚持"打头断链挖根撬平台"，破大案、抓团伙、撬网络，最大限度查扣、追缴涉案财物，压缩走私分子的利益空间。

（二）高质量推进综合治理

反走私综合治理工作事关国家安全和经济社会发展全局，必须坚持系统观念，统筹各方力量，用好各方资源。一是依托珠海市打私综合协调作用，严格落实反走私综合治理主体责任，巩固提炼成熟经验，完善工作机制，实现打击治理常态化，加快形成各部门齐抓共管、社会力量积极参与的综合治理格局。二是进一步发挥各部门群防群治优势，完善联合巡查工作机制，进一步发挥海关、公安、市场监管、街道办等部门单位开展联合巡查的打击作用，在重点口岸周边开展常态化联合巡防查缉，持续保持强大威慑。同时加大流通领域治理工作力度，加强重点市场日常监管，依法查处经营销售无合法来源证明的进口化妆品、奢侈品、珠宝、电子产品等高档消费品行为，定期对热点走私商品的流通转运渠道、集散地和地下市场开展集中清查行动，彻底切断"水客"走私的供需利益链条。加强与行业主管部门和行业协会的协作配合，对兼职从事走私的"水客"群体，进一步严格教育管理，联合开展惩戒。三是完善海关公安跨部门协作机制。充分发挥地方公安机关的属地管理优势，充分利用大数据资源，强化社会治安"网格化"管理，清查口岸周边商铺，加强对重点人员的精准管控，有效切断"水客"走私交接链条。强化海关与边检部门、出入境管理部门协同配合，对于重点"水客"信息，根据情节将其列为边控对象或对其采取限制签注措施，从根本上限制重点"水客"活动。四是及时开展宣传教育。通过各类传统媒体和新媒体加强法制宣传教育，加大对打击走私成果的宣传力度，及时宣传打私典型案例，有效震慑走私犯罪活动，提高公众守法意识，营造打击走私的良好氛围。

（三）高效率推动跨境共治

珠澳口岸的高效优质管理，必然要求珠澳双方的通力合作，应当进一步规范、完善、固化、扩展现有内地有关部门与澳门海关等部门的日常联络机制和打私协作机制，更高效开展打击治理"水客"走私合作，推动形成各司其职、互为补充的长效合作格局。一是强化信息共享。巩固现有"点对点"交流模式，紧盯境外走私源头，进一步加强跨境反走私动态通报、风险分析、情报交换等合作，重点加强口岸及口岸周边等区域"水客"走私活动、走私形式、藏匿方式和查缉方法等信息的共享。二是强化执法合作。结合打击治理"水客"走私实际需要，适时开展跨境联合执法行动，同步突击检查境外派货和境内收货窝点，对境外揽货环节、口岸通关环节、境内销售环节逐个击破，分别根据各自法律规定对违法行为予以查处，实现打私从"人赃并获"向对"水客"走私团伙全链条打击的延伸拓展。三是强化综合处置。合作开展综合治理和协同处置，切断"水客"走私利益链条；全面评估口岸功能定位，实现旅客和车辆在各相关口岸间有序分流通行，口岸错位发展；强化对劳务派遣公司的监督管理，加强与有关雇主沟通，建议其不再续聘违规劳务人员。

社会治理
Social Governance

B.17
提升公民法治素养的珠海实践与创新

珠海市司法局课题组*

摘　要： "提高全民族法治素养"是"坚持全面依法治国"的重要内容，珠海深入开展法治宣传教育，加强法治文化建设，弘扬法治精神，推动普法成为全社会共同参与的行动，使公民在有序参与立法和决策以及社会多元共治的法治实践中增强主体意识、责任意识和权利意识，深化法治观念，提升法治素养。未来，珠海要努力建设新时代中国特色社会主义现代化国际化经济特区，将习近平法治思想深入贯彻到公民法治素养提升工程，不断完善普法保障体系，推动普法可持续发展，创新发展中华优秀传统法律文化，提高公民法律认知能力、培养公民对于法律价值的认同，促进公民更加积极地参与法治实践，形成依法行为的自治与自觉，

---

* 课题组负责人：李红平，中共珠海市委全面依法治市委员会办公室原副主任、珠海市司法局原局长。课题组成员：邓胜利、谢燕、周光桥。执笔人：谢燕，珠海市司法局普法与依法治理科科长；张冰岚，暨南大学社会学研究中心研究助理；陈晖，法学博士，暨南大学副教授、硕士生导师。

让公民的法治信仰内化于心、外化于行。

关键词： 法治素养　法律意识　法治实践　法治信仰

党的十九大把"法治国家、法治政府、法治社会基本建成"确立为2035 年基本实现社会主义现代化的重要目标，开启了新时代全面依法治国新征程。法治政府是法治国家建设的主体和重点，是法治社会建设的先导和示范，需要行政机关及其工作人员严格、规范、公正、文明执法；法治社会是法治国家、法治政府建设的基础和依托，离不开全社会每一个公民尊法学法守法用法。法治政府建设直接影响人民群众的法治信仰和行为选择，直接决定法治社会建设的速度和成效。习近平总书记强调，法律要发挥作用，需要全社会信仰法律。只有全面增强全民法治观念，让法治成为全民思维方式和行为习惯，加快建设法治社会，才能夯实法治国家、法治政府建设的社会基础。

一　公民法治素养的提升与法治珠海建设

公民作为法治主体，其法律素养的提升与法治基础的生成是密切相连的，概言之，法治建设的过程就是公民法治素养的提升过程。让法治理念深入人心，让法治成为全体公民的思维方式与行为模式，对于提高社会整体文明程度至关重要。2015 年 5 月，珠海市委常委会审议通过《关于全面推进法治珠海建设的实施意见》，确立了法治珠海建设的主要目标。根据法治政府建设指标体系，连续 5 年对各区各部门开展依法行政考评，政府不断提高运用法治思维和法治方式开展工作的能力，自觉在宪法法律框架内行使权力和开展工作，法治珠海建设全面深化、亮点频出，呈现创新发展的良好局面。2020 年，珠海荣膺"全国法治政府建设示范市"称号，成为广东省唯一获评的地级市。政府工作人员特别是执法人员的法治素养高低直接影响到公民对法治政府的认识；只有让人民群众在每一次执法办案中感受到公平正义，才能充分发挥法治的规范、引领、推动和保障作用，推动法治社会深入民心。珠海的法治政府建设为法治社会的形成提供了空间，促进了公民的主体地位、权利与责任、自由与自律以及民主与平等的有效实现。

提升公民法治素养，是人全面发展的需要，也是法治珠海建设的基础性工程。公民法治素养体现了公民在社会生活中有关法律知识、法律意识、法律实践、法律信仰等方面的综合素养。人们对于法治的认知和态度要经历一个漫长的过程，必须通过喜闻乐见、寓教于乐的形式，培养公民对法律的兴趣，对法律知识、法律文化、法律思维的探索欲，让人们把遵守法律变成自己的愿望和习惯，并将法治观念植入生活实践，将法治由外在的强制转化为人的内在需要，尊崇法律、敬畏法律、信仰法律，法治素养才能加快提升，法治国家建设才能日臻完善。

二 公民法治素养提升的实践与成效

（一）法治宣传教育与法治文化建设相结合

法律与公民自身生活息息相关。普及法律知识，培育法治文化，推动法治生活化进程，自觉增强法治意识，养成守法习惯，规范自身行为，让市民的法治观念与现代社会相适应，是当前提升公民法治素养及法治宣传教育的中心任务。

1. 开展法治宣传，普法成为全社会共同参与的行动

"七五"普法期间，珠海从顶层设计、规划引领、组织保障、制度建设等方面搭建起普法工作的"四梁八柱"，将法治宣传教育工作纳入珠海国民经济和社会发展"十三五"规划，构建了"1＋N"大普法格局，"1"即市委全面依法治市委员会守法普法协调小组，"N"即多家普法责任单位。将普法责任制落实情况纳入全市机关事业单位绩效考核，对普法实行项目化管

理，聚焦疫情防控和经济社会发展稳定，重点关注《宪法》《民法典》等重要法律；立足法治政府示范创建、法治化营商环境营造等重点工作，紧盯关键环节，把握重要时间节点，推动普法方式由"大水漫灌"式向"精准滴灌"式转变。连续 4 年共组织 24 个普法责任单位开展国家机关"谁执法谁普法"履职报告评议活动，接受第三方评议。2021 年，参与社会评议达 70 万人次，创历年新高。珠海形成全市普法工作大联动机制，普法专家库＋普法专业讲师团＋普法联络员队伍组成优势互补、资源共享的多层次法治宣传人才网络，以报纸、广播、电视、观海融媒 App 为基础的新媒体普法矩阵不断完善，借助 5G 技术及产业发展，搭建智慧普法平台，打造成珠海普法"中央厨房"和优质资源库。高科技"智慧普法"展厅将科技元素融入群众学法体验；珠海歌剧院的法治宣传灯光秀融合现代科技与法治宣传，播放普法公益广告 36 个，总播出时长约 14292 分钟①；普法抖音直播间、"珠海交警"微信公众号、"法官说法"等新媒体平台，构建了全方位、多角度、立体化的网络普法新渠道，使法治建设融入各部门、各单位的日常工作和市民的生产生活，有效提升社会公众对普法工作的关注度和知晓率，公民在普法中自我学习、自我教育，了解法律、理解法治精神，接受法治思想的熏陶，逐渐确立法治观念，习得并发展法治素养。

2. 培育法治文化，营造全社会法治氛围

社会主义法治文化作为中国特色社会主义文化的重要组成部分，也是法治中国的精神构成要素。法治文化是培育法治政府和法治社会的土壤，反映国家治理的法治化程度。珠海将法治文明与生态文明建设有机结合，将法治元素融入公共文化设施建设，按照"一区一特色、一公园一主题"的要求，将法治文化建设之"律"和市民健身之"道"自然融合，建成高科技、青少年权益保护、法治乡村等主题的"律达天下·法润人心"之"律道"，法

---

① 《弘扬宪法精神　建设法治珠海　珠海市多地开展宪法宣传日活动》，珠海政府网，http：//www.zhuhai.gov.cn/xw/xwzx/zhyw/content/post_2677145.html，最后访问日期：2022 年 1 月 19 日。

治文化公园、宪法主题公园、法治文化墙等景观达 477 处①，形成区、镇（街）、村（社区）三级法治文化阵地网络体系；把枯燥乏味的法律法规知识和公民生活中的法治热点问题相结合，创作成通俗易懂的歌曲、小品，以法治微电影、普法微视频、法律微漫画等法治文化产品，让市民在无处不在、日复一日的视觉冲击中刻下法治烙印。

法治元素也被广泛注入社区，法治文化建设制度性地安排在各种社区共同体规则中，把社区学法、普法、用法与群众居家生活、文化生活和社区生活联结起来。狮山街道通过"百姓聊法 共话法治"，举办"双向性、互动式"的面对面普法讲座，与香洲区人民法院联合设立镇街巡回法庭，开展"零距离"旁听案件庭审；翠香街道钰海社区树立"社区法治文化发展利益共同体"新理念，打造"社区支部＋社会组织＋社工＋社会单位＋居民"五联动的法治联盟，探索多元联动的社区法治文化建设路径；拱北街道茂盛社区港澳居民占比达 36%②，在大湾区背景下探索珠澳共融、将民主法治建设融入共建共治共享的社会治理新格局，获评"全国民主法治示范社区"。目前，珠海共有 8 个"全国民主法治示范村（社区）"，呈现"一街一区一特色"的社区法治文化风景线。法治文化也与企业经营管理中的规章制度、行为规范以及价值追求紧密相连，珠海开展省级"法治文化建设示范企业"创建活动，鼓励企业以法治为引领，打造企业普法"核心区"，将法治理念植入员工心中，促进公司依法经营，健全民主管理，让企业法治文化成为企业改革发展的强大精神动力。截至 2021 年底，珠海共有 58 家企业获评省级法治文化建设示范企业③。通过"文化搭台、法治唱戏"，让珠海市民沐浴

---

① 《法治政府｜加强基层法治文化公共设施建设　打造珠海特色法治文化实体平台》，广东省司法厅网站，http：//sft. gd. cn/sfw/xwdt/sfxz/content/post_ 3568839. html，最后访问日期：2022 年 1 月 19 日。

② 《第八批"全国民主法治示范村（社区）"名单出炉　拱北街道茂盛社区上榜》，珠海特区报网站，http：//zhuhaidaily. hizh. cn/html/2021－03/05/content_ 1210_ 4098867. htm，最后访问日期：2022 年 1 月 19 日。

③ 《广东省司法厅公开信息，关于广东省"法治文化建设示范企业"评选结果的通报》，广东省司法厅网站，http：//sft. gd. cn/sfw/gov_ gk/zwwgk/content/post_ 2981378. html，最后访问日期：2022 年 1 月 19 日。

在法治文化之中，发挥文化的价值引领和精神熏陶作用，用法治文化向全社会传递崇德尚法、践行法治的文化导向，将现代法律意识全面准确地传达给每个社会主体，让他们近距离感受法治力量。

3. 加强公民道德建设，引领全体人民的法治追求和自觉行动

道德建设是社会主义文化建设的重要组成部分。良好的公民道德素质是建设法治社会的重要基础。人们对法律的认同和遵守，不仅来源于外在的权威，更是内心道德感所蕴含的道德价值认同和道德觉悟提升。珠海深入实施公民道德教育，把培育和践行社会主义核心价值观作为文明城市创建的基础，把法治元素纳入城乡建设规划设计，建成社会主义核心价值观主题景观超 1200 处，拥有弘扬廉政文化、家风家训等核心价值观主题公园 26 个，全市 50% 以上的巴士站台、70% 以上的建筑围挡、1000 多个楼宇和全部出租车、公交车投放公益广告①。连续六年组织"幸福家年华"活动，通过"立家规 传家训 树家风 圆家梦"主题，营造健康向上、幸福和谐的家庭文化氛围。志愿服务制度化、规范化持续推进，截至 2021 年 11 月，全市志愿服务组织及团体 2952 个，实名注册志愿者 42.83 万人，占城市总人口的 17.5%，即每 6 个珠海人中就有 1 个注册志愿者，共为社会贡献志愿服务时长累计超过 746 万小时②，志愿服务已成为珠海人的日常习惯和生活方式。珠海创建全国信用体系建设示范市，开展政务、个人以及具有行业特色的诚信建设，探索信用评价指标体系和信用信息查询应用，建设投融资增信平台与信用评估平台，珠海特色社会信用体系成为"诚信珠海"的城市名片，让守法诚信者受到褒奖、违法失信者受到惩戒。培育社会公德、职业道德、家庭美德和个人品德，弘扬公序良俗，形成扶正祛邪、惩恶扬善的社会风气，将良好的道德风尚强化为人们的情感认同和行为习惯，在全社会激发和凝聚正能量，使自觉守法、维护法律权威成为全体公民的共同追求和自觉行动。

---

① 根据珠海文明网各种信息整理汇总，http://gdzh.wenming.cn/，最后访问日期：2021 年 1 月 19 日。

② 《携手共建有爱之城！珠海市志愿服务展示交流活动举行》，珠海文明网，http://gdzh.wenming.cn/2106/202111/t20211101_7394683.html，最后访问日期：2021 年 1 月 19 日。

（二）"关键少数"与"未来多数"法治素养提升共同促进

1. 抓住"关键少数"，促进领导干部学法用法

公务员尤其是各级领导干部作为党依法执政、政府依法行政的中坚力量，掌握着国家的各项权力，这些权力恰恰是宪法法律规范的对象，他们对法治的信念、决心、行动直接影响其示范引领作用的发挥。珠海严格落实领导干部集体学法制度，市委常委会和市政府常务会议每年 2 次组织学习宪法法律，处级以上领导干部定期旁听庭审活动；市委全面依法治市委员会每年召开会议，听取各区党政主要负责人和市直党政工作部门主要负责人履行推进法治建设第一责任人职责情况；将市、区党政主要负责人及其班子成员学法守法用法情况列入年终述职报告，并分别上报省委依法治省办和市委依法治市办备案；党校主题班、各类专题业务培训班都融入法治教育内容。每年定期组织新入职、新提任国家工作人员开展庄严神圣的宪法宣誓活动，通过规范、严肃的程序让国家工作人员正确认识权力的来源与权威性，增强其主体意识。"办事依法、遇事找法、解决问题用法、化解矛盾靠法"已成为各级领导干部的共识，"言必合法、行必守法"成为全市国家工作人员的自觉行动，他们心中有法律明镜，手中有法律戒尺，身体力行、克己奉公、严以修身，正确处理权法关系，把法治精神融入执法、司法等法治活动，对社会公众形成良好的示范和带动，为全社会弘扬法治精神作出表率。

2. 围绕"未来多数"，强化"三位一体"的青少年法治教育

青少年是祖国的未来、民族的希望，良好的法律素质是青少年形成正确的人生观、价值观的基础。让青少年了解掌握个人成长和社会生活必需的法律常识，提升法治观念，对于提升全体公民的法治意识和法治素养具有基础性和先导性意义。珠海全面统筹学校、家庭、社会等资源，将法律知识全面融入学校教育，中小学校全部实现"一校一法律顾问"，"七五"普法期间中小学校开展普法教育 2000 多场，连续 5 年开展"学宪法 讲宪法"系列普法活动，连续 3 年开展"平安校园"安全知识竞赛活动，每年开展宪法宣传周、"12·4"宪法晨读、安全教育日、禁毒宣传月等主题活动，中小

学生参与率99%以上①。市教育局联动各类普法资源，构建集"知识讲座、模拟法庭、情景剧表演、庭审观摩、预防犯罪图片巡展"等于一体的系统化预防未成年人犯罪普法新体系。家长法治课堂向大中小学生及家长普及法律知识，学校、街道市民艺术中心建立青少年法治教育实践基地，"青春护航站"平台将青少年普法深度融入社区"快乐四点半""暑期夏令营"等活动，让学生在法治教育中掌握基本法律常识，有效提高对法治的认知程度。2021年，珠海市未成年人犯罪案件同比下降39.3%②。

（三）法治观念深入人心，公民积极参与法治实践

提升公民法治素养，就要推动广大市民在形式多样的法治实践中实现从学法到用法的转变，强化主体意识、责任意识和权利意识，提升公民对法治的获得感和信赖感，将法律常识贯穿于生活、工作中，自觉运用法律来思考、分析和解决问题，规避生活和工作中的法律风险，培育和促使公民形成法治观念，在特定环境下能保持行为自治和自觉。

1.信息公开与便民，公民的主体意识逐渐增强

信息公开制度是政府迈向民主的诚意表达，给予公民最大限度的信息资源，提供给公民参与互动讨论的权利，让公众有机会参与国家管理，也让政府处于公众监督之下，预防腐败。只有在公民广泛参政议政的政治文化氛围下，公民对政府的需求才变成内在的动力。2020年，珠海市各级行政机关对外公开规章及规范性文件182件，公布实施行政许可4591件，行政处罚15740件，行政强制651件，市级权责清单事项6067件，政务公开工作取得明显实效。拓展公民信息知情渠道，不仅提高了政府资源利用效率，也促进了民主政治建设。2020年，珠海市政府收到依申请公开事项794件，较2019年（653件）增加21.59%，其中，自然人申请件数同比

---

① 《市教育局：全面开展教育普法　推动珠海教育高质量发展》，澎湃号，https://www.thepaper. cn/newsDetail_ forward_ 9277930，最后访问日期：2022年1月19日。

② 《一图读懂珠海市中级人民法院工作报告》，珠海市中级人民法院官网，https://zhzy. chinacourt. gov. cn/article/detail/2022/01/id/6488670. shtml，最后访问日期：2022年1月20日。

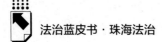
增加 23.52%，法人或其他组织申请件数同比增加 12.39%①。公民主动要求政府信息公开，说明公民的主体意识逐步增强，以主人翁的责任感表达自己的愿望和需求，行使权利，公民在与国家良性互动的现代民主环境中提升了法治素养。

各政府部门也基于"指尖上的政府"的总体定位，积极开发数字运用系统，搭建便民服务平台。全市 58 家政府开设了 145 个政务新媒体，以创新信息公开方式，及时回应社会关切②。市、区两级建设数字"大城管"平台及手机应用系统，使用人数已经达 10 万之众③。公民通过数字化、信息化方式参与城市治理中的重点、难点、热点问题，并通过自查自纠，不断约束和完善自我，充分发挥主体性、创造性作用，形成法治建设人人关注、人人参与、人人共享的局面，增强市民对于法治精神的感悟和体会。

2. 网络民主与监督，提升公民的责任意识

公民积极参与法治监督实践，是最能发挥公民责任意识作用的重要法治领域，不仅促进了政府监管，也为公民社会责任感提升提供了空间。在现实生活中体现《宪法》规定的人民主体地位和政府的服务性作用，为市民认识现代社会中政府、社会和公民三者关系提供了现实基础。珠海市政府健全与民众之间的沟通机制，精心打造"市政府新闻发布会"专栏网页、电视栏目《问政珠海》，邀请市级政府部门主要负责人在市政府门户网站开展在线访谈活动，在网上发布各类征集调查主题内容，为老百姓搭建党委、政府和人民群众以舆论监督为主的公众监督平台，形成网络环境下网民参政议政、政府回应、部门落实的信息交互模式。2021 年，市政府共收到咨询留

---

① 《珠海市人民政府 2020 年政府信息公开工作年度报告》，珠海政府网，http：//www.zhuhai. gov. cn/gkmlpt/content/2/2738/post_ 2738992. html#1641，最后访问日期：2022 年 1 月 10 日。

② 《珠海市人民政府 2020 年政府信息公开工作年度报告》，珠海政府网，http：//www.zhuhai. gov. cn/gkmlpt/content/2/2738/post_ 2738992. html#1641，最后访问日期：2022 年 1 月 19 日。

③ 《珠海法治政府建设之运用综合治理理念进行城市治理的改革实践》，澎湃号，https：//www. thepaper. cn/newsDetail_ forward_ 9172479，最后访问日期：2022 年 1 月 19 日。

言 6218 宗，办结 6119 宗，办结率为 98.41%①。这种"求助有门，投诉有道"的便利监督方式，充分调动了广大人民群众的积极性、主动性。大量网民在网络中自由开展关于政府、公民、权利、责任的讨论与交流，不仅推动了阳光透明服务型政府建设，改善了政府部门应对公共事件的态度，提高了效率，而且在自由讨论中，公民得以习得自主意识、民主意识，在对政府的监督中感受其对于法治政府、法治国家建设的责任，提高了法治社会建设的参与度，提高了公民法治素养。

3. 行政复议与诉讼提升公民的权利意识

珠海以法治思维引领行政复议，以政府主导和政社合作，充分发挥行政复议作为法治政府"晴雨表"的作用。市司法局在全市所有司法所设立了行政复议咨询和宣传窗口，实现了市政府行政复议多点受理、咨询和宣传，让行政复议成为化解行政争议的首选方式，群众对行政复议的认同感和信赖度不断提高。自 2016 年以来，行政复议案件逐年增长，从 2016 年的 482 宗增加到 2021 年的 825 宗。2021 年珠海市在全省率先完成行政复议体制改革，推进行政复议"全城通办"、网上"一站式"服务。珠海市两级法院受理的一审行政案件也呈现跨越式增长：自 1990 年 10 月《行政诉讼法》正式实施至 2020 年 10 月，第一个十年收案 183 件，第二个十年收案 1417 件，第三个十年收案 3880 件②。行政诉讼案件的分布领域从公安、工商、税务扩展到珠海市 30 多个行政管理领域③。数据的增加体现了公民对待法律内在态度的改观，其在参与行政复议和行政诉讼的过程中进一步树立了尊重和保护人权的观念，以及通过民主树立法律正当性的理念。只有当法治意识提

---

① 《珠海市 2021 年度政府网站工作年度报表》，珠海政府网，http：//www. zhuhai. gov. cn/xw/gsgg/content/post_ 3047187. html，最后访问日期：2022 年 1 月 19 日。

② 《30 年来珠海市法院受理各类一审行政诉讼案件 5480 件》，珠海政府网，http：//www. zhuhai. gov. cn/gkmlpt/content/2/2666/post_ 2666489. html#1638，最后访问日期：2022 年 1 月 19 日。

③ 《30 年来珠海市法院受理各类一审行政诉讼案件 5480 件》，政府信息公开网，http：//www. zhuhai. gov. cn/gkmlpt/content/2/2666/post_ 2666489. html#1638，最后访问日期：2022 年 1 月 19 日。

升后，公民才会自觉监督政府工作人员，推动法治政府建设，而公民自身的法治素养也在监督中得到了提升。

4. 完善公共法律服务体系，提升公民的法治获得感

最好的普法就是建立完善的公共法律服务体系。提供公共法律服务，让人民群众接触法、了解法、运用法，只有具备完善的公共法律服务体系，才有完整的社会法治体系。珠海不断完善公共法律服务体系，整合法律服务资源，建成 1 个市级公共法律服务中心、4 个区级（含 2 个功能区）公共法律服务中心、24 个镇（街）公共法律服务工作站，已挂牌 325 个村（居）公共法律服务工作室，全市共设有 5 个法律援助机构、80 个工作站、326 个联络点，建成覆盖全业务、全时空的法律服务网络。2021 年，全市公共法律服务平台提供线下服务 80368 宗、线上服务 64006 宗次。全市各人民调解组织成功调解各类纠纷 12719 件、成功率 99%①，形成"线上 30 秒、线下半小时"公共法律服务生态圈。每万人法律咨询服务热度指数，珠海多次位列全省各地市之首，公共法律服务的供给数量和供给质量不断提升。

珠海积极推动以人民调解为基础的大调解工作格局，全市 24 个镇（街）、325 个村（社区）基本完成了综治中心建设，构建了横向到边、纵向到底的矛盾纠纷排查化解工作格局。2021 年，市婚调委、医调委等 516 个人民调解组织和全市 2816 名人民调解员（其中专职调解员 231 名）共同推进社会矛盾纠纷的源头化解。村（社区）全部实现由执业律师担任法律顾问，全市村居法律顾问补贴标准提高至每个村（社区）每年 2.5 万元。2017～2021 年，村（社区）法律顾问为村（社区）提供法律服务 67596 件（次），服务群众 379420 人次，服务件次和服务人次均呈逐年上升趋势。律师的专业服务引导人们预见诉讼风险和诉讼代价，越来越多的公民依照法定程序主张权利，尝试用合理的维权途径化解矛盾达成和解，以理性、合法的方式表达利益诉求，维护合法权益，也拓宽了公众参与、推动法治国家、法

---

① 《珠海市司法局 2021 年法治政府建设年度报告》，珠海市司法局网站，http://sfj.zhuhai.gov.cn/zwgk/tzgg/content/post_ 3042280. html，最后访问日期：2022 年 1 月 19 日。

治政府建设的途径，实现公权力与私权利的均衡和良性互动。

5. 推动公正司法，培养公民的法律信仰

司法系统是公民参与法律体系运作的主要环节。珠海司法机关牢牢构筑起社会公平正义的最后防线，将个案审判置于国法、天理、人情之中综合考量，夯实矛盾纠纷多元化解的重要基础。珠海把法治精神和法治观念通过家事审判和未成年人检察工作司法改革深深熔铸于公众心中，把最前沿的互联网技术运用到公安的"案管平台"和法院的"司法查控系统"，让人民群众在每一个司法案件中感受到公平正义。将人民陪审员的智慧和专业知识引入审判领域，也将其在审判中经历或感受的法律精神、法官对具体案件的评判结果及理由，带回人民群众的生活，达到法治宣传、以案释法的效果。珠海市共选任两级法院人民陪审员 665 人，2018 年至 2020 年，珠海市两级法院人民陪审员参与市、区两级法院适用普通程序审理的各类案件数分别为：刑事案件数 1324 件、1306 件、947 件，民商事案件数 7484 件、8552 件、9260件，行政案件数 367 件、475 件、468 件。公民直接参与司法过程，增强了公民对法律的感性认识和理性认知。近年来诉诸人民法院的民事纠纷日益增多，2021 年，珠海全市法院受理案件 92206 件，办结 82828 件，比 2020 年分别上升 23.78%、25.89%，全市法院 2021 年法官人均结案 354 件，比2016 年增加 139 件①，案件办理数量和质量均大幅提升。诉讼案件大量增加，说明公民对于法院公正司法的信心增强，以及公民平等意识和依法维权意识的觉醒，表明法律真正成为利益表达和利益协调的主要载体，司法真正成为法律和正当权益的守护者。

（四）法律信仰更加坚定，公民积极参与多元社会治理

法律必须被信仰，否则它将形同虚设。公民权益要靠法律保障，法律权威要靠公民维护。公民依法参与公共利益和公共事务的管理是法治社会的重

---

① 《一图读懂珠海市中级人民法院工作报告》，https://zhzy.chinacourt.gov.cn/article/detail/2022/01/id/6488670.shtm，珠海市中级人民法院官网，最后访问日期：2022 年 1 月 19 日。

要内容,是社会善治的基础,也是公民法治素养的重要体现。

1. 构建民主的法治环境,推动公民参与立法和决策

依法治国强调科学立法、民主立法、依法立法,公民积极参与是提升立法质量的重要保障。作为同时拥有经济特区立法权和设区的市立法权的城市,珠海充分发挥"立法试验田"作用,加大引导、促进、保障和规范公民政治参与力度。"七五"普法期间,珠海合理利用立法权,共出台特区立法 18 件、政府规章 17 件,人大代表积极履行职责,共提出代表议案与建议案 743 件,其中有关立法 9 件。大批与公民生产生活密切相关的法律法规的制定通过,为提高公民法律意识提供了前提和基础。立法民主化不断推进,自珠海市有立法权始,地方性法规草案在提出时即通过召开座谈会、论证会、听证会等形式广泛征求意见。2021 年,珠海市人大常委会共发布 5 件条例修改稿①,在网上广泛征求法规草案意见,有效拓展人民参与立法途径,进一步促进科学、民主立法。

当今,律师队伍已成为社会主义民主法治建设中一支不可或缺的重要力量。截至 2021 年 12 月,珠海市共有律师 2101 人(每万人口律师数达到 8. 6 人),其中 136 名律师担任了各级政府及政府部门的法律顾问,市、区、镇(街)三级政府法律顾问制度实现全覆盖。律师以专业法律服务引导人们依照法定程序主张权利,发扬主人翁精神,关注社会热点,主动为立法或决策提供专业建议,成为推进依法行政与法治政府建设的重要力量。

2. 市民积极参与各类社会组织,民主意识显著增强

社会多元参与是现代社会治理的重要内容,社会组织是党和政府联系人民群众的桥梁和纽带,是社会治理的重要主体,在激发社会活力、促进公平正义、反映公众诉求、化解社会矛盾等方面具有不可替代的重要作用。珠海积极引导和广泛发动社会力量参与社会治理,截至 2021 年 5 月,珠海在册

---

① 《珠海市人大常委会法规草案意见征集》,珠海市人大常委会网站,http://www.zhrd. gov.cn/gzcy/lfyjzj/fgca/,最后访问日期:2022 年 1 月 19 日。

社会组织 2443 个，每万人拥有社会组织数量达 10 个，居全国前列①。社会力量积极参加基层社会治理，提升了公民参与基层社会治理的自觉性和参与度，有效引导其运用法治思维、法治手段化解矛盾、破解难题、维护合法权益，进一步提升公民法治素养。

3. 倡导契约精神，公民有序参与社会协商共治

公民依法参与公共利益和公务事务的管理，是法治社会的重要内容之一。珠海 325 个城乡社区全部建立村（居）务监督委员会和工作平台，122 个村全部达到村务公开"五化"标准，制定和完善自治章程、村规民约、居民公约，村（居）民对村（居）务开展民主决策、管理和监督。自 2016 年以来，珠海按照协商共治、民事民办的原则，开展社区协商试点实践，针对涉及民生的重大公共事务共同协商讨论，香洲区引入"公众参与式的社区治理"即"社区营造"的概念，为社区协商工作提供了政策依据、运行规范和操作指南。2020 年，市民政局牵头推动 4 个试点镇街和 46 个城乡和社区示范点建设②。截至 2021 年底，各示范点城乡社区已全部实现议事协商常态化（每月至少一次协商活动）。

三　存在的问题与挑战

自 1986 年"一五"普法教育实施以来，至今已发展至"八五"普法阶段，珠海普法工作在理论、理念、机制和形式手段上都有了长足发展，整体成效显著，但仍存在以下问题。

第一，法治宣传教育的工作重点有待进一步转变。对法律规范条文的机械灌输，仍是普法工作的重要形式。对于普法过程的重视超过对于普法结果

---

① 《"三加强三提升"，市社会组织党委推进社会组织党建出成效》，澎湃号，https://www.thepaper.cn/newsDetail_forward_13256449，最后访问日期：2022 年 1 月 19 日。

② 《珠海市顺利完成 46 个城乡社区示范点建设　打造基层社会治理"珠海样板"》，潇湘晨报官方百家号，https://baijiahao.baidu.com/s? id=1693998361359399892&wfr=spider&for=pc，最后访问日期：2022 年 1 月 19 日。

的关注，普法效果的科学评价体系尚未完全建立。对特殊群体如农民工、低收入及弱势群体的关注度不够。不同年龄、职业、教育背景的公民对法律的认知仍有不同程度的不平衡和偏差。

第二，公民对于法治实践的参与度不够。公民对自身作为法律主体地位的认识不够，参与法治化进程的积极性和主动性有限，不能完全根据法律程序来全面分析问题、维护合法权益、指导自身行为，在行使监督权时往往表现出消极性和被动性。

第三，普法资源与需求之间存在供给不平衡、渠道不畅通的问题。从普法资源上看，普法的推动模式已逐渐从政府主导向公众参与转变，人民主体地位日益彰显。但参与普法的社会力量大多处于碎片化、单打独斗的状态，有待形成合力。政府部门内部，在普法资源的运用、普法平台的搭建上，也缺乏有效统筹，存在各自为政现象，全民普法的大普法工作格局有待进一步形成，普法资源的运用效率有待进一步提升。从普法需求和供给渠道上看，新媒体、大数据的技术支撑还有提升空间，普法产品的提供以及普法渠道的拓展需要更强的针对性和更高的精准度。

第四，"一国两制三法域"背景下存在法治文化冲突。珠海毗邻港澳，具有独特的区位特点，内地与港澳在立法、执法、司法等诸多领域呈现制度差异，社会治理、法治发展和法治文化也各具特色。随着大湾区建设的深入推进，越来越多的港澳居民来珠海工作生活，其对内地与港澳法律规范的认识不同。因此，在实施公民法治素养提升这一长期性系统工程时，需要考虑三地民众的法治文化认同差异，对法治宣传教育工作提出更高的要求。

四　未来展望

珠海是唯一与港澳陆桥相连的中国内地城市，与澳门形成粤港澳大湾区三大极点之一。2021年，《中共广东省委　广东省人民政府关于支持珠海建设新时代中国特色社会主义现代化国际化经济特区的意见》提出，要把珠海打造成粤港澳大湾区高质量发展新引擎，建成民生幸福样板城市、知名生态文明城市和社会主义现代化国际化经济特区。提高公民法治素养将是实现这一目标的基础性工作，也是增强珠海软实力的战略重点之一。

（一）将习近平法治思想深度融入公民法治素养提升工程

习近平法治思想是对中国特色社会主义法治建设经验和成就的科学总结，是法治国家建设的指引和方向，是法治社会建设的先导和示范。将习近平法治思想融入珠海法治建设，是推动行政机关依法行政、带头守法，司法机关公正司法、提升公信力的首要条件。要将习近平法治思想融入公民法治素养提升工程，贯彻到全民普法的全过程、各环节，不断提高公民对法律法规的知晓度、法治精神的认同度和法治实践的参与度，切实培育和提升公民法治素养。

（二）加强法治宣传和教育，提升公民对法治的认知能力

一是将法治教育纳入国民教育体系。形成以宪法为核心的法治教育体系，让每个人都享有法治教育的权利和义务，根据不同年龄、不同职业群体对法律常识的需求，在学前教育、基础教育、高等教育、职业教育各阶段，确立不同层次的阶段性目标，开展有计划、有层次的法律知识系统学习。深入推进依法治校，通过系统的法治宣传教育，扩展青少年和大学生的法治知识储备、丰富其法律知识结构，把法治知识与科学文化知识有机融合，通过教育引导、实践养成让法治教育更符合人的发展规律，内化为专业能力与职业素养，适应未来法治建设的实际需要。

二是加强党员干部中"关键少数"的榜样示范。"关键少数"在法治建设中发挥着关键作用，是全面依法治国的责任主体和积极倡导者。要重视法治素养和法治能力建设，加强对"关键少数"的法治教育，完善领导班子和领导干部述职述法制度，提升其运用法治思维和法治方式开展工作的能力，坚持做尊法、学法、守法、用法的先进模范，引领社会全民守法的新风尚。

三是推进现代化国际化新特区精准普法和特色普法。珠海经济特区的"现代化"首先要继续加快经济特区发展，践行全面深化改革开放新使命，不断提升城市能级量级，强化城市枢纽核心功能，注重城市协调发展；"国际化"则体现在服务澳门经济适度多元发展，全力支持澳门融入国家的发展大局。从普法角度而言，随着粤港澳大湾区建设逐步推进，人们对大湾区的法治认同感不断提升，因此，应深化对在珠港澳居民的精准普法，倡导三地进行法律层面的交流与合作，加强涉港澳法治宣传教育，搭建特色法治文化平台，不断促进粤港澳三地法治文化交流与融合，以法治精神凝聚粤港澳大湾区的价值共识、制度共识和行为共识，以法治为核心价值观推动大湾区协调发展。

四是全面提升普法工作质效。充分发挥宣传、文化、教育部门和人民团体在普法宣传教育工作中的职能作用，全面落实国家机关"谁执法谁普法"普法责任制，加强普法讲师团、普法志愿队伍建设。既要开展经常性法治教育，也要组织集中性法治实践活动，既要重视普法过程，也要强调公民法治素养提升的普法结果。要充分发挥以案普法、以案释法作用，强化新媒体、大数据传播效果，将法律价值、自由平等、权利本位等法治观念与公民日常生活相结合，让法治成为公民生产生活不可或缺的一部分。

（三）建设社会主义法治文化，引领公民的法治实践

一是创新发展中华优秀传统法律文化。中国传统法律文化历经千年沉淀，形成了独特的文化特征与法律品格。现代法治建设要充分发掘传统法律文化中的积极因素，将优秀传统法律文化与社会主义法治理念相结合，促进现代法治建设。在中国特色社会主义法律体系中体现"民主法治""公平正义""以人为本"等传统法律思想精华，强化人们内心深处对于法治的认同、信守与遵从。

二是打造法治文化精品阵地。法治文化阵地建设是法治文化的重要传播载体和宣传途径，要将法治元素融入全市文明创建、城乡建设和景点提升工程，融入现代化国际化、生态型智慧型宜居城市建设，推动法治文化与社会

文化有机融合、法治文化设施与公共文化服务设施功能互补。发挥地域、行业、部门等特色优势，搭建公益性法治文化活动平台。

三是鼓励法律公益文化传播。深入挖掘文化资源中的法治要素，激活法治文化市场，建立丰富的法治文艺作品库，以优秀的文艺作品诠释法律知识和法治精神，为人民群众提供更加丰富的法治文化精神食粮。培养一支具有创新能力的专（兼）职法治文化传播队伍，大力开展群众性法治文化活动，打造具有珠海特色、满足"人文"湾区需要的法治文化精品工程，有效传播法治资讯、引导法治舆论，满足广大群众多元化、多层次的法治文化需求。

（四）培育公民意识，提升公民的法治信仰

一是培育公民意识，增强公民的法治信赖感。公民作为国家和社会的主体，要充分认知其依法享有的权利及其价值，理解对社会或他人的相关义务和责任，积极关注政治和社会生活。当合法权利受到侵害时，积极表达诉求，寻求国家和社会帮助以及公权力救济，合法、合理、合情地维权，通过实现社会正义，增强公民对法治的信仰。

二是鼓励公民参与社会治理，培养公民的法治自觉性。促进公民依法参与社会治理，提升立法公开度，平等对待不同主体的利益诉求，法律规范成为国家和社会生活的行为准则。健全村民自治、居民自治、社团自治等基层群众自治机制，倡导公民之间平等协商，通过社会多元主体的沟通与互动，推动公民在参与中获得法治实践经验，塑造法律人格，培养其参与法治的自觉性。

三是建立便捷高效的网络监督机制，提升公民的法治责任感。加大政府信息公开力度，完善选举、听证、申诉、评议、信访、监督等方式，进一步拓展政策说明渠道。发展和规范网络民主，搭建思想交流平台，健全政府与民众的沟通机制，促进政府科学民主决策，推动公民法治文化认同。

（五）完善普法保障体系，推动普法可持续发展

一是以立法保障普法效果。在国家层面尽快制定法治宣传教育法，完善

"八五"普法的顶层设计，健全法治宣传教育体制机制，有效整合全社会普法资源，构建普法工作大联动机制，做到全市、全省乃至全国普法工作同部署、同推进、同检查、同落实、同考核。通过立法，以法治方式明确"关键少数"、执法主体、社会组织、教育主管部门、媒体网络平台以及社会公众的普法职责和义务，明确违反普法职责的法律责任，提升普法工作质量和实效。

二是健全科学公正的普法考核评价机制。多方面、多层次、多渠道对各级各部门开展法治宣传教育的过程及效果进行客观考核与评价，推动形成部门分工合作、各司其职、齐抓共管的大普法工作格局，在考核评价中持续监测评估公民法治素养的现状、困难及问题，推动普法考评机制不断优化。

三是建立公民法治素养评估指标体系。探索制订一整套包括公民法律知识、法治意识、法治实践能力以及法治信仰等指标在内的公民法治素养评估标准。公民可通过指标评估自身法治素养水平，为提升法治素养提供参考和检验工具。政府可以通过该指标准确评估全市公民法治素养现状，适时纠正依法行政和公正司法过程中存在的问题，进一步明确公民法治素养提升工程中的重点工作和薄弱环节，引领各项法治建设工作有序开展。

B.18

粤港澳大湾区背景下珠海涉外公共法律
服务的实践与发展

摘　要： 涉外公共法律服务是全面深化公共法律服务体系建设的一项重要工作，珠海积极探索多元化涉外公共法律服务平台建设，在调解、仲裁、公证和知识产权保护领域，服务群众需求，推进国际化的公共法律服务产品供给，充分发挥律师在公共法律服务中的作用，提升涉外公共法律服务质量，打造涉外公共法律服务特色品牌。随着横琴珠澳深度合作区建设的领域扩大和不断深化，珠海致力于建设新时代中国特色社会主义现代化国际化经济特区，为进一步发展涉外公共法律服务进行顶层设计，加强与港澳公共法律服务机构的沟通协调与交流合作，建设以涉外公共法律服务产品为核心、平台体系为窗口，建设集政策、人才、机构、供给体系为一体的涉外公共法律服务制度框架，全面提升涉外公共法律服务的质量和水平。

关键词： 涉外公共法律服务　粤港澳大湾区　公共法律服务体系

2020 年 11 月，习近平总书记在中央全面依法治国工作会议上强调，

---

* 课题组负责人：李红平，中共珠海市委全面依法治市委员会办公室原副主任、珠海市司法局原局长；邱东红，珠海市司法局副局长。课题组成员：吴振、冯朗、陈晖、巫文辉。执笔人：冯朗，珠海市司法局公共法律服务管理科科长；张冰岚、江桐，暨南大学社会学研究中心研究助理；陈晖，暨南大学人文学院法学博士、副院长。

"要坚持统筹推进国内法治和涉外法治"。党的十八届四中全会对发展涉外法律服务业作出了重要部署，司法部等四部门联合印发《关于发展涉外法律服务业的意见》，这是我国第一个专门就发展涉外法律服务业作出的顶层设计，彰显涉外法律服务业在国家法治建设和对外开放中的重要作用，提升我国在国际法律事务中的话语权和影响力。2017 年 8 月，司法部发布《关于推进公共法律服务平台建设的意见》，整体统筹公共法律服务发展。公共法律服务隶属于公共服务体系，又兼具法律服务的特点，是满足人民群众日益增长的法治需求的重要组成部分，也是享有其他公共服务和合法权益的重要实现途径，同时又是政府公共职能的重要组成部分，体现政府或社会提供公共服务的能力与水平，是全面依法治国的基础性、服务性和保障性工作。珠海对公共法律服务体系进行全面规划，统筹布局城乡、区域法律服务资源，建设公共法律服务平台，积极参与"一带一路"建设和粤港澳大湾区国家战略公共法律服务提供，为港澳经济社会发展以及港澳同胞到内地发展提供与国际接轨的公共法律服务，探索涉外公共法律服务立体式供给体系，开发国际化和多元化的公共法律服务产品，着力共建粤港澳大湾区澳珠极点，打造珠澳居民宜居宜业宜游的优质生活圈。

一 珠海发展涉外公共法律服务的实践与特点

（一）探索多元化的涉外公共法律服务平台建设

随着粤港澳大湾区建设的推进，越来越多外国及港澳企业和人士在珠海工作生活。目前珠海共有外资企业 16000 多家，其中澳资企业超过 4500 家，有 167 家澳门企业跨境办公；办理珠海市居住证的澳门居民超过 12 万人，占澳门居民总数的 17.6%；在珠海购房置业人数超过了 4 万人，邻近澳门的拱北茂盛社区内有港澳住户 425 户，占居住总人数的 36%，小横琴社区的澳门居民也占人口总数的 1/3。经济、文化和法律各个领域的融合度不断提升。在国际合作中，不同国家和地区在投资、项目以及文化和知识产权认知上都存在很大差异，金融、证券、保险、产权等法律问题引发大量多元化的法律服务需求，政府提供的基本保障型公共法律服务以及市场有偿提供的服务项目都体现出"涉外性"，民众的需求呈现多层次、多领域和个性化的特点。

珠海把涉港澳公共法律服务作为全面深化公共法律服务体系建设的一项重要工作，在全省率先完成市、区、镇（街）、村（社区）四级公共法律服务实体平台全覆盖，率先开展重点村居精准式法律顾问服务，并完善"互联网＋法律服务"信息平台，形成"线上30秒、线下半小时"公共法律服务生态圈。2021年12月，正式挂牌成立珠海市涉外公共法律服务中心，成立了由132名珠澳律师、32名涉外公证员、233名珠澳调解员组成的法律服务团，着力打造涉外涉港澳法律服务、交流、普法、人才培养、理论研究"五大平台"。举办珠澳两地民商事规则比较"你问我答"法律直播间系列节目、粤港澳大湾区涉外法律服务的创新与机遇研讨、粤澳融合法治宣传与法律服务港澳居民互动交流系列专场、横琴粤澳深度合作区职工权益维护法律服务研讨等活动24场次，为港澳籍居民提供线上线下法律咨询服务500多人次。

横琴作为粤港澳大湾区乃至全国唯一同时与港澳陆桥相连的国家级新区和自贸试验片区，在"一国两制"背景下，横琴担负着探索"粤港澳"深度合作示范区建设的时代使命。本着便利群众的目标，原横琴新区通过对资源进行整合并合理分配，于2014年10月将原横琴镇综治信访维稳中心升级为"横琴新区公共法律服务中心"，除了传统的司法行政业务外，还聘请内地与港澳联营律师事务所进驻公共法律服务中心，先后推进设立中拉法律服务中心、港澳中小企业法律服务中心、21世纪海上丝绸之路法律服务基地等综合性法律服务窗口，在金融、贸易、知识产权保护等方面为港澳企业、居民提供国际化、专业化法律服务，为横琴企业拓展港澳市场、辐射"一带一路"沿线国家贸易提供法律保障。此外，珠海高新区统筹辖区内高等院校、司法机关、法律服务机构、社会团体等资源进行整合互补，成立"法治先锋"公共法律服务联盟，上线公共法律服务 App 操作系统，实现全

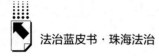

天候线上提供涉外公共法律服务。

在合作方式上，珠海不断增强公共法律服务平台的社会参与协同，司法部公证理论研究与人才培训基地、珠海市法学会、市总工会、澳门工会联合总会广东办事处等机构组织进驻市涉外公共法律服务中心，签约挂牌成立"司法部公证理论研究与人才培训基地（湘潭大学）公证湾区实践中心""珠海市法学会涉外法律研究与实践基地""珠澳劳动者法律服务中心""珠澳两地民商事规则衔接研究中心"。中拉法律服务中心和港澳中小企业法律服务中心均是向全国第一家内地港澳联营律师事务所——中银—力图—方氏（横琴）联营律师事务所以购买服务的方式运作。中拉法律服务中心通过联营所联动 24 个国家（地区）的 115 个律师事务所开展合作，以"互联网＋法律服务"模式为中国和拉美国家（地区）的企业提供"一站式"法律服务；港澳中小企业法律服务中心由珠海市司法局与原横琴新区管委会共同筹建，作为港澳与横琴法律服务深度融合的平台，其推动政府与港澳中小企业法律服务全方位对接，该法律服务作为创新项目入选广东省自贸区第三批制度创新案例。珠海在建设实体公共法律服务平台的同时，不断延伸传统法律服务阵地，珠海司法行政部门与澳门法务局、澳门街坊总会建立沟通协调和交流合作机制，并与澳门街坊会联合总会广东办事处横琴综合服务中心紧密联系，在小横琴社区、拱北茂盛社区设立涉澳公共法律服务站，安排专业律师和工作人员对接在横琴工作和生活的澳门居民的法律咨询和维权等公共法律服务需求，保障他们在横琴安居乐业。政府购买公共法律服务体现了政府职能转变和公共服务供给模式的改革，有效整合行政机关、政法部门和社会主体等多方力量，推动形成共建共治共享的公共法律服务格局，对提高社会多元参与、提升供给效率以及改进政府治理方式具有重要意义。

（二）探索国际化的公共法律服务产品供给

1. 创新法律服务合作方式，构建全面参与的涉外调解格局

公共法律服务供给是为公共法律服务需求者提供公共法律服务产品，是实现其法律需要的重要方式。公共法律服务体系既要满足社会大众的基本法

律需求，也要有针对性地解决专门化纠纷及涉外纠纷等多样态的法律问题。人民调解是现代社会治理体系的重要组成部分，也是公共法律服务的重要内容，在矛盾纠纷多元化解机制中发挥着基础性作用。为适应新时期、新形势下化解特定行业、专业领域社会矛盾纠纷的现实需要，珠海积极整合涉外纠纷调解服务团队，加强行业性、专业性人民调解工作，创新法律服务合作方式，形成齐抓共管、全面参与的涉外调解格局。珠海律协秉持共商共建共享原则，组建"一带一路"国际商事调解中心（珠海调解室）（2017 年），通过线上与线下等方式提供国际商事调解服务。粤港澳三地政府及社会组织为加强劳动争议协同治理，成立"粤港澳大湾区劳动争议联合调解中心暨珠海（横琴）速调快裁服务站"（2019 年），这是国家人社部与广东省政府深化人力资源和社会保障合作、推进粤港澳大湾区建设的重大战略部署举措；此外，新的社会阶层人士联谊组织发起成立全国首个由珠海本地和港澳籍调解员共同组成的地市级"涉港澳纠纷人民调解委员会"（2019 年），已参与调解涉外纠纷 16 例。珠海市婚姻家庭纠纷调解委员会和珠海市芙蓉妇女维权站也开展涉港澳咨询调解服务，自 2019 年以来为港澳籍居民提供咨询 20 宗，港澳居民申请调解 7 宗。珠澳两地家事调解开展联动合作，成立"珠澳家事调解服务中心"（2021 年），引入两地妇联家事调解专家团队，这种"以外调外"方式促使矛盾双方在法律、理性和协商的框架内化解纠纷。珠海市金融消费权益保护联合会联合澳门世界贸易中心仲裁中心、澳门银行公会、澳门保险公会、澳门保险中介行业协会等共同签署"3＋4"战略合作框架协议，挂牌成立横琴（珠澳）金融纠纷调解室（2021 年），在金融纠纷调解、金融知识教育等方面进行合作，推动金融纠纷多元化解机制不断优化，为湾区居民提供优质的金融服务。

2. 打造调解品牌工作室，促进调解工作精细化管理

为促进调解工作精细化管理，珠海因地制宜，打造调解品牌工作室，在筹建、设置及运作方式上都体现政府与市场的合力作用，将公共法律服务延伸至基层，推动基层社会治理理念、手段、方法和机制创新。"橙子调解工作室"由横琴新区综合执法局和珠海大横琴城市公共资源经营管理有限公

司合作筹建，"朱婷婷调解工作室"与北京市京师（珠海）律师事务所合作，设立于横琴新区公共法律服务中心；"琴睦和鸣"调解室、拱北茂盛社区的涉港澳纠纷调委会调解室均设置于社区服务中心，致力于打造"家楼下"的调解室，为在内地置业兴业的港澳同胞提供有关业主权益维护、物业纠纷等调解服务。"琴睦和鸣"调解室与澳门街坊总会横琴综合服务中心对接，珠海司法行政部门也与该中心建立调解服务衔接、转介机制，以社区调解室对接社区公共服务和社会服务机构，进行管理和服务的转介，成为社区管理桥梁和服务中转核心。这些调解工作室选址均有针对性地选择港澳居民居住比较集中的区域，助力打通服务港澳居民的基层公共法律服务"最后一公里"，实现为民服务"零距离"，更好地实现"国家"与"民间"互动的积极作用。

3. 探索"调解+智能"模式，创新远程视频人民调解系统

为打破传统面对面调解限制，推动调解工作的信息化建设，珠海以广东法律服务网为依托，在"粤省事""最珠海"上线"疫情法律服务"模块、"中小企业法律服务"专区、"珠海公共法律服务"微信小程序等，推动线上调解服务，相关线上工作模块的活跃用户中，澳门居民占14.1%。横琴司法所在珠海市率先试点建设远程视频人民调解系统，探索线上调解和签署调解协议。澳门特区政府消费者委员会还与横琴新区消费者协会共同搭建"跨境视频调解平台"，开展跨境消费维权合作，共同营造粤澳放心的消费环境。横琴新区在此基础上进一步推出"跨境消费通"跨境法律服务渠道，通过购买服务的形式，选派三地消费领域法律专家，通过咨询热线电话、微信公众号，向港澳消费者提供跨境消费纠纷公益法律咨询服务及维权程序指引，促进横琴与港澳要素便捷流动、琴澳民生融合加快发展。

4. 发展"大调解"工作格局，打造诉调对接横琴样板

珠海不断创新工作机制，强化人民调解诉外化解矛盾纠纷的中心地位。北京融商一带一路法律与商事服务中心暨一带一路国际商事调解中心和横琴镇人民调解委员会均在横琴新区人民法院设立调解工作室，派驻人民调解员，探讨诉调对接的制度机制。横琴法院自2017年以来，聘任11名港澳籍

人士作为特邀调解员，参与涉港澳案件调解 63 件，充分满足境内外当事人的司法需求。为进一步汇聚调解力量，更加集约化、专业化地化解跨境纠纷，11 家调解机构与横琴新区人民法院共建一站式多元解纷机制，中心共调解解决各类纠纷 130 余件次。把非诉讼纠纷解决机制挺在前面，从源头上减少诉讼增量，体现司法理性意识的崛起，全面推进横琴粤澳深度合作区建设。

（三）提升涉外公共法律服务质量

1. 成立珠海国际仲裁院，颁布临时仲裁规则

仲裁属于公共法律服务，政府负有向社会公众提供高效公正仲裁服务的职责，仲裁公信力直接影响市域社会治理效能，是法治政府建设的重要内容。珠海大胆开展仲裁体制改革，2014 年，在横琴成立珠海国际仲裁院，开启国内先河，制定《珠海国际仲裁院仲裁规则》，受理国际和涉外、涉港澳台仲裁案件和中国内地仲裁案件，在现行法律框架下最大限度地与国内接轨，采用中文、英文、葡文三个版本，明确仲裁庭应当根据当事人选择适用的法律对争议作出裁决，并可协议选择使用汉语、英语或葡语为仲裁语言[1]。目前，珠海国际仲裁院拥有近 500 名仲裁员，其中包括 31 名澳门地区仲裁员，24 名香港地区仲裁员。率先在全国颁布实施《横琴自由贸易试验区临时仲裁规则》（2017 年），为临时仲裁在中国自贸区落地实施提供了必要的配套制度，在我国仲裁发展史上具有里程碑意义，是横琴自贸片区营造国际化法治化营商环境的重要创新成果。2020 年，珠海国际仲裁院受理涉外仲裁案件 34 宗。

2. 首创小额消费纠纷仲裁机制，促进粤澳金融纠纷调解合作

为充分发挥"仲裁 + 调解"的独特优势，珠海国际仲裁院、横琴新区金融行业协会、横琴新区消费者协会共同发起成立珠海首家以民办非企业法人登记设立的横琴新区国际仲裁民商事调解中心（2018 年），作为独立于仲

---

① 《珠海国际仲裁院仲裁规则》第 55 条、第 71 条。

裁程序的第三方法律服务机构，鼓励当事人在仲裁程序之前或之外进行调解，2020年6月，珠海国际仲裁院运用"调裁对接"机制成功调解6起案件。珠海国际仲裁院还首次创立小额消费纠纷仲裁机制，消费者在横琴新区小额消费争议仲裁中心快速仲裁之后，可以得到横琴消协对消费者预先代为赔付，体现"诚信承诺、仲裁代理、免费仲裁、先行赔付"的特点。为促进粤澳地区金融纠纷调解合作，珠海建设"横琴澳珠跨境仲裁合作平台"，提供在线仲裁服务，具有主体身份网络认证、仲裁全程在线处理、类型化案件智能批量操作、突破地域空间限制、区块链技术建立联盟链等特点，实现"线上纠纷、线上解决"，该平台被列为广东自贸区30个"制度创新最佳案例"之一。

（四）创新公证公共法律服务方式

1. 设立合作制公证处，助力大湾区经济社会发展

在我国的公共法律服务体系中，公证集"服务、沟通、公证、监督"等多元职能于一体，是唯一一种事前预防型的公力救济机制。在"一带一路"及粤港澳大湾区建设中，珠海公证服务为中国企业和公民"走出去"、外资企业"引进来"提供了创新性的法律服务，发挥了公证制度的应然价值。珠海公证管理部门不断拓展新思路，积极与港澳联通，将公证处的建设和管理体制改革作为自贸区司法体系的布局要点，在原4家公益一类公证处的基础上，于2016年1月试点成立"公益三类、自收自支"性质的横琴公证处。2018年1月10日，广东省司法厅批复同意横琴公证处整体转制为合作制公证处。横琴公证处不断拓展法律服务范围，发挥公证职能优势，为横琴新区管理委员会规划国土局办理涉及横琴口岸项目等重大工程项目用地的征地补偿款的提存公证、青苗和附着物清场的保全证据等公证；为横琴第一届、第二届中国横琴科技创业大赛决赛、总决赛办理现场监督公证；为横琴"澳门新街坊"项目建设贷款融资办理股东会现场监督公证；开展赋予债权文书强制执行效力网上办理公证业务等，服务防范金融风险，为大湾区建设、深化粤澳深度合作提供优质高效便捷的公证法律服务。

2. 打造智慧公证便民平台，协调推进涉港澳民商事公证便利化

为推进涉港澳民商事公证便利化，横琴公证处实现七大类 63 种公证事项"最多跑一次"服务承诺，为港澳人士办理公证"立办可取"，提供"绿色通道"、上门服务、延时服务等"定制服务"；对近 30 种涉外及涉港澳台公证事项实行网上和微信小程序在线自助申办，探索"互联网＋公证"一站式公证服务，2018 年至 2021 年，在线办证 266 件；与中国工商银行（澳门）股份有限公司合作，为澳门居民购房按揭贷款抵押和结汇事宜开展远程视频办证服务，横琴公证处还全面升级"党员志愿服务岗"，实行工作日"中午不打烊""休息日办证"，极大地方便了港澳居民周末过关申办公证，解决港澳（涉外）居民、企业在国内投资、置业、跨境工作、生活等方面的公证法律服务需求，有效提升了公证法律服务能力。

3. 探索公证服务港澳新模式，建立内地与澳门公证服务"直通车"

横琴公证处不断加强与中国法律服务（澳门）公司的创新合作，探索公证服务港澳的新模式，先后在横琴新区综合服务中心设立公证服务窗口（2018 年）、在工商局商事登记窗口设立"商事登记澳门投资者公证服务专窗"（2020 年），为澳门企业在横琴项目落地、商事登记认证等提供有效、快捷的公证服务，实现公证认证和商事登记业务一体衔接，"一窗受理、一次办结"，大幅降低澳门企业进行公证或办理商事登记的时间成本和经济成本。2021 年全市累计办结涉外涉港澳台公证 9804 件，同比增长 24.3%，人们通过公证涉外法律服务感受到粤港澳大湾区民心相通的全球化新格局。

4. 积极参与人民法院司法辅助事务，实现公证与司法职能互补

为充分发挥公证机构在推进多元化纠纷解决机制改革中的职能作用，横琴公证处与横琴新区人民法院合作，积极探索公证参与调解、取证、送达、保全、执行等工作的实施方式，探索特定类型的纠纷的非诉调解和公证程序前置工作，畅通和规范公证机关参与预防和化解矛盾纠纷的渠道，实现诉讼与公证的无缝衔接和密切配合。自 2017 年开展试点至 2021 年底，横琴公证处参与法院诉前调解案件 96 件，调解成功 33 件，协助立案 9019 件，协助

送达文书 1259 件。这种司法与审判协同创新的合作模式不仅实现司法机关与司法行政机关的职能协同与配合，而且有利于发挥各自资源优势，促进公共服务职能的实现和服务质量的提升。

（五）开展知识产权公共法律服务

珠海作为粤港澳大湾区重要节点城市，稳中推进创新型城市建设，许多高科技企业入驻珠海，跨境投资、合作经营与贸易蓬勃发展，都离不开知识产权的必要保障和强力支撑。珠海致力于推进国家知识产权示范城市建设，在加强知识产权保护和服务、建立多元化知识产权纠纷调解和维权援助机制、健全知识产权侵权赔偿性制度、促进知识产权行政保护与司法保护相衔接等方面积极进行探索创新。

1. 跨境合作，打造知识产权保护联盟平台

2014 年，财政部、国家知识产权局在珠海横琴自贸片区首设国家知识产权运营公共服务平台金融创新（横琴）试点平台（简称"七弦琴国家平台"），该平台是国家"1+2+20+N"知识产权运营体系的重要组成部分，由华发集团控股的横琴国际知识产权交易中心负责建设运行。该平台建设横琴自贸片区知识产权快速维权援助中心（2017 年）①，全面推进知识产权保护和快速维权援助工作。横琴新区工商局、第三方知识产权机构和企业三方合作发起成立横琴国际知识产权保护联盟（2016 年）②，在 33 家发起单位中，来自澳门的机构和企业就有 10 家。该联盟吸纳拉美国家、"一带一路"沿线国家的知识产权机构和企业，致力于构建一个开放性的知识产权保护国际联盟，探索知识产权发展和保护"五环节一平台"新机制，基本形成知识产权全链条式培育和保护监管体系，打造高水平、统一协调的港珠澳三地

---

① 《横琴自贸片区知识产权快速维权援助中心成立　为知识产权提供维权服务》，http://static. nfapp. southcn. com/content/201701/03/c237654. html。

② 《横琴成立国际知识产权保护联盟》，http://www. hengqin. gov. cn/zhshqxqzfmhwz/hqzx/jddt/content/post_ 357050. html。

知识产权融合发展的跨境合作平台①。其中横琴"跨境商标知识产权保护与服务合作模式"入选广东省自贸区 5 周年制度创新最佳案例。截至 2020 年底，联盟成员单位发展至 144 家，其中香港、澳门机构共 37 家；共聘任专家 16 名，其中港澳专家 7 名②。

2. 加强知识产权调解服务，完善知识产权纠纷化解机制

为有效整合珠港澳三地调解资源，珠海相继成立珠海市高新知识产权纠纷人民调解委员会（2019 年）③、"市知识产权纠纷人民调解委员会"和"珠港澳知识产权调解中心"（2021 年）④。这些调解机构在司法行政部门指导下，与其他政府部门、市知识产权协会等联合成立，致力于推动构建珠港澳三地共商共建共享的多元化知识产权纠纷解决新机制，在实践中逐步建立起一套完整的知识产权纠纷调解体系，并与司法、行政、仲裁、公证、司法鉴定机构等职能部门配合衔接，形成了知识产权保护联动机制。

3. 提高知识产权仲裁与公证服务水平，建设粤港澳知识产权深度合作示范区

横琴国际仲裁院和横琴公证处积极拓展公共法律服务领域，为企业提高核心竞争力、拓展国际市场保驾护航。市公证协会正式成立"粤港澳大湾区公证宣讲团"，开展知识产权保护主题宣讲，深入企业开展"公证服务知识产权保护"专题讲座和公证法律服务交流活动，为企业排忧解难。横琴公证处主动联合知识产权联盟平台，启动商标纠纷快速调解仲裁和公证服务机制，以"粤港澳大湾区知识产权公证便利一体化服务项目"为示范培养

① 《珠澳联手共建知识产权公共服务平台　探索服务新模式　营造一流营商环境》，http：//www. zhuhai. gov. cn/sjb/xw/yw/content/post_ 2852402. html。

② 《内地和港澳权威专家齐聚横琴　共谋知识产权保护事业发展》，http：//www. zhuhai. gov. cn/sjb/xw/yw/content/post_ 2682345. html。

③ 《珠海首家知识产权纠纷人民调委会上线啦！》，https：//www. thepaper. cn/newsDetail_ forward_ 2842034。

④ 《珠海市知识产权纠纷人民调解委员会暨珠港澳知识产权调解中心揭牌　构建珠港澳三地知识产权多元化纠纷解决新机制》，http：//www. zhuhai. gov. cn/sjb/xw/yw/content/post_ 2724870. html。

项目，开展粤港澳大湾区知识产权公证服务和事前事中事后的全方位保护，对知识产权权利人的智力成果予以前置性保护，为证明知识产权在先使用、权利认定提供保障。2019 年至 2021 年底，横琴公证处办理涉及著作权、商标权、专利权保护等知识产权案件共计 461 件。横琴公证处还在官方网站设有"电子数据保管"业务，支持网页取证、见证实录、版权保护、手机取证等存证服务。2021 年全年电子数据保管存证 226 条，出具电子数据保管函 11 件，出具公证书 11 件。

（六）推动联营律师事务所发展

1. 引进港澳高端法律服务人才，打通涉外法律服务人才壁垒

作为公共法律服务的责任主体，政府行使公共权力，提供公共配给，以维护和促进公共利益，为进一步提升政府供给效率，政府与社会、政府与市场要进行有效的供给职能划分。在政府主导下，公共服务的提供者逐渐从政府拓展到社会和市场、律师、社会工作者以及部分志愿者。其中，律师的作用日益明显，律师可以自发开展公益性法律服务，履行社会责任，也可以在行政机关的组织下参与公益性法律服务，体现律师的自我社会价值。珠海积极落实 CEPA 框架协议，不断创新激励机制来激发律师的服务积极性，实现律师职业与社会的协调发展。自 2014 年起，内地与港澳律师事务所合伙联营开启试点工作，2015 年和 2016 年先后有两家联营律所在横琴设立，是目前广东省内发展规模较大、实际经营较好的联营律所，两家联营律所共有香港律师 18 名（其中 5 名大律师）、澳门律师 21 名。通过律师事务联营，引进港澳高端法律人才，打通了内地与港澳台乃至国际涉外法律服务衔接上的壁垒，推动涉外法律服务向纵深发展。

2. 加强涉外律师人才库组建，提升涉外法律服务能力

珠海在全国范围内甄选"一带一路"法律服务专家，组建由 68 名来自全国各地及港澳地区的法律学者、仲裁和商务调解领域的专家组成的"一带一路"法律服务专家库以及由 12 名珠澳地区法律界专家组成的"中拉律

师法律服务团"（2017 年)①。市律协还通过推荐优秀涉外律师参加司法部和省内涉外律师人才库，选派律师参加各种涉外法律服务论坛、培训，提升律师的涉外服务能力，参与粤港澳大湾区实务法律、粤港澳历史关系及粤港澳法律关系的研究，编写《"一带一路"沿线国家法律环境国别报告》《中国大陆劳动法务指南》等，为律师开展涉外法律服务提供必要的素材，受到粤澳两地研究机构、交通从业机构、澳门中联办及广东省宣传部等多家单位一致好评。此外，在市司法局指导下，市律协、澳门法学协进会、澳门法律交流协进会 60 余名律师精诚合作，历时半年，共同编写完成《"一问二答"珠澳两地法律指引手册》，并由法律出版社出版发行。

3. 发挥涉外法律服务主体作用，推动公共法律服务方式国际化

珠海律师事务所充分发挥涉外法律服务主体作用，积极参与大湾区法治建设，为横琴自贸区建设提供法律服务，开展"横琴新区金融制度创新""商事登记制度创新""建设工程性质审批制度创新""企业信用信息公示改革创新"等课题研究，对涉港澳法律问题进行前瞻预判。据不完全统计，珠海律师事务所为参与港珠澳大桥建设的各个主体（包括大桥办、建设、海关、边检等单位）提供数千次的咨询服务，出具 500 余份的法律意见书②。横琴管委会、中医药产业园等均聘请了专业律师担任法律顾问，港澳法律专家在"澳门莲花口岸整体搬迁至横琴""澳门新街坊"等重大项目实施中担任政府法律顾问，进一步推动公共法律服务方式的国际化和多元化，推进"一带一路"与粤港澳大湾区法律领域融合发展。

4. 加强粤港澳青年律师交流协作，促进内地与港澳法律服务资源品牌共享

珠海市律协充分发挥行业引领作用，积极组织涉外法律服务交流平台活动，举办"大湾区粤澳房产法律服务沙龙""广东青年律师与香港青年大律师交流活动"；与粤港澳三地 11 家律协通过《粤港澳大湾区律师协会宣

---

① 《广东首家一带一路国际商事调解中心落户珠海》，http：//www. legaldaily. com. cn/Lawyer/content/2019 – 07/01/content_ 7922141. htm。

② 《凝聚行业向心力！珠海市律师协会积极加强基层党组织建设》，https：//mp. weixin. qq. com/s/bCYsirI8PuK8whPO – DROuQ?。

言》，签署了粤港澳大湾区律师协会联席会议制度；成立"一带一路"及粤港澳大湾区法律工作委员会（2019年）和涉外法律服务联盟（2020年）①，助力搭建"一带一路"及粤港澳大湾区律师业务合作交流载体，吸引全国知名涉外法律服务机构来珠海发展；与珠海的律师事务所共享律师资源、专业知识和品牌影响，建立战略协作关系。在此基础上，横琴新区出台《关于支持律师行业发展的暂行办法》（2020年），推动引进更多具有专业特色、品牌形象良好的律师事务所或联营所进驻横琴，满足国内外投资主体的服务需求，有效释放公共法律服务活力，形成优势互补、强强联合的放大效应，为珠海企业拓展港澳市场、辐射"一带一路"沿线国家贸易提供国际化、专业化的法律服务保障，增强珠海法律服务的国际竞争力。

二 问题与挑战

习近平总书记提出，要强化涉外法律服务保障，服务更高水平的对外开放。实现区域公共法律服务全覆盖是公共法律服务均等化的题中应有之义。随着粤港澳大湾区建设的推进，粤港澳，合作领域不断扩大和深化，带动资金、资源、人才等各类要素加速汇集，越来越多港澳居民在珠海居住、生活和工作，横琴的澳门新街坊项目在建，外籍人士子女就学、涉外医疗、涉外社会保障、置业，企业从投资到实体建设到后期运营，各领域都有法律服务的现实需求，这为涉外法律服务业发展提供了空间和基础。虽然珠海已有一定的涉外法律公共服务基础和经验，但随着跨境纠纷大幅增长，对法律服务质量、纠纷解决效率提出更高的要求，涉外公共法律服务的发展面临一定的困难与挑战。

第一，虽然涉外公共法律服务也要在公共法律服务体系的大框架下发展，但涉外性使得涉外公共法律服务各个环节在系统的组织保障和总体规划

---

① 《助力企业走出去　珠海市成立涉外法律服务联盟》，http：//sfj.zhuhai.gov.cn/zwgk/sfdt/content/post_ 2610898.html。

方面与公共法律服务还存在一定差别。目前涉外公共法律服务的供给运作模式、供给主体基本还存在于司法行政体制内，行政及社会协同机制运行不畅，工作整体力量有待形成。

第二，涉外公共法律服务的发展还缺乏系统化，虽然横琴珠港澳（涉外）公共法律服务中心已经成立，一些调解等合作平台也已搭建，但运行还处于初级阶段，缺乏整体规划，服务资源统筹力度不够，涉外公共法律服务产品体系不够完备，合作尚属于起步期和粗放型，涉外法律服务事项也未全面整合设置，涉外法律服务的业务能力以及高端法律服务市场参与度有待整体提高，服务供给水平和服务流程方面都有待优化。

第三，涉外公共法律服务的发展迫切需要建立一支通晓国际规则、具有世界眼光和国际视野的高素质涉外法律服务队伍，专门从事涉外法律服务工作。同时，港澳律师跨境内地执业还面临政策难题，行之有效的涉外法律服务交流和协作平台尚未建立，涉外法治人才已成为一种国家的战略需求。

第四，涉外公共法律服务的涉外性导致其服务的开展极易面临各国之间、内地与港澳之间不同法系、不同法域法律制度的差异情况，且各地法律制度的发达或完善程度也不尽相同。因此，一些涉外公共法律服务不能套用与公共法律服务一样的规范和要求。例如，由于缺乏内地涉港澳纠纷调解组织和调解员的组织规则和调解工作指引，各地均处于"八仙过海，各显神通"状态，知识产权、工程造价等专业性强、纠纷调解成本高，采用免费的人民调解方式难以满足高端的服务需求，但采用商事调解方式又缺乏相关依据和操作规范，难以两全，不利于推动调解工作的进一步开展。

涉外公共法律服务是日益发展的法治需求的重要组成部分，也是享有其他各方面公共服务和合法权益的重要实现途径，属于"最基本"的权利，也应"最优先"提供。2020年7月31日，珠海市第九届人民代表大会常务委员会第三十一次会议通过《关于促进市人民政府建设粤港澳大湾区优质公共法律服务体系的决定》。这是珠海市在全省率先以行使人大重大事项决定权的形式，以助推粤港澳大湾区和横琴粤澳深度合作区建设的更大视角，宽视野高标准统筹谋划珠海公共法律服务体系建设，对珠海涉外公共法律服务体系建设提出了更高要求。提供与国际接轨的涉外公共法律服务，改善民生福祉，营造国际一流法治环境，有利于提升珠海的法治形象，增强珠海在大湾区甚至在全球的吸引力，是珠海建设法治示范城市的必然选择。

三　思路与对策

优质高效的法律服务将为大湾区建设提供法治轨道运行的基础。珠海将紧紧围绕服务粤港澳大湾区、横琴粤港深度合作区建设，以提升人民满意度为目标，探索推进涉外公共法律服务体系建设，引进专业的涉外法律服务人才，为国内外企业和个人提供跨时空的差异化、一门式、精准式优质涉外法律服务，帮助其防控法律风险，维护正当权益，激发改革创新活力，为推进粤港澳大湾区建设营造安全稳定的社会环境和公平正义的法治环境。

（一）加强调查研究，做好涉外公共法律服务顶层设计

面向全市外籍企业和人士，开展涉外公共法律服务需求调研。明确服务对象、服务内容和服务提供者，根据港澳籍人士子女就学、涉外医疗、涉外社会保障、涉外文化娱乐、外籍人士置业等生活、创业、发展各领域法律服务现实需要，特别是如何满足澳门新街坊项目、横琴粤港深度合作区对公共法律服务的新需求，全面研究把握涉外公共法律服务的法规政策，了解不同国家和地区的风俗习惯，提升公共法律服务的规范性与针对性。

在全面掌握涉外公共法律服务需求的基础上，编制涉外公共法律建设的总体规划，形成涉外公共法律服务发展的整体思路。秉承以人民为中心、协同共享、创新安全、开放的理念，建成以涉外公共法律服务产品为核心、平台体系为窗口，包括推动涉外公共法律服务发展的政策、人才和机构、供给和评价体系为一体的制度框架，形成以司法行政部门统筹管理、社会组织积极参与的涉外公共法律服务体系，具体包括以下方面。其一，建立涉外公共法律服务司法行政组织架构，制订涉外法律服务目录、业务规范。其二，加大财政投入，推动涉外公共法律服务实体、网络和热线平台在信息化条件下

的互动与协同，扩大涉外公共法律服务产品的政府采购范围，为法律服务产品的供需双方搭建良性互动平台。其三，建设涉外公共法律服务核心业务系统，加强对涉外公共法律服务新产品的研究和信息化产品的研发，在劳动争议、知识产权、环境保护、金融、商事等领域整合资源，创新涉外公共法律服务内容、形式和供给模式，制订符合实际的涉外公共法律服务产品目录，使公共法律服务智能精准对接现实需求。其四，建立数据共享交换体系，提升协同能力。将公共法律服务等业务系统以及行政行业管理系统进行平台整合，加强各个系统之间的数据共享和交换，提升相关人员的工作效率，实现服务和管理高效及高质量发展。

（二）升级涉外公共法律服务平台，全面提升涉外公共法律服务的质量和水平

深入推进珠海市涉外公共法律服务中心建设工作，精准定位、创新打造"一站式"涉外法律服务中心，在仲裁、公证、调解、律师、法律援助等方面提升珠海公共法律服务核心竞争力。

一是在公证领域，要加强对公证业发展的顶层设计，开展对公证事业的战略性、全局性、前瞻性问题研究，创新涉外公证服务方式，建设涉外公证服务示范机构，健全公证质量监管机制，提高涉外公证服务质量。试点澳门委托公证人、澳门公证员律师资质直接认可或邀请澳门委托公证人、澳门公证员在横琴以横琴公证处名义执业。开展网络申办公证，通过远程视频确认及电子签名确认等方式，办理部分涉及确认事实的公证事项（如出生、学历、无犯罪等）及部分不涉及财产处分的声明、委托等公证事项，探索不受时间、空间限制的优质的公证服务，为全面提升开放型经济水平添砖加瓦。

二是深化珠澳两地法律援助的合作与协助。珠海与澳门在服务援助对象的意识形态层面达成合作共识，构建法律援助互认衔接机制，由澳门特别行政区司法援助委员会对澳门居民在珠海范围内申请法律援助适用告知承诺制情形进行核查互认，共同推进跨区域法律援助务实合作。

三是探索建立与港澳调解组织互相聘任调解员、调解专家库成员机制，从大调解工作格局入手着力构建珠澳社会治理合作新模式，在金融、医调、建筑工程造价等领域搭建调解工作合作交流平台。以横琴新区为试点，整合珠港澳商事调解服务资源，持续推动探索培育跨三地商事调解组织，发展完善商事调解工作机制，推动搭建"珠港澳（涉外）公共法律服务中心"的商事调解平台，在调解服务领域进一步加强与国际及港澳规则的衔接，为大湾区民商事主体提供快捷、高效、经济、灵活的跨法域调解服务。

四是充分利用珠海毗邻澳门的区位优势和仲裁发展相对成熟的业务优势，积极探索推进国际化仲裁机制。珠海市人大常委会通过《珠海国际仲裁院条例》，并于2021年5月1日起施行，珠海国际仲裁院还设立理事会作为决策机构，理事来自港澳特区及其他境外人士不少于三分之一，可以聘任港澳以及其他境外具有专业影响力和国际公信力的人士担任仲裁员，经仲裁院确认，涉港澳案件当事人可在粤港澳大湾区仲裁机构的仲裁员名册外选定港澳人士担任仲裁员。充分运用互联网、大数据、人工智能等信息技术建设"智慧仲裁"。以国际仲裁院的设立为契机，搭建珠澳仲裁合作平台，建设粤港澳大湾区国际仲裁中心。

（三）加强涉外法律服务人才队伍建设，拓宽法律人才交流合作渠道

专业化法律服务队伍是反映政府公共法律服务供给质量的关键，影响社会各类主体对公共法律体系的信任度。涉外法律服务人才不仅要善于处理涉外法律事务，还需要具有国家立场，积极参与各种国际规则的制定，增强在国际法律事务中的制度话语权，维护国家利益。一方面，珠海要进一步优化涉外法律人才队伍结构，既要保障专业化队伍的财政编制供给，也要建立双向人才培养机制，加强对具有"家国情怀、国际视野和国际服务能力"的境外高素质法律人才的引进和国内高素质法律人才的培养，推动将涉外法律服务人才引进和培养纳入市人才工程，积极鼓励珠海本土高校与港澳高校以及法律实务部门、法律服务机构开展多种形式的合作，创新涉外法律人才培养机制，完善涉外法律教育体系，共同搭建培养涉外法律人才的平台，打造

涉外领军人才培养计划，充分调动高校参与公共法律服务提供，通过"院所合作"模式吸引高校科研人才与法律专业在读学生到基层进行法治实践。

另一方面，司法行政部门应发挥对律师行业的引导和规管作用，拓宽粤港澳大湾区法律人才交流合作的渠道，强化三地律师交流，建立涉外律师行业体系，支持粤港澳联营律师事务所的发展，支持境外律所来珠海设立代表机构，吸引更多港澳律师来珠海执业，鼓励本市律师事务所在境外设立分支机构，支持本市律师事务所聘请港澳律师担任法律顾问，为律师事务所"走出去"提供更为优质的配套服务。

（四）强化与港澳公共法律服务沟通协调机制和合作平台建设

深化粤港澳三地法律服务交流协作沟通，加强与澳门法务局、中国法律服务（澳门）公司、澳门律师公会、澳门司法援助委员会、澳门调解仲裁管理部门、澳门街坊总会等部门的联系沟通，建立法律服务合作长效联系机制，建立珠澳两地法律机构互派人员学习、交流、培训长效机制，充分利用境内外联动机制发展跨境法律业务。构建粤港澳三地跨领域专家学者交流平台，聚焦粤港澳大湾区建设中遇到的法律问题，不定期开展粤港澳大湾区法治论坛、法治讲座，加强涉外公共法律服务理论研究，借助高等院校、科研院所、法律服务机构等社会力量，建立粤港澳法律资源或案例资料的共享库，开展涉外公共法律服务的重大理论问题研究，提供前沿的理论支持和政策建议，并指导涉外公共法律服务工作实践。进一步加强涉外法律服务推广和宣传，充分发挥公共法律服务品牌效应，着力提升涉外公共法律服务的知晓率、首选率和满意率。

B.19
新时期公共法律服务人才培养路径研究
——珠海政校协同创新模式探索

珠海市司法局课题组 *

摘　要： 法治人才队伍培养是依法治国的基础性工作，加快公共法律服务队伍建设和人才培养是"完善公共法律服务体系""建设粤港澳大湾区优质公共法律服务体系"的题中应有之义，也是司法学和法律职业教育发展的新领域，具有重要理论研究价值。本文从新时期公共法律服务人才队伍的发展趋势和珠海经济特区公共法律服务人才需求类型与供给现状出发，全面分析了珠海公共法律服务人才现实中的供给困境，在政校协同创新背景下，确立公共法律服务专门人才培养目标，并通过打造专兼职结合的双师教学团队、创新法律职业教育实践教学内容体系、梳理业务岗位技能评价指标等，大胆探索公共法律服务人才培养机制，为创新珠海基层公共法律服务供给模式和提升地方公共法律服务水平提供参考路径。

关键词： 公共法律服务　政校协同　人才培养

前　言

相较于传统法律职业人才，公共法律服务人才的培养尚未获得足够的理

---

　*　课题组负责人：吴振，珠海市司法局四级调研员。课题组成员：苏莉莉、冯朗、田志娟、覃曼卿、李国灵。执笔人：苏莉莉，珠海市司法局法治督察与调研科科长；冯朗，珠海市司法局公共法律服务管理科科长；田志娟，广东科学技术职业学院博士（讲师）。

论关注和制度关怀，相关制度和机制建设几近空白，一定程度上影响了新时期公共法律服务体系的功能发挥和法律职业教育体系的价值完善。珠海市司法行政系统近年来与本地各高校陆续建立紧密合作关系，开展公共法律服务人才培养路径研究和实践，在公共法律服务队伍建设和人才培养机制、政校合作提升法律职业教育质量等方面作出了积极探索和尝试，形成符合公共法律服务实际岗位需求的专门人才储备，创新基层公共法律服务供给模式，有效提升了公共法律服务水平。

一　新时期公共法律服务人才队伍的发展趋势

法治人才培养在推进全面依法治国方略中具有重要地位，也是我国法治事业持续发展的重要保障。实现法治国家、法治政府、法治社会离不开一支高素质的法治人才队伍，公共法律服务人才是法治人才的重要组成部分。

（一）公共法律服务人才范畴

公共法律服务是政府公共职能的重要组成部分，是由政府指导、社会参与、司法行政机关统筹提供的法律服务内容，涵盖了法律咨询、法治宣传、法律援助、律师服务、基层法律服务、村居法律顾问、调解、公证、仲裁、司法鉴定、行政复议、社区矫正、安置帮教等法律服务项目。

公共法律服务的提供者范围较广，除了各实体平台的公务员外，其他服务提供者包括律师、公证员、人民调解员、司法鉴定人、仲裁员、行政复议人员、基层法律服务工作者、村居法律顾问、司法社工以及相应的辅助人员等，均可纳入公共法律服务人才范畴。

（二）新时期公共法律服务人才的指向和要求

1.国家政策大力推进公共法律服务人才队伍建设专门化

随着公共法律服务体系建设的不断深入，公共法律服务专业人才队伍的需求也在不断增加。近年来，国家从制度上逐步规范包括公共法律服务人才在内的法治人才培育。2019年7月，中共中央办公厅、国务院办公厅印发《关于加快推进公共法律服务体系建设的意见》，明确要"大力推进公共法律服务队伍革命化、正规化、专业化、职业化建设"①，法治中国建设规划也提出，要从顶层设计上构建凸显时代特征、体现中国特色的法治人才培养体系②。

2021年7月27日，人力资源社会保障部、司法部联合印发了《关于深化公共法律服务专业人员职称制度改革的指导意见》（人社部发〔2021〕59号）（以下简称《指导意见》），其中，设置了"公证员"和"司法鉴定人"两个职称专业类别，明确各地可以根据需求，动态调整职称专业设置，对符合条件的增设为新的职称专业。基于此，调解员、仲裁员、司法社工、公共法律服务实体平台专职工作人员等都有可能开展职称评定。职称评价机制为公共法律服务工作者提供了明确的职业定位和较好的岗位前景，有效提升公共法律服务人才的社会地位，对于公共法律服务人才队伍建设、专业人才培养、规范职业技能标准及提升服务水平等，将发挥积极的引领作用。

2. 粤港澳大湾区发展和社会治理催生公共法律服务新供给

粤港澳大湾区建设需要进一步完善法律服务供给、创新法律服务方式，从中寻求三方都能接受的法治建设平衡点、更容易接受的法律服务种类及服

---

① 2019年7月，中共中央办公厅、国务院办公厅《关于加快推进公共法律服务体系建设的意见》提出："加强队伍建设。……优化公共法律服务队伍结构，稳步增加律师、公证员、法律援助人员、仲裁员数量，加快发展政府法律顾问队伍，适应需要发展司法鉴定人队伍，积极发展专职人民调解员队伍，增加有专业背景的人民调解员数量，规范发展基层法律服务工作者队伍。培养壮大擅长办理维护特殊群体合法权益及化解相关社会矛盾的专业公益法律服务机构和公益律师队伍。发展壮大涉外法律服务队伍，加快培养涉外律师领军人才，建立涉外律师人才库。鼓励、引导社会力量参与公共法律服务，实现公共法律服务提供主体多元化。"

② 中共中央《法治中国建设规划（2020～2025年）》提出："构建凸显时代特征、体现中国特色的法治人才培养体系。坚持以习近平新时代中国特色社会主义思想为指导，坚持立德树人、德法兼修，解决好为谁教、教什么、教给谁、怎样教的问题。推动以马克思主义为指导的法学学科体系、学术体系、教材体系、话语体系建设。深化高等法学教育改革，优化法学课程体系，强化法学实践教学，培养信念坚定、德法兼修、明法笃行的高素质法治人才。推进教师队伍法治教育培训。加强法学专业教师队伍建设。完善高等学校涉外法学专业学科设置。加大涉外法治人才培养力度，创新涉外法治人才培养模式。建立健全法学教育、法学研究工作者和法治实践工作者之间双向交流机制。"

务形式。为在内地生活、工作的港澳人士提供涉三地纠纷多元化解机制，必须进一步推广事前公证、调解、仲裁、复议、鉴定等应用，有效降低化解纠纷的诉讼成本以及法律适用困境；对港澳籍在内地服刑人员的社区矫正、刑满释放后的安置帮教等工作，也需要更多的专业人士（司法社工、社矫专干、安帮专员）以及辅助人员的参与。大湾区公共法律服务人才需求量更大、专业化程度更高、服务领域更广。

3. 珠海现代化国际化经济特区建设目标促发公共法律服务品质新要求

2020 年 8 月，珠海市人大常委会正式通过了《珠海市人民代表大会常务委员会关于促进市人民政府建设粤港澳大湾区优质公共法律服务体系的决定》，明确了以"粤港澳大湾区最优质"为目标的珠海公共法律服务体系建设。2021 年，《中共中央广东省委　广东省人民政府关于支持珠海建设新时代中国特色社会主义现代化国际化经济特区的意见》和《横琴粤澳深度合作区建设总体方案》相继公布，珠海作为唯一陆路直接连通港澳的区域重要门户枢纽，在社会治理和法律服务体系建设方面有更高的要求。必须加强公共法律服务人才队伍建设，加强公共法律服务供给，为珠海、横琴粤澳深度合作区营造良好的营商环境，才能充分利用"四区"叠加优势，走出珠海稳定快速发展的一条新路子。

二　新时期珠海经济特区公共法律服务人才需求类型与供给现状

（一）新时期珠海经济特区公共法律服务人才需求类型和供给资源

1. 公共法律服务人才需求

（1）公共法律服务专业人才

公共法律服务专业人才，主要是指取得国家统一法律职业资格证书或相应职业资格，从事公共法律服务工作的专业人员，具体包括律师、公证员、司法鉴定人、仲裁员、人民调解员、司法社工等，以及司法行政机关中从事公共法律服务管理工作的公务员，主要在各专门领域充分发挥专业优势，履行政府公共法律服务基本职能，推进公共法律服务体系建设。

为落实珠海现代化国际化经济特区建设目标要求，珠海市的公共法律服务专业人才还须提供与国际接轨的公共法律服务，满足外籍、港澳台人士对生活、创业、发展等的法律服务需求。公共法律服务专业人才除熟练掌握基础业务知识外，还应在涉外法律服务相关业务领域具备国际视野、通晓国际规则、参与国际事务，逐步发展高素质涉外律师、国际仲裁机构仲裁员、涉外公证员等高层次涉外法律服务人才队伍。

（2）公共法律服务辅助人才

公共法律服务辅助人才，主要是指具备一定的法律专业素养，掌握法律知识和应用技能，具有较强实践能力，能够胜任公共法律服务机构工作的辅助性岗位人员，包括律师助理、公证员助理、仲裁员助理、法治宣传员、法务秘书，以及公共法律服务实体平台和网络平台的服务性、辅助性工作人员（前台、咨询、接单、审核、分派、调查、数据处理、投诉处置等岗位）。公共法律服务辅助人员主要通过协助专业人员开展法律服务，参与化解基层矛盾纠纷、保障基层民生需求，提升基层群众满意度。

2.公共法律服务人才供给资源

公共法律服务专业人才中律师、公证、仲裁、司法鉴定工作准入门槛较高。执业律师、公证员应当通过国家统一法律职业资格考试，取得法律职业资格。同时，律师、公证员、仲裁员、司法鉴定人执业均须满足规定年限（如律师执业须在律师事务所实习1年以上，公证员执业须在公证机构实习2年以上，担任仲裁员须从事仲裁、律师工作或曾任审判员满8年，司法鉴定人要求本科以上须从事相关工作5年以上）。人民调解员、司法社工考虑到工作性质，目前国家确定的准入标准仍较低，一般由各地自行确定专业和学历要求。公共法律服务辅助人才中律师助理、公证员助理、仲裁员助理、司法鉴定人助理等最终择业目标往往是担任助理所对应的专业人士，所以起点较高，须有日后从事行业的基本要求门槛；其他辅助人员则根据机构和工作性质确定门槛，一般为法律专业或者是文秘相关专业大专以上学历。

高素质的法学人才为我国经济社会发展和法治国家建设提供了重要的人才智力支撑，亦是推进公共法律服务建设的基本依靠力量。高等院校是人才培养的主阵地。目前，广东省内有中山大学、华南理工大学等43所本科高校开设了法学门类19种专业112个专业布点，在校本科生约4.4万人。全国首批设立了58所高校为应用型、复合型法律职业人才教育培养基地，22所高校为涉外法律人才教育培养基地，广东省内涉外法治校外实践教学基地56个。2021年，中山大学、广东外语外贸大学被司法部确定为实施法律硕士专业学位（涉外律师）研究生培养项目的培养单位（全国仅有15所高校入选）。

高等职业教育在人才资源供给方面发挥重要作用，相关专业学科的设置为大量有意愿从事公共法律服务辅助性工作、投身政府公共法律服务建设的人才提供良好的成长平台。根据教育部2021年《高等职业教育本科专业》备案目录，目前设置的"法律""刑事矫正与管理""智慧司法技术与应用"等专业，《高等职业教育专科专业》备案目录设置的"法律事务""法律文秘""社区矫正""司法鉴定技术""戒毒矫治技术"等专业与公共法律服务业务比较对口。根据全国职业院校专业设置管理与公共信息服务平台"高等职业学校拟招生专业设置备案结果数据检索"，目前广东省内尚无高等职业学校开设"法律""刑事矫正与管理""智慧司法技术与应用"本科专业，而高等职业院校中设置"法律事务"专业的共14所①、设置"法律文秘"专业的共3所②、设置"社区矫正"专业的1所③、设置"司法鉴定技术"专业的1所④，"戒毒矫治技术"专业省内暂无院校开设。

---

① 该14所院校包括：深圳职业技术学院、广东南华工商职业学院、私立华联学院、广东科学技术职业学院、广东行政职业学院、广东司法警官职业学院、广东司法警官职业学院、广州涉外经济职业技术学院、广东工商职业技术大学、广东理工职业学院、广州珠江职业技术学院、广州松田职业学院、广东文理职业学院、广东文理职业学院。
② 该3所院校包括：广东农工商职业技术学院、广东行政职业学院、广东司法警官职业学院。
③ 广东司法警官职业学院。
④ 广东司法警官职业学院。

（二）珠海公共法律服务人才队伍配备概况

1. 珠海公共法律服务人才队伍配备基本情况

据近三年珠海市公共法律服务机构与人才队伍基本数据情况统计（见表1），主要呈现以下特点。

（1）公共法律服务机构数量呈增加态势

截至 2021 年 8 月，珠海社会律师事务所、人民调解委员会、司法鉴定机构分别有 107 家、419 个和 7 家，分别较 2018 年增长了 24.42%、3.46%、和 16.67%，现有公证处 5 家，较之 2018 年没有变化。

（2）公共法律服务人才队伍逐步壮大

截至 2021 年 8 月，珠海执业律师数量为 1981 人（其中香港律师 18 人，澳门律师 21 人），较 2018 年增长 38.24%，律师绝对数居全省第 5 位；2021 年 8 月共有人民调解员 2908 人（专职调解员 257 人，兼职调解员 2651 人），较 2018 年增加 12.5%，其中新增港澳籍调解员 8 人；司法鉴定机构辅助人员 24 人，较 2018 年增长 100%；各级公法中心、司法所聘用辅助人员 213 人，较 2018 年增长 21.02%；公证员、司法鉴定人人数较 2018 年略有下降。

（3）公共法律服务人才分布较为集中，人才队伍结构有待进一步优化

从律师、公证、司法鉴定、人民调解等四类公共法律服务人才情况来看，目前执业律师占比 39.96%，人民调解员考虑准入标准较低，占比达 58.65%。公证员占比 0.67%，司法鉴定人仅有 36 人，占比 0.73%，且年龄结构总体偏大，整体活力不足。

（4）人才队伍整体素质逐步提高

公证员本科及以上学历占比 91%，司法鉴定人本科及以上学历占比 60% 以上，人民调解员大专及以上学历占比 90%。其中，执业律师、公证员、司法鉴定人均已取得法律职业资格或其他专业资格，整体占比 36.96%，法学素养和能力水平也较高。

表1 2018～2021年8月珠海市公共法律服务机构与人才队伍统计

指标	单位	2018年	2019年	2020年	2021年1～8月	备注
1. 律师工作						
1.1 社会律师事务所	家	86	94	103	107	粤港澳三地联营律所2家
1.2 律师人数	人	1433	1631	1876	1981	律师绝对数居全省第5位
1.2.1 社会律师	人	1157	1312	1462	1541	香港律师18人；澳门律师21人
1.2.2 公职、公司律师	人	245	288	381	410	
1.2.3 法援律师	人	31	31	33	30	
1.3 其他工作人员	人	380	348	394	292	
1.4 办理律师业务量	件	21782	28847	34796	22071	
1.4.1 诉讼案件	件	15152	20550	20780	13879	
1.4.2 非讼案件	件	4954	5644	11683	7211	
1.4.3 法律援助案件	件	1676	2653	2333	981	
2. 公证工作						
2.1 公证处	个	5	5	5	5	
2.2 公证员	人	40	36	36	33	本科及以上学历占比91%
2.2.1 其中涉外公证员	人	35	33	32	32	
2.3 其他工作人员	人	55	55	59	60	
2.3.1 公证员助理	人	31	27	30	29	
2.3.2 其他辅助人员	人	24	28	29	31	
2.4 办结公证业务量	件	44110	50828	35497	24338	
2.4.1 国内公证	件	30102	35304	27289	17688	
2.4.2 涉外及港澳台民事经济公证	件	14008	15524	8208	6650	
3. 司法鉴定工作						
3.1 鉴定机构	家	6	7	7	7	
3.2 司法鉴定人	人	43	49	42	36	
3.2.1 专职司法鉴定人	人	39	44	37	32	
3.2.2 兼职司法鉴定人	人	4	5	5	4	
3.3 司法鉴定机构其他工作人员	人	12	16	17	24	

续表

指标	单位	2018 年	2019 年	2020 年	2021 年 1~8 月	备注
3.4 鉴定业务	件	3443	3579	2543	1887	
4. 人民调解工作						
4.1 人民调解委员会	个	405	407	413	419	
4.1.1 村（居）调解委员会	个	320	323	328	328	
4.1.2 镇（街）调解委员会	个	24	25	25	25	
4.1.3 行业性专业性调委会	个	61	62	66	66	
4.2 调解工作室	个	80	91	98	98	
4.3 人民调解员	人	2585	2806	2862	2908	大专及以上学历占90%
4.3.1 专职人民调解员	人	249	258	257	257	
4.3.2 兼职人民调解员	人	2336	2548	2605	2651	
4.3.3 港澳籍调解员	人	0	0	8	8	
5. 各级公法中心、司法所聘用辅助人员	人	176	178	182	213	

2. 珠海公共法律服务人才队伍建设的特别举措

（1）加强公共法律服务人才培育平台建设

珠海非常重视发挥公共法律服务平台的引才聚才作用，依托各类平台，加强对法律服务人才的培育。珠海早在 2015 年就在全省率先完成区、镇（街）、村（居）三级公共法律服务实体平台全覆盖，2019 年在国内率先成立涉港澳纠纷人民调解委员会；并相继建立了"珠海市知识产权纠纷人民调解委员会""珠港澳知识产权调解中心"；2020 年又在省内率先实现市、区两级退役军人公共法律服务站全覆盖；建立一带一路国际商事调解中心（珠海调解室）、"珠澳法律服务融合示范中心"，建立珠澳两地家事调解、金融消费纠纷调解衔接机制，打造"琴睦和鸣调解室""拱北街道涉港澳纠纷人民调解委员会"等工作品牌，这些调解机构的建立，不仅拓宽了人民调解的服务领域，也推动着珠海人民调解员队伍的不断壮大。珠海成立 2 家粤港澳三地联营律师事务所，1家香港律师事务所在珠海设立代表处，市律协成立一带一路及粤港澳大湾区法律工作委员会，珠海律师通过加强与外籍、港澳籍律师的理论学习交流与业务联系，进一步提升了专业服务能力和水平，并推动涉外律师服务业务的逐步深入。2021年，珠海市涉外公共法律服务中心在保税区挂牌运作，占地面积500多平方米，该中心不仅大量引进专业涉外法律服务人才，而且有效统筹整合珠港澳涉外法律服务资源，中心也聘用一部分辅助人员开展长期服务。珠海还将升级建设珠海市公共法律服务中心，目前已规划了2000多平方米的中心新址，将设置涉公证、法律援助等公共法律服务窗口，并同步引进律师、公证、调解、仲裁等专业人士及辅助人员，进一步发挥人才效能。珠海在积极促进跨境法治环境融合、法律服务衔接工作中，明确要开展涉港澳民商事公证便利化、培育跨境商事调解组织、推动粤澳两地法律援助业务融合发展等，系列举措将对公共法律服务人才提出新的需求，也将进一步推动公共法律服务人才队伍发展壮大。

（2）切实加强律师、公证员等公共法律服务专业人才队伍建设

珠海从健全体系、完善评价标准、创新评价机制三个方面，不断加强公共法律服务专业人员的职称改革。一方面，充分体现公共法律服务职业特点，突出评价律师、公证员、司法鉴定人的专业能力、业绩和贡献，破除唯论文、唯学历、唯资历、唯奖项倾向，重点考察成果质量，注重实际贡献，积极落实律师、公证员职称申报评审工作。另一方面，珠海也畅通职称申报渠道，进一步打破户籍、地域、身份、档案等限制，畅通公证员专业技术人才的职称申报渠道，民办机构与公立机构的公证员在职称评审方面享有平等待遇。截至2021年底，全市公证从业人员94人，公证员34人，其中已取得公证员职称5人，包括二级公证员（副高级）1人，三级公证员（中级）4人。

（3）加快推进人民调解员队伍的职业化、专业化建设

其一，珠海积极探索人民调解工作创新发展，提出专兼结合、以专为主的人民调解工作新模式。截至2021年8月，全市已聘用专职人民调解员257名，分布在全市各区、镇（街道）公共法律服务中心，全市各公安派

出所、基层法院（法庭），以及医疗、婚姻家庭、劳动争议、交通事故等行业建立的人民调解组织。其二，明确人民调解员队伍保障措施。出台《珠海经济特区人民调解条例》，制定《关于建立和完善以三大调解为重点的社会矛盾纠纷调解工作体系的意见》《珠海市建立人民调解、行政调解、司法调解衔接机制工作方案》等规范性文件；与珠海市公安局、珠海市中级人民法院联合制定案件移交、委托调解、邀请调解制度；通过"以案定补"调动人民调解员的工作主动性和积极性。其三，加强规范化管理，明确准入，严把素质关。自 2021 年开始，珠海市对专职人民调解员、社区矫正专干等原政府部门临时聘用人员的用人方式进行改革，提高准入门槛（要求本科以上学历），符合条件的经统一招录考试纳入政府雇员序列，规范了职业晋升路径，提高了薪酬待遇，进一步提升了岗位人员素质和能力。其四，开拓专业领域，打造专业化人民调解工作品牌，珠海在婚姻家庭、医疗纠纷、劳动争议、知识产权等领域均建立了行业性、专业性极强的人民调解委员会，对调解员的专业化程度提出了更高要求。

（4）加强公共法律服务专业人才激励保障

珠海努力提升专业人才薪酬待遇水平，拓宽职业发展空间，有效吸引和稳定专业人才长期投身基层社会治理与服务，目前已向全市 17 名律师人才发放产业发展与创新人才奖励 50.85 万元，来自 32 家律师事务所的 87 名新引进人才享受住房（租房和生活）补贴 160.5 万元；公证机构推进职称制度与人事人才制度相衔接，落实对应职称等级专业人才的薪酬待遇、岗位聘用，实现职称评价结果和聘用、考核、晋升等有效结合；引导公共法律服务单位建立以岗位价值、专业能力、业绩贡献为基准的薪酬体系，推动建立公共法律服务人才工资正常增长机制。

（5）扩大基层公共法律服务人才储备

一方面，依托本地高校培养人才。珠海市利用本地高等教育资源较为丰富的优势，与中国社会科学院法学研究所、武汉大学法学院建立合作研究机制，与北京师范大学珠海分校、暨南大学珠海校区、广东科学技术职业学院等高校签订公共法律服务合作协议，在省内率先设立公共法律服务课程，通过教学实习和课题研究，建立专业人才培养和产学研对接的长期合作机制，拓展校政企合作交流。另一方面，珠海也加强高素质涉外律师人才储备。广东省司法厅联合广东外语外贸大学率先在全国合作共建广东涉外法治人才培养基地，利用省"一带一路"法律服务研究中心等平台资源，集中开展涉外律师培训。目前，广东涉外律师 1350 名，遴选 511 名律师建立广东涉外领军律师人才库和后备人才库，其中 98 名律师入选全国涉外律师人才库。"珠海市第一批涉外律师人才库名册"共有 46 名律师入选。

三　珠海公共法律服务人才供给困境

（一）公共法律服务职能及业务辐射社会知晓度偏低

在政法队伍中，司法行政相对于公、检、法来说，业务知晓率偏低。从称呼来看，人民公安、人民法院、人民检察院一直冠有"人民"前缀，有统一的称呼，但司法行政部门在各地却有不同的叫法，有称"人民司法"，有称"司法行政"，有称"中国司法"。从业务标识来看，公、检、法均只有 1 个统一的徽章，辨识度高，但司法行政部门除了司法行政徽外，公共法律服务不同业务都有自己专门的标识和徽章，但缺乏对公共法律服务业的标识设计，使得公共法律服务业反而缺乏整体形象。从业务范围上看，公共法律服务的边界不够清晰。广义的公共法律服务应该涵盖了公、检、法以及有管理职能的单位的法律服务内容，但目前提出的公共法律服务范围一般仅指司法行政部门向社会提供的法律服务，单靠司法行政部门开展公共法律服务宣传推广力度有限。

据统计，2020 年珠海市法律咨询服务次数为 62.0151 万次（含在珠海市各公共法律服务实体平台的实地咨询、在广东法律服务网的线上咨询、拨打 12348 热线的电话咨询）。从广东法律服务网定期发布的数据来看，近年来，珠海市的法律咨询服务热度持续位居全省各地市之首，反映了珠海公共法律服务在群众中的知晓度、信任度相对较高。但从实证调研数据看，知晓率的绝对值仍然偏低。从随机问卷调查情况看，群众对公共法律服务了解并不深入，不知晓其具体包含的内容、服务项目等，相当一部分群众不明白律师服务、法律援助、基层公共法律服务的区别，遇到纠纷后也不知道应该找哪一类型的法律服务。

（二）公共法律服务专门人才供需对接不精准

随着公共法律服务职能的拓展和服务要求的提升，基层司法行政机关的窗口部门或派出机构相关岗位工作人员需求也相应增加，广东省要求公共法律服务"五级"实体平台（省、市、区公共法律服务中心，镇/街公共法律服务工作站，村/社区公共法律服务工作室）全覆盖，网络平台、热线平台全覆盖，各平台专业人员及辅助人员队伍需求较大，且有每年递增的趋势。但除了律师行业每年均有稳定的队伍加入外，其他公共法律服务普遍缺乏专业对口、熟悉业务的毕业生。此外，高校法律专业人才培养虽有一定的细分，但法律实务涉及类型广、实际操作差别大，毕业生仍难以满足诸多专业岗位需求。珠海市高校法律专业毕业生留珠海发展比例较低，就业面窄，部分法律专业毕业生就业集中在公、检、法以及律师队伍，对公证、人民调解、安帮社工、社区矫正专干、行政复议、司法鉴定等行业缺乏认知，专门的课程极少，专业缺乏实践，相关岗位也难以进入学生择业和就业视野。

（三）基层公共法律服务从业人员职业认同感归属感欠缺

从实践来看，一名法学类本科毕业生通过国家统一法律职业资格考试后，可在法官、检察官、行政机关公务员以及律师、公证员、企业法务等方向择业。而基层公共法律服务工作人员及辅助人员受限于行政编制和财政支出，适用职员制或劳动合同制比重较大，薪酬待遇偏低，加之缺乏规范的职业资格认定及职业评价标准，职业前景缺乏吸引力，职业荣誉感、认同感、归属感较为欠缺。高素质人员往往将从事基层公共法律服务作为日后二次择业的经历和经验积累，因此基层公共法律服务机构很难留住优秀人才。岗位人员流动性大、稳定度低的情形在基层更为普遍，不少基层公共法律服务机构甚至成为人才培养的"摇篮"。在机制上，需要着力解决的是基层公共法服务人才如何"用得上、留得住"的问题。

四　政校协同创新背景下珠海市公共法律服务人才培养机制探索

近年来，为满足粤港澳大湾区和珠海经济特区发展对优质公共法律服务供给的新要求，珠海市司法行政系统与本地高等法学教育、法律职业教育机构紧密合作，积极回应公共法律服务人才供给矛盾，聚焦基层公共法律服务人才的精准培养和本土供给，政校协同创新，齐力探索公共法律服务队伍建设和人才培养新模式。

（一）着眼法律职业教育细分领域，确定公共法律服务专门人才培养目标

法学教育和法律职业教育是以法律职业的岗位需求为前提的，公共法律服务队伍建设和人才培养同样要遵循这一基本职业规律和教育规律。实践中，需要提升公共法律服务业务的社会知晓度，提升人才的专业化程度，使公共法律服务的人才供需对接更加精准化。

国家大力推进现代职业教育发展和质量提升，鼓励健全产教深度融合制度，优化人才培养，而司法行政领域增强行业指导辐射职能，也是服务型政府的题中应有之义，这些都为政校合作开展法律职业教育提供了政策依据和引领。虽然，国家政策层面引导部分学术性大学法学院向应用型转变，但大部分高校仍然秉持学历本位的教育理念，相比而言，高等职业院校"以服务为宗旨、以就业为导向"的职业教育办学方针和灵活的专业建设机制，使政校合作创新育人更具有现实操作性。

自 2019 年以来，珠海市司法局和地方高校在公共法律服务职业教育方

面进行了大量的前期沟通与交流，双方达成了共同探索地方公共法律服务人才需求与法律职业教育资源精准对接的合作意愿，通过本土职业高校开展公共法律服务人才培养的"造血"机制，以化解人才供给的困局，并逐步促成了法律职业教育专业结构与行业产业结构相匹配的长远目标，推动本地高校法律职业教育的专业设置和培养机制与大湾区现代公共法律服务业发展的新趋势、新动态和新要求相适应，提升人才培养的针对性，优化本土法律人才结构。

在合作方式上，双方首先通过签订合作协议共建教育教学平台，形成了协同创新育人的基础并逐步推进落实。2019年5月，珠海市司法局与北京师范大学珠海分校签订《公共法律服务合作协议》，成立全国首个在校大学生"公共法律服务协会"，在学校开展公共法律服务系列讲座及系列教学实践活动，并在珠海市医疗纠纷人民调解委员会建立"北京师范大学珠海分校大学生实践基地"。2020年7月，与广东科学技术职业学院签署合作框架协议，建立公共法律服务协同创新全面合作关系，共建"公共法律服务协同创新中心""广东科学技术职业学院校外实践教学基地""珠海市法治综合实践教育基地""大学生公共法律服务志愿者大队"等平台，通过专兼职教师团队组建、课程与教材联合开发、学生实习与社团实践指导、科研与社会服务项目合作等机制，全面探索法律职业教育精准育人的工作机制。2021年12月，珠海市司法局又牵头各高校成立广东省首个"高校普法志愿者联盟"，暨南大学珠海校区、北京师范大学珠海分校、北京理工大学珠海学院、珠海科技学院、遵义医科大学珠海校区、广东科学技术职业学院、珠海城市职业技术学院等7所高校为联盟成员单位，组织在校大学生开展普法、法律服务等实践活动。

珠海市司法局创造性发挥行政机关的指导辐射职能，从地方公共法律服务产品的供给者，拓展为公共法律服务人才培养的指导者和参与者，极大地丰富了法律职业教育主体的时代内涵，有力提升了法律职业教育的质量内涵和公共法律服务制度价值的社会认同。

（二）打造专兼结合双师教学团队，创新法律职业教育实践教学内容体系

公共法律服务业务类型多样，细分职业技能体系复杂，对相关职业技能实践能力要求较高。随着粤港澳大湾区建设的不断深入推进，更多与国际接轨的因素也被纳入公共法律服务内容，对大湾区公共法律服务人才的综合职业素养提出了新的更高要求。为充分发挥高校法律专任教师的理论优势和司法行政实务专家的技能优势形成育人合力，实现高素质技术技能型公共法律服务人才培养目标。司法行政系统遴选优秀实务专家与高校法律教师组成专兼职教师团队，深度融入法律职业教育全过程，推动人才培养方案、课程内容、教学方式与公共法律服务岗位实践的全面对接。目前，珠海市司法局系统已与3所高校建立了"双师互聘"合作机制，已有19名实务部门专家被选聘到高校法学院或高等职业院校法律专业担任客座教授或兼职教师（兼职或挂职任教）、指导老师。

为更好地厘清公共法律服务人才培养的规律，确定符合实践要求的教学标准，专兼职教师团队以服务基层就业为导向，以岗位职业技能养成为驱动，在专业人才培养方案制订、工学结合的实践课程体系构建和教学内容设计上开展积极探索。珠海市司法局在与广东科学技术职业学院的人才培养合作中，双方的教研团队共同研讨修订了专业人才培养方案，在省内高校中率先开设公共法律服务系列专项课程，并聘任司法行政机关的3名业务骨干担任学院客座教授、9名业务骨干担任专题讲座老师开展教学。其中，由三名客座教授担任"公共法律服务理论与实务"课程（16课时）的教学工作，该课程从公共法律服务典型业务场景出发，根据人才岗位的实际需求，初步设置了"公共法律服务基本原理""人民调解""社区矫正""法律援助"等教学模块，引导学生系统认知司法行政职能和公共法律服务各业务技能体系。专兼职教师还合作开设了专业拓展课程"专业技能社会实践"（24课时），教学内容包括"公共法律服务窗口专项业务观摩""涉外公共法律服务岗位体验""公共法律服务项目运行实操"等实践教学模块，帮助学生走

进真实工作场景，掌握基层公共法律服务业务技能。此外，在"顶岗实习"课程中，采用专兼职教师双线指导制和师徒制，强化实操技能掌握以及法律职业素养锻造。据初步统计，仅两年全市司法行政系统各级公共法律服务窗口单位（如法律援助处、公证处、调委会、司法所等）接纳法律专业实习生227人次参与一线技能实操学习。上述系列实践课程的开设受到法律学子的热烈欢迎，教学效果获得广泛好评①。2019～2021年，市司法行政系统实务专家在本地各高校累计开展公共法律服务、律师、公证、人民调解、行政复议、社区矫正等专题讲座9场次，实习、实践指导26场次，取得了良好的社会效果。

（三）总结业务岗位技能评价指标，探索公共法律服务职业技能标准构建

为进一步夯实公共法律服务人才培养质量，必须遵循专业设置与行业产业需求对接、课程内容与职业标准对接、教学过程与生产过程对接的职业教育教学原则。公共法律服务各业务岗位的职业标准和职业技能体系是相关课程教学内容设置科学性、规范性和统一性的根本准则，也是夯实公共法律服务人才培养质量内涵的重要保障。珠海进一步有效契合职业教育"工学结合"的人才培养模式和"基于工作过程""教学做"一体化的实践教学理念，结合公共法律服务实践中的各类各层级岗位技能要求，在总结前期实践教学工作的基础上，系统梳理、设计公共法律服务相关业务岗位技能评价指

---

① 本文在写作过程中对法律事务专业的学生作为调研对象进行对比分析，一部分是未参与过公共法律服务专项课程学习的2021级大一学生（样本数98例），另一部分是已参与公共法律服务专项课程学习的2020级大二学生（样本数102例），对比两组学生对公共法律服务职能和若干典型业务的知晓度。结果显示，参与公共法律服务专项课程学习的学生对公共法律服务的知晓度（包括"一般了解"和"很了解"）为80.39%，而未参与公共法律服务专项课程学习的学生对公共法律服务的知晓度仅为48.98%，前者比后者高31.41个百分点；对"公证"的知晓度，前者比后者高出23.49个百分点；而对司法鉴定、人民调解、社区矫正、行政复议的知晓度，前者比后者也是分别高出了10.74个百分点、25.05个百分点、45.33个百分点和10.41个百分点。可见，通过系统学习有助于提升公共法律服务职能与核心业务的社会知晓度和社会认同。

标。一方面，重点对人民调解员、社区矫正专干的职业技能结构进行分析，包括人民调解员、社区矫正专干的岗位专业能力、沟通协调能力、写作和语言表达能力、职业道德修养等具体要求，并设置相应的课程目标，明确人民调解的作用与意义、调委会的组织形式和工作程序，社区矫正的执法程序及工作机制、安置帮教实务工作要求等。指导帮助学生获得基本符合岗位要求的思维、调解策略及帮教实务技能等，并能够准确运用公共法律服务方式解决实践中的疑难案件。另一方面，专兼职教师团队还继续深挖公共法律服务人才素质和职业技能规律，优化实践课程体系和内容，为后续在国家政策层面完善公共法律服务专业人员及辅助人员职业技能标准提供有价值的参考。

五　未来展望

2021年，中共中央办公厅、国务院办公厅印发《新时代法治人才培养规划（2021~2025年）》，对包括公共法律服务人才在内的法治人才培养提出了新的要求和部署，粤港澳大湾区必须有先行一步的落实举措。当前珠海提出了"粤港澳大湾区最优质"的公共法律服务体系建设目标，必须要以优质的法律职业教育、高素质的公共法律服务人才队伍为基础。在国家法律职业教育改革进程中，大湾区公共法律服务队伍建设和人才培养还有更为广阔的空间有待探索和研究。

珠海市司法局提出的人才建设目标是：到2025年，司法行政系统公务员中法学类专业占比达到65%，获得法律职业资格占比达到30%；争取公证从业人员达到110人，公证员达到40人；司法鉴定专业人才持续向革命化、正规化、专业化、职业化推进；律师队伍达到2800人，律师人才发展环境进一步优化。到2030年，司法行政系统公务员中法学类专业占比达到70%，获得法律职业资格占比达到35%；争取公证从业人员达到130人，公证员达到45人；律师队伍达到4000人，律师人才队伍体制机制的重要领域和关键环节取得较大进展。要达到以上目标，公共法律服务人才培养任重而道远。

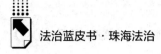

珠海市作为省内率先完成区、镇（街）、村（居）三级公共法律服务实体平台全覆盖，率先建立专职人民调解员队伍的城市，在服务平台建设、服务人员培训和激励保障、调解员队伍职业化专业化等方面的成功经验，已成为"珠海模式"逐步在全省复制推广。近年来，珠海在政校合作、协同创新公共法律服务人才培养模式，打造专兼结合双师教学团队，创新法律职业教育实践教学内容体系方面再次取得了可喜的经验探索，相关做法可持续、可复制、可辐射，将对本地的公共法律服务人才培养起到较大促进作用。

下一步，珠海市可根据本地实际需求，先选择人民调解、社区矫正、安置帮教、公共法律服务实体平台辅助人员等学历起点略低、实操要求较高的岗位，作为本地公共法律服务人才培养的重点方向，以后视岗位需求进行调整，逐步拓展课程设置和教学模式，不断满足法律职业的岗位需求，并在探索中不断提炼、总结、固化成功经验和成果，争取在师资团队、教材开发、教学方法、实践教学、实习指导、就业培训以及科研项目等合作环节梳理做法，形成长效机制，采取试点带动、示范引领等方式逐步复制推广应用，实现以职业需求为导向、以实践能力培养为重点、以产学研用结合为途径的模式，进一步拓展珠海市公共法律服务人才培养的广度和深度，为新时代公共法律服务建设提供有力的人才保障。

市域社会治理现代化视野下珠海公安积极参与社会治理的探索与实践

——以办理涉黑涉恶案件中发出公安提示函为视角

珠海市公安局课题组 *

摘　要： 珠海市公安局立足刑事打击工作职能，在严厉打击涉黑涉恶违法犯罪的同时，积极拓展延伸刑事司法职能，深入剖析案件，深挖涉黑涉恶案件暴露的行业监管漏洞，及时向行业监管部门发出公安提示函，推动重点行业领域乱点乱象整治，及时堵塞行业监管漏洞，形成源头"防"、重拳"打"、综合"治"、共同"管"的社会治理格局。但公安提示函的制发也面临配套制度不健全、整改反馈效果不佳、内容精准性不够、监督制约措施有限等困境，亟待从立法上、制度上予以解决。

关键词： 公安提示函　共建共治共享　社会治理格局

党的十九届四中全会提出，"社会治理是国家治理的重要方面"，强调要"坚持和完善共建共治共享社会治理制度，保持社会稳定、维护国家安全"。珠海市在社会治理领域起步早、基础好、优势明显，当前正力争成为第一批"全国市域社会治理现代化试点合格城市"。公安提示函作为公安机关参与社会治理的一个重要切入点及载体，对于拓展延伸公安机关刑事司法

* 课题组负责人：邓文，珠海市公安局党委委员、副局长。课题组成员：陈彬、王岩、罗波、王爱宇、陈志伟、陈海花、李明刚。执笔人：李明刚，珠海市公安局法制支队一大队三级警长。

职能，突破办理案件就案论案的局限，更好地预防和减少违法犯罪，进而维护国家安全、社会稳定，维护公平正义，具有重要的现实意义，也是推进市域社会治理现代化，构建共建共治共享社会治理新格局的必然要求。珠海市公安局在扫黑除恶专项斗争期间参与社会治理的具体实践，总结了公安提示函的成功经验做法，以期为推进社会治理现代化贡献力量。

一 公安提示函概况

（一）公安提示函的缘起及背景介绍

公安机关办理案件中，对发现的涉及其他行业监管、治理方面存在的问题，传统多采用向行业主管部门通报或者向党委、政府汇报等方式参与社会治理。扫黑除恶专项斗争之初，对公安机关向行业部门发出的建议最早以"公安建议书"的名称提及。随着专项斗争的不断深入，2019年扫黑除恶专项斗争行业清源行动中首次明确提出"公安提示函"这一概念，并与纪检监察机关的监察建议书、审判机关的司法建议书、检察机关的检察建议书，合并成为"三书一函"，并以此形成了双向反馈制度，即办案单位（纪检监察机关、法院、检察院、公安机关）在办理涉黑涉恶团伙案件、涉黑涉恶"保护伞"案件中，将涉及行业监管和行业治理方面存在的问题及时反馈给相关行业主管部门，行业主管部门及时整改并反馈的工作制度。

公安提示函是公安机关参与社会治理的最新途径与方式，也是三年扫黑除恶专项斗争积累的成功经验做法。2021年中共中央办公厅、国务院办公厅印发《关于常态化开展扫黑除恶斗争巩固专项斗争成果的意见》中明确指出，建立健全源头治理的防范整治机制，全面加强行业领域监管，纪检监察机关、政法机关与行业领域监管部门加强信息共享和工作联动，对发现的行业乱象问题和监管漏洞及时制发"三书一函"，强化跟踪问效、督办问责，实现全链条打击整治。2021年12月24日，第十三届全国人民代表大会常务委员会第三十二次会议审议通过的《反有组织犯罪法》第14条明确规定：

"监察机关、人民法院、人民检察院、公安机关在办理案件中发现行业主管部门有组织犯罪预防和治理工作存在问题的，可以书面向相关行业主管部门提出意见建议。相关行业主管部门应当及时处理并书面反馈。"自此，公安提示函便有了明确的上位法依据，为公安机关积极参与社会治理提供了法律依据。

（二）公安提示函的主要特征

一是启动程序具有主动性。公安机关在办理涉黑涉恶案件时，根据案件中发现的行业治理方面的问题，主动向行业监管部门发出公安提示函，是公安机关的主动作为，不以发送对象的申请为前提。

二是接收对象具有广泛性。公安机关兼具行政执法及刑事司法双重职能，涉及社会生活的众多行业领域，公安提示函接收对象也涵盖国家机关、企事业单位、社会组织等众多单位、部门，公安提示函的接收对象具有广泛性，也带来了一定的随意性。考虑从源头堵塞行业监管漏洞的角度，可以将接收对象限定在行业主管部门，从而最大限度发挥公安提示函的效能。

三是整改落实具有互动性。根据双向反馈机制工作要求，公安提示函与日常工作、生活中单向性的建议不同，其与接收单位之间具有互动性，公安提示函的效果依赖于建议对象的反馈和采纳，发送与反馈之间形成闭环工作流程。

四是效力上具有非强制性。相较于具有较强法律效力、约束力的监察建议、检察建议，公安提示函因提出时间短，在适用范围、制发流程、整改反馈等方面，相关配套机制制度尚未完善。同时，在政府机关行政序列中，公安机关与其他行业部门属同级部门，并无监督的职责，因此公安提示函在效力上不具有强制性，是公安机关的一种柔性治理方式。

二 公安提示函的重要意义

（一）积极参与社会协同治理的创新手段

公安机关作为政府的一个职能部门，其工作离不开社会各种力量的协同支持，这种协同既包含公安机关内部不同区域、不同专业条线的内部协同，又包括公安机关与其他政府部门的部门协同，还包括公安机关与社会组织、公众之间的社会协同①。通过公安提示函这一载体，建立起部门间双向反馈工作机制，给公安机关参与社会治理提供了一种行之有效的手段，有利于加强公安机关与其他政府部门之间的部门协同，推动建立部门间良性互动。

（二）拓宽行政、刑事两法衔接的有效路径

两法衔接指行政执法与刑事司法衔接的工作机制。国务院制定并发布的《行政机关移送涉嫌犯罪案件的规定》以及最高人民检察院、公安部先后出台的《关于公安机关办理经济犯罪案件的若干规定》《关于加强行政执法与刑事司法衔接工作的意见》等规范性文件，构成了我国两法衔接的程序法制基础②。据不完全统计，2015 年以来，行业部门通过两法衔接机制，向珠海市公安局累计移送案件达 817 宗，涵盖人社、市场监管、税务、渔政、自然资源、生态环境等众多与社会管理、群众生活密切相关的领域。但现阶段两法衔接的关注重点主要是行政机关与刑事司法机关之间的"证据转化"及移交"机制建设"等问题，而对于如何实现源头治理整顿则关注较少。公安机关在办理两法衔接案件中，完全可以借助两法衔接这一平台，及时对案件进行剖析，深挖背后暴露的行业管理问题，并以公安提示函形式反馈给行业主管部门，进而推动以案促建、以展促治，拓展行政执法和刑事司法两法衔接制度，也是两法衔接制度的题中应有之义。

（三）实现刑事犯罪预防功能的有效途径与手段

从近几年珠海公安机关打掉的涉黑涉恶团伙分析，传统行业粗放管理、资源行业非法垄断、娱乐行业藏污纳垢、新兴行业非法野蛮成长，是"小

---

① 刘孝云、朱清枫、刘明伟：《基层公安社会协同目标取向和实现路径研究》，《上海公安学院学报》2020 年第 6 期，第 12～13 页。
② 周志刚、李琴英：《"两法衔接"的制度法力——基于"优化营商环境"的视角》，《法学评论》2021 年第 2 期。

黑小恶"发展成涉黑涉恶团伙的重要因素。而这些行业领域违法犯罪再生能力强，再加上行业监管漏洞，单纯靠打击无法彻底铲除，必须做到"打早打小"与"铲除土壤"双管齐下。从刑事诉讼程序角度，大量案件因证据不足等未进入审判程序。借助公安大数据资源优势，公安机关更容易发现行业治理存在的问题，并以公安提示函推动行业监管部门及时堵塞监管漏洞，将违法犯罪行为及时消灭在萌芽状态，彻底铲除黑恶势力滋生的土壤，从而实现犯罪预防的目的。

三 公安提示函在珠海的实践探索与成效

扫黑除恶专项斗争期间，公安机关立足珠海实际，认真落实习近平总书记关于扫黑除恶专项斗争的指示、批示精神，紧紧围绕"十类打击重点"，抓住群众反映强烈、社会影响恶劣的涉黑涉恶问题，出重拳、下重手，集中铲除了一批欺压良善、欺行霸市、逞强斗狠、为非作歹的黑恶违法犯罪分子。在专项斗争的强力震撼和牵引下，全市社会治安环境明显改善、党风政风社会风气明显好转，基层党组织建设明显夯实，经济社会发展环境明显优化，群众参与度、知晓率和安全感、满意度明显提升。

（一）以案件暴露问题为导向，扎实做好逐案剖析

珠海市公安机关坚持"扫黑务净、除恶务尽"，累计打掉涉黑团伙8个、恶势力犯罪集团16个，从中侦破涉黑涉恶案件200多宗，依法查封、冻结、扣押涉黑涉恶资产过百亿元。各级公安机关始终坚持以案促建、以案促治，对打掉的涉黑涉恶案件逐案剖析，做到一案一总结、一案一剖析。据统计，专项斗争期间，珠海各级公安机关累计发出"三书一函"345份，内容涵盖农村基层组织建设、卫生健康、文体旅游、自然资源、生态环境等众多行业领域，取得良好的社会治理效果。2018年，珠海市公安机关侦办的某商行强迫交易案，针对案件暴露的旅游购物行业欺诈等乱象，公安机关会同司法、检察机关分别向文体旅游部门发出公安提示函及司法建议书、检察建

议书，并联合文体旅游、市场监管、消防及属地政府管理部门，多措并举，依法关停 24 家投诉多发的违规场所，彻底解决了长期影响珠海旅游城市形象的顽疾。文体旅游部门还坚持源头治理、长效治理，推动建立联合巡查检查机制和珠海、中山旅游执法协作联动机制。经整治，珠海旅游购物投诉连年大幅下降，2017 年有 815 宗，到 2019 年实现了零投诉。通过"三书一函"等途径积极参与社会治理，真正取得了"办理一个案件、整肃一个行业、安稳一个地方"的社会治理效果，带动了全市法治营商环境建设水平的明显提升。

（二）以规范建议内容为抓手，提高建议内容精准性

公安提示函提出建议的质量和规范性是影响建议能否被采纳及能否有效整改的重要因素。珠海市公安机关始终坚持必要性、针对性、规范性、实效性的原则，按照一案一总结工作要求，对符合 4 类情形的涉黑恶团伙案件[①]，要求办案单位认真分析案件侦办中发现的行业垄断、行业控制、行业乱象，并及时向行业部门发出公安提示函。为提高公安提示函的精准性，珠海明确要求对于黑社会性质组织案件，原则上由市级以上公安机关办案单位审核并发出；属于恶势力犯罪集团案件、普通涉恶团伙案件，原则上由区级以上公安机关办案单位审核并发出。例如，在侦办某串通投标系列案中，公安机关先后破获 70 多宗串通投标案，同时针对农村土地资源招投标领域存在的诸多问题，公安机关及时向相关农业农村部门发出公安提示函，提出切实加强招投标过程管理工作，制定工程招投标资质审查长效机制等高质量的意见建议，切实维护基层群众利益，维护社会主义市场经济秩序。

（三）以落实整改反馈为目标，推动以案促建、以案促治

为保证公安提示函发出后不走过场，市公安机关主动加强与被建议单位

---

① 即涉及行业垄断、行业控制、行业乱象的黑恶社会性质组织、恶势力犯罪集团案件，涉及区域性市场垄断、区域性市场控制的黑社会性质组织、恶势力犯罪集团案件，涉及同类行业问题的恶势力犯罪案件三期以上的，涉及同类区域性市场问题的恶势力犯罪案件三起以上的。

的沟通，及时跟踪了解整改落实情况，做好办理情况的跟踪问效；同时要求各单位在发出公安提示函的同时，对所涉问题进行充分评估，为引起相关单位重视，视情况将公安提示函抄送同级党委、人大、纪检监察机关、被建议单位的上级机关、行政主管部门或者行业自律组织，被建议单位为政法单位的抄送同级党委政法委，推动问题解决到位，真正实现以案促建、以案促治。例如，在高栏港打掉的以吴某为首的在近海水域强收非法养殖蚝民保护费的涉恶团伙，通过办理案件发现，珠海市近海水域普遍存在非法养殖、破坏海洋生态环境等行业乱象，公安机关及时向市农业农村局提出加大非法渔业设施清理力度、规范海洋资源管理的意见建议，同时将该相关情况及时向市委市政府汇报。市委、市政府对此高度重视，为此成立了市近海水域乱象整治行动领导小组，由市公安局牵头，市农业农村局、市自然资源局、市生态环境局等多部门参与，在全市范围内集中开展非法渔业设施清理整顿工作，10万余亩非法渔业设施全部清拆，农村居民安全感、幸福感、获得感显著提升，真正取得了"办理一个案件、整肃一个行业、安稳一个地方"的社会治理效果。

（四）以创新社会治理为着力点，切实提升群众满意度

社会治理是国家治理的重要领域，社会治理现代化是国家治理体系和治理能力现代化的题中应有之义。珠海市公安机关在依法打击违法犯罪的同时，积极主动参与构建共建共治共享社会治理新格局，推动社会治理从以前行政管理的单项管理转向双向互动，从单纯的政府监管转向更加注重社会协同，推动完善党委领导、政府负责、社会协同、公众参与、法治保障的社会治理体制，使社会治理成效更多、更公平地惠及全体人民。例如，公安机关打掉的某社区以陈某为首的盘踞该区域多年的黑社会性质组织，通过对案件深入剖析，区公安局及时向区党委政府汇报，并会同组织部门、居委会、街道办、综治等多部门联合，对该社区集中开展全方位整治，推动形成"党委发动、综治带动、公安推动，横向联通、纵向联动、内外结合"的社会治理新格局。经过整治，该社区社会党组织明显加强，社会治安状况明显好

转，社区面貌焕然一新，居住在此的居民及中大五院的医生、职工对该社区的整治成效纷纷点赞，群众的幸福感、安全感、获得感大幅提升。

四　公安提示函制发过程中面临的困境

一是配套制度不健全。我国现行的行政、刑事法律体系中，对公安提示函并无专门的立法规定，相关法律文书中也无该类文书。尽管《反有组织犯罪法》已明确，公安机关在办理案件中发现行业主管部门治理工作存在问题的，可以书面向相关行业主管部门提出意见建议，为公安机关发出公安提示函提供了上位法依据，但因公安提示函涉及多个部门，在制度层面缺少高位阶的配套衔接机制，行业部门对公安提示函的认可程度较低。目前珠海市公安机关制发提示函的依据是《广东省扫黑除恶专项斗争行业治理双向反馈办法》，虽然该规定明确了公安机关行业治理双向反馈原则及工作流程，规范了公安机关向行业主管部门发出公安提示函的情形和发出单位，对公安机关制发提示函有一定的指导意义。但该规定仅属于公安机关内部的规范性文件，其效力也仅限于公安机关内部。

二是内容精准性不强。因行业乱象涉及众多领域、部门，特别是一些具有专业性、技术性的部门、领域，办案民警专业水平有限，对涉及的行业部门情况了解掌握程度不够，公安机关发出公安提示函的建议内容不实，针对性、操作性不强；部分办案单位对被接收单位的职责定位把握不到位，部分建议内容不属于接收单位的职责，容易造成外行指挥内行的局面，存在引发负面效应的风险与隐患。

三是整改反馈效果不佳。公安机关日常面临繁重的安保维稳、接处警和案件侦办工作，部分单位对涉黑涉恶暴露的深层次问题缺乏敏感性，在发出公安提示函前未与接收单位做好事前沟通与有效交流，对被接收单位的职责把握不准，对发出的公安提示函内容局限于就案论案，相关建议内容针对性、可行性和前瞻性不强，导致部分接收单位整改措施操作性不强。而且，公安提示函缺乏法律上的强制执行力，部分单位基于部门利益，接到公安提示函后未认真分析问题原因，未认真研究落实整改措施，仅满足于书面回复，对整改是否落实到位、是否取得明显成效、整改过程中发现的问题是否得到彻底解决、是否采取源头性解决措施等缺少后期的跟踪监督问效，整改反馈效果不佳。

四是监督制约措施有限。根据双向反馈制度工作要求，对相关建议的整改落实情况，需要由行业主管部门进行验收，但是验收的标准、验收流程以及如何验收，目前尚无明确规定。行业主管部门作为被建议单位自行组织开展验收，容易陷入自我监督的怪圈，监督效力大打折扣。此外，对包括公安提示函在内的"三书一函"，目前尚无统一的平台进行管理，社会公众和相关部门无法及时了解掌握相关情况，缺乏相应的外部监督，监督制约措施有限。

五　完善公安提示函的建议

（一）完善立法规定，确保于法有据

当前扫黑除恶斗争已转入常态化，中央已明确提出将"三书一函"作为建立健全源头治理防范整治机制的措施之一，建议从制度层面尽快构建相关配套衔接机制，确保"三书一函"的制发、流转、反馈高效有序，切实发挥其应有作用；同时进一步出台完善包括公安提示函在内的"三书一函"操作程序，制定相关行政部门办理"三书一函"的专门规定，明确接收单位对"三书一函"整改的跟踪职责，督促相关单位尽职履责，提高公安提示函的权威性、严肃性，真正让公安提示函走上法治化轨道。

（二）规范流程标准，提高建议质量

高质量的公安提示函，不仅需要深层次剖析案件背后的问题，充分阐明所提建议的理由根据，还需要具备严谨规范、措辞得当、方法适当、切实可行、易于采纳等特点。公安机关应结合工作实践，参照相关法律文书，制定统一的格式样本，厘清发送的条件、事件，明确起草、审核、签发的流程及责任人，实现公安提示函的标准化操作。在深入剖析案件、制发公安提示函过程中，办案单位应充分利用公安大数据资源，加强类案分析，找准问题病灶，避免就案论案；同时加强公安机关内部沟通交流，及时推广介绍优秀的公安提示函的经验做法，做到互相借鉴、互相学习，不断提高提示函内容的精准性。

（三）聚焦问题整改，提高建议效能

一是聚焦问题整改，严格按照双向反馈工作机制要求，开展问题整改工作，并视情况采取实地走访、专题座谈等方式了解被建议单位的整改落实情况。二是压实被建议单位整改责任，为防止整改敷衍了事、书面整改等问题，建议严格落实抄送制度，公安提示函在发出的同时，及时抄送同级党委、人大、纪检监察机关、被建议单位的上级机关、行政主管部门或者行业自律组织，被建议单位为政法单位的抄送同级党委政法委。对拒不整改反馈的，必要时可以向党委、政府、纪检监察机关进行汇报。

（四）建立联动机制，强化跟踪问效

充分发挥各级人大监督职能，由各级人大将包括公安提示函在内的"三书一函"发送和办理情况纳入日常监督工作，通过视察、监察、询问等方式，定期听取本级行政机关办理"三书一函"的情况报告，推动相关建议内容落实。同时，要进一步强化外部监督，加强对公安提示函的宣传工作，利用微博、微信公众号等平台及时宣传公安提示函内容，倒逼被建议单位严格落实问题整改工作；加强与其他党政机关部门的信息共享，便于党政机关获取、共享、监督公安提示函，构建多方齐抓共管、合作共赢的良好局面。

B.21
心理循证戒治在珠海强制隔离
戒毒工作中的实践与探索

珠海市强制隔离戒毒所课题组 *

摘　要：　珠海市强制隔离戒毒所认真总结统一模式下强制隔离戒毒工作面临的新课题，以提升操守保持率为贯彻统一模式的核心工作目标，努力破解制约操守保持率提升的根本问题，在 3 年内建立 90 个心理循证戒毒个案样本，逐步探索出一套心理循证戒治思路：将导致复吸的根本原因归结为心理认知错误；循着戒毒人员的成长经历找到产生错误心理认知的症结；针对戒毒人员的心理认知特征开展综合戒治工作，并通过心理循证戒毒将"四区五中心"真正融合成为完整的戒毒链条。珠海强制隔离戒毒所将心理循证戒毒工作贯穿于统一模式建设的各环节，使各方面工作取得优异成绩。接下来，珠海强制隔离戒毒所将进一步推动心理循证戒毒工作规范化，促进了心理循证戒毒工作专业化水平再上新台阶。

关键词：　强制隔离戒毒　统一模式　心理循证戒毒　"四区五中心"

2018 年 5 月 29 日，司法部召开全国司法行政戒毒工作座谈会，正式下

* 课题组负责人：邓胜利，珠海市司法局副局长、党组成员；谢鸿，珠海市强制隔离戒毒所所长、党委书记；管会珩，珠海市强制隔离戒毒所政委、党委副书记。课题组成员：吴恩数、王勇、何荣炘、李伟、邹麒、陈宁、牟丁、罗志康、黄书豪。执笔人：尹疏雨，北京师范大学人文和社会科学高等建设研究院法治发展研究中心讲师、法学博士；何荣炘，珠海市强制隔离戒毒所教育科科长。

发《关于建立全国统一的司法行政戒毒工作基本模式的意见》，明确建立以分期分区为基础、以专业中心为支撑、以科学戒治为核心、以衔接帮扶为延伸的全国统一的司法行政戒毒工作基本模式（以下简称"统一模式"），统一设置生理脱毒区、教育适应区、康复巩固区和回归指导区（以下统称"四区"），并建立戒毒医疗中心、教育矫正中心、心理矫治中心、康复训练中心和诊断评估中心 5 个专业机构（以下统称"五中心"），同时加强戒毒人员出所后回归社会时的帮扶衔接工作（以下简称"一延伸"）。统一模式建设是深入贯彻落实习近平总书记对司法行政戒毒工作重要指示精神的重要举措，是从战略层面、从顶层设计上对司法行政戒毒制度进行科学谋划，提出一个具有全局性、纲领性、前瞻性的总抓手。统一模式的提出正式推动全国司法行政戒毒工作从转型进入定型阶段。

一　统一模式下珠海强制隔离戒毒工作面临的新课题

统一模式建设对于司法行政戒毒工作的统一、规范和提升具有重要意义。2018 年至今，珠海市强制隔离戒毒所（以下简称"珠海强戒所"）以统一模式为指针，对标对表，树立鲜明问题意识，主动确立新课题，开启为期三年的统一模式建设攻坚。

（一）锚定统一模式下做好强戒工作的核心目标

贯彻统一模式应围绕提升操守保持率这一核心工作目标展开①。2018 年 6 月 26 日，司法部戒毒管理局局长在接受采访时说："从今年开始，我们把一年内和三年内的操守保持率列为司法部戒毒工作核心的统计和考核指标。"根据有关部门统计，2017 年，全国戒毒所共收治戒毒人员 204.4 万人，全国未复吸人数 2016 年达 141 万人，2017 年达 167.9 万人，吸毒人群

---

①　操守保持率是戒毒人员样本总数减去未完全戒断人数（复吸被强戒、尿检阳性、失踪/联系不上/死亡）后除以样本总数；两年操守保持率是第一年戒断人数减去新增未完全戒断人数后除以样本总数；三年操守保持率以此类推。

依然庞大。2018 年，出所戒毒人员三年操守保持率北京市达到 54.59%，上海市超过 27%，广东省达 17.6%，其他多数省份均处于 30% 以下，戒毒成效有待提高。

因此，强制隔离戒毒工作（以下简称"强戒工作"）的核心目标就是要探索、实践、总结更多、更行之有效的好办法、好经验，解决戒毒人员复吸问题，这是新时代赋予珠海司法行政戒毒民警（以下简称"戒毒民警"）的职责使命。

（二）找准统一模式下制约操守保持率的根本原因

贯彻统一模式就是要找准导致三年操守保持率低、复吸率高的根本原因。影响复吸率的因素非常复杂，主要涉及三个方面。一是身体损伤。毒瘾造成人体不可逆的器质性病变、严重的精神障碍、永久脑部器官及神经损伤。戒毒人员在吸毒后，随时可能因为想要减缓这些身体、精神伤痛而选择复吸。二是错误认知。戒毒人员曾因对自我和外在关系（包括家庭关系、朋友关系等社会关系，与身体健康的关系，与自身尊严的关系等）的错误认知选择吸毒。吸毒后，他们仍然会因为这些错误认知选择复吸。三是权利受侵害状态。戒毒人员的"吸毒者"身份使其生命健康权、人格尊严权、发展权、劳动权、财产权等受到进一步侵害，这些权利受侵害状态是戒毒人员自身难以解决的，往往迫使他们选择复吸。因此，面对导致复吸的各种因素，强戒工作就是要找到戒毒人员身体损伤、错误认知、权利受侵害背后的根本原因，这是珠海强戒所贯彻统一模式的关键钥匙。

（三）抓住统一模式下融合强戒工作的关键链条

贯彻统一模式就是要坚持一体化戒毒工作思路，着力构建统一完整的戒毒工作链条。"四区五中心"的确立为强戒工作搭建了"四梁八柱"，珠海强戒所在不断完善"四区五中心"场所、设备、工作人员专业化水平的同时，因为物质要素投入拉动场所治理能力的边际效益不断递减的问题日益暴露，"四区五中心"建设要逐步转向提升戒治工作的精细化水平，要研究如何将"四区五中心"建设成为各区紧密相连、各专业中心协同作战、所内戒治与所外延伸帮扶一体运作的工作格局,这是检验珠海统一模式建设是否形成长效机制的重要标准。

二 珠海心理循证戒毒的探索与创新

自 2018 年以来,珠海强戒所在完善场所物质要素建设的同时,始终围绕戒毒人员个性化戒治方案建设,寻找导致戒毒人员复吸的根本原因,探索提升操守保持率的有效方法。在不断的实践、探索中,珠海强戒所发现戒毒人员复吸的根本原因在于心理认知层面的问题。由此,珠海强戒所从心理戒治工作切入,2019 年和珠海市禁毒基金会、珠海"和道"社区服务中心签订《"心桥工程"社工驻所服务项目》,结合专业团队的戒治资源,以"心桥工程"为题,专门开展心理循证戒毒课题研究。

珠海强戒所在 3 年内形成 90 个心理循证戒毒个案样本,逐步探索出一套心理循证思路;结合心理循证实验,总结了大量心理循证戒毒的数据、方法;并进一步将心理戒治扩展到行为戒治层面,综合医疗、运动、教育、管理、法律、社会工作等多种专业戒治手段,构建起对戒毒人员从内至外的完整戒毒工作链条。

(一)从改造心理认知出发有效戒断复吸行为

珠海强戒所将可能增加复吸率的因素统称为"戒断逆力",结合本所心理戒治团队近 10 年的案例经验,进一步细化戒断逆力为 5 个一级评估指标、14 个二级评估指标、35 个三级评估指标。

5 个一级评估指标具体如下。①毒品依赖程度,包括成瘾程度,主要指既往吸毒史;毒品使用种类、频次以及吸食方式;通过吸毒场景诱发、毒品观摩等,测量戒毒人员对毒品的渴求度;稽延性戒断症状,主要指毒品隔离后产生的生理上的疼痛、失眠、流泪、流涕、恶心等症状;心理上的焦虑、抑郁、冲动等症状。②生理机能,包括生理健康,主要指基础疾病和因吸毒引发的心境障碍、精神病性障碍等共病并发症；身体机能，如心肺功能、平衡能力、速度、耐力、力量等综合身体素质。③认知功能，包括因吸毒导致的大脑皮层损伤程度等反映的神经损伤程度；双手协调性、手指灵活性等神经功能反映的认知稳定性；自尊心弱、冲动、喜怒无常等反映的情绪稳定状况；与戒毒工作人员、其他戒毒人员的相处情况反映的社会交往能力、环境适应能力；不同于正常人的人格特征；发生自残自伤、行凶、破坏等安全风险指数；焦虑抑郁情况。④心理认知产生的戒断动机及意志力。⑤环境因素，包括家庭关系、朋友圈状况、就业能力、社会适应情况等。

珠海强戒所戒毒民警通过与 90 个样本深入交流，并对其戒断逆力在一段时间的变化进行数据追踪分析，主要发现如下。

第一，戒毒人员具有相似的人生背景。30 岁以上占比 95.8%；初中学历以下占比 97.85%；强戒次数 3 次以内占比 84.61%；朋友圈吸毒占比 86%；无固定工作占比 73.35%；原生家庭关系恶化、断裂占比 56.67%；未婚占比 38.89%，夫妻关系破裂占比 44.44%；无子女占比 47.78%，与子女关系恶化占比 26.67%；经历负面事件占比 96.67% 等。

第二，戒毒人员初次使用精神活性物质时除了部分是好奇尝试以外（31 例，占比 34.44%），绝大多数人是为了减轻焦虑或减缓内在或外在压力而使用的一种不成熟的方式，都反映了在选择吸毒行为时其内在的控制和辨别能力极度减弱，处理冲突、痛苦的手段也相对原始、单一的心理认知特征。

第三，5 个一级评估指标中，毒品依赖程度、生理机能、认知功能、环境因素之间少有互动关系，但是它们都与心理认知产生的戒断动机与意志力评估指标存在双向联系，即心理认知变化会影响其他四个评估指标的变化，其他四个评估指标的变化也会带来心理认知的变化。并且，四个评估指标都是通过作用于心理认知因素从而影响戒毒人员复吸率的。

由此，珠海强戒所得出结论：错误的心理认知使戒毒人员在某些诱因（朋友教唆占 64%、出入高危场所占 16%、同事群体吸毒占 6%、被人陷害占 1%）催化下选择吸毒行为。吸毒后各类戒断逆力因素又会对这些错误的心理认知起到放大作用，不断削弱戒毒人员的戒断动机和戒断意志力，使其复吸率不断上升。因此，决定戒毒人员是否复吸的根本因素是心理认知产生的戒断动机和意志力。珠海强戒所将该因素具体界定为3个二级评估指标、8个三级评估指标。

3个二级评估指标分别如下。①认知与心态，包括价值观偏离，主要指对自我以及外在关系（人与人的关系、人与事物的关系以及事物与事物的关系）的认知；戒毒态度，主要指戒毒拒毒的认知、信念，以及主动戒毒的认同感；毒害认知，主要指对吸毒导致的不良后果的认知。②戒毒动机，包括自我认知与评价，主要指戒毒人员能否通过自我观察感知客观评价自己的优缺点，能否准确定位自己以及作出正确的人生规划；自我调整能力，主要指戒毒人员对自己的情绪、思想、行为进行控制和调节的能力；生命重塑能力，主要指对未来美好生活的向往与积极追求程度。③戒治行为认知，包括戒治活动参与，主要指对戒治工作的认知及参加戒毒康复、教育、心理戒治等各项活动的积极性；戒治行为操守，主要指参与戒治活动时服从管理、遵守规范、保持纪律性的程度。

因此，珠海戒毒所从心理认知出发，针对戒毒人员从以上指标反映的心理认知特征，开展心理认知改造工作，并改善其他4个戒断逆力因素，使其对心理认知产生良性影响。让五大因素共同增强戒毒人员的戒断动机和戒断意志力，激发戒毒人员的主观能动性，沿着知—信—行的戒治路径，从根本上戒断复吸行为。

（二）循着成长经历找到戒毒人员选择吸毒的症结

珠海强戒所在改造心理认知过程中，进一步提出应找到戒毒人员错误认知的症结。戒毒民警在分析90个样本时发现：97.77%样本的成长经历中存在诸如抛弃（9例，占比10%）、虐待（23例，占比25.56%）、分离（28例，占比31.11%）或严重忽视（30例，占比33.33%）等问题，导致其人格结构缺失（15例，占比16.67%），情绪极度不稳定（36例，占比40%），缺乏安全感（9例，占比10%），易受内在的焦虑、冲突影响（28

例，占比 31.11%）等。由此证明，戒毒人员的成长经历是产生错误心理认知的症结之所在。

基于此结论，珠海强戒所开展心理循证工作，即循着戒毒人员的成长经历找到产生其错误心理认知的根本原因。下文以张某（男，49 岁，小学毕业）为例，阐述戒毒民警开展心理循证工作的过程。

首先，参照心理认知产生的戒断动机及意志力评估指标，确定戒毒人员的错误心理认知。在强戒工作开始时，戒毒民警须对张某的心理认知指标进行观察、描述。比如，张某在强戒过程中情绪波动大，不服管理、消极怠工，对民警充满攻击和敌对情绪，不在乎自己的身体健康状态（虽无自残倾向，但抗拒治疗）。戒毒民警通过与张某建立信任、不断沟通，对张某的上述表现进行分析，总结出张某上述行为背后的心理认知是：张某认为"只要有过往病史和头痛的症状就不会被强戒隔离戒毒"，并认定"民警一定会把他当作反面教材"等等，表现出逃避强制隔离戒毒意识和对自我否定的戒断动机和意志力状态。

其次，循着戒毒人员的成长经历，找到产生错误认知的根本原因。心理戒治中心工作人员采用"理性情绪疗法"，让张某描述触犯纪律时被民警管教的情景及感受，并引导他回忆过往是否有似曾相识感受的经历和生活片段。这些不良的体验和记忆就像控制戒毒人员情绪的按钮，扭曲其价值观，并变成其性格的一部分。戒毒民警了解到张某在 2013 年体检中查出患有脑动脉瘤，做完切除手术后出现持续头痛、左眼视力下降、左半边身体不灵活、走路不稳等现象。之后又因身体原因长期找不到工作，经济状况恶化。为了止痛，张某在朋友介绍下开始注射海洛因从而成瘾。工作和身体原因使张某长期处于失落、迷茫和绝望状态。在家庭关系方面，2014 年张某父亲因病去世；两个哥哥一个吸毒，一个至今未婚、没有稳定工作；姐妹也长期没有联系；虽然母亲一直是张某的精神支柱，但年迈的母亲要独力支撑整个家庭，也无暇关注张某。张某长期处于缺乏亲情支持与关怀的境况中。

从张某的成长经历中，戒毒民警找到他产生错误心理认知的根本原因：在身体认知方面，张某一方面认为自己因身体障碍成为"废人"，另一方面又可能因为病史而避免被强制隔离戒毒，所以身体损伤从"废"开始有了利用价值，致使张某在吸毒后抗拒治疗。在社会关系方面，张某因长期缺乏亲情支持与关怀，产生明显的负面、抱怨和对立的情绪。由此，戒毒民警就以张某身体认知和家庭关系认知的实际情况为着力点，开展科学戒治工作。

张某的案例是珠海强戒所心理循证工作的一个普通样本，在90个样本中，戒毒民警找到各种各样导致戒毒人员吸毒的根本原因，这些原因都与戒毒人员的成长经历有关。因此，珠海戒毒民警通过开展心理循证工作，不断找到每一位戒毒人员吸毒的症结，进而针对性地改造戒毒人员的心理认知，从而大大提升珠海戒毒所操守保持率。

（三）以心理循证戒治融合"四区五中心""一延伸"全链条

珠海强戒所根据心理循证的结果，为每一位戒毒人员制订完整的戒治计划。"四区"及"一延伸"是完成整体戒治计划的5个步骤。珠海强戒所针对每一个阶段戒毒人员的心理认知特征，沿着知—信—行的路径开展戒治工作，将"四区"紧密连接，将所内戒治与所外延伸帮扶形成一体化运作格局。"五中心"是整体戒治使用的各种专业手段。珠海强戒所针对不同戒毒人员的情况，使"五中心"以专业手段协同作战，带来更好的戒治效果。

第一，生理脱毒区：心理循证戒治工作的开端。珠海强戒所戒毒医疗中心与珠海市中西医结合医院、珠海市第三人民医院、广州华佑戒毒医院合作，在该区开展更优质的生理脱毒医疗戒治工作。除此之外，作为心理循证戒治工作的开端，珠海强戒所心理矫治中心强调在生理脱毒阶段引入心理矫治工作的重要性，通过在生理脱毒过程中，戒毒民警对戒毒人员的陪伴、照顾、心理治疗，建立双方的信任感；通过入所谈话、心理测试，展开心理循证工作。诊断评估中心着力在该区通过观察、测试等手段，记录戒毒人员三个等级的戒断逆力评估指标，制作"戒毒人员心理循证档案"。在戒治计划实施全过程中，"戒毒人员心理循证档案"将在"四区"间不断更新、流转，由此将"四区"紧密衔接起来。

第二，教育适应区：心理循证戒治工作进入认知改造阶段。根据心理循证的结果，珠海强戒所心理矫治中心着力在该区开展戒毒人员认知改造工作。心理矫治中心邀请心理戒治专家团队入所开展心理健康教育、团体心理辅导及其他帮教活动，并通过持续的个体心理咨询，针对 90 个样本的不同心理认知特征，实施不同的心理戒治方法。

一是正念减压疗法（适用 90 例，占比 100%），针对戒毒人员戒毒动机弱的认知问题，通过静坐或呼吸调节等方法，让戒毒人员集中注意力，觉察自己的身体与情绪状态，促使其产生一种"能意识到的"觉察模式，而不是一种习惯化、自动化的浑然模式。接着训练戒毒人员运用自己内在的身心力量面对而不是逃避内在和外显的困难，为自己培育"正念"。

二是认知行为疗法（适用 83 例，占比 92.22%），针对戒毒人员抑郁、焦虑和不合理认识导致的心理认知问题，通过改变思维和行为的方法来改变不良认知结构，并通过认知行为技术与戒毒人员一起建立起合理的认知和适宜的行为方式。

三是心理社会治疗模式（适用 44 例，占比 48.89%），针对戒毒人员原生家庭关系、夫妻关系、朋友关系恶化或断裂而产生的心理认知问题，通过模拟各种社会情境，了解戒毒人员身处情境的感受、想法和需求，仔细观察周围环境对其施加的影响，改造个体认知，使其逐步适应并融入环境。

四是理性情绪疗法（适用 32 例，占比 35.56%），针对戒毒人员由于家庭教育不统一，缺乏正面引导，容易产生逆反情绪以及不良的、非理性的生活方式，通过引导其确认内心真实需求；训练学会控制情绪、保持理性信念。

五是自我效能提升法（适用 23 例，占比 25.56%），针对戒毒人员的负面自我评价，通过评估戒毒人员能力，找到可控环境，引导其利用所拥有的技能去完成某项工作，并对自己完成工作能力进行评估，由此逐步确立戒毒人员的积极行为动机。自我效能感的形成因素主要有六个方面：自身的成败经验、替代经验或模仿、想象经验、言语劝说、情绪唤起、情境条件，其中自身的成败经验居于首位。除了以上 5 种心理戒治方法，心理治疗中心还使用了沙盘情绪宣泄疗法、VR 模拟疗法等。

珠海强戒所还强调诊断评估中心在该区落实分级处遇管理制度,通过采取星级评定办法,实现对戒毒人员的正向激励。教育矫正中心在该区开展法律宣讲、中医入所看诊、云课堂、曙光听书会、音视频名家课程等活动。通过丰富戒毒人员的知识,加强系统的心理健康教育学习,从而改造戒毒人员的心理认知。

第三,康复巩固区:心理循证戒治工作从认知改造上升到信念、行为巩固阶段。除了心理矫治中心继续在该区开展心理戒治工作以外,珠海强戒所康复训练中心与暨南大学合作,着力在该区推动运动干预项目创新性实践。通过开展太极柔力球、八段锦、抗疫体能操、舞蹈健身舞(pop dance)等个人康复创新运动项目,降低戒毒人员对药物线索的注意偏向,提升其对药物线索的抵抗性,增强戒毒人员戒除毒瘾的执行控制能力。教育矫正中心在该区进一步开展各种学习教育活动、文体活动,与市职业培训中心合作开展线上线下职业技能培训项目,从而巩固戒毒人员的正确认知,并使戒毒人员的正确认知上升到信念、行为层面。

第四,回归指导区:心理循证矫治工作进入全仿真社会环境对抵抗戒断逆力的能力(以下简称"抗逆力")进行检验的阶段。珠海强戒所教育矫治中心着力在该区建立同伴互助组织,加强外来亲属探视、亲情电话、书信交流,组织社会团体入院区交流等,尽可能在场所内打造仿真社会环境,让戒毒人员在仿真社会环境中进行抗逆力训练,从而预防戒毒人员回归社会后,由于抵抗不了真实社会环境中的各种戒断逆力而走回复吸道路。

珠海强戒所心理矫治中心强调在该区开展出所前心理适应性训练课程;教育矫正中心开展关于防复吸的健康知识宣传活动、电影主题教育活动、线上禁毒普法"空中课堂"活动,以及就业指导、推介等活动。评估诊断中心通过出所前谈话、测试,进一步完善"戒毒人员心理循证档案",做好出所前评估诊断工作。

第五,"一延伸":心理循证戒治工作进入场所外维持戒毒人员稳定抗逆力的阶段。珠海强戒所在戒毒人员出所回归社会后,着力通过权利救济使解戒人员能够保持稳定的抗逆力。珠海强戒所针对戒毒人员的权利救济需求，尤其是针对戒毒人员的尊严权、发展权、财产权、劳动权等权利，强调激发解戒人员的主观能动性，戒毒民警加强与解戒人员联系，和解戒人员一起解决各种实际困难。包括组织技能培训班、促进就业安置；开展家庭回访工作，提升家庭支持；开展同伴教育服务、关怀调适服务、持续帮扶服务等；开展多元化宣传、教育，尽可能减少社会歧视，促使更多的力量来关怀、救助解戒人员，尽可能保障其人格尊严。

综上，珠海强戒所用心理循证戒毒工作融合"四区五心中""一延伸"，真正实现统一模式的实体化、一体化运行；建立了完整的戒毒链条，使珠海强戒工作成为一个区域分设、专业戒治、医教并重、有效衔接的工作体系。

三 珠海心理循证戒毒取得的成效

2018年至今，珠海强戒所通过将心理循证戒毒贯穿于统一模式建设的各环节中，落实了"以人为本、科学戒毒、综合矫治、关怀救助"的戒毒工作原则，各方面工作成绩斐然。

近年来，珠海强戒所获得的殊荣有："广东省现代化文明戒毒所"（全省第一批一级强戒所）、"全国司法行政戒毒系统一级安全警戒护卫机构"（广东省内唯一获此殊荣的地市强戒所）、"广东省司法行政戒毒系统教育矫治工作考核优秀单位"、"珠海市抗击新冠肺炎疫情先进集体"。2021年，珠海强戒所连续19年被评为"全国司法行政戒毒系统'六无'强制隔离戒毒所"①，获司法部通报表扬。由于抓住了统一模式的"神"与"魂"，珠海强戒所统一模式建设实现跨越式发展。

（一）强戒工作实现从"管理教育"到"助人自助"的转变

通过心理循证戒毒，珠海强戒所转变了工作思路、观念、方法，取得了

---

① 无毒品流入场所、无戒毒人员脱逃、无戒毒人员非正常死亡、无所内案件发生、无生产安全事故、无重大疫情和食品安全事件。

显著成效。

一是工作思路的转变。传统强戒工作思路侧重于对戒毒人员的管理教育，通过外力改造戒毒人员的行为。心理循证戒毒的本质是用生命唤醒生命，用爱助人自助，给予戒毒人员"爱"的熏陶，逐步改变戒毒人员的思维方式，实现戒毒人员身体、精神、心灵的整体健康。

二是工作观念的转变。传统强戒工作对戒毒的认识形成了"一朝吸毒，终身戒毒"的观念，这对戒毒民警认识到戒毒工作的长期性、复杂性有一定帮助。然而，心理循证戒毒更加强调"不慎吸毒，一念戒毒"的观念，用"不慎"从心理上弱化戒毒人员当初选择吸毒动机中的恶意，用"一念"强调戒毒过程中戒毒人员的主体性力量；强调戒毒民警对戒毒人员的信任，坚定相信每一个戒毒人员都能戒戒毒瘾；强调戒毒民警能够看到戒毒人员的愧疚、负罪感、痛苦、挣扎甚至是绝望，把他们从不可救药的"坏人""阴暗心理""社会渣滓""烂仔"等角色中解脱出来。

三是工作方法的转变。传统强戒工作讲究工作方法的一般性、普遍性，而心理循证戒毒的工作方法聚焦戒毒人员的心理认知特征，采用不同的戒治方法，体现以人为本、科学戒毒的特点。

因此，心理循证戒毒摆脱了传统"就毒品谈戒毒"的戒毒思维惯性，极大地发挥了戒毒人员的主观能动性，给珠海强戒工作注入了强大的生命力。

（二）队伍建设走向以心理循证为基础、以科学研究为带动的专业化发展道路

珠海强戒所围绕心理循证戒治工作的实践与创新，初步打造了一支业务精通、训练有素的戒毒民警队伍。珠海强戒所常规性组织一线民警进行职业技能培训，参加各类资格认证考试。目前，珠海强戒所民警中有教师资格证的6名，企业培训师1名，社区心理服务指导师培训师2名，国家二级心理咨询师3名，国家三级心理咨询师11名，中国心理学会会员9名，国家初级体能康复训练师6名，广东戒毒专家库成员1名。2019年珠海强戒所教

育科科长荣获中国司法部授予的"全国司法行政戒毒工作先进个人"称号，2018 年珠海强戒所戒毒二大队在"广东省司法行政戒毒系统警察警务实战职业技能竞赛选拔赛"中获一等奖。

珠海强戒所进一步整合社会戒毒资源，初步组建一支各戒毒专业一体化的戒治队伍，同时确立了各戒毒专业中心以科学研究活动带动的专业化发展模式，形成了一批有影响力的戒治理论研究成果。

在戒毒医疗方面，珠海强戒所戒毒医疗中心与珠海市心理健康促进会、珠海市中西医结合医院、珠海市第三人民医院、广州华佑戒毒医院合作，2020 年发表理论研究论文《吸食新型毒品与传统毒品强制隔离戒毒人员常见慢性病及体检结果比较分析》，被广东省戒毒管理局评选为优秀论文。

在心理矫治方面，珠海强戒所心理矫治中心与珠海市禁毒基金会、珠海"和道"社区服务中心合作，2020 年珠海强戒所的 3 个案例"运用'心理社会治疗模式'对多次强制隔离戒毒人员陈某开展的综合戒治案例""改善戒毒人员梁某人际关系的心理矫治案例""珠海市强制隔离戒毒所'90'后戒毒人员团体心理辅导"入选司法部"中国法律服务网司法行政（法律服务）案例库"，并在"广东省戒毒矫治在线"上刊登。同年发表的《点亮心灯照亮回家的路》在"2020 年珠海市禁毒社会工作优秀案例评比活动"中荣获一等奖；2019 年心理戒治专家撰写的《心理学视角下禁毒社会工作理念及方法》在"2019 年广东省禁毒社会工作优秀教案评比活动"中荣获三等奖。

在运动康复方面，珠海强戒所康复训练中心与暨南大学合作成立运动戒毒研究基地，2020 年发表的两篇论文《健身操运动对药物成瘾者线索刺激的视觉追踪特点研究》《有氧健身操运动对药物成瘾者与健康成年人认知抑制能力影响的比较研究》，被第十二届全国体育科学大会录取，入选"运动戒毒与康复训练"专题。

（三）操守保持率持续上升并处于省内领先水平

2018 年以来，为贯彻落实司法部"将一年内和三年内的操守保持率列为司法部戒毒工作核心的统计和考核指标"的意见,珠海强戒所对解戒人员开展三年操守保持率调查。调查方式采取实地走访、电话连线、视频访谈、问卷填写等线上线下相结合的方式,与解戒人员访谈、与解戒人员家属交流,同时对解戒人员进行尿检,并查阅社区戒毒工作台账及社区康复人员毒品检测记录,全面准确地掌握解戒人员回归社会后的家庭、生活、就业、操守保持等第一手资料,计算出有效的操守保持率。

根据珠海市有关部门提供的权威数据,2016～2019 年,珠海市未复吸人数分别是:2016 年 8647 人、2017 年 11624 人、2018 年 15977 人、2019 年 19721 人,珠海市三年操守保持率 2020 年达到 93.1%,2021 达到 97.13%。因为国内各省份在该数据的计算方法上不统一,所以采用与珠海同一计算方法的数据进行对比,2020 年部分省市的三年操守保持率为:云南省 34%、广东省 46%、北京市 59.23%、上海市 35%。2021 年广东省部分城市的三年操守保持率为:深圳市 93%、东莞市 94%、江门市 76.9%。由此可见,珠海市三年操守保持率在广东省内甚至在国内都居于领先水平。

珠海市其他核心戒毒数据也在不断进步。2017～2020 年,珠海市对戒断三年人员、社会流动人员以及高危场所从业人员等重点群体开展吸毒检测(含毛发检测),检出毒品阳性反应的嫌疑人数占全部检验人数比例连年下降,分别是:2017 年 3.56%、2018 年 2.94%、2019 年 0.48%,2020 年检测 85917 人(毛发检测 17889 人),阳性率 0.24%。珠海市社区戒毒康复执行率逐步上升,2016 年达 86.64%,在广东省排名第四;2017 年达 96.86%,在广东省排名第一;2020 年达 99.8%,继续领跑全省。

四 展望

(一)心理循证戒毒工作规范化实现新突破

通过 3 年的实践与探索,珠海市强戒所心理循证戒毒工作已取得明显成效。接下来,珠海强戒所将进一步沿着心理循证戒毒工作的思路深耕细作,使心理循证戒毒工作在规范化方面实现新的突破。

珠海强戒所将进一步建立心理循证戒毒工作的规章体系，用以明确强戒工作的核心框架、目标任务、基本内容、工作要求等重要问题；建立心理循证戒毒工作的评价标准体系，让戒毒民警对自己每一项工作的效果都有明确的判断标准；建立心理循证戒毒工作流程体系，让"四区五中心""一延伸"真正实现实体化、一体化。总之，通过心理循证戒毒工作规范化，将珠海司法行政戒毒统一模式打造成为制度更加完善、基层基础更加坚实、工作特色更加明显、戒治质量更加优良的工作体系。

（二）心理循证戒毒工作专业水平再上新台阶

珠海强戒所已经初步建立了一支以心理循证戒毒为基础、以科学研究为带动的专业化戒治队伍。接下来，珠海强戒所将进一步加强队伍专业化建设，使本所心理循证戒毒工作的专业化水平再上新的台阶。

珠海强戒所将进一步面向全国整合戒毒专业资源，与国内顶尖的毒瘾戒治团队合作，以此夯实本所的戒治专业力量；进一步探索总结更具实践性、针对性的心理循证戒治方法，使本所心理循证戒治工作的手段更科学、效果更明显；进一步加强强制隔离戒毒的科学研究工作，不断探索前沿领域，形成一批能够付诸实践的创新性理论成果。总之，通过不断提升心理循证戒治工作的专业化水平，让珠海强戒所的心理循证戒毒工作能够更好地服务于全国统一模式建设，能够与世界先进戒毒理论对话，展现社会主义司法行政戒毒工作的优势。

强制隔离戒毒工作是一个复杂的工程，其本质就是做人的工作，与人性弱点作斗争，戒治生命中毒品产生的种种病灶。珠海强戒所锚定统一模式建设的核心目标，找准制约强戒工作的根本问题，为强戒工作提供了心理循证戒治的思路，切中了强戒工作的要领，并通过心理循证戒毒将"四区五中心"真正融合成为完整的戒毒链条。未来，珠海强戒所将坚定不移地以习近平新时代中国特色社会主义思想为指导，以"以人为本、科学戒毒、综合矫治、关怀救助"的戒毒工作基本原则为遵循，始终保持"日积跬步、终至千里"的态度，希望能为全国统一模式的推进作出更大的贡献。

B.22
香洲区公益诉讼服务民生
建设的路径探索

珠海市香洲区人民检察院公益诉讼课题组*

摘　要： 　随着新时代我国社会主要矛盾的变化，人民群众对衣食住行等"民生痛点"领域的诉求日益强烈，探索检察机关公益诉讼服务保障民生路径，是检察公益诉讼制度的重要课题。珠海市香洲区人民检察院积极推进公益诉讼，大力拓展案件来源、提升办案数量，通过专项监督、诉前程序，督促行政机关主动履职，提高检察建议质量，协同共治维护社会公益。未来，针对公益诉讼服务保障民生建设的实践困难，检察机关还需进一步稳妥拓展公益诉讼案件范围，保障检察机关调查核实权，把好行政权与检察权衔接关，加强公益诉讼队伍素质能力建设，助力珠海民生建设，打造民生幸福样板城市。

关键词： 　检察公益诉讼　依法行政　民生建设

一　公益诉讼服务民生建设路径概述

检察机关提起公益诉讼，是为了代表人民的利益，反映的是人民的呼

　* 课题组负责人：肖力，珠海市香洲区人民检察院党组成员、副检察长。课题组成员：方中伟，珠海市香洲区人民检察院第四检察部主任、一级检察官。执笔人：彭佳丽，珠海市香洲区人民检察院第四检察部检察官助理。

声，"公益代表"的身份定位实质就是代表人民。为了人民，代表人民，依靠人民，凸显了我国检察公益诉讼的人民性特点。推动公益诉讼服务保障民生是推动公益诉讼健康发展的必由之路。检察机关不仅要围绕民生关注点，着眼于集中反映疑点难点积极履行职能，还要聚焦公益领域空白点拓展职能。

（一）围绕民生关注点履行职能

根据《民事诉讼法》和《行政诉讼法》的规定，人民检察院在生态环境和资源保护、食品药品安全、国有财产保护、国有土地使用权出让等侵害国家利益或者社会公共利益领域有提起公益诉讼的权力。《人民检察院公益诉讼办案规则》第67条进一步将未成年人保护纳入行政公益诉讼范围。第85条也将侵犯未成年人合法权益，侵害英雄烈士等的姓名、肖像、名誉、荣誉等损害社会公共利益的违法行为纳入民事公益诉讼领域。在上述检察公益诉讼传统业务中，生态环境和资源保护、食品药品安全、侵害未成年人合法权益等领域案件与人民群众生活息息相关，影响人民群众身体健康、生活环境和城市面貌。围绕民生重点领域，着力解决群众"急愁难盼"问题是检察公益诉讼服务民生建设的题中应有之义。

（二）聚焦公益空白点拓展职能

上述法规对公益诉讼案件具体适用范围进行列举之外，还使用了"等"字，以兜底性的规定为检察机关拓展公益诉讼案件预留了空间。公益诉讼最大的特点在于为公共利益服务，公共利益则是指广大人民群众的利益，涉及国家及社会的方方面面，范围广且不断扩大。生态环境、消费者权益保护等领域都是近年来发生较多、对公共利益侵害较重、群众反映较多的领域，但实践中仍然有许多领域公共利益受到侵害而得不到救济。因此，我国的公益诉讼范围应当进行扩展。最高人民检察院检察长在全国检察长会议上提出，要扎实规范推进公益诉讼检察工作，办好"4＋1"领域案件，积极稳妥探索扩展新领域案件。

立法中的"等"字一方面体现了立法者相对谨慎的立法态度，另一方面也体现了立法者对公益诉讼制度发展的开放思维和前景展望。因此，既要严格依照法律规定，不随意扩大理解，又要从保护公共利益、满足人民群众美好生活期待的实际需要出发，遵循立法精神对检察机关提起公益诉讼范围进行积极、稳妥、适度解释，以更好地发挥这项制度的作用和价值。在公益领域空白点，如公民信息安全、特殊群体保护等领域拓展检察职能，维护民生民利，是检察机关公益诉讼服务民生建设的又一路径。

二　香洲区检察院公益诉讼服务民生建设的具体实践

民生是人民幸福之基，社会和谐之本，香洲区人民检察院（以下简称"香洲区检察院"）不仅在传统领域如生态环境保护、食品药品安全领域实现办案全覆盖，而且在"等"外进行探索，拓宽公益诉讼服务民生保障的路径。通过加大办案力度、扩大办案规模、优化办案结构和提升办案质效，持续增强人民获得感、幸福感。

（一）拓展案件来源，大幅提升办案数量

香洲区检察院注重内部协作，通过12309检察服务中心移送，建立案件管理部门刑事案件信息定期推送机制，发现公益诉讼案件线索，同时，加强外部协作，依托与行政机关工作对接机制，持续加大案件线索发现力度。发挥检察一体化优势，按照上下统一、横向协作、内部整合、总体统筹的检察一体化原则，加强对上级检察机关交办、转办案件的办理。香洲区检察院2021年公益诉讼立案总数80余件，同比增长约100%，其中在红色资源保护、个人信息保护、特殊群体保护等新领域立案19件。

（二）创新监督方式，有效提升办案质量

1.围绕专项活动，夯实着力点

开展专项监督活动是检察公益诉讼充分发挥监督职能的重要工作模式和

途径。香洲区检察院开展"公益诉讼守护美好生活"专项活动，除食品药品安全、生态环境和资源保护等人民群众反映强烈的传统重点领域外，还积极稳妥探索公益诉讼新领域，聚焦人民群众对美好生活的向往。通过开展人体生物学特征采集识别系统、英雄烈士纪念设施保护、无障碍设施建设和完善等专项监督行动，形成以专项活动推动类案办理、以类案办理推动社会治理的良好态势。

2. 重视诉前程序，督促行政机关主动履职

公益诉讼并非"零和博弈"。在诉前阶段解决问题、维护公益是检察机关开展公益诉讼工作最实际的追求，也是公益诉讼制度价值的重要体现。香洲区检察院坚持把诉前实现维护公益目的作为最佳司法状态，运用公益诉讼告知函、磋商会、听证、检察建议等方式促进行政机关及时自我纠错履行职责，达到监督目的，取得良好效果。例如，针对商圈、公园等公共场所无障碍设施缺失、设计不合理或被占用等情况，香洲区检察院对香洲区文体局、住建局、城管局、街道办事处等政府职能部门立案并审查，通过召开诉前磋商会议，促成职能部门及时整改紧迫问题并积极制定长期完善计划。职能部门积极履职，提高无障碍设施建设水平，保障了弱势群体平等参与社会生活的权利，社会公共利益得到有效维护。2021 年，香洲区检察院行政公益诉讼案件通过诉前程序解决公益诉讼受损问题，行政机关诉前整改率达 100%。

3. 强化调查核实，提高检察建议质量

调查取证是公益诉讼检察办案的基础，调查的质量和效果直接影响诉前检察建议的针对性和刚性[①]。香洲区检察院在办理公益诉讼新领域案件过程中，注重运用多种方式调查收集证据，充分运用高新科技与检察工作的有机融合，以提高检察建议的针对性。在办理英雄烈士纪念设施保护案件时，检察官通过全面梳理、电话调查、实地调研等发现烈士陵园管理缺陷，并及时向政府工作部门发出检察建议，督促其积极履行管理职责，明确保护责任，

---

① 高杰：《检察公益诉讼制度若干问题思考》，《法治研究》2021 年第 1 期。

公共利益得以维护。在珠海市人民检察院的统筹协调下，香洲区检察院摸排辖区内人体生物学特征采集识别系统使用情况，重点走访调查居民小区，核查"刷脸"门禁所涉及采集、管理个人信息是否合规的问题，梳理问题清单后制发检察建议，督促公安机关积极整改并排查风险。

4. 强化落实整改，开展公益诉讼"回头看"专项活动

香洲区检察院通过实地走访、查看现场、查阅台账资料等方式，建立案件清单，关注行政机关检察建议落实整改情况，对于行政机关未采取整改措施的，提起行政公益诉讼。加强跟踪监督工作，发挥监督职能，保证案件质效。截至目前，在排查中未发现行政机关虚假整改及事后反弹等情况。

（三）凝聚社会共识，协同共治维护社会公益

1. 保持与行政机关的良性互动

香洲区检察院加强与行政机关的沟通，建立以信息共享、协作配合、线索移送、证据收集、结果反馈等为内容的协作机制。与政府职能部门就两法衔接、信息共享、联合执法等达成共识，形成合力维护公共利益。例如，针对辖区内建设工程施工噪声扰民、扬尘污染、废水排放等问题，香洲区检察院办案组约请市、区两级城市管理和综合执法局、住房和城乡建设局召开诉前磋商会议，全方位了解行政机关监管的程序与举措。在多方努力下，辖区内建设工程施工噪声扰民问题得到有效解决，实现"办理一案、警示一片"的良好社会效果和法律效果，实现了双赢多赢共赢。

2. 增进与人民法院的共识

香洲区检察院积极同法院构建公益诉讼线索双向移送机制，主动与法院就公益诉讼案件受理管辖、审理程序、法律适用等问题进行探讨，完善公益诉讼机制，提高司法质效。例如，在办理刘某等人贩卖公民个人信息提起刑事附带民事公益诉讼案件中，积极就诉讼请求、法律适用、证据标准、赔偿金额等法律问题与法院进行沟通，最后被告人在判决前公开道歉并赔偿，全部诉讼请求得以实现，案件在层报广东省人民检察院审批后撤诉。

3. 争取社会广泛支持

香洲区检察院开展公益诉讼检察法律法规和经典案例宣传，鼓励群众提供案件线索，积极参与公益诉讼，提升公益诉讼的社会认知度和群众获得感。有效扩大了检察公益诉讼的社会影响力，公益保护共识正逐步形成。

（四）加强队伍建设，提升公益诉讼办案专业水平

一是加强学习培训，强化业务素能。香洲区检察院派员参加国家检察官学院探索公益诉讼新领域培训班，学员在部门内传导学习内容、分享学习心得；发挥"检答网"学习交流平台载体作用，就目前公益诉讼案件存在的困难进行梳理，学习其他地区检察机关先进经验，补齐能力不足短板。通过系统化的公益诉讼检察业务学习，办案人员充分理解公益诉讼相关知识，并尽可能将学习成效转化为工作成果，努力办好每一件公益诉讼案子。

二是建立符合公益诉讼检察办案规律和工作特点的检察官绩效考评体系。香洲区检察院结合基层检察院工作特点，经上级检察机关批准，建立公益诉讼办案检察官绩效考评体系。从质量、效率、效果三个维度考察检察官公益诉讼案件办理情况，将"等"外扩展新领域案件纳入检察官业绩考评指标，增强干警办案积极性和主动性；将诉前和解、撤诉、整改，诉前建议被采纳整改等情况作为正面指标，按件加分，促进案件在诉前阶段解决，节约司法资源；将检察建议落实情况纳入考评指标，督促检察官经常"回头看"，提升公益诉讼办案质效。

香洲区检察院办理公益诉讼案件不仅聚焦人民群众关心关注的重点领域，在生态环境和资源保护、食品药品安全领域持续发力，积极参与蓝天、碧水、净土、舌尖保卫战，主动回应人民群众在法治、安全、环境等方面的期待，而且积极探索公益诉讼新领域，守护人民群众个人信息安全、社会特殊群体出行安全等，拓宽了公益诉讼服务民生保障的路径。通过拓展公益诉讼案件来源、创新监督手段、凝聚社会共识和加强队伍建设的方式，检察机关积极发挥公益诉讼检察职责，扩大办案规模，提升办案质效，切实做好公共利益的守护者。

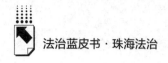

三　公益诉讼服务保障民生建设实践难题

（一）公共利益界定存在争议

检察机关是公共利益的守护者。公共利益的界定对公益诉讼办案具有重要意义，如果不能对社会公共利益作出明确界定，就可能导致司法实践中过度保护公共利益或者保护不足而损害私人权利。公共利益的概念抽象模糊，较难进行恰当概括。在立法层面，虽然"公共利益"一词出现在宪法等诸多法律法规中，但目前我国法律没有对公共利益进行具体解释，检察机关难以准确把握社会公共利益受侵害的标准，影响检察机关公益诉讼案件范围，关系到侵害消费者权益、劳动者权益等案件能否进入公益诉讼领域，也造成实践中行政机关、法院与检察院意见难以达成统一，相同或相似的情形可能出现不同的处理结果。

（二）法律未对新领域进行明确或指引

对"等"字的解释涉及公益诉讼受案范围问题，而案件范围宽窄决定了检察权对行政权司法监督的力度，也直接影响法院行使司法裁判权的范围，更直接决定公共利益在多大程度上能够通过司法监督得到维护①。最高人民检察院下发了公益诉讼新领域案件的指导意见，明确了公共卫生和安全、弱势群体保护、个人信息保护等公益诉讼新领域。但法律法规未明确"等"字含义，拓展案件范围界定模糊，检察机关在"等"外领域提起公益诉讼缺乏参照指引，影响办案积极性和效率，法院在法律法规未明确的情况下也难以支持检察机关的诉讼请求。

（三）调查核实权缺乏刚性保障

《人民检察院公益诉讼办案规则》规定了检察机关的六种调查方式，包

---

① 参见王万华《完善检察机关提起行政公益诉讼制度的若干问题》，《法学杂志》2018 年第 1 期。

括查阅、询问、收集证据、咨询、委托鉴定、勘验等。每一种调查方式都需要调查对象的配合，可能会遭到调查对象的拒绝或干扰。同时，检察机关调查核实不得采取限制人身自由以及查封、扣押、冻结等强制性措施。检察机关运行该项权力面临较大阻力。一方面，行政机关因对公益诉讼不够了解而对检察机关办理案件产生抵触情绪，特别是对新领域案件界定难以达成一致时，可能出现消极不配合的情况；另一方面，由于法律或司法解释对检察机关开展公益诉讼调查核实权的规定过于原则，检察机关办理公益诉讼案件时调查取证难度大。

（四）公益诉讼案件办理存在的具体问题

公益诉讼案件涉及范围广、专业性要求高，如文物和文化保护、安全生产等领域对专业知识水平要求较高，检察人员由于知识结构、办案经验等原因限制，此类案件办理阻力较大；目前一些基层检察院的民事、行政、公益诉讼三大检察业务由一个部门负责，存在公益诉讼办案人员不足、精力有限等问题。

四　检察机关公益诉讼服务民生建设展望

（一）细化公益诉讼相关的法律规定

2021 年 7 月 1 日起实施的《人民检察院公益诉讼办案规则》明确和细化了检察公益诉讼办案的标准和要求，并在优化诉前程序、丰富调查手段、增强建议刚性、完善诉讼请求等方面探索创设新机制。为进一步指导实践工作，建议出台相关司法解释，明确公益诉讼办案程序，使办案程序趋于标准化、规范化。

（二）积极稳妥拓展公益诉讼案件范围

检察机关是公共利益的守护者，保护公共利益只有进行时，没有完成时。公益诉讼需要不断探索与实践，进一步聚焦公益领域空白点，拓展检察职能，回应新时代人民群众的期盼，拓展公益诉讼的案件范围。首先，应当坚持合法性原则，办好法律规定领域的公益诉讼案件，再根据地方专项决定等明确支持的公益诉讼新领域办理案件。其次，要坚持公益诉讼谦抑性、稳妥性原则，找准平衡点，慎重开展公益诉讼新领域的探索，严格立案标准，要求严重侵害公益、人民群众反映强烈、缺乏适格诉讼主体和救济途径、作为公益保护无明显争议的案件方可立案审查。最后，要坚持实践可行性原则，在探索公益诉讼新领域案件过程中，应更侧重关注可行性、可操作性，而不是追求空泛的理论进步。盲目从理论上创新公益诉讼案件范围，无法实现维护社会公共利益的目的。制度的生命在于实践，只有专注实践，才能达到拓展公益诉讼案件范围的良好效果。

（三）保障检察机关调查核实权

公益诉讼是检察机关行使监督权的表现，为减小监督权运行的阻力，保障检察机关公益诉讼案件取证更为顺利，立法应当对调查核实权运行的范围、行使方式及手段、保障措施等作出系统完整设计。可以赋予检察机关必要的强制取证权，如查封、扣押、冻结；明确不履行证据协助义务的法律后果，对妨碍调查取证的单位及个人根据其行为情节轻重处以罚款、司法拘留等强制措施等。同时，还应细化调查取证程序，严格设置检察机关采取强制取证权和制裁措施的条件，通过程序约束，防止检察机关调查核实权的恣意。在外部沟通协调方面，检察机关可以与相关部门建立信息共享机制，如联合多方主体，以会签文等形式开展公益诉讼通报、协调、交流等工作，减小调查取证的阻力，保障公益诉讼办案顺利进行。

（四）处理好行政权与检察权衔接关系

行政执法相较于诉讼更为迅速便捷，维护公共利益首先应当是行政机关的职责。在公共利益受损害时，应由行政机关履行法定职责，在其怠于履职情况下，检察机关才可以通过公益诉讼手段督促其履职。因此，检察机关应明确权力界限，尊重行政权，找准自身定位，不能超越职权，检察公益诉讼权行使不能过分扩张。检察机关在办理公益诉讼案件时，应处理好行政权与检察权的衔接关系，防止因检察权过分扩张对行政权造成干扰。同时树立"双赢多赢共赢""通过诉前程序实现维护公益目的是最佳司法状态"等司法办案理念，积极利用不具有诉讼特点但具有监督作用的诉前程序，通过诉前磋商、听证、圆桌会议、检察建议等方式，督促行政机关履职。

（五）加强公益诉讼队伍素质能力建设

公益诉讼案件涉及面广、较为复杂，公益诉讼新领域案件对办案人员专业知识水平要求高，应加强检察机关专业化建设。首先，应加强业务学习和培训，提升办案人员整体素质能力。组织各地检察人员培训，开展公益诉讼新领域案件办理经验交流，学习各地先进经验。强调重视案例的学习，在公益诉讼法律规范较为欠缺的情况下，案例不仅能够起到工作指导作用，在一定程度上还具有规范价值，为检察机关办案法律适用提供参考，弥补现有规范的不足。其次，要加强科技手段与检察办案的融合，运用人工智能、大数据分析、互联网等技术手段辅助办案，在线索收集、法律检索、案例分析等方面发挥作用，提升公益诉讼工作成效。最后，要借助"外脑"，通过专家咨询论证、专业人才助力等方式补足检察机关内部能力短板。

结　语

公益诉讼检察的本质定位，是法律监督职能的时代回应，即因应新时代人民群众对美好生活的新需要，检察机关以诉讼方式履行宪法赋予的法律监督职能，更好地促进国家治理、维护公共利益[①]。人民群众对美好生活的需要日益增长，不仅对物质文化生活提出了更高要求，而且在民主、法治、公

[①]　庄永廉、李浩、胡卫列、梁田、常锋：《如何做好新时代公益诉讼检察工作》，《人民检察》2019 年第 23 期。

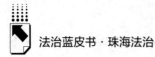

平、正义、安全、环境等方面的要求日益增长。顺应人民群众美好生活的需要，推动公益诉讼工作更上一层楼，在更高起点、更高层次、更高目标上高质量解决好人民群众最关心、最直接、最现实的利益问题。基层检察院应关注民生，从服务大局的高度出发，切实履行法律监督职权，积极探索公益诉讼的工作机制，使法律监督权向民生领域延伸。一方面，要结合党和政府的中心工作，加大重点领域公益诉讼办案力度。持续关注食品药品安全、生态环境资源保护、红色革命资源保护等领域，从源头上密切关注、排查公共卫生安全风险点，守护人民群众的美好生活。另一方面，要立足公益核心，积极稳妥探索新领域公益诉讼工作，如影响社会主义市场经济类的案件、文物和历史遗产保护、安全生产、个人信息保护、大数据安全、互联网侵害等领域。未来，检察机关将以坚定的勇气、踏实的作风，办好民生实事，提升工作成效，让"民生幸福标杆"从愿景照进现实。

B.23
创新推进市域社会治理的
斗门实践与展望

中共珠海市斗门区委政法委员会课题组*

摘　要： 为加强和创新市域社会治理，推进市域社会治理现代化。珠海市斗门区积极探索具有时代特征、斗门特色、基层特点的社会治理新模式，取得较好成效。但在实施过程中，也面临社会矛盾和风险积聚凸显、利益诉求多元化、党建引领网格化服务管理效能不足等问题。斗门区将进一步加强顶层设计，高起点高水平推进市域社会治理；坚持党建引领，加快构建综合网格管理服务体系；推进资源整合，全力提升矛盾纠纷防范化解水平；突出多元共治，努力构建共建共治共享的市域社会治理新格局。

关键词： 市域社会治理　网格化服务　共建共治共享

　　党的十八大以来，以习近平同志为核心的党中央高度重视市域社会治理工作，作出战略部署、提出明确要求。党的十九届五中全会进一步提出，"加强和创新市域社会治理，推进市域社会治理现代化"，这集中凸显了市域社会治理现代化的重要性和紧迫性，为我们在全面建设社会主义现代化国家新征程中，提高社会治理效能和水平指明了方向、提供了根本遵循。

　　珠海市斗门区面积674.8平方千米，下辖五镇一街，有101个行政村、

---

　　* 课题组负责人：郑木水，中共珠海市斗门区委常委、政法委员会书记。课题组成员：武涛、邹丽娟、王挺。执笔人：王挺，中共珠海市斗门区委政法委员会科员。

28个社区居委会，常住人口60.89万，其中人户分离人口31.5万人。近年来，斗门区在加快构建"政府主导、社会支持、各方参与、群众受益"的社会治理新格局进程中，认真贯彻落实以人民为中心的发展思想，以共建共治共享为导向，以持续提升人民幸福感、安全感和满意度为出发点和归宿，以深化党建引领、强化系统思维、推动技术赋能、解决群众诉求为落脚点，积极探索具有时代特征、斗门特色、基层特点的社会治理新模式，确保市域社会治理各项工作一体推进、取得实效。

一 实践与成效

（一）构建党建引领新格局，发挥党组织领导核心作用

中国共产党的领导是中国特色社会主义最本质的特征，是中国特色社会主义制度的最大优势。随着经济社会快速发展，社会利益关系日趋复杂，社会矛盾和问题积聚凸显，社会治理面临的形势和环境更为复杂。这就迫切要求基层党组织有效统筹不同部门、不同行业、不同群体之间的利益关系，提高城市建设、管理和服务水平，不断加强和创新社会治理，把党的领导充分体现在市域社会治理的最末梢。

1.全面加强党的组织体系建设

斗门区积极实施村（社区）"两委"干部选聘分离，722名村（社区）"两委"干部考核合格被聘为党群服务中心领导成员；高质量完成2021年村级换届，100%实现村党组织书记、村委会主任和村集体经济组织负责人"一肩挑"；精准整顿软弱涣散党组织37个，处理涉黑涉恶村"两委"成员5人，清理不符合条件的村"两委"成员18人，农村政治环境得到净化；围绕组织设置、班子建设、发展党员、组织生活、党员教育、阵地建设、党群一体化等方面20项内容，查摆整改问题3204个，整改完成率100%；成立全市首个农业电商类党委——斗门区农业电商党委，打造市级"两新"组织党组织联系点、示范点和培育点共5个，选树建功立业大湾区"先锋"

企业 3 家，培育党建强发展强"双强"企业 4 家，成立"红色业委会"党支部 7 个，打造市级"红色业委会"创建示范点 1 个，建设全市首个"两新"党组织党校，助推"两新"党建百花齐放成果丰硕。

2. 着力集聚社会治理各方人才

斗门区以《关于贯彻落实"珠海英才计划"为新时代斗门经济社会发展提供人才保障的实施意见》为总纲，出台"黄杨英才计划"，配套制定《关于推动企业发挥引才育才主体作用的若干措施》《关于联合高等院校、社会团体等机构推动人才工作发展的若干措施》《关于加快乡村振兴战略人才集聚的若干措施》，落实 37 项实施细则，累计引进人才 5.7 万人。实施"顶尖人才引育计划""高层次人才支持计划""青年创新人才培养计划"等系列人才引聚工程，设立斗门乡村振兴战略研究院等产业研究院，与高等院校、科研院所开展智库建设，建成全区首家博士后科研工作站，累计吸引、培育高层次人才 20 人，博士、博士后 56 人。

3. 不断夯实党建为民服务阵地

作为社会治理创新工程的重要一环，斗门区在全市率先成立 129 个村级党群服务中心，作为党建引领社会治理的平台。2020 年，斗门区已投入 9000 万元建设改造 30 个村级党群服务中心。2021 年，再选取 30 个村的党群服务中心进行统一改造，融入新时代文明实践中心、文化活动中心、医疗卫生服务中心、社会组织服务中心、法律服务中心、综治中心等"六大中心"功能，将其打造成为集政务服务、社会治理、公益服务等于一体的多功能综合体。党群服务中心在提供 43 项基本公共服务的同时，也常态化组织开展文体娱乐、康复医疗、居家养老、法律咨询、农业生产等日常服务。

（二）化综治网格为综合网格，拓展市域社会治理新路径

斗门区因人口流动性强，管理对象复杂，是珠海市治安管理难度较大的地区之一。高密度富集的人流、物流、资金流、信息流在有力驱动斗门区社会经济加快发展的同时，也对网格化管理服务效能提出了挑战。

1. 持续推进社会治安综合治理网格化管理

"十三五"以来，斗门区全面推行社会治安综合治理网格化管理，持续推进区、镇（街道）综治中心规范化建设，全面构建了以镇（街道）综治中心为枢纽、以网格为单元、以综治力量为主导、以综治信息系统为支撑、以职能部门为主体的工作体系；最大限度整合和利用现有设在基层的各系统指挥信息资源，推进网格化服务管理标准化建设，实现了"中心＋网格化＋信息化"工作模式；形成了党委和政府统一领导、政法综治部门牵头协调、各有关部门协同配合、社会各方力量踊跃参与的综治网格服务管理工作格局。目前，斗门区共划分网格417个，配备网格员439人。2016年至2021年10月，全区网格员共上报网格事件26422件，结案26286件，结案率99.49%，在协助执法机关破获各类案件、开展普法宣传、收集民情民意、排除安全隐患、化解矛盾纠纷等工作中发挥了重要作用。

2. 探索建设综合网格社会治理体系

由于综治网格在人员配备、网格管理、数据共享等方面均不足以应对当前社会发展的困境，斗门区以共建共治共享为立足点，大力推进综合网格建设。在人员配备方面，综合网格拟设置网格长、专职网格员、兼职网格员、专业网格员，按照"属地管理、统一调配、多元合一、一员多用"原则配足配强综合网格员队伍，强化网格员队伍教育培训，实行定期量化考核，切实增强网络员工作动力，确保责任落实到位。在网格管理、数据共享方面，斗门区正在研发综合网格信息管理系统，围绕基层社会治理"一张图"要求，嵌入综治组织及综合业务、实有人口、特殊人群、重点青少年、社会治安、矛盾纠纷排查化解、护路护线等业务数据模块和网格地图、指挥调度、监督考核、研判分析、平安指数等拓展应用模块，横向上整合区各职能部门相关信息数据，纵向上开通区、镇（街道）、村（社区）三级管理权限，推动问题受理、分析研判、分流交办、督导考核等工作全部依靠信息系统运行，全程留痕、一键可查、精准高效①。

---

① 李文成：《聚力打造全科智慧网格　助力推进市域社会治理现代化》，《民主与法制时报》2020年9月8日。

（三）创新矛盾化解体系，着力构建大调解工作格局

人民调解工作是维护和保障社会稳定的基石。斗门区准确把握社会发展的新形势和新要求，践行发展"枫桥经验"，以"防调为主、源头化解"为宗旨，着力打造"个人品牌调解"服务，创新建立"1＋3＋N"矛盾化解体系，构建大调解工作格局。2021年1～10月，斗门区各级人民调解组织共受理纠纷案件2121宗，调解成功2121宗，成功率100％，涉及金额3980.69万元，涉及人数4560人。多篇调解简报被"学习强国"学习平台、"广东司法行政"、《珠江晚报》、观海融媒等媒体平台采用。

1. 创新"1＋3＋N"矛盾化解体系

为打通解决基层矛盾纠纷"最后一公里"，斗门区积极对标新时代新思想，以"整合资源、同步推进、合理设置、注重实效"为原则，以解决影响社会和谐稳定突出问题为突破口，整合基层社会治理资源，构成"1＋3＋N"矛盾化解体系，充分发挥"1"（人民调解员）＋"3"（党代表、人大代表和政协委员）＋"N"［镇（街道）驻村（社区）干部、村（社区）法律顾问、志愿者（包括平安志愿者、新时代文明实践志愿者、党员志愿者）］等下沉村（社区）参与矛盾化解，发挥各类人员的优势，不断拓宽多元化解工作领域，做到情况掌握在基层、问题解决在基层、矛盾化解在基层、工作推动在基层、感情融洽在基层，切实增强人民群众的获得感、幸福感、安全感。

2. 加强"个人调解品牌"建设

斗门区着力打造特色调解工作品牌，先后成立"郭青文调解工作室""邝莲芳调解工作室""梁国裕调解工作室""邝小媚调解工作室"4家个人调解工作室。自4家个人调解工作室成立以来，共受理矛盾纠纷379件，成功调解379件，成功率100％。其中，井岸镇人民调解委员会"郭青文调解工作室"自2019年12月设立后，多次成功调解农民工欠薪、劳资纠纷等复杂案件，涉案金额达70多万元。该人民调解员因调解成效突出被司法部授予2020年度"全国模范人民调解员"称号。

（四）施行"五四三"机制，推进特殊人群服务管理

近两年，针对社区矫正人员、刑满释放人员、严重精神障碍患者、吸毒人员等特殊人群服务管理，斗门区积极探索、持续发力。在管理手段上，由防范型向平等型、服务型、无偿型管理转变；在工作方法上，由严格监管为主向管理、教育、服务并重转变。通过进一步做好特殊人群服务管理工作，集中化解了涉及特殊人群重点人员的社会矛盾，最大限度消除了涉及特殊人群的社会不稳定因素，确保斗门区社会大局持续稳定。

1. 推行"五化"社区矫正、安置帮教工作体系

落户走访，服务管理"精准化"。司法社工与社区矫正专干、司法警察一同落户走访服务管理对象，告知相关注意事项，及时了解服务管理对象的思想、生活、就业等基本情况，对发现的问题做到及时报告、及时介入，预防重新违法犯罪。教育学习，服务管理"素质化"。每月通过组织集体教育、分类教育、个别教育、心理健康教育等方式，有针对性地开展教育矫正帮扶活动，修复其价值观、人生观，增强遵纪守法意识。志愿活动，服务管理"社会化"。积极组织服务管理对象参与社区志愿服务，通过劳动修复社会关系，培养社会责任感、集体观念和纪律意识，从而更好地融入社会。专业团队，服务管理"科学化"。2021年全区共新建4个安置帮教基地，涉及文化传播、农业技术、培训教育等领域，为"刑释解矫"人员提供学习、工作就业等培训服务。生活帮扶，服务管理"个别化"。根据服务管理对象的性别、年龄、犯罪原因、犯罪类型、犯罪情节、悔罪表现等情况，制定针对性的方案，鼓励与帮助服务管理对象早日回归社区、融入社会。

2. 围绕"四精"开展严重精神障碍患者救治救助

斗门区通过精心抓好组织保障、精密开展走访排查、精细落实服务管控、精准开展宣传活动，确保严重精神障碍患者"应治尽治，应管尽管，应收尽收，应助尽助"。斗门区积极在春节、"五一"、"七一"等重要节点走访排查，落实各项救治救助措施，确保不漏管、不脱管；对流浪乞讨人员中的精神障碍患者进行及时救助，严格按照程序落实送治，经医生专业鉴定

后办理入院诊治；区别患者实际情况，用足用活现有医保、社保、低保、特困供养救助等政策资源，妥善解决患者就医、就业及家庭生活等方面的实际困难；利用"世界精神卫生日""全国助残日"等定期开展"精防日"科普宣传、义诊活动，现场派发宣传资料，向群众宣传精神障碍有关知识，提高人们的识别能力以及精神健康的自我保健，逐步改变人们对精神障碍以及精神障碍患者的偏见。

3. 落实"三从"促进全区毒情形势持续好转

斗门区以"毒品三年行动计划"、全面推进珠海市创建全国禁毒示范城市工作为指引，从严开展吸毒检测、从细分级排查管控、从实加强禁毒宣传。紧密结合"禁毒两打两控""净边""清隐"等专项打击整治，进一步建立完善禁毒执法打防工作机制，提升打击、管控效能；对社会面吸毒人员完成风险评估工作并将其纳入网格，实现分类定级率100%、管控率100%，社区戒毒和社区康复实现执行率100%、报到率100%，有效遏制毒品问题在斗门区发展蔓延；通过开展禁毒骑行、"端午棕飘香，温情暖社区"主题活动、"漫"说禁毒展览、禁毒知识线上挑战赛、拍摄禁毒小视频等形式的线上线下禁毒宣传工作，时刻提醒群众加强自我防护意识，切实做到防疫禁毒两不误。

（五）广泛汇聚各方力量，构筑多元主体社会治理体系

市域社会治理不是党和政府的"独角戏"。斗门区以"成立一个市域社会治理创新中心、组建一支市域社会治理专家智库团队、打造一个市域社会治理创新示范平台、选树一批具有影响力的社会组织、探索一种市域社会治理新模式"为导向，筹建斗门区社会治理创新中心，以举办市域社会治理创新项目评选活动为抓手，鼓励社会力量参与基层社会治理，激活群众参与市域社会治理的内生动力，努力构筑多元主体群策群力的社会治理体系，助力市域社会治理提档升级。

1. 打造特色市域社会治理实践创新项目

斗门区委政法委、区委宣传部、区民政局联合开展了新时代文明实践创

新项目暨市域社会治理创新项目评选活动,吸引全市近百家党政机关、企事业单位、社会机构、民间组织参与。活动中,主办方在吸收借鉴先进地区经验的基础上,立足斗门实际,精心组织、扎实推进,认真做好项目征集、项目初审、现场复审、优化提升、成果展示五个阶段的工作,圆满完成了评选活动的各项内容,最终从132个申报项目中遴选并确定符合"以人民为中心,精准对接群众需求,群众喜闻乐见"活动主旨的30个"优秀项目"和16个"最佳项目"。主办方还特别邀请领域内专家学者对获选项目进行个性化、全方位优化提升,推动项目成果转化,并予以经费和政策支持,促进项目在斗门区落地实施。活动的关注度、参与度、好评度都史无前例,有力推动了斗门乡村振兴、新时代文明实践、市域社会治理现代化融合发展。

2. 加快建设斗门区市域社会治理创新中心

为推进斗门区市域社会治理创新中心(以下简称"创新中心")运营更具有指引性和方向性,斗门区制定了三年规划,按照前后有序、分步推进的原则,分为筹备阶段、初期运营阶段、成熟运营阶段推进工作。筹备阶段主要是针对斗门区市域社会治理现状存在的需求及社区问题进行摸查调研,搭建创新中心的组织架构,推进中心实体化运作。初期运营阶段则根据斗门区市域社会治理发展状况,进一步整合汇聚社会多元力量资源,优化服务类社会组织、公益类社会组织、行业枢纽型社会组织的治理行动,以市域社会治理创新大赛、公益创投等方式给予相应的培育扶持及治理水平优化。成熟运营阶段回顾初期运营阶段历程,提炼优秀经验成果,总结工作教训,对斗门区市域社会治理的多方社会组织进行治理品牌建设、打造、推广。

(六)丰富社会治理抓手,用文化为社会治理创新"点睛"

文化是国家和社会进步发展的推动力,丰富文化活动内容、满足群众的不同文化需求,对于社会治理意义重大。市民文化节作为斗门区四大品牌节庆活动之一,汇聚全区全年重大文化活动,是区委、区政府实施文化惠民的重要方式之一。目前,斗门区已连续举办了八届覆盖全区、贯穿全年的市民文化节,构建起全方位现代公共文化服务体系,吸引各类社会力量有序参与，搭建共建共享共治平台，逐步探索以文化力量推动社会治理的新途径。

1. 以文化人，夯实社会治理基础

2021 年斗门区市民文化节以"臻善致雅 悦彩斗门"为主题，在全区范围内开展文化艺术培训、民俗文化展示、文化艺术演出、惠民服务配送等 2000 多场线上线下文化惠民活动。市民文化节坚持传统文化与现代文化交流融合，在巩固斗门区民间艺术大巡游、民俗文化展、水上婚嫁集体婚礼、戏剧曲艺大赛等传统品牌文化活动的基础上，策划出新年音乐会、中秋灯会、河畔之声音乐会等一批契合群众需求的新型沉浸式文化活动，使其成为群众了解公共文化政策、参与社会治理的重要平台和渠道。同时，以市民文化节为切入点，加强区、镇（街道）、村（社区）三级公共文化队伍建设，提升队伍的组织协调能力、自主策划能力和社会治理参与度。

2. 以文凝心，涵养社会治理自觉

围绕社会主义核心价值观和优秀传统文化内涵，开展各类文化活动，营造爱党爱国的良好氛围，为社会治理筑牢坚实的思想根基。例如，举办庆祝中国共产党成立 100 周年合唱大赛和专题展览，通过讴歌党的丰功伟绩，营造厚重的颂党敬党爱党氛围；举办"童心向党"斗门区第三十四届青少儿艺术花会，通过展示新时代斗门区青少年儿童风采，繁荣校园文化生活；举办"文化传承 筑梦斗门"文化遗产宣传展示系列活动，通过宣传推广斗门丰富的民俗元素和多元文化资源，提高市民群众文化遗产保护意识，营造良好的文化遗产保护发展氛围；举办珠港澳三地青年中华传统成人礼，通过传承发扬中华优秀传统文化，强化粤港澳三地文化交流融合，增强港澳青年文化认同感。

3. 以文牵引，搭建社会治理平台

斗门区坚持"一核多维、共建共享"的社会治理思路，对市民文化节的各项活动，积极倡导社会力量办节，广泛吸纳社会力量参与，进一步拓宽和优化了文化服务供给的渠道和路径。通过微信公众号等平台，邀请广大市民建言献策，从中优选具有合理性、创见性、可操作性，符合市民文化需求

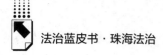
的"金点子"纳入总体方案。陆续建立群众性文艺团体扶持培育办法、文化引才到基层等扶持办法，搭建斗门区公共文化服务人才库，鼓励人才资源配送公益文化服务到基层，进一步激发后疫情时代文化创新活力，让市民文化节成为社会治理的公众平台。

二　存在的难点和不足

随着粤港澳大湾区三地融合发展不断深化，横琴粤澳深度合作区加快建设，经贸活动日益频繁，人财物流动愈发活跃。斗门区作为珠海三大行政区之一，在"四区"叠加的战略机遇期，要更好发挥独特的先天区位、产业支撑、资源禀赋等方面优势，提升全区发展活力，攻坚克难，加快补齐社会治理体系的短板和弱项。

（一）社会矛盾和风险积聚凸显，利益诉求多元化

斗门区既是传统农业乡邻社会，又有集群的工业园区，是农业、工业交叉发展的地区。随着经济社会的发展，婚姻家庭、邻里等传统矛盾已经向征地拆迁、劳动争议、工伤等复杂纠纷扩展，特别是土地承包、农村宅基地以及因园区企业改制引发的劳资纠纷问题相对突出。一些纠纷错综复杂，纠纷主体相对集中在同一区域，具有人员相对较为集中、利益要求基本一致、问题复杂难以解决的特点。历史遗留问题与新问题交织导致矛盾涉及范围广、人员多，影响较大。

（二）党建引领网格化服务管理效能有待加强

目前，全区共有439名兼职网格员，没有专职网格员。兼职网格员主要是村（社区）"两委"成员兼任，在承担了本职工作的同时，参与网格工作的力量不足、精力不够，无法完全满足开展网格化服务管理业务需求。各部门结合各自业务特点划分网格，各类网格划分标准不一，造成设在基层站、所网格众多，尚未形成网格治理合力。数据管理部门的各类数据分散在各业

务部门处于"信息孤岛"状态，缺乏对数据的统一管理以及数据共享的主动更新机制，对重点业务的分析研判达不到应有的效果。

（三）共建共治共享的社会治理格局尚未完全形成

构建共建共治共享的社会治理格局是适应社会主要矛盾转化与建设社会治理共同体的必然要求，但当下市域社会治理的多元主体尚未完全适应自身定位。政府强调对社会的权威和单方面管理；部分企业只注重如何赢利，忽视自身的社会责任；社会组织发育程度不一、独立性不强、参与度不高；部分群众缺乏责任感和参与热情，只愿意享受社会治理带来的便利，而不愿监督他人和自我约束，各种因素叠加导致共建共治共享的社会治理格局尚未完全形成[①]。

三　未来展望

发展中的问题必须由发展来解决，斗门区将继续坚持稳中求进工作总基调，践行共建共治共享理念，不断完善党委领导、政府负责、民主协商、社会协同、公众参与、法治保障、科技支撑的社会治理体系，切实提高社会治理社会化、法治化、智能化、专业化水平，努力建设人人有责、人人尽责、人人享有的社会治理共同体。

（一）加强顶层设计，高起点高水平推进市域社会治理

把推进市域社会治理现代化作为党政"一把手"工程，各级各部门主要负责人为市域社会治理工作的第一责任人。积极对标对接中央、省、市关于开展市域社会治理现代化试点工作新要求，加强统筹谋划，研究制定适应时代需求、体现斗门特色的市域社会治理现代化规划方案。优化整合存量资

---

① 沈建军、王京星、李雯瑶：《共建共治共享社会治理的乐山实践与探索》，《中共乐山市委党校学报》2021 年 3 月 9 日。

金，加大财政投入力度，不断挖掘社会资源，拓宽社会资本参与市域社会治理的渠道，保障市域社会治理的充分供给。将制度现代化作为驱动市域社会治理现代化的强大动力，统筹推进各领域、各层面、各环节市域社会治理制度建设。完善市域社会治理现代化考评指标，对各类责任主体完成社会治理目标任务的进度、质量、效果进行检查评估，将市域社会治理工作作为重要内容纳入年度平安建设考评。

（二）坚持党建引领，加快构建综合网格管理服务体系

加强党对社会治理的全面领导，夯实社会治理的"地基"。以"党建+综合网格"模式，充分发挥基层党组织在综合网格管理中的领导核心作用及党员干部在网格化基层治理中的先锋模范作用。依托"一条贯穿的党建红线、一个高效的组织架构、一张全覆盖的综合网格、一支精干的网格员队伍、一套科学的运行机制、一个实用的信息管理系统、一套有效的考核体系"的"七个一"基本构架，统筹网格内综治、应急、卫健、人社、消防、市场监管、生态环境、自然资源、禁毒、城市管理等部门社会治理工作事项，打造"多网合一、一网多格、一格多员、一员多能、一岗多责"的一体化闭环管理模式，明确各部门职责，整合资源、健全机制，有效激发社会治理活力，实现"微事不出格、小事不出村、大事不出镇、矛盾不上交"，促进社会治理社会化、法治化、智能化、专业化。

（三）推进资源整合，全力提升矛盾纠纷防范化解水平

常态化开展矛盾纠纷排查化解，持续抓好"1+3+N"矛盾化解体系建设，加强对参与"1+3+N"矛盾化解体系的各类人员的人民调解业务指导，建立长效机制，推进工作常态化。充分发挥个人调解工作室的示范引领作用，收集梳理典型案例，总结推广先进经验，推动形成人民调解的"斗门经验"。着力推进更高水平的阳光信访、法治信访和责任信访建设，健全分类处理工作机制，确保各类信访问题依法合理分流。完善诉访分离制度，做好衔接工作，健全导入司法程序依法处理机制，建立健全涉法涉诉信访依

法终结制度。继续加强"粤心安"社会心理服务工作站（室）实体化建设工作，组建一支以心理辅导人员、社会工作者为专职，以村（社区）干部、社区（驻村）民警、网格员、人民调解员、志愿者为兼职的社会心理服务队伍。健全政府、社区、家庭"三位一体"帮扶体系，加强人文关怀和心理疏导，帮助特殊人群融入社会。

（四）突出多元共治，努力构建市域社会治理新格局

树立开放融合的现代思维，在坚持党委领导、政府负责的同时，调动社会参与积极性，发挥人民群众的主人翁精神，为共建共治共享拓展广阔的空间[①]。有序推进群团组织体制改革，创新党建带群建制度机制，构建小机关、大网络，强基层、全覆盖的群团组织体系，广泛组织各个方面群众参与社会治理。建立完善市场主体履行社会责任的评估和激励奖惩机制，对获得相应评价等级的市场主体，政府相关部门在政策法规框架内提供更加便利的服务，鼓励企业利用技术、数据、人才优势参与社会治理[②]。健全辖区内社会组织孵化培育、人才培养、资金支持机制，优化社会组织发展环境和发展空间，大力培育发展与社会治理事务相关的社会组织。广泛开展宣传教育活动，大力加强文化建设，激发群众主人翁意识，涵养"社会进步靠大家"的实干精神。着力构建群众参与社会治理的平台和载体，拓宽群众参与渠道，完善群众参与机制，最大限度地调动群众参与的积极性、主动性、创造性。

[①] 郭声琨：《坚持和完善共建共治共享的社会治理制度》，《人民日报》2019 年 11 月 28 日。
[②] 陈一新：《加强和创新社会治理》，《人民日报》2021 年 1 月 22 日。

大 事 记

Highlights

B.24
2021年珠海法治大事记

1. 2021 年 1 月 6 日，经珠海市委机构编制委员会办公室批准，珠海市社区矫正管理局成立。

2. 2021 年 1 月 8 日，经珠海市委办公室、珠海市人民政府办公室批准，珠海市社区矫正委员会成立。

3. 2021 年 1 月 8 日，珠海市中级人民法院与国家税务总局、珠海市税务局等 15 家相关部门联合印发《关于完善破产工作府院联动协调机制的实施意见》。

4. 2021 年 1 月 13 日，珠海市法律援助处在驻珠团以上军警部队、各区人武部建立涉军维权法律援助工作站，在军队离职干部休养所建立涉军维权法律援助联络点，实现全市军人军属法律援助全覆盖。

5. 2021 年 1 月 15 日，珠海市中级人民法院会同珠海市市场监督管理局签订《关于共建珠海市知识产权侵权惩罚机制合作备忘录》，加大珠海市知识产权行政执法与司法保护力度。

6. 2021 年 1 月 19 日召开的中国共产党珠海市第八届委员会第 190 次常

委会会议，同意中共珠海市委全面依法治市委员会办公室的《珠海市行政复议体制改革实施方案》。

7. 2021年1月29日，珠海市金湾区、珠海经济技术开发区开启一体化运作。

8. 2021年2月1日，珠海市24个镇街开始实行镇街综合行政执法改革，第一批调整1887项行政处罚权及与之相关的行政检查权、行政强制权。

9. 珠海市高新区秉承"律达天下，法润人心"的核心理念，精心打造了特色法治文化品牌——淇澳"律道小径"，于2021年2月试运行，将律道延伸至古村街巷。

10. 2021年2月4日，珠海市知识产权纠纷人民调解委员会和珠港澳知识产权调解中心在珠海工商大厦正式揭牌成立，珠海市市场监督管理局与珠海市司法局共同签署了知识产权保护合作协议。

11. 2021年2月4日，珠海市破产管理人协会成立。

12. 2021年2月5日，中共珠海市委全面依法治市委员会办公室下发《关于2020年度市直规范性文件合法性审查及各区政府规范性文件备案监督工作情况的通报》，强化规范性文件监督管理。

13. 2021年2月21日，中华人民共和国拱北海关在全国海关系统率先印发《拱北海关2021年度普法责任清单》和12个隶属海关等两级普法责任清单，推出普法任务43项。

14. 2021年2月25日，珠海市工业和信息化局出台《珠海市促进实体经济高质量发展专项资金（技术改造及技术创新扶持用途）管理实施细则》，促进工业经济高质量发展。

15. 2021年3月1日，在广东省128个县（市、区）开展的2020年度广东省县（市、区）普法依法治理工作网上量化评估考评中，珠海市香洲区获评全省并列排名第一，这是香洲区连续两年获此成绩。

16. 2021年3月1日，《珠海经济特区排水管理条例》施行。

17. 2021年3月1日，《珠海市文明行为条例》施行，是珠海市精神文明建设法治化进程中的重要"里程碑"。

18. 2021 年 3 月 2 日，珠海市人民政府办公室印发《珠海市全面推行证明事项告知承诺制工作实施方案》，从制度层面进一步解决企业和群众办证多、办事难等问题。

19. 2021 年 3 月 3 日，珠海市人民检察院率先在全省实现中国检察听证网平台直播互联网公开听证。

20. 2021 年 3 月 13 日，珠海市公安局创新推出道路交通管理"路长制"工作机制，构建起"路路有人管、事事有落实"的交管格局。首批 108 名"路长"到位后，全市早晚高峰期路面见警率提高了近 15%，交通事故、车辆故障等突发情况的主动发现率达到了 70% 以上，中心城区交通警情到场时间缩短了约 40%。

21. 2021 年 3 月 13 日，珠海市人民政府重新制定发布《珠海市既有住宅增设电梯指导意见的通知》，对既有住宅增设电梯事项免于办理建设工程规划许可，将增设电梯由原来的部门行政许可事项调整为居民自治自理、街道主动服务的社区服务事项。

22. 2021 年 3 月，司法部、民政部公布第八批"全国民主法治示范村（社区）"名单，珠海市香洲区拱北街道茂盛社区和珠海市斗门区井岸镇草朗村上榜。

23. 2021 年 3 月 15 日，珠海市人民政府出台《珠海市人民政府关于修改〈珠海市村镇规划建设管理办法〉〈珠海经济特区城乡规划条例实施办法〉的决定》，取消了"既有住宅建筑增设电梯的，应当征得本建筑单元内全体业主的同意"的"一票否决"限制条款，实际操作中按"双三分之二"业主同意即可申报加装电梯，破解老旧小区加装电梯难题。

24. 2021 年 3 月 17 日，珠海印发《中共珠海市委全面依法治市委员会办公室关于加强镇街综合行政执法规范化建设的实施意见》。

25. 2021 年 3 月 18 日起，中共珠海市委全面依法治市委员会办公室、珠海市司法局联合对珠海市 2020 年市区镇三级政府、市区两级政府部门的法治政府建设年度报告制度落实情况进行了书面督查，全市 112 个单位按期报告率、按期公开率均为 100%。

26. 2021 年 3 月 19 日，珠海市司法局召开公证工作服务粤港澳大湾区建设交流会。广东省司法厅和香港、澳门、杭州市公证行业有关负责人员，中国公证协会及珠海高校相关专家学者进行交流讨论。

27. 2021 年 3 月 19 日，珠海市斗门区委全面依法治区委员会在全市率先印发《珠海市斗门区行政复议体制改革实施方案》，由斗门区人民政府统一行使本级行政复议职责。

28. 2021 年 3 月 22 日，原珠海横琴新区人民法院开展"内地调解员 + 香港调解员"联合在线调解，高效化解一起借贷跨境纠纷，这是珠海首例运用联合调解机制化解跨境纠纷的案件。该机制入选在珠海市复制推广横琴自贸片区第五批改革创新举措。

29. 2021 年 3 月 26 日，珠海市人民检察院出台《关于进一步强化知识产权保护工作 保障和促进高质量发展的实施意见》，提出 12 条措施，率先在全国检察机关探索知识产权检察职能统一集中行使新模式。

30. 2021 年 3 月 28 日，珠海市人民政府报送的"张某某不服珠海市公安局交通警察支队行政处罚"一案行政复议决定书获评司法部行政复议与应诉局及中国法学会主办的首届"全国行政复议优秀文书"奖。

31. 2021 年 3 月 30 日，原横琴新区"物业城市"治理模式和金湾社会创新谷入选中国社会治理研究会"全国市域社会治理创新优秀案例（2020）"。

32. 2021 年 3 月 31 日，珠海市第九届人民代表大会常务委员会第三十八次会议审议通过《珠海市人民代表大会常务委员会关于镇街综合行政执法的决定》，授权珠海市首批 10 类行政执法事项调整由镇街行使。

33. 2021 年 3 月 31 日，《珠海国际仲裁院条例》经珠海市第九届人民代表大会常务委员会第三十八次会议审议通过，于 2021 年 5 月 1 日正式施行。该条例率先将一批国际通行、对接港澳的仲裁规则在法规中明确，是珠海运用经济特区立法权落实《粤港澳大湾区发展规划纲要》的一项重要举措。

34. 2021 年 3 月 31 日，珠海市斗门区白藤街道办事处完成全市首单二维码行政处罚缴款，将创新执法手段与科技相结合，提升执行效率。

35. 2021 年 4 月 1 日，珠海率先在全省成立"珠海市公益诉讼检察指挥中心"。

36. 2021 年 4 月 6 日，珠海市斗门区人民法院发出珠海首份预罚款决定书。

37. 2021 年 4 月 7 日，全省第一支大学生社区矫正志愿者团队在珠海科技学院建立，面向全市未成年社区矫正对象开展服务。

38. 2021 年 4 月 11 日，珠海市工业和信息化局印发《珠海市促进实体经济高质量发展专项资金（促进生物医药产业发展用途）管理实施细则》，推动生物医药产业高质量发展。

39. 2021 年 4 月 12 日，中共珠海市委全面依法治市委员会办公室印发《珠海市 2021 年度法治督察工作计划》。

40. 2021 年 4 月 14 日，珠海市中级人民法院与中国人民银行珠海市中心支行、珠海银保监分局、珠海市金融工作局联合出台《关于全面推进金融纠纷多元化解机制建设的实施意见》，获评珠海市政法系统"我为群众办实事"十大优秀项目。

41. 2021 年 4 月 15 日，珠海市依法行政教育基地揭牌仪式在珠海市金湾区人民法院举行。该基地由中共珠海市委全面依法治市委员会办公室、珠海市司法局和珠海市金湾区人民法院联合打造。

42. 2021 年 4 月 19 日，社保便民服务中心在珠海市社会保险基金管理中心正式揭牌，标志着珠海市税务局、珠海市人力资源和社会保障局联合打造的"一厅联办"社保便民服务正式上线。

43. 2021 年 4 月 19 日，中共珠海市委全面依法治市委员会守法普法协调小组办公室印发《2021 年珠海市普法依法治理工作要点》。

44. 2021 年 4 月 25 日，珠海市工业和信息化局印发《珠海市促进实体经济高质量发展专项资金（促进 5G 网络建设及产业发展用途）管理实施细则》（珠工信〔2021〕82 号），规范资金管理。

45. 2021 年 4 月 25 日，珠海市斗门区人民政府印发《珠海市斗门区人民政府办公室关于设立斗门区行政复议咨询委员会的通知》，在全市率先设立斗门区行政复议咨询委员会。

46. 2021年4月26日（世界知识产权日），珠海市市场监督管理局（知识产权局）与珠海市中级人民法院、珠海市人民检察院、珠海市公安局、珠海市司法局、珠海市版权局、珠海市文化广电体育旅游局、珠海市农业农村局、珠海市知识产权保护中心、拱北海关等10家单位签订《珠海市知识产权司法与行政协同保护框架协议》，统一知识产权行政执法标准和司法裁判标准、完善行政执法和司法衔接机制。

47. 2021年4月27日，珠海市中级人民法院与珠海市知识产权保护中心在共同签署《关于建立知识产权民事纠纷诉调对接机制的合作协议》的基础上，联合成立知识产权诉调对接工作室，并在珠海市中级人民法院揭牌。

48. 2021年4月28日，原珠海横琴新区劳动人事争议仲裁委员会与东莞市、佛山市、中山市、广州南沙自贸区劳动人事争议仲裁委员会，签署劳动争议仲裁区域合作RC5协议，推动提升跨区域案件办理质效。

49. 2021年4月29日，珠海市法律援助处荣获"广东省五一劳动奖状"。

50. 2021年5月1日，《珠海经济特区出租屋管理条例》施行。

51. 2021年5月1日，《珠海市征收（征用）土地青苗及地上附着物补偿办法》施行。

52. 2021年5月12日，珠海市香洲区人民法院依法适用《刑法修正案（十一）》，宣判全市首宗高空抛物刑事案件。

53. 2021年5月16日，珠海市香洲区委全面依法治区委员会印发《珠海市香洲区行政复议体制改革实施方案》，香洲区人民政府统一行使本级行政复议职责，并成立香洲区行政复议咨询委员会。

54. 2021年5月17日，珠海市人民检察院与珠海市河长制办公室联合印发《关于建立"河长+检察长"协作机制的工作意见》，探索公益保护新机制，打造治水管水新模式。

55. 2021年5月17日，珠海市残疾人联合会联合珠海市中级人民法院、珠海市人民检察院、珠海市教育局、珠海市公安局、珠海市民政局、珠海市司法局、珠海市人力资源和社会保障局、珠海市卫生健康局等部门，成立珠海市残疾人法律救助工作站。

56. 2021 年 5 月 18 日上午，中共珠海市委理论学习中心组在市委党校召开专题学习会，深入学习贯彻习近平法治思想，邀请全国人大常委会委员、全国人大监察和司法委员会副主任委员、中国法学会副会长徐显明做专题辅导报告，时任市委书记、市委全面依法治市委员会主任郭永航主持会议。

57. 2021 年 5 月 19 日，中国社会科学院法学研究所、社会科学文献出版社在北京联合举办"2021 法治蓝皮书《中国法治发展报告》《四川依法治省年度报告》《珠海法治发展报告》发布暨中国法治发展研讨会"，此次发布采用线上线下同步方式，北京设主会场，成都和珠海设分会场。中央国家机关的有关部门，各地方政府的有关部门，地方部分法院、检察院、公安系统的领导，京内外大学的专家学者，中央与地方的媒体共计 2000 多人在线观会。中共珠海市委常委、政法委书记、市委全面依法治市委员会副主任、办公室主任张强代表珠海市委市政府发布《珠海法治发展报告 No. 3（2021）》成果。

58. 2021 年 5 月 20 日，珠海市斗门区人民法院横山法庭与斗门区莲洲镇上横派出所共同签署《关于建立人民法庭安全保卫联防联控机制的实施办法》，这是珠海首个"法庭＋派出所"安保联动机制。

59. 2021 年 5 月 26 日，珠海市第九届人民代表大会常务委员会第四十次会议修订通过《珠海经济特区科技创新促进条例》（2021 年 8 月 1 日起施行），条例在多方面进行探索创新。

60. 2021 年 5 月 26 日，珠海市第九届人民代表大会常务委员会第四十次会议通过《珠海市人民代表大会常务委员会关于修改〈珠海市渔港管理条例〉的决定》，促进渔港规范化管理。

61. 2021 年 5 月 27 日，中华人民共和国拱北海关在全国海关系统率先制定印发《拱北海关党委关于深入贯彻落实习近平法治思想的指导意见》，进一步强化党委在推进法治建设中的领导作用，助力服务粤港澳大湾区高质量发展。

62. 2021年5月28日，珠海市斗门区召开行政复议咨询委员会第一次会议。

63. 2021年5月31日，经珠海市金湾区人民政府同意，珠海市金湾区行政复议咨询委员会成立。

64. 2021年5月，珠海市开启"以撤并办税厅为突破口，有效提升线上税费服务质效，逐步融入政务服务一张网"的新一轮税收征管改革，全市16个办税服务厅撤并为7个，办税窗口数量减少66%，释放36%的人力资源。

65. 2021年6月1日，珠海市法律援助处获评司法部"法援惠民生 扶贫奔小康"品牌活动表现突出单位。

66. 2021年6月1日，珠海市基层社会治理工作联席会议办公室印发《关于全面打造基层社会治理"珠海模式"的实施方案》（珠基治联办〔2021〕4号）。

67. 2021年6月1日，《珠海经济特区生活垃圾分类管理条例》施行。

68. 2021年6月1日，广东省普法办、省司法厅、省工业和信息化厅、省国资委、省工商联、省总工会联合印发《关于2020年广东省"法治文化建设示范企业"评选结果的通报》，珠海交通集团有限公司等13家企业获评广东省"法治文化建设示范企业"。

69. 2021年上半年，珠海市把习近平法治思想作为重要内容，纳入新形势下全市干部教育培训规划，在市委党校中青年干部培训班和处级干部进修班"习近平新时代中国特色社会主义思想"研究专题等班次教学计划中开设"深入学习习近平法治思想"等专题课程。

70. 2021年6月，珠海市司法局汇编完成第一批澳门法律制度参考资料，为社会了解澳门法律制度提供查询，为研究粤澳两地制度差异、推动两地规则衔接提供参考。此汇编工作属全省首次。第一批汇编资料一套四册，包括澳门民法典和商法典，以及澳门商事领域22项法律制度，澳门经济领域21项法律制度，合计约110万字。

71. 2021 年 6 月 3 日，珠海市香洲区人民法院在前山街道凤祥社区设立的全市首个"驻社区诉讼服务站"正式揭牌成立。诉讼服务站依托"特邀调解员和人民调解员"两大力量，肩负"一站式多元解纷、一站式诉讼服务、综合性法律服务"三大职能，树立了全市法院与街镇诉讼服务平台共建新标杆。

72. 2021 年 6 月 3 日，《珠海市轨道交通局管理暂行办法》经第九届珠海市人民政府第 100 次常务会议审议通过，自 2021 年 7 月 15 日起施行。这是珠海市第一部以立法形式明确法定机构的属性定位、组织架构、管理运作和职责任务等内容的政府规章。

73. 2021 年 6 月 4 日，珠海市司法局在全省率先出台《司法鉴定工作约谈制度（试行）》，进一步加强珠海市司法鉴定监督管理工作，规范执业行为，提高司法鉴定质量和公信力。

74. 2021 年 6 月 10 日，在中国人民银行广州分行和广东省金融消费权益保护联合会指导下，来自珠海和澳门的 7 家机构领导、代表共同签署了"3＋4"战略合作框架协议，共建跨境金融调解平台。

75. 2021 年 6 月 10 日，根据国家移民管理局《关于为港澳流动渔船内地渔工珠澳小额贸易人员和深圳过境耕作人员签发出入境通行证的通知》，珠海市公安局为全市珠澳小额贸易人员免费签发一年多次有效中华人民共和国出入境通行证。

76. 2021 年 6 月 15 日，珠海市人民政府以废旧立新的方式出台政府规章《珠海经济特区城市更新管理办法》，对珠海市优化产业结构、节约集约用地、改善人居环境、完善城市功能具有重要意义。

77. 2021 年 6 月 19 日，珠海横琴新区公安局举行揭牌仪式。

78. 2021 年 6 月 24 日，珠海市中级人民法院牵头市人民检察院、市公安局、拱北海关缉私局联合印发《关于罪犯送交执行衔接工作有关问题的协作意见》。

79. 2021 年 6 月 29 日，珠海市司法局、珠海市工商联合会、珠海市律师协会建立"百所联百会"联系合作机制，组织动员全市近百家律师事务所与近百家工商联所属商会、区级工商联建立联系合作机制，搭建律师服务民营企业新平台。

80. 2021年6月30日，珠海市气象局起草的《珠海市防雷安全技术服务规范 第1部分：管理》《珠海市防雷安全技术服务规范 第2部分：防雷装置》《珠海市防雷安全技术服务规范 第3部分：隐患排查》，经市场监督管理局批准发布。该系列标准将珠海市多年实践总结的"安全生产网格化管理"和隐患排查工作经验成果制度化。

81. 2021年6月30日，珠海市香洲区联合深圳市南山区等5个市区在广东政务服务网推出"湾区通办"专区，利用省统一身份认证系统实现业务办理"全程网办"。目前，51项高频政务服务事项已实现"湾区通办"。

82. 2021年6月30日，由珠海市政府常务会、市委常委会会议审议通过，珠海市人民政府正式印发实施《珠海市"三线一单"生态环境分区管控方案》。

83. 2021年6月，珠海市强制隔离戒毒所组织本省和云、贵、吉、鄂、甘等6省10所学校1200余名师生参加"禁毒空中课堂"宣讲，20余万人参与直播观看。

84. 2021年6月，珠海市司法局法律援助服务品牌"法援惠民生"获评珠海市政法系统"我为群众办实事"十大优秀项目。

85. 2021年7月，珠海市斗门区司法局井岸司法所专职人民调解员郭青文被评为全国月度"平安英雄"。

86. 2021年7月1日，珠海市出台《珠海市政府立法公众参与办法》，进一步拓展社会公众参与政府立法的广度和深度，完善立法体制机制，坚持科学立法、民主立法、依法立法。

87. 2021年7月1日印发并施行《珠海市医疗保障局关于完善医疗保障有关问题的通知》（珠医保〔2021〕53号），重点完善了特定人员（中国永久居留外国人、内地赴澳劳务人员等）参保、门诊特定病种、异地就医管理政策。

88. 2021年7月1日，《关于进一步规范安全生产和消防安全行政执法与刑事司法衔接工作的实施意见》正式施行，属全省首个以应急、公安、检察院、消防等四部门名义联合制定出台的地方性"两法衔接"制度。

89. 2021 年 7 月 7 日，《珠海市自然资源局关于印发珠海市烂尾楼整治处理办法的通知》（珠自然资字〔2021〕353 号）施行。

90. 2021 年 7 月 9 日，珠海市生态环境局制定规范性文件《珠海市生态环境技术服务专家库管理办法（试行）》。

91. 2021 年 7 月 9 日，珠海市气象局起草的《重大气象灾害气象服务效益评估技术规格》，经广东省市场监督管理局批准发布。

92. 2021 年 7 月 15 日起施行新的《珠海经济特区城市更新管理办法》。

93. 2021 年 7 月 19 日，港珠澳大桥水域"白海豚"海上搜救志愿队成立仪式在港珠澳大桥海事局举行。这是港珠澳大桥水域首支海上搜救志愿队。

94. 2021 年 7 月 26 日，珠海市残疾人联合会联合珠海市发展和改革局、珠海市教育局、珠海市民政局、珠海市人力资源和社会保障局、珠海市卫生健康局、珠海市市场监督管理局出台《珠海市残疾人康复救助定点机构管理办法》。

95. 2021 年 7 月 27 日，在"2021·全国政法智能化建设技术装备及成果展"上，珠海市司法局"司法行政综合业务平台"被评为"智慧司法创新案例"。珠海市司法局是全省首家对司法行政全系列数据建模的地级市司法局。

96. 2021 年 7 月 28 日，珠海市人大常委会办公室印发《2021 年关于更好发挥人大职能作用　促进重点工作、重大项目、重要民生实事加速推进、高效落实的监督工作方案》。

97. 2021 年 7 月 28 日，珠海市不动产登记中心分别与中国工商银行（澳门）股份有限公司、中国银行（澳门）股份有限公司签订深化合作协议，在不动产登记"跨境办"领域开展合作。

98. 2021 年 7 月 30 日，珠海市第九届人民代表大会常务委员会第四十一次会议审议通过《珠海市人民代表大会常务委员会关于加强检察公益诉讼工作的决定》。

99. 2021 年 7 月 31 日，全国首次粤港澳大湾区律师执业考试在深圳、珠海、香港三个考区开考，通过考试并取得内地执业资质的港澳律师可以在粤港澳大湾区九市内从事一定范围的内地法律事务。此次考试对促进粤港澳大湾区以及横琴粤澳深度合作区建设、丰富"一国两制"实践内涵具有重要意义。

100. 2021 年 7 月，珠海市司法局在全省率先上线珠海智慧安帮管理系统，破解"智慧帮教"难题，激发司法行政领域数字创新活力，助力提升珠海市社会治理现代化水平。

101. 2021 年 7 ~ 8 月，中共珠海市委全面依法治市委员会办公室、珠海市司法局联合相关单位，对各区党委依法治区办、第一批调整镇街执法事项的区直部门、各镇政府、各街道办事处，开展镇街综合行政执法改革专项督查。

102. 2021 年 8 月，珠海市斗门区井岸镇新伟社区获评"全国和谐社区建设示范社区""首批全国社会工作服务示范社区"荣誉称号，探索工业园区党建引领基层社会治理的新路子。

103. 2021 年 8 月 4 日，广东省公安厅出入境管理局下发《关于委托横琴新区公安机关出入境管理部门受理签发外国人签证证件工作的通知》，授权珠海市横琴新区公安机关出入境管理部门开展外国人签证证件受理签发工作。

104. 2021 年 8 月 15 日，珠海市医疗保障局印发《珠海市属及部属、省驻珠公立医疗机构基本医疗服务项目价格汇总表（2021 年版）》，细化 7050 个项目价格。

105. 2021 年 8 月 16 日，珠海市司法局在全省率先公开发布全市首批行政复议"十大典型案例"，为珠海建设现代化国际化经济特区营造良好的法治环境。

106. 2021 年 8 月 16 日，珠海国际仲裁院举行揭牌仪式暨第一届理事会、监督审计委员会成立大会，建立了实现决策、执行、监督分立并有序衔接，具有完备现代法人治理结构和全方位实现治理体系现代化的商事仲裁机构。珠海国际仲裁院的前身是 1999 年成立的珠海仲裁委员会。

107. 2021 年 8 月 16 日，珠海市市场监督管理局对市场轻微违法行为免罚清单进行调整和新增，形成了 2021 年版市场轻微违法行为免罚清单（156 项）及免强制清单（9 项）。

108. 2021 年 8 月 17 日，由珠海市、香洲区两级共建的禁毒主题公园揭牌仪式在珠海市香洲区前山街道岱山社区公园举行。

109. 2021 年 8 月 18 日，珠海市人民政府出台政府规章《珠海市城乡建设档案管理办法》，这是珠海市首部明确城乡建设档案规范管理的政府规章。

110. 2021 年 8 月 27 日，经第九届珠海市人民政府第 107 次常务会议审议通过，中共珠海市委全面依法治市委员会印发《珠海市 2021 年依法行政工作要点》。

111. 2021 年 8 月 31 日到 9 月 1 日，全国人大常务委员会执法检查组赴珠海检查贯彻实施《中华人民共和国公证法》情况。

112. 2021 年 8 月，中国社会科学院国家法治指数研究中心、法学研究所与珠海市司法局课题组编写的中国社会科学院地方智库报告《中国行政复议制度改革的珠海实践》一书正式出版发行。

113. 2021 年 9 月 2 日，"金凤鸣法 守护我家"项目在珠海市香洲区凤山街道春晖社区正式启动，广东省首个居民议事团队法治培育基地——"鸣法议事法治培育基地"在此社区正式成立。

114. 2021 年 9 月 2 日，港珠澳大桥海事局、珠海市文化广电旅游体育局、珠海市教育局、珠海市体育运动学校共同举办珠海市少年海事学校暨海事青年志愿服务站签约挂牌仪式，各家单位签署了珠海市少年海事学校共建协议，标志着珠海市首家少年海事学校正式成立。

115. 2021 年 9 月 3 日，中共珠海市金湾区委全面依法治区委员会第三次会议召开。

116. 2021 年 9 月 6 日，由市政府以政府规范性文件形式印发《珠海市政府投资项目管线迁改管理办法》，2021 年 10 月 7 日起实施。

117. 2021 年 9 月 7 日上午，珠海经济特区立法研究中心举行挂牌仪式。

该中心的成立为进一步加强立法队伍建设、开展立法前瞻性研究、加强立法人才培养、提升珠海经济特区立法质量提供了有力的组织保障。

118. 2021年9月8日下午3时,粤澳新通道(青茂口岸)正式开通启用,从全面准确贯彻"一国两制"方针、支持澳门融入国家发展大局的高度出发,全力以赴支持保障青茂口岸顺利开通和高效运作,进一步便利粤澳两地人员跨境往来。

119. 2021年9月8日,珠海市统计局在全国统计系统中率先尝试开展视频连线统计执法检查。该执法方式采取全程"零接触"模式完成相关工作,通过共享屏幕在线查看企业统计员在财税平台现场操作,核查数据波动企业上报数据的真实性,并实现文书资料实时同步传送,减少了对企业的打扰,提高了工作效率,是对常规现场执法检查的有益补充和拓展。

120. 2021年9月9日,珠海市召开2021年度国家机关"谁执法谁普法"履职报告评议暨落实普法责任制联席会议。

121. 2021年9月9日,中华人民共和国拱北海关印发《拱北海关旅检渠道执法矛盾纠纷多元化解工作方案》,以全国最大陆路旅检口岸——拱北口岸为试点,建立"'枫桥经验'实践工作室",将"一看二听三问四讲"普法工作法与行政争议化解有机结合,提出26项具体措施。

122. 2021年9月10日,珠海市不动产登记中心正式开通港澳居民身份证件关联备案服务,完成身份备案的港澳居民可利用来往内地通行证实现线上身份认证,并以此享受内地居民同等的自助服务。

123. 2021年9月16日,珠海市斗门区白藤街道办事处开出全市首单垃圾分类法人罚单。

124. 2021年9月26日,珠海市第九届人民代表大会常务委员会第四十三次会议审议珠海市监察委员会关于反腐败国际追逃追赃工作情况的报告。这是珠海市监察委员会首次向市人大常委会报告专项工作。

125. 2021年9月27日,珠海市第九届人民代表大会常务委员会第四十三次会议审议通过《珠海经济特区突发公共卫生事件应急条例》,于当年12月1日起实施。条例以立法形式总结巩固珠海应对新冠肺炎疫情的实践经验。

126. 2021 年 9 月 27 日，珠海市第九届人民代表大会常务委员会第四十三次会议通过《珠海市人民代表大会常务委员会关于修改〈珠海经济特区物业管理条例〉等三项地方性法规的决定》，根据民法典原则精神，对《珠海经济特区物业管理条例》《珠海经济特区见义勇为人员奖励和保障条例》《珠海经济特区旅游条例》进行了修正。

127. 2021 年 9 月 27 日，珠海市第九届人民代表大会常务委员会第四十三次会议通过《珠海市人民代表大会常务委员会关于修改〈珠海市妇女权益保障条例〉的决定》，于 2021 年 12 月 1 日经广东省第十三届人民代表大会常务委员会第三十七次会议批准。

128. 2021 年 10 月 7 日，《珠海市政府投资项目管线迁改管理办法》开始实施。

129. 2021 年 10 月 8 日，珠海市委全面依法治市工作会议暨市委全面依法治市委员会第六次会议召开。会议传达学习了中央和省委工作会议精神；通报了 2020 年度法治广东建设考评结果；听取了法治建设第一责任人职责情况报告；审议通过了《珠海市关于加强法治乡村建设的实施方案》《关于加强全市党政机关法律顾问和公职律师工作的实施意见》。

130. 2021 年 10 月 13 日，中共珠海市委全面依法治市委员会印发《关于加强法治乡村建设的实施方案》。

131. 2021 年 10 月 14 日，中共珠海市委全面依法治市委员会立法协调小组召开全体会议，通报了珠海市人大常务委员会、珠海市人民政府 2021 年立法工作情况。

132. 2021 年 10 月 18 日，中共珠海市委全面依法治市委员会印发《关于加强全市党政机关法律顾问和公职律师工作的实施意见》，制定 42 条工作措施。这是珠海在全省率先出台的成体系的关于加强党政机关法律顾问工作的市级实施意见。

133. 2021 年 10 月 20 日，珠海高校禁毒宣传创作与创新中心成立，中心由珠海市禁毒办联合广东科学技术职业学院创办，设在广东科学技术职业学院。

134. 2021年10月26日，珠海市不动产登记中心与珠海市银行业协会联合，宣布在全市银行金融机构推广"二手房交易登记＋金融服务"即"五合一"模式。

135. 2021年10月28日，珠海市城市管理和综合执法局"乡村人居环境治理的珠海实践——数字城管下乡，将公共服务延伸至农村"项目，荣获第九届广东省市直机关"先锋杯"工作创新大赛"创新创效"二等奖，成为全省城管系统、珠海市直机关单位中唯一获奖单位。

136. 2021年10月28日，珠海市工业和信息化局出台《珠海市促进工业投资贷款贴息实施办法》，促进工业有效投资。

137. 2021年10～11月，中共珠海市委全面依法治市委员会办公室、珠海市司法局对全市各区、市直各单位开展年度法治督查，向各区书面反馈法治督查意见。

138. 2021年11月1日，珠海市实现市、区、镇（街）三级行政执法主体，全面应用行政执法信息平台和行政执法监督网络平台，实现行政执法全过程网上流转。

139. 2021年11月1日，珠海市人民政府印发《珠海市人才住房管理办法》。

140. 2021年11月1日，珠海市斗门区法律援助处、广东莱特律师事务所荣获第四届全省法律援助先进集体称号，珠海市法律援助处彭祎同志等4人荣获第四届全省法律援助先进个人。

141. 2021年11月3日，中共珠海市斗门区委全面依法治区工作会议暨区委全面依法治区委员会第四次会议召开。

142. 2021年11月10日，珠海市斗门区白藤街道综合执法办成功办理第100个行政处罚案件，成为2021年2月1日综合执法改革以来，全市第一个案件数量破百和执行率达100%的"双百镇街"。

143. 2021年11月11日，《广东省自由贸易实验区海洋生态环境保护检察公益诉讼协作工作意见》会签仪式在广州市南沙区检察院举行。这是前海、南沙、横琴三地自贸区检察机关在《建立广东自由贸易区检察机关合作机制的备忘录》合作机制框架下的一次创新实践，将形成强大的海洋公益保护合力,促进大湾区海洋生态环境治理体系和治理能力现代化。

144. 2021 年 11 月 12 日,珠海市气象局印发《珠海市气象发展"十四五"规划》。

145. 2021 年 11 月 12 日,珠海市城市管理和综合执法局编制的《珠海市城市管理和综合执法常用法律法规汇编》,结合 2019 年以来城市管理领域法律、法规、规章立改废情况,收录 122 部常用法律法规。

146. 2021 年 11 月 15 日,由珠海市斗门区新青科技园文化广场改建而成的平安法治公园正式投入使用。这是斗门区打造的第三个法治文化主题公园。

147. 2021 年 11 月 16 日,珠海市首个自主研发、覆盖社区矫正及安置帮教全流程的测评体系,为全市特殊人群治理提供有效示范。

148. 2021 年 11 月 16 日,中华人民共和国斗门海关与斗门出入境边防检查站共同签署联动机制协议,联合助力保障口岸及周边地区安全稳定,共同筑牢口岸安全堡垒,全力以赴守好国门。

149. 2021 年 11 月 21 日,在第三届广东省法治文化节"崇法心声,我与民法典的故事"优秀普法小使者评选中,珠海中小学生获"一等奖""最佳表演奖""优秀奖"。

150. 珠海市首次开展基本医疗服务市级定价,基本医疗服务价格项目定价 214 个已全部落地实施,有利于提高人民群众医疗保障的获得感。

151. 2021 年 11 月 22 日,珠海市人民政府常务会议审议并原则通过新修订的《珠海市困难群众医疗救助实施办法》。该办法新修订了进一步扩大了医疗救助对象范围,不断增强困难群众的获得感、幸福感、安全感。

152. 2021 年 11 月 23 日,珠海市金湾区三灶镇海澄村被民政部确认为"全国村级议事协商创新实验试点单位"。

153. 2021 年 11 月 23 日,珠海市工业和信息化局出台《珠海市促进集成电路产业发展专项资金管理实施细则》(珠工信〔2021〕214 号),加快推进珠海集成电路产业发展。

154. 2021 年 11 月 29 日下午,珠海首个"法庭 + 司法所 + 社区"联合调解工作室正式挂牌成立。此调解室由斗门区法院五山人民法庭、斗门区司法局乾务司法所、斗门区乾务镇沙龙居民委员会共同设立。

155. 2021年11月30日，珠海市残疾人联合会联合珠海市财政局、珠海市卫生健康局出台《珠海市残疾人辅助器具适配补贴实施办法（试行）》，健全补贴政策，更新辅助器具目录，满足残疾人的个性化需求。

156. 2021年11月，珠海市斗门区人民法院横山人民法庭赵明超法官，珠海市香洲区人民法院高新人民法庭，作为珠海市唯一入选的基层法官和基层法庭，分别被评为广东法院"最美基层法官"、全省十大"最美人民法庭"。

157. 2021年12月1日，珠海成立全省首家高校普法志愿者联盟。联盟由中共珠海市委全面依法治市委员会办公室、珠海市司法局会同中共珠海市委宣传部、团市委、珠海市法学会等多部门共同发起，包括暨南大学珠海校区、北京师范大学珠海园区、北京理工大学珠海学院等7所高校为联盟成员单位。

158. 2021年12月1日，《珠海市促进实体经济高质量发展专项资金（小升规企业奖励）管理实施细则》施行，进一步明确奖励程序和标准，促进全市小微企业规模化发展。

159. 2021年12月1日，《珠海市促进实体经济高质量发展专项资金（中小企业公共服务体系补助）管理实施细则》（珠工信〔2021〕257号）施行，促进中小微企业高质量发展。

160. 2021年12月1日起，《珠海市促进实体经济高质量发展专项资金（融资担保体系补助）管理实施细则》（珠工信〔2021〕256号）施行，提高中小微企业获得贷款融资可及性，降低小微企业融资成本。

161. 2021年12月，珠海市司法局报送的"行政复议全方位综合改革的率先实践"项目获广东省全面依法治省委员会办公室评选的第一批广东省法治政府建设示范项目。

162. 2021年12月2日，珠海市涉外公共法律服务中心正式揭牌成立。该中心立足粤港澳大湾区和横琴粤澳深度合作区公共法律服务需求实际，助力珠海成为珠江口西岸法治建设的新高地、新标杆、新空间。

163. 2021年12月2日，珠海市司法局、珠海市总工会、澳门工会联合

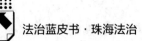

总会共建珠澳（澳珠）劳动者法律服务中心，建立珠澳跨境劳动者权益法律援助协作机制。

164. 2021 年 12 月 5 日，珠海市司法局、珠海市律师协会联合开展的"长者法律管家"项目，获评 2021 年度珠海市学雷锋志愿服务先进典型最佳志愿服务项目。

165. 2021 年 12 月 11 日，珠澳家事调解服务中心揭牌成立。珠澳家事调解服务中心是在广东省妇联指导下，珠澳妇联合作成立的家事调解领域交流服务和探索珠澳两地家事调解合作模式的新平台。

166. 2021 年 12 月 17 日，广东省横琴粤澳深度合作区人民法院揭牌办公。根据最高人民法院批复，珠海横琴新区人民法院从 12 月起更名为横琴粤澳深度合作区人民法院，管辖合作区内应由基层人民法院管辖的一审刑事、民商事、行政案件，集中管辖珠海市一审涉外、涉港澳台民商事案件，以及合作区内的部分一审知识产权案件。珠海横琴新区人民法院于 2013 年 12 月成立。

167. 2021 年 12 月 18 日，中国共产党珠海市第八届委员会第 245 次常委会会议审议并听取了中共珠海市委全面依法治市委员会办公室起草的关于《法治珠海建设规划（2021~2025）（稿）》和《珠海市法治社会建设实施意见（2021~2025）（稿）》起草情况和主要内容的说明，讨论并原则同意以上文稿。

168. 2021 年 12 月 22 日，中共珠海市斗门区委政法委员会、斗门区司法局联合出品的全市首部"平安中国"主题原创法治微电影《绝对救赎》上线。

169. 2021 年 12 月 28 日，广东省横琴粤澳深度合作区人民检察院揭牌办公。根据最高人民检察院批复，珠海横琴新区人民检察院自 12 月起更名为横琴粤澳深度合作区人民检察院，作为广东省人民检察院的派出机构，行使基层人民检察院职权，依法对管辖合作区内的刑事犯罪案件审查逮捕、审查起诉、出庭支持公诉，对刑事诉讼、民事诉讼和行政诉讼活动实行法律监督，依法提起公益诉讼等。

（根据各单位报送材料整理）

Abstract

2021 witnessed the start of the "14th Five-Year Plan" period and a new journey for Zhuhai, which welcomed the major historical development opportunity with the co-development of the Guangdong-Hong Kong-Macao Greater Bay Area, the Guangdong-Macao In-Depth Cooperation Zone in Hengqin, the International Special Economic Zone, and the Free Trade Zone. Guided by Xi Jinping's thought on the rule of law, boosted by the reforms, and safeguarded by the rule of law, Zhuhai manages to coordinate the epidemic prevention and control, and spares no efforts to support and serve the construction of the Guangdong-Macao In-Depth Cooperation Zone in Hengqin. Zhuhai continuously digs the potential in digital and technological empowering and deeply integrates government governance with the business environment, to attend to public concerns with judiciary services and embed resolving conflicts and ending disputes into the litigation source governance, while building public legal service centers for foreign parties, and establishing Zhuhai-Macao arbitration cooperation platform, to provide high-quality legal services for settling cross-border disputes conveniently and efficiently. Besides, Zhuhai tries to build a new pattern of social governance and innovation-driven development based on collaboration and broad participation in the Greater Bay Area by strengthening the overall planning of the city and system governance, exploring the provision of grass-root social systems and facilitating quality living for Hong Kong and Macao residents.

Annual Report on Rule of Law in Zhuhai No. 4 (2022) comprehensively summarized the practice in rule of law in Zhuhai, and proposed the development targets of rule of law in the future: Zhuhai will deepen the study and implementation of Xi Jinping's thought on the rule of law, develop new ideas, new technologies and new systems in terms of law-based government administration, business environment, social governance and Zhuhai-Macao collaboration, enhance mutual judicial assistance and trust in the Greater Bay Area, construct coordination system for multi-dispute resolution inside and outside the city, improve the welfare of Hong Kong and Macao residents, and take the rule of law as the core values, contributing to the construction of a modern international special economic zone of socialism with Chinese characteristics in the new era in Zhuhai and fully supporting and serving the construction of the Guangdong-Macao In-Depth Cooperation Zone in Hengqin.

Keywords: Rule of Law in Zhuhai; Smart Government, Zhuhai-Macao Integration; Guangdong-Macao In-Depth Cooperation Zone in Hengqin

Contents

I   General Report

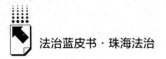

6. Outlook: in the Background of Integrating the Rule of Law between Zhuhai and Macao, Developing New Ideas for Legal Construction in Zhuhai / 027

Abstract: 2021 witnessed the start of the "14th Five-Year Plan" period and a new journey for Zhuhai, which welcomed the major historical development opportunity with the co-development of the Guangdong-Hong Kong-Macao Greater Bay Area, the Guangdong-Macao In-Depth Cooperation Zone in Hengqin, the International Special Economic Zone, and the Free Trade Zone. Guided by Xi Jinping's thought on the rule of law, Zhuhai builds consensus, shoulders its responsibility, and spares no efforts to support and serve the construction of the Guangdong-Macao In-Depth Cooperation Zone in Hengqin. It is digitally and technologically empowered, deeply integrates modern government governance with a law-based business environment, and maintains institutional competitiveness and governance advantages for high-quality economic development. The judiciary authorities in Zhuhai fully pursue the new development concept, attend to public concerns, embed resolving conflicts and ending disputes into the overall picture of litigation source governance, establish systems and provide high-quality legal services for settling cross-border disputes conveniently and efficiently. A new pattern of social governance and innovation-driven development based on collaboration and broad participation in the Greater Bay Area is built by strengthening the overall planning of the city and system governance. In the future, under the guidance of the Central Government and Guangdong Province, Zhuhai will continue to make legislation-guided reforms and innovation, develop new ideas, new technologies and new systems in terms of law-based government administration, business environment, social governance and Zhuhai-Macao collaboration, explore a new path for the integration of the rule of law between Zhuhai and Macao, enhance mutual judicial assistance and trust in the Greater Bay Area, coordinate and share dispute resolution resources inside and outside the city, enhance the awareness of Hong Kong and Macao residents on rule of law, build a high-quality living circle with Macao, and lay a stronger legal basis for its contributions to the construction of a modern international special economic zone with Chinese characteristics in the new era and its full support and service for the construction of the Guangdong-Macao In-Depth Cooperation Zone in Hengqin.

Keywords: Rule of Law in Zhuhai; Guangdong-Macao In-Depth Cooperation Zone in Hengqin; Zhuhai-Macao Collaboration; Social Governance

II Exploration in Legislative Sphere

B.2 Practice and Exploration of Legislation and Law Enforcement
for the Protection of Power Facilities in Zhuhai

Research Group of Zhuhai Administration of Power Supply,

Guangdong Power Grid Co. , Ltd. / 038

Abstract: In order to promote the establishment of a power facility protection system and accelerate the reform of the power facility protection management system, Zhuhai promulgated the *Management Regulations on the Power Facilities in Zhuhai Special Economic Zone*, an innovative law in the special economic zone designed to guarantee reliable electric power supply in Zhuhai. In order to further optimize the power business environment and address the problems in legislation and law enforcement for the protection of power facilities, the Zhuhai Administration of Power Supply, Guangdong Power Grid Co. , Ltd. (hereinafter referred to as "ZAPS"), based on the practice and exploratory efforts to protect power facilities over the past six years, proposes to promote the construction of a law enforcement team and provide complete and truly effective protection for power facilities by further improving the legislation, building an power law enforcement system, and strengthening law enforcement measures for prevention and control purposes.

Keywords: Protection of Power Facilities; Optimized Power Business Environment; Power Law Enforcement System

Ⅲ   Law-Based Government Administration

B.3   Practice and Exploration of Hengqin–Macao Cross–Border Government Service Modes under the Context of Guangdong–Macao In-Depth Cooperation Zone Construction

Research Group of Commercial Service Bureau in
Guangdong-Macao In-Depth Cooperation Zone in Hengqin / 050

Abstract: Under the context of Guangdong-Hong Kong-Macao Greater Bay Area and Guangdong-Macao In-Depth Cooperation Zone construction, Hengqin and Macao are more closely tied. In order to break down the administrative and institutional barriers between the two places, facilitate the flow of factors and the integrated development of the two places, the Guangdong-Macao In-Depth Cooperation Zone in Hengqin actively explores new cross-border government service modes in Hengqin and Macao. In addition, by applying a cross-border government service blockchain and building a cross-border government service platform in the Guangdong-Macao In-Depth Cooperation Zone in Hengqin, a special Guangdong-Macao service platform named "Digital Government" on the basis of the integrated online government service platform of Guangdong Province, "intensive" services for the convenience of the public and businesses are provided and cross-border matters are handled in one single online system, which optimizes the handling process and smooths the handling channel to serve compatriots from Hong Kong and Macao attentively. In the future, the platform will further promote the sharing and interconnectivity of cross-border data, cover more cross-border government services, expand the service range, and release more benefits of the government service reform.

Keywords: Hengqin-Macao Cooperation; Cross-Border Government Service Platform; Optimized Business Environment; One Single Online Cross-Border Handling System

B.4 Practice of and Reflection on the Governance of Innovative
Centralized Procurement of Medical Consumables
Research Group of Zhuhai Healthcare Security Administration / 059

Abstract: In order to thoroughly implement the reform decisions and deployments of the CPC Central Committee and the State Council, further reduce the medical burden on people, purify the ecological environment for medicine procurement, and promote the sustainable and healthy development of the medical industry, the Zhuhai Healthcare Security Administration (ZHSA) adopts a new centralized procurement mode of medical consumables on the Guangdong Medicine Exchange Platform. It is the first prefecture-level city to set up a special area for centralized procurement and to adopt an innovative procurement mode that facilitates supply-demand connection. This better guarantees medicine supply, achieves good results, and provides practical experience that can be replicated and referenced by other cities exploring centralized procurement of medical consumables. In the future, ZHSA will seek further improvements in the supervision system of medical consumables procurement, group procurement and credit evaluation system, payment method and settlement management mechanism.

Keywords: Medical Consumables; Centralized Procurement; Innovative Governance Mode

B.5 Analysis and Thinking on the Current Status and Exploration
of Work Safety-Related Administrative Law Enforcement
in Zhuhai under the Context of the Greater Bay
Area Construction
Research Group of Zhuhai Emergency Management Agency / 069

Abstract: Guided by General Secretary Xi Jinping's important exposition on work safety, closely following the development process of the "Greater Emergency

Response" system, and centering around the construction of the Guangdong-Hong Kong-Macao Greater Bay Area and the Guangdong-Macao InvDepth Cooperation Zone in Hengqin, the Zhuhai Emergency Management Agency (ZEMA) urges emergency management departments in the city to make beneficial reforms and explorations in terms of team building, administrative law enforcement, the linkage between administrative law enforcement and criminal law enforcement, and system design. The focus is placed on analyzing the new problems, new risks, and new challenges arising in the work safety-related administrative law enforcement in Zhuhai. The integrated development of the Bay Area also complicates the risks. In the future, we should put forward targeted strategies and reform proposals in the direction of the new development and reforms in the Greater Bay Area that include further improving the legal and regulatory system, comprehensively strengthening the building of the law enforcement team, breaking through the qualification bottleneck of the main law enforcement body when appropriate, and actively exploring extensive consultation, joint contribution and shared benefits to make new achievements and progress and to inform the emergency management work for steady and long-term work safety in the city.

Keywords: Emergency Response in Zhuhai; Guangdong-Hong Kong-Macao Greater Bay Area; Work Safety; Administrative Law Enforcement

Ⅳ Judicial Construction

B. 6   Reflection on Improving the Consultation Procedure before Administrative Public Interest Litigation

Research Group of the Former People's Procuratorate in

Hengqin New Area, Zhuhai / 082

Abstract: As an integral part of the pre-litigation procedure of administrative public interest litigation, pre-litigation consultation procedure can exert checks and balances, maintain order, and improve efficiency. The procuratorial organ in

Hengqin actively explores the pre-litigation consultation procedure and discusses with the administrative organ on regulatory rectification measures to promote self-correction and law-based government administration. The pre-litigation consultation procedure is feasible and practical for solving and dealing with complicated administrative public interest litigation cases. However, because of the overly vague applicable legal provisions and inadequate norms, the pre-litigation consultation procedure is not effective enough. For this reason, it is important to further improve the legal system and mechanism of pre-litigation consultation procedure. In the new era of the construction of the Guangdong-Hong Kong-Macao Greater Bay Area, it is necessary to further explore the inclusion of the procuratorial public interest litigation system on ecological environment cases into the development of the rule of law in the Guangdong-Macao In-Depth Cooperation Zone in Hengqin, establish and improve a cross-regional consultation mechanism for public interest protection, and move toward a standardized and scientific public interest litigation system.

Keywords: Administrative Public Interest Litigation; Pre-litigation Consultation Procedure; Public Interest Protection in the Guangdong-Hong Kong-Macao Greater Bay Area

B.7　Practice and Exploration of Alternative Dispute Resolution and Litigation Source Governance by Courts in Zhuhai

Research Group of the Case Filing Chamber,

Zhuhai Intermediate People's Court / 094

Abstract: Over the past five years, courts in Zhuhai have accepted an increasingly number of various cases as well as civil and commercial cases, few of which ended through pre-litigation separation, pre-litigation mediation or withdrawal. The number of lawsuits settled by front-line personnel handling cases per capita is increasing. This, coupled with poor litigation-mediation coordination and inadequate alternative dispute resolution, has contributed to an increasingly intensifying conflict between the quality and quantity of lawsuits. Therefore, it is necessary to further promote local legislation, expand linkages, strengthen financial support, improve the litigation-mediation coordination procedure, and comprehensively manage litigation sources through the application of information technology and typical models. This can effectively solve the contradiction between the large number of cases and the shortage of hands and build a model of alternative dispute resolution and litigation source governance in Zhuhai.

Keywords: Alternative Dispute Resolution; Litigation Source Governance; Mediation; Litigation-Mediation Coordination

B.8　Research Report on Disposition of Property by Grass-Roots

　　　Courts in Stakeholder Economic Crimes

Research Group of the People's Court of Xiangzhou District, Zhuhai / 111

Abstract: The effective disposition of property involved in stakeholder economic crimes is a sticking point that directly disturbs stable social and economic order. Based on judicial practice and empirical research, the People's Court of Xiangzhou District, Zhuhai, comprehensively reviews the status quo of the disposition of property in stakeholder economic crimes in China and analyzes the difficulty and problem in disposing the property involved by referring to the illegal fundraising cases and major stakeholder economic crimes that have been concluded in China over the past decade. Under the existing legal framework, it attributes the problem to such subjective or objective reasons as the concept that "prioritizes conviction and sentencing over disposition of property", deviations in procedures and in diversified and balanced demand, divergence between examination methods and the essential characteristics of adversarial litigation, and the failure of the disposition procedure to meet practical needs. Following the principles of complete deprivation, due process, proportionality, equity and economics, this paper puts forward suggestions on an effective procedural reform for the disposition of property in stakeholder economic crimes.

Keywords: Stakeholder Economic Crime; Property Involved in the Case; Illegal Absorption of Public Deposits; Fraudulent Fund-Raising

B.9 Exploration the Handling of Cases of Procuratorial Supervision of Administrative Non-litigation Enforcement on

Similar Case Basis *Chen Yanling, Zhang Ling* / 131

Abstract: Procuratorial supervision of administrative non-litigation enforcement is an important component of the administrative procuratorial system and an important step for strengthening legal supervision. It plays an important role in both administrative and legal supervision. Strengthening procuratorial supervision of administrative non-litigation enforcement can help courts perform their duties and administrative organs govern according to law. It is also helpful to safeguarding national interests, social public interests and the legitimate rights and interests of administrative obligees. To execute solid and strong procuratorial supervision of administrative non-litigation enforcement, Zhuhai People's Procuratorate, guided by conceptual change and based on the practice of case handling, reviews past similar cases in the fields of transportation, natural resources, human resources and social security, food and drug, and housing and urban-rural development, and supervises typical administrative enforcement violations on similar case basis. It creates the "Three +" case handling method of "thorough search + review", "strong leadership + integration", "overall planning + follow-up", which has effectively improved the quality and efficiency of administrative non-litigation enforcement supervision and has achieved excellent effects.

Keywords: Administrative Non-litigation Enforcement; Supervision on Similar Case Basis; Case Handling Method

B . 10 Practice and Exploration of Dynamic Procuratorial Work to Promote Modern Social Governance in Doumen District

Research Group of the People's Procuratorate of

Doumen District, Zhuhai / 141

Abstract: Social governance is a major task of social construction and an important part of national governance. Strengthening and executing innovative social governance is not only an integral part of the modernization of the national governance system and governance capacity, but also a necessary condition for consolidating the ruling foundation of the Party and grass-roots political authority. Based on its working practices, the People's Procuratorate of Doumen District, Zhuhai, performs its duties actively and carries out dynamic procuratorial work in a series of functions including case handling, supervision, serving the overall interests, and seeking self-development. It makes useful attempts to promote the rule of law in social governance, build up joint forces in social governance, adopt innovative social governance modes and improve social governance capability, with a view to benefiting judicial practice. In the new development stage, in order to further promote modern social governance, the procuratorial work will also be deeply integrated with the party building work and carried out to promote the governance of litigation source, improve the quality and efficiency of supervision, develop to be more intelligent, and support high-quality economic and social development.

Keywords: Dynamic Procuratorial Work; Modern Social Governance; Legal Supervision

B. 11　Exploration and Practice of Reducing Pretrial Detention

Rate-From the Perspective of the Approval of Arrest

by the People's Procuratorate of Jinwan District

Abstract：Pretrial detention rate is an important indicator to measure the protection of human rights and the modernization of governance system and governance capability in a country. This paper conducts research on the improvement of detention standards, review procedures of the necessity of detention, quantitative assessment of social hazardous conditions, alternatives to detention, and supporting mechanism. By comparing and analyzing the data on pretrial detention rate, this paper summarizes the working practice and exploration of the People's Procuratorate of Jinwan District in reducing the pretrial detention rate in criminal cases. Following the judicial guideline of "fewer arrests and prudent prosecution and detention", judicial organs need to work more closely, establish and improve non-detention supporting measures and social support systems, and further promote the establishment of an effective system to reduce the pretrial detention rate by managing the deposit and withdrawal of bail for criminal compensation and creating scientific and effective evaluation and fault-tolerant mechanisms.

Keywords：Pretrial Detention Rate；Necessity of Detention；Approval of Arrest；Reduction Method

B. 12　Measures for and Reflection on Deepening Police Cooperation

in the Guangdong-Macao In-Depth Cooperation Zone

in Hengqin

Abstract：The *Master Plan for Building the Guangdong-Macao In-Depth*

Cooperation Zone in Hengqin requires to vigorously develop new industries that promote moderately diversified economy in Macao and continuously improve the new system of extensive consultation, joint contribution, co-administration and shared benefits between Guangdong and Macao. The construction of the Guangdong-Macao In-Depth Cooperation Zone in Hengqin is a major historical opportunity for the new round of reform and opening up in Hengqin, and it also provides an important platform for the public security organ in Hengqin to contribute to the construction. With the accelerated integration and development of the Greater Bay Area, it is of practical significance to deepen police cooperation in the Guangdong-Macao In-Depth Cooperation Zone in Hengqin. This paper summarizes the experience and achievements in the cooperation between police organs in Hengqin and Macao over the years and puts forward suggestions including further strengthening the top-level design, building consensus, and continuing to explore more police cooperation possibilities and extend police affairs under cooperation. At the same time, attention should be paid to public needs, the integration of government services between Hengqin and Macao should be promoted, and both places should strive to set a model in social governance.

Keywords: Guangdong-Macao In-Depth Cooperation Zone in Hengqin; Hengqin-Macao; Police Cooperation

V   Cross-Border Rule of Law

B.13   Innovative Practice of Zhuhai-Macao Cross-Border Arbitration
Cooperation Mechanism

Research Group of Zhuhai Court of International Arbitration
on the Innovative Practice of Zhuhai-Macao Cross-Border
Arbitration Cooperation Mechanism / 181

Abstract: In order to establish a sound alternative commercial dispute resolution mechanism to address international commercial trial, arbitration, and mediation, and to further integrate the arbitration resources of Zhuhai and Macao, the Zhuhai Court of International Arbitration works with its Macao counterparts to build " Zhuhai-Macao Cross-border Arbitration Cooperation Platform in Hengqin", on which each party can independently handle arbitration cases in their own names, issue awards according to their own rules, and provide diversified and open arbitration services for commercial entities in the cooperation zone. It fully exploits the location advantage of Hengqin under the "one country, two systems" policy. In order to fully leverage arbitration services in the construction of the Guangdong-Macao In-Depth Cooperation Zone, a quasi-corporate model can be explored in the management of the platform for the parties to further consolidate collaboration and broad participation to benefit all by employing arbitrators from the other side and discussing cases that involve both sides.

Keywords: Zhuhai-Macao Arbitration Cooperation; Cross-Border Arbitration Cooperation Platform; Cooperation and Innovation

B.14 Research on Cross-Border Financial Crimes Involving Hong Kong and Macao

Research Group of No. 2 Procuratorial Division of the

Zhuhai People's Procuratorate / 191

Abstract: Due to its special geographical location adjacent to Hong Kong and Macao, cross-border financial crimes involving Hong Kong and Macao become a serious problem in Zhuhai that affects the social governance of the Guangdong-Hong Kong-Macao Greater Bay Area. Analysis on such criminal cases handled by the procuratorial organ in Zhuhai in recent years reveals characteristics such as similar types, large amounts, and serious harm to financial security. Inadequate judicial cooperation between different jurisdictions, financial supervision, and investigation methods limit the fight and prevention against such cases. With more progress made in the construction of the Guangdong-Hong

Kong-Macao Greater Bay Area and the Guangdong-Macao In-Depth Cooperation Zone in Hengqin, in order to further strengthen the prevention and fight against cross-border financial crimes, it is important to fully strengthen coordination of work between various departments in the Greater Bay Area, adopt innovative supervision methods, promote collaboration and shared benefits, develop a working mechanism for coordinated and joint crime fighting and prevention, deepen cooperation in individual cross-border cases, and promote the establishment of a normalized and standardized judicial assistance mechanism in combating cross-border financial crimes.

Keywords: Hong Kong and Macao; Cross-Border Financial Crimes; Fight and Prevention

B.15 Practice and Exploration of Hengqin Court in Optimizing Cross-Border Judicial Services

Research Group of the Former Primary People's Court in

Hengqin New Area, Zhuhai / 201

Abstract: Litigation services embody judicial civilization and serve as a window to display the superiority of the socialist system with Chinese characteristics. While firmly seizing the major development opportunities of the construction of the Guangdong-Hong Kong-Macao Greater Bay Area, the Guangdong-Macao In-Depth Cooperation Zone in Hengqin, and the International Special Economic Zone, and applying the new development concept in the new development stage, the Hengqin Court focuses on the pain points, difficulties and bottlenecks of cross-border parties, makes in-depth use of the achievements in IT-oriented smart court construction, solidly promotes the construction of one-stop alternative dispute resolution and litigation service systems, and continues to improve its ability and competence in conducting trials involving foreign interests, and optimize cross-border litigation judicial services ranging from case filing to trial, thus fully meeting the judicial needs of domestic and foreign parties. As the construction of the Guangdong-Macao In-Depth Cooperation Zone in Hengqin is in full swing and accelerated, the Hengqin Court will strive to catch up with the highest and best practices, actively explore innovative mechanisms, further align with international standards, and build itself into a modern and international organ at a new height that provides high-quality judicial services for parties.

Keywords: Cross-Border Litigation; Judicial Services; Trials Including Foreign Elements; Hengqin Court

B.16 Practice and Exploration of Gongbei Customs District in Fully Cracking Down and Governing Smuggling in Zhuhai-Macao Port

Research Group of Gongbei Customs District / 212

Abstract: Confronted with the complex smuggling behavior under the context of normalized COVID – 19 prevention and control, Gongbei Customs District launches a special task to seriously crack down and govern smuggling. By formulating and optimizing the supervision strategy for smuggling combat through timely adjustments and taking a series of measures including deepening universal crackdown efforts, strengthening the professional crackdown actions of anti-smuggling departments, and promoting comprehensive anti-smuggling management, Gongbei Customs District advances the prevention, control, crackdown, and rectification work collectively and persists in "attacking the source, disrupting the chain, uprooting the crime, and destroying the crime platform" to effectively curb smuggling. Gongbei Customs District will also spare no efforts to establish and improve a long-term mechanism for combating smuggling by strengthening high-standard customs supervision, promoting high-quality comprehensive governance, and facilitating high-efficiency cross-border co-governance. A tight defense line of interdependent and mutually complementary positive, follow-up and reverse supervision will be built.

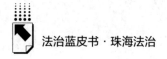

Keywords: Customs Clearance; Smuggling; Crackdown and Governance;
Zhuhai-Macao Port

VI   Social Governance

B.17   Practice and Innovation in Enhancing the Rule of Law
Awareness among Citizens in Zhuhai

Research Group of Zhuhai Justice Bureau / 222

Abstract: "Strengthening the awareness of all our people on rule of law" is
an important component of "law-based governance in every dimension". Zhuhai
continuously strengthens the publicity and education of the rule of law and the
construction of the rule of law culture, promotes the concept of the rule of law,
and encourages public participation in the popularization of law across society. As a
result, citizens enhance the sense of participation, responsibility and rights, deepen
their understanding of the rule of law, and enhance the rule of law awareness as
they participate in law-making, decision-making and social multi-governance in an
orderly manner. In the future, Zhuhai will strive to build a socialist modern
international special economic zone with Chinese characteristics in the new era,
where Xi Jinping's thought on the rule of law will be thoroughly implemented and
included into the project for enhancing the rule of law awareness among citizens,
the supporting system for the popularization of law will be continuously improved,
the popularization of law will be sustained, and the excellent Chinese traditional
culture of law will be developed through innovation. At the same time, citizens
will be helped to better understand law and recognize its value. They will be
further mobilized to participate in the practice of the rule of law, develop
autonomy and self-consciousness to act according to law, and implant the rule of
law both in their hearts and actions.

Keywords: Rule of Law Awareness; Awareness of Law; Practice in Rule of
Law; Belief in Rule of Law

B. 18   Practice and Development of Providing Public Legal Services

for Foreign Parties in Zhuhai under the Context of the

Construction of the Guangdong-Hong Kong-Macao

Greater Bay Area

Research Group of Zhuhai Justice Bureau / 241

Abstract: Public legal services for foreign parties mark an important step
taken towards fully deepening the construction of a public legal service system.
Zhuhai actively explores the construction of a diversified platform for providing
public legal services for foreign parties. It serves public needs for mediation,
arbitration, notarization and intellectual property protection, promotes international
supply of public legal service products, fully mobilizes lawyers to provide public
legal services, improves the quality of public legal services for foreign parties, and
creates a distinctive brand in this area. With the continuous expansion and
deepening of the construction of the Guangdong-Macao In-Depth Cooperation
Zone into various fields, Zhuhai is committed to building a socialist modern
international special economic zone with Chinese characteristics in the new era. It
is making a top-level design to further develop public legal services for foreign
parties, strengthening the communication, coordination, exchange and
cooperation with Hong Kong and Macao in terms of public legal services, and
building a system framework with public legal services for foreign parties as the core
and the platform as the window to include policies, professionals, institutions, and
supply system. The ultimate purpose is to comprehensively improve the quality and
level of public legal services for foreign parties.

Keywords: Public Legal Services for Foreign Parties; Guangdong-Hong
Kong-Macao Greater Bay Area; Public Legal Service System

B. 19　Research on the Path to Train Public Legal Service Professionals in the New Era-Exploring the Innovative Mode of Collaboration between Government and Schools in Zhuhai

Research Group of Zhuhai Justice Bureau / 260

Abstract: Training professionals in rule of law is fundamental to the law-based governance of the country. Accelerating the team building and professionals training in the field of public legal service is integral to the requirements of "improving the public legal service system" and "building a high-quality public legal service system in the Guangdong-Hong Kong-Macao Greater Bay Area. It is also a new direction for the development of judicial science and professional education on law, and harbors great value in theoretical research. Starting from the development trend of public legal service professionals in the new era and the demand and supply of public legal service professionals in Zhuhai Special Economic Zone, this paper comprehensively analyzes the realistic supply dilemma in Zhuhai. Under the context of innovative collaboration between government and schools, the paper defines a goal of training public legal service professionals and then goes on to boldly explore a training mechanism that includes building a team of both full-time and part-time double professionally-titled teachers, reforming the curriculum of practicing teaching in professional education on law, and examining the job skill evaluation indicators. The research findings are expected to provide a reference path for adopting an innovative supply mode of grass-roots public legal services and increasing the local public legal service level in Zhuhai.

Keywords: Public Legal Services; Collaboration between Government and Schools; Professionals Training

B.20 Exploration and Practice of Zhuhai Public Security Bureau's Active Participation in Social Governance from the Perspective of Modern Municipal Social Governance-From the Perspective of Public Security Notices Issued in Gang Crime Cases

Research Group of Zhuhai Public Security Bureau / 279

Abstract: Based on its function to combat criminal crimes, the Zhuhai Public Security Bureau, while severely cracking down on gang crimes, actively expands and extends its criminal judicial function by probing into cases, digging deep into industry supervision loopholes exposed by gang crime cases, issuing public security notices to industry supervision departments in a timely manner, promoting the rectification of chaos in key industries, and mending the industry supervision loopholes in a timely manner. A social governance pattern of "prevention" at the source, heavy "blow", comprehensive "governance", and joint "management" has taken shape. However, the production and issuance of public security notices is hindered by lack of higher-level laws, poor rectification feedback and effects, inaccuracy, and limited supervision and restriction measures. These problems have to be addressed from legislative and institutional aspects.

Keywords: Public Security Notices; Collaboration, Broad Participation and Benefits to All; Social Governance Pattern

B.21 Practice and Exploration of Evidence-Based Psychological Rehabilitation in Compulsory Rehabilitation Work in Zhuhai

Research Group of Zhuhai Compulsory Rehabilitation Center / 289

Abstract: After carefully summarizing the new issues in the compulsory rehabilitation work under a unified model and with improving the ethics retention rate as the core goal of the unified model, the Zhuhai Compulsory Rehabilitation Center tries to solve the fundamental problems restricting the ethics retention rate and has accumulated 90 evidence-based psychological rehabilitation sample cases over the past three years that lead it towards a guideline; it attributes the root cause of relapse to psychological cognitive errors and traces the crux of such errors back to the upbringing of drug addicts; it then unfolds comprehensive rehabilitation work according to the psychological and cognitive characteristics of drug addicts and truly integrates the "four districts and five centers" into a complete rehabilitation chain using the evidence-based psychological methodology. The application of the evidence-based psychological rehabilitation by the Zhuhai Compulsory Rehabilitation Center in all aspects of the unified model construction has paid off remarkably. In the future, it will further increase the professional level of the evidence-based psychological rehabilitation work by standardizing the methodology.

Keywords: Compulsory Rehabilitation; Unified Model; Evidence-Based Psychological Rehabilitation; "Four Districts and Five Centers"

B . 22 Exploring the Contribution of Public Interest Litigation to the Construction of People's Livelihood in Xiangzhou District

Research Group of the People's Procuratorate of
Xiangzhou District on Public Interest Litigation / 304

Abstract: As the main social contradictions in China change in the new era, the public demands for "pain points of livelihood" such as clothing, food, housing and transportation grow stronger. To explore the contribution of procuratorial public interest litigation to people's livelihood is an important issue in the procuratorial public interest litigation system. The People's Procuratorate of Xiangzhou District, Zhuhai, actively promotes public interest litigation, vigorously expands the sources of cases and increases the number of cases handled. It mobilizes administrative organs to perform their duties actively by exerting special supervision and applying pre-litigation procedures. It improves the quality of procuratorial recommendations and coordinates in co-governance to maintain social public interest. In the future, to tackle the practical difficulties in serving the construction of people's livelihood through public interest litigation, the procuratorial organ still needs to further expand the coverage of public interest litigation cases, safeguard its right to conduct investigation and verification, properly handle the connection between administrative power and procuratorial power, and strengthen the quality and capacity of public interest litigation teams to assist in the construction of people's livelihood in Zhuhai and make it a model city of people's well-being.

Keywords: Procuratorial Public Interest Litigation; Law-Based Government Administration; Construction of People's Livelihood

B. 23   Practice and Outlook of Doumen in Advancing Innovative

Municipal Social Governance

Research Group of Political and Legal Affairs Committee of the

Doumen District Committee, Zhuhai / 315

Abstract: In order to strengthen, innovate and modernize municipal social governance, Doumen District, Zhuhai, actively explores a new model of social governance with the characteristics of the times, the district, and the grass-roots masses, and has made excellent achievements. However, during the execution process, problems like conspicuous social contradictions and accumulated risks, diversified interests and demands, and inefficient management of grid-based services led by party building emerge. Doumen District will further strengthen top-level design and promote municipal social governance from a high starting point and towards a high level: insisting on the leadership of party building and accelerating the construction of a comprehensive grid management service system; promoting integration of resources and striving to enhance conflict and dispute prevention and

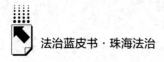
resolution; highlighting multi-governance and committing to build a new pattern of municipal social governance featuring collaboration, broad participation and benefits to all.

Keywords: Municipal Social Governance; Grid-Based Services; Extensive Consultation, Joint Contribution and Shared Benefits

Ⅶ Highlights

权威报告·连续出版·独家资源

皮书数据库
ANNUAL REPORT(YEARBOOK)
DATABASE

分析解读当下中国发展变迁的高端智库平台

所获荣誉

● 2020年，入选全国新闻出版深度融合发展创新案例
● 2019年，入选国家新闻出版署数字出版精品遴选推荐计划
● 2016年，入选"十三五"国家重点电子出版物出版规划骨干工程
● 2013年，荣获"中国出版政府奖·网络出版物奖"提名奖
● 连续多年荣获中国数字出版博览会"数字出版·优秀品牌"奖

皮书数据库

"社科数托邦"
微信公众号

成为会员

　　登录网址www.pishu.com.cn访问皮书数据库网站或下载皮书数据库APP，通过手机号码验证或邮箱验证即可成为皮书数据库会员。

会员福利

　　● 已注册用户购书后可免费获赠100元皮书数据库充值卡。刮开充值卡涂层获取充值密码，登录并进入"会员中心"—"在线充值"—"充值卡充值"，充值成功即可购买和查看数据库内容。
　　● 会员福利最终解释权归社会科学文献出版社所有。

数据库服务热线：400-008-6695
数据库服务QQ：2475522410
数据库服务邮箱：database@ssap.cn
图书销售热线：010-59367070/7028
图书服务QQ：1265056568
图书服务邮箱：duzhe@ssap.cn

社会科学文献出版社　皮书系列
SOCIAL SCIENCES ACADEMIC PRESS (CHINA)

卡号：865419555567
密码：

S 基本子库
SUB DATABASE

中国社会发展数据库（下设 12 个专题子库）

紧扣人口、政治、外交、法律、教育、医疗卫生、资源环境等 12 个社会发展领域的前沿和热点，全面整合专业著作、智库报告、学术资讯、调研数据等类型资源，帮助用户追踪中国社会发展动态、研究社会发展战略与政策、了解社会热点问题、分析社会发展趋势。

中国经济发展数据库（下设 12 专题子库）

内容涵盖宏观经济、产业经济、工业经济、农业经济、财政金融、房地产经济、城市经济、商业贸易等 12 个重点经济领域，为把握经济运行态势、洞察经济发展规律、研判经济发展趋势、进行经济调控决策提供参考和依据。

中国行业发展数据库（下设 17 个专题子库）

以中国国民经济行业分类为依据，覆盖金融业、旅游业、交通运输业、能源矿产业、制造业等 100 多个行业，跟踪分析国民经济相关行业市场运行状况和政策导向，汇集行业发展前沿资讯，为投资、从业及各种经济决策提供理论支撑和实践指导。

中国区域发展数据库（下设 4 个专题子库）

对中国特定区域内的经济、社会、文化等领域现状与发展情况进行深度分析和预测，涉及省级行政区、城市群、城市、农村等不同维度，研究层级至县及县以下行政区，为学者研究地方经济社会宏观态势、经验模式、发展案例提供支撑，为地方政府决策提供参考。

中国文化传媒数据库（下设 18 个专题子库）

内容覆盖文化产业、新闻传播、电影娱乐、文学艺术、群众文化、图书情报等 18 个重点研究领域，聚焦文化传媒领域发展前沿、热点话题、行业实践，服务用户的教学科研、文化投资、企业规划等需要。

世界经济与国际关系数据库（下设 6 个专题子库）

整合世界经济、国际政治、世界文化与科技、全球性问题、国际组织与国际法、区域研究 6 大领域研究成果，对世界经济形势、国际形势进行连续性深度分析，对年度热点问题进行专题解读，为研判全球发展趋势提供事实和数据支持。

法律声明

"皮书系列"（含蓝皮书、绿皮书、黄皮书）之品牌由社会科学文献出版社最早使用并持续至今，现已被中国图书行业所熟知。"皮书系列"的相关商标已在国家商标管理部门商标局注册，包括但不限于LOGO（）、皮书、Pishu、经济蓝皮书、社会蓝皮书等。"皮书系列"图书的注册商标专用权及封面设计、版式设计的著作权均为社会科学文献出版社所有。未经社会科学文献出版社书面授权许可，任何使用与"皮书系列"图书注册商标、封面设计、版式设计相同或者近似的文字、图形或其组合的行为均系侵权行为。

经作者授权，本书的专有出版权及信息网络传播权等为社会科学文献出版社享有。未经社会科学文献出版社书面授权许可，任何就本书内容的复制、发行或以数字形式进行网络传播的行为均系侵权行为。

社会科学文献出版社将通过法律途径追究上述侵权行为的法律责任，维护自身合法权益。

欢迎社会各界人士对侵犯社会科学文献出版社上述权利的侵权行为进行举报。电话：010-59367121，电子邮箱：fawubu@ssap.cn。

社会科学文献出版社